Eva Becker
Ich sehe deine Sprache, wenn du schweigst
Aphasietherapie und NLP

Reihe
Pragmatismus & Tradition
Band 24
Herausgegeben von
Thies Stahl

Eva Becker

Ich sehe deine Sprache, wenn du schweigst

Aphasietherapie und NLP

Junfermann Verlag · Paderborn
1993

© Junfermannsche Verlagsbuchhandlung, Paderborn 1993

Abbildungen 3, 4, 8: Udo Starnegg

Alle Rechte vorbehalten.
Nachdruck oder Vervielfältigung des Buches oder von Teilen daraus nur mit ausdrücklicher Genehmigung des Verlages.

Druck: PDC – Paderborner Druck Centrum

Aphasietherapie mit Neurolinguistischem Programmieren (NLP)
– Ein Modell systemischer Sprachtherapie und Kommunikation unter Berücksichtigung der besonderen Situation von Aphasiker und Therapeut –
Inaugural-Dissertation zur Erlangung des Doktorgrades der Heilpädagogischen Fakultät der Universität zu Köln, vorgelegt von Eva Becker aus Gummersbach
Erster Gutachter: Prof. Dr. M. Grohnfeldt
Zweiter Gutachter: Prof. Dr. G. Peuser
Tag des Rigorosums: 7.12.1992

CIP-Titelaufnahme der Deutschen Bibliothek
Becker, Eva:
Ich sehe deine Sprache, wenn du schweigst: Aphasietherapie und NLP / Eva Becker. – Paderborn: Junfermann, 1993
    ISBN 3-87387-100-9
NE: GT

ISBN 3-87387-100-9

Inhaltsverzeichnis

Vorwort 1

Einleitung 3

1. Der systemtheoretische Ansatz der Wissenschaft 9

2. Krankheit und Gesundheit in ganzheitlicher Sicht 21

3. Neurolinguistisches Programmieren - NLP 33
   3.1 Was ist NLP? 33
   3.2 Vorannahmen des NLP 37
   3.3 Grundbegriffe und -techniken des NLP 40
       3.3.1 Repräsentationssysteme 41
       3.3.2 Zugangssignale 43
       3.3.3 Rapport 47
       3.3.4 Anker 49
       3.3.5 Reframing 51
       3.3.6 Erarbeitung des Zielrahmens 53
   3.4 Bewußter Einsatz der Sprache - Meta-Modell 56
       3.4.1 Generalisierungen 57
             3.4.1.1 Fehlender Bezugsindex 58
             3.4.1.2 Unvollständig spezifizierte Verben 59
             3.4.1.3 Universalquantoren 59
             3.4.1.4 Ein Beispiel 60
       3.4.2 Tilgungen 61
             3.4.2.1 Unvollständige Prozeßwörter
                     und Verben 62
             3.4.2.2 Komparativ und Superlativ 63
             3.4.2.3 Modaloperatoren 63
                     3.4.2.3.1 Modaloperatoren der
                               Notwendigkeit 64
                     3.4.2.3.2 Modaloperatoren der
                               Möglichkeit 64
       3.4.3 Verzerrungen 65
             3.4.3.1 Präsuppositionen 65
             3.4.3.2 Fehlender Performativ 66
             3.4.3.3 Nominalisierungen 67
             3.4.3.4 Gedankenlesen 67
             3.4.3.5 Ursache - Wirkung 68

3.5 Arbeit mit dem Unbewußten - Milton-Modell.................... 69
  3.5.1 Trance im täglichen Leben 69
  3.5.2 Nonverbale Anteile der Trance-Arbeit 71
  3.5.3 Die Sprache der Trance 72
    3.5.3.1 Weglassen von Informationen.................... 72
    3.5.3.2 Semantische Fehlgeformtheit..................... 73
    3.5.3.3 Eingebettete Botschaften.......................... 74
    3.5.3.4 Negationen... 75
3.6 Anwendungsgebiete des NLP 76
3.7 Ethische Fragen beim Einsatz von NLP 77

4. Neurowissenschaftliche Grundlagen von NLP und Aphasie 85
  4.1 Geschichte der Hirnforschung................................. 85
  4.2 Von der Zweiteilung zum Multimind-Konzept 87
  4.3 Aufbau und Arbeitsweise des Gehirns 95
  4.4 Repräsentationssysteme und ihre neuronalen
      Zusammenhänge.. 100

5. Sprachspeicherung.. 109
  5.1 Modelle des Denkens und der Sprachspeicherung 110
  5.2 Denken und Sprachspeicherung im NLP....................... 113

6. Der Aphasiker.. 121
  6.1 Neurologische und neuropsychologische Begleitstörungen... 122
    6.1.1 Paresen und Sensibilitätsstörungen...................... 122
    6.1.2 Apraxien... 124
    6.1.3 Wahrnehmungsstörungen 126
    6.1.4 Hirnleistungsschwäche 128
  6.2 Die psychosoziale Situation des Aphasikers 130
    6.2.1 Einige Persönlichkeitszüge des Aphasikers............. 131
    6.2.2 Die Erfahrung der Krankheit............................. 132
    6.2.3 Die Verarbeitung der Krankheit 134
      6.2.3.1 Die Rolle der Tränen 137
      6.2.3.2 Die Verarbeitung von Sinnfragen 138
    6.2.4 Der Aphasiker und sein soziales Umfeld................ 140

7. Der Aphasietherapeut 143
  7.1 Die Rollenfunktionen des Aphasietherapeuten 144
    7.1.1 Der Aphasietherapeut als Diener und Gehilfe 145
    7.1.2 Der Aphasietherapeut als Verehrer, freundlicher
          Förderer und Behandler................................... 146

VORWORT

Das Neurolinguistische Programmieren ist noch recht neu, seit seiner Erstentwicklung in den USA sind kaum 20 Jahre vergangen, und es erobert zunehmend die verschiedensten Lebensbereiche - auch in Deutschland. Seine Entdecker, Richard Bandler und John Grinder, wollten die Strukturen von erfolgreicher Kommunikation in der Psychotherapie herausfinden. Es handelt sich demnach nicht primär um neue Erfindungen, sondern um ein Explizit-Machen und Nutzen von dem, was bereits erfolgreich von Menschen angewandt wird. Dabei werden nicht nur die verbalen Aktionen der Kommunikationspartner genutzt, sondern mindestens ebenso intensiv die nonverbalen, analogen Anteile des Verhaltens und der Kommunikation. Damit bietet sich eine Chance, die Kommunikation mit *den* Menschen zu erleichtern und erfolgreicher zu gestalten, die der digitalen, verbalen Sprache mehr oder weniger beraubt sind, mit den Aphasikern. Die Aphasietherapie mit den Methoden des NLP berücksichtigt nicht nur die verbalen Defizite der Patienten. Man kann vielmehr über alle Bereiche der Sprache sowohl digital als auch analog Sprachtherapie betreiben. Sie bezieht alle Möglichkeiten der Kommunikation und der Speicherung von Sprache, von Mimik und Gestik über Malen und Musik, inneres Hören und Visualisieren bis hin zu Wörtern und Sätzen in die Behandlung ein. Bei dieser Art systemischer Therapie sind die menschlichen Probleme und Beziehungen des Patienten sowie die therapeutische Beziehung ebenso in der Therapie zu berücksichtigen wie die rein sprachlichen Schwierigkeiten. Die Arbeit stützt sich auf das Vertrauen in die individuellen Fähigkeiten des Patienten, die es gilt zu stärken oder eventuelll auch zuerst wieder zu entdecken.

Die Aphasietherapie mit NLP, wie sie hier von mir dargestellt wird, entstand seit 1986. Das Kennenlernen des NLP bot neue Möglichkeiten, eine ganzheitliche Therapie, die die Stärken und Defizite der Patienten und der Therapeuten mit einbezieht, zu strukturieren. Mit der Kraft der Ressourcen der Patienten läßt sich an den Ursachen der Störungen arbeiten, wo ich vorher am Symptom versuchte zu kurieren. Zum ersten Mal bot sich auch die Möglichkeit, mit schwer sprachgestörten Patienten psychische Probleme zu bearbeiten.

Das hier dargestellte Modell ist keineswegs vollständig und abgeschlossen. Jeden Tag lerne ich von den Patienten Neues hinzu. Insbesondere auf dem Gebiet der Arbeit mit dem auditiven Repräsentationssystem zeichnen sich schon jetzt neue Möglichkeiten ab, die darauf warten, in die Tat umgesetzt zu werden.

Meine bisherigen Erfahrungen sammelte ich mit Patienten im stationären und im ambulanten Bereich. Allen Patienten, die mir so viel Vertrauen schenkten bei der Arbeit und die mit der Veröffentlichung ihrer Therapien einverstanden waren, möchte ich herzlich danken. Ebenso bedanke ich mich bei der Leitung des Geriatrischen Krankenhauses Elbroich in Düsseldorf. Seine Gründer setzten weitblickend auf eine ganzheitliche Behandlung der Patienten. So war es mir möglich, dort auch neue Wege der Therapie zu beschreiten. Mein Dank gilt vor allem auch meinem NLP-Lehrer, Hermann Müller, der stets größten Wert darauf legt, daß die wirksamen Methoden des NLP eingebettet sind in einen ethisch verantwortlichen Rahmen. Grundlagen für ein ganzheitliches Verständnis von Therapie und für systemisches Arbeiten lernte ich in meinem Elternhaus. Schon als Kind hörte ich beim Abendessen Gespräche über Niels Bohr, Heisenberg, Komplementarität und die Zusammenhänge von Naturwissenschaft und Theologie. Wie sehr mein Vater damit seiner Zeit voraus war, merkte ich erst später. Ich bin meinen Eltern sehr dankbar für diesen Hintergrund, den sie mir mitgaben. Auch heute ist ein solch systemisches Denken und Leben noch nicht selbstverständlich, und so gilt mein besonderer Dank Herrn Prof. Grohnfeldt. Durch seine Arbeit, und durch die Gespräche mit ihm bekam ich den Mut, meine Gedanken und mein Tun selbstbewußter zu vertreten und weiter auf den neuen Wegen zu gehen.

Ein Hinweis noch zu einer heute recht wichtigen Formalität. Obwohl ich eine Frau bin, habe ich in meinem Buch durchweg die Bezeichnung "Therapeut" gewählt, es sei denn, es handelte sich um persönliche Äußerungen oder Erfahrungen. Auch wenn es eine "männliche" Bezeichnung ist, wird sie doch in der Umgangssprache als neutrales Wort benutzt. So wird das Wort auch von mir verstanden. Außerdem darf ich als Frau auch leichten Herzens den Männern den Vortritt geben.

Einleitung

Pädagogische Sprachtherapie beschäftigt sich immer mit dem ganzen Menschen (Knura 1974; 1980), nicht nur mit einzelnen Defiziten seiner Sprache, da "Sprachstörungen keine isolierten Lerndefizite oder ein statisches Konstrukt sind, sondern sich zumeist als mehrdimensionales, komplexes und dynamisch veränderbares Geschehen erweisen, das vor dem Hintergrund eines Beziehungsnetzes psychischer, sozialer und im Einzelfall auch organischer Determinierungen gedeutet werden muß" (Grohnfeldt 1989, S.16). Auch eine Aphasietherapie kann sich von daher nicht nur mit den linguistischen Ausfällen der Patienten beschäftigen, zumal die am schwersten Betroffenen keine linguistisch auswertbare Sprachproduktion haben. Es kann nicht das Ziel einer Aphasietherapie sein, allein die sprachlichen Ausfälle eines Aphasikers zu beheben, ihn aber in der durch die Erkrankung verursachten oder die Krankheit mitverursachenden Depression und sozialen Isolierung zu belassen. Der Aphasiker ist vielmehr als Mensch mit bestimmten sprachlichen Problemen im Rahmen seiner physischen, psychischen und sozialen Situation in der Therapie zu berücksichtigen. Wenn der Therapeut sich nicht nur mit Defiziten, sondern mit dem ganzen Menschen beschäftigen will, ist er selbst auch als ganzer Mensch gefordert. Durch die psychosoziale Problematik der Patienten werden im Therapeuten eigene Probleme angerührt, und es ist die Frage, ob er sich dieser Situation stellen will oder ob er versuchen will, die eigene Problematik zu verdrängen. Die Verdrängung würde entweder bedeuten, in Zukunft eine weniger ganzheitliche Therapie zu machen oder schnell unter dem "Burnout" eines Helfers zu leiden oder beides.

Da ich selbst seit vielen Jahren bemüht bin, eine möglichst ganzheitliche pädagogische Sprachtherapie durchzuführen, war ich immer auf der Suche nach Therapiemöglichkeiten, die gezielt Sprachstörungen angehen unter Berücksichtigung des gesamten Beziehungsnetzes des Patienten einschließlich des Therapeuten. Das Neurolinguistische Programmieren (NLP) ist für mich ein Modell, das die Möglichkeit bietet, alle angesprochenen Aspekte zu berücksichtigen. Es wurde in den siebziger Jahren in den USA entwickelt, um die Strukturen menschlichen Verhaltens und menschlicher Kommunikation herauszufinden und damit erlernbar zu machen. Es beruht auf einem

Wissenschaftsbegriff, der systemisch ausgerichtet, und von daher geeignet ist, dem vielseitigen Beziehungsnetz, in dem Sprachtherapie agiert, gerecht zu werden. Das Menschenbild des NLP gibt Patient und Therapeut Raum zur Entfaltung ihrer Fähigkeiten. Durch die starke Ausrichtung auf nonverbale Aspekte der Kommunikation können mit NLP auch psychische Begleiterscheinungen bei Aphasie in einem Ausmaß behandelt werden, wie es meiner Kenntnis nach mit anderen psychotherapeutischen Ansätzen nicht möglich ist. Nicht zuletzt bietet das NLP für die Aphasietherapie Möglichkeiten, Prozesse und Strategien zu entdecken, die im Gehirn ablaufen, um bestimmte sprachliche Leistungen wie Nachsprechen, Benennen o.ä. erbringen zu können. Um eine Störung behandeln zu können, setzt es nicht so sehr bei einem äußeren sprachlichen Defizit an, sondern es versucht herauszufinden, durch welches innere Programm das nach außen tretende Symptom zustande kommt. Um das äußere Symptom zu verändern, ist es wichtig herauszufinden, wie das gewünschte innere Programm sein sollte, d.h. welche innere Fähigkeit man braucht, um beispielsweise nachsprechen oder benennen zu können. Die Aphasietherapie mit NLP setzt, wenn man so will, eine Stufe vor der üblichen Aphasietherapie an. Sie versucht, weg vom Symptom zu den Strukturen und Ursachen zu kommen, die vor dem Symptom liegen. Das geschieht immer in großem Respekt vor der Person und den Wünschen des individuellen Patienten. Nicht der Therapeut ist der Bestimmende in der Therapie, sondern der Patient. Um ihn geht es, und ihm soll geholfen werden, seine Ziele zu erreichen.

Eine Theorie ist "die umfassende wissenschaftliche Lehre zur einheitlichen Erklärung eines Phänomenbereichs mit dem Ziel einer systematischen Ordnung zusammengehöriger Gegenstände" (Der neue Brockhaus, Bd.5, 1985, S.267). Das NLP will keine solche Theorie sein, sondern ein Modell. Ein Modell, allgemein ein Muster oder ein Vorbild, ist "ein Abbild der Natur unter Hervorhebung für wesentlich erachteter Eigenschaften und Außerachtlassen als nebensächlich angesehener Aspekte. Ein Modell in diesem Sinn ist ein Mittel zur Beschreibung der erfahrenen Realität, zur Bildung von Begriffen der Wirklichkeit und Grundlage von Voraussagen über künftiges Verhalten des erfaßten Erfahrungsbereichs" (Brockhaus-Enzyklopädie, Bd.14, [19]1991, S. 706). Ein Automodell entspricht den Erkenntnissen seiner jeweiligen Erbauer zum Zeitpunkt der Entwicklung. Der Modellbauer hält sein Modell zum Zeitpunkt der Entwicklung für die beste Möglichkeit, um seine Erfahrungen und Erkenntnisse darzustellen. Die ersten Automodelle waren die besten in ihrer Zeit, sie waren aber nicht unwandelbar. Bis heute werden sie angepaßt an die neuesten Erkenntnisse. Wie die verschiedenen Automarken zeigen, kann man aufgrund ähnlicher Forschungen durchaus zu verschiedenen Modellen kommen. Dennoch hält jede Firma ihr neuestes Modell für das beste zum gegebenen Zeitpunkt. Die Modellbauer des NLP - zu denen ich mich für den Bereich Aphasietherapie auch rechne - sind von ihren Modellen von Verhalten und Kommunikation ebenfalls überzeugt. Was meine eigene Arbeit angeht, so habe ich Muster und Vorstellungen übernommen, die von den Begründern des NLP dargestellt wurden. Einige davon wie z.B. die Annahme, daß innerlich ablaufende Prozesse an Körperhaltung und Augenbewegungen zu erkennen sind, sind in den Wissenschaften durchaus umstritten. Ethnologen, Neurologen und Anwender des NLP beobachten Menschen unter sehr verschiedenen Gesichtspunkten und in unterschiedlichen Kontexten, und so verwundert es nicht, daß sie zu anderen Schlüssen und Aussagen kommen. Aussagen des NLP wie die über die Art und Bedeutung der Körpersprache sind bislang mit herkömmlichen wissenschaftlichen Methoden nicht belegt. Als Modell sind sie aber durchaus brauchbar, um damit zu arbeiten und zu neuen Erkenntnissen zu kommen. Sollte sich irgendwann erweisen, daß das Modell falsch ist, so wird man es an die neuen Erkenntnisse anpassen können, ohne daß die bisherigen Erfolge damit hinfällig wären. Nicht nur Automodelle, selbst das Atommodell hat den Anpassungsprozeß an neue Forschungsergebnisse durchgemacht. Die vorliegende Arbeit ist in diesem Sinn als Modell gemeint. Mit der Vielfalt seiner Vorstellungen und Möglichkeiten wird es nach Meinung der Autorin einer systemischen Therapie zur Zeit am meisten gerecht. Das schließt nicht aus, daß Vertreter anderer Modelle das für ihren Ansatz genauso in Anspruch nehmen oder daß man nicht auch mit anderen Therapieansätzen zu ähnlichen Ergebnissen kommen kann wie in den dargestellten Beispielen der NLP-Therapie. Da das NLP auf dem Modellieren sehr unterschiedlicher Therapieansätze beruht, finden sich viele bekannte Elemente aus anderen Therapien in ihm wieder. Es ist also keineswegs alles neu, was unter dem Namen NLP geschieht, es wird z.T. nur in einen anderen Rahmen gestellt oder anders eingeordnet. Das gilt sowohl für die psychotherapeutischen, als auch für die sprachtherapeutischen Elemente. Jeder Therapeut wird entsprechend seiner Persönlichkeit auch in der Arbeit mit NLP unterschiedliche Schwerpunkte setzen. In meiner eigenen Arbeit mit Aphasikern finden bisher z.B. die Möglichkeiten der Therapie mit gezielten Trancen oder mit Metaphern relativ wenig Berücksichtigung.

Jeder Therapeut muß für sich herausfinden, wie er selbst am besten arbeiten kann. Die Autorin hat das NLP als die Therapiemöglichkeit entdeckt, die ihrer ganz persönlichen Eigenart am meisten entspricht, weshalb sie davon so begeistert ist, daß die Arbeit vielleicht nicht immer in der heute gewohnten neutralen Haltung der Wissenschaft dargestellt ist. Die Art der Darstellung hat aber auch einen Grund im NLP selbst. In der Kommunikation nimmt man über verschiedene Wege Kontakt mit dem Kommunikationspartner auf, um sein Interesse, sein Vertrauen und seine Aufmerksamkeit zu bekommen. Im NLP sagt man, man nimmt "Rapport" auf. Im Rahmen eines Buches ist das vor allem über die Art der Darstellung möglich. Der wissenschaftliche Leser besteht trotz Wissenschaft vermutlich auch immer noch aus anderen recht menschlichen Anteilen. In einer Arbeit über einen ganzheitlich-wissenschaftlichen Ansatz sollten auch die Leser ganzheitlich einbezogen werden. Sonst handelte es sich um einen einseitig denkenden und verfaßten Ansatz über systemisches Arbeiten, was wenig glaubwürdig wäre. In Darstellung und Wortwahl wird daher auch der "Normalmensch" im Leser berücksichtigt, der nach dem Lesen seine Kinder zu Bett bringt oder mit dem Nachbarn über die neue Abfallregelung redet.

Im ersten Kapitel wird der systemtheoretische Ansatz der Wissenschaft dargestellt, der auch die Begründer des NLP leitet. Mit NLP zu arbeiten, bedeutet die Notwendigkeit, in Netzwerken zu denken. Herkömmliches mechanistisches Denken würde den Ansätzen des NLP nicht gerecht. Da man es in der Aphasietherapie immer mit "Patienten" zu tun hat, d.h. mit Menschen, die an einer Krankheit oder ihren Folgen leiden, beschäftigt sich das zweite Kapitel mit dem Menschen und seinem Umgang mit Krankheit und Gesundheit, wie sie sich als Konsequenz eines systemisch ganzheitlichen Verständnisses darstellen. Das dritte Kapitel bietet einen Überblick über das Menschenbild sowie die grundsätzlichen Begriffe, Modelle und Anwendungsmöglichkeiten des Neurolinguistischen Programmierens, wie es von mir verstanden wird. Das vierte Kapitel beschäftigt sich mit den erwiesenen oder vermuteten cerebralen Zusammenhängen, die für die Aphasietherapie und das NLP von Bedeutung sind. Die modernen Neurowissenschaften umfassen verschiedene Forschungsgebiete mit unterschiedlichen Denkansätzen, von denen jedes so umfangreich und kompliziert ist, daß es in diesem Rahmen nicht seiner Bedeutung entsprechend dargestellt werden kann. Es wird der Versuch unternommen, wichtige Merkmale oder Denkansätze der neueren Forschung, die für das Verständnis der Thematik von Bedeutung sind, zu erläutern. Die Konsequenzen, die sich den neurologischen Zusammenhängen und dem NLP für das Verständnis von Sprache und Sprachspeicherung ergeben, finden ihren Niederschlag im fünften Kapitel. Das sechste und das siebte Kapitel beschäftigen sich mit den wichtigsten am therapeutischen Prozeß beteiligten Personen, mit dem Aphasiker und dem Therapeuten. Bei einem ganzheitlichen Ansatz von Therapie kann es nicht nur um Verfahren und Techniken gehen. Der Verlauf der Behandlung hängt zu einem guten Teil von den beiden Menschen ab, die sich in der Therapie begegnen. Der Aphasiker ist zu berücksichtigen mit seiner prämorbiden Persönlichkeit, seinen Werten, Fähigkeiten und Problemen. Der Aphasietherapeut findet in der bisherigen Literatur kaum Beachtung. Es ist selbstverständlich, daß er funktioniert. Wichtig scheinen vor allem die Therapietechniken. In der Praxis ist der Aphasietherapeut mit seiner Persönlichkeit und seiner Einstellung sicher mindestens so wichtig wie die Technik, die er anwendet. Es gibt im Umgang nicht nur die "Droge Arzt" (Balint 1965), es gibt genauso die "Droge Therapeut", die dem Patienten helfen oder schaden kann. Daher sollte man sich auch mit diesem Thema beschäftigen. Das achte Kapitel geht auf Ziele, Diagnostik und Methoden der Aphasietherapie mit NLP ein. In einer ganzheitlichen, auf den Patienten ausgerichteten Therapie müssen die Ziele sowie die Methoden der Diagnostik und Behandlung an den Bedürfnissen des Patienten orientiert sein. Die Ziele der Therapie richten sich nicht nur auf die Sprache und ihre Perfektionierung, sondern auf die Befindlichkeit der ganzen Person des Patienten. Bei der Erläuterung der grundsätzlichen Möglichkeiten der Aphasiebehandlung mit NLP finden vor allem die sprachsteuernden Strategien und die Arbeit mit den inneren analogen Repräsentationssystemen der Sprache Berücksichtigung sowie die mögliche Einbeziehung herkömmlicher Therapiemethoden in die NLP-Arbeit. Im Verlauf der Therapiearbeit haben sich verschiedene Möglichkeiten herausgestellt, wie spezielle Probleme einzelner Aphasiesyndrome schwerpunktmäßig behandelt werden können. Sie werden im neunten Kapitel erläutert. Einen Schwerpunkt bilden hier die Beispieldarstellungen von Therapiesitzungen, die konkret deutlich machen, wie die Arbeit mit NLP gestaltet werden kann. Der Erfolg der Interventionen wird hier auf den Einsatz des NLP bezogen, was nicht heißt, daß diese Arbeit nicht Elemente anderer Therapieansätze beinhalten kann, die für sich auch zu dem Erfolg hätten führen können. Da es hier um die Darstellung des Modells NLP geht, werden die Beispiele auch in diesem Bezugsrahmen beschrieben. Das zehnte Kapitel gibt einige Ansatzpunkte und Beispiele für die Behandlung psychischer Begleitprobleme, wie sie bei Aphasikern immer wieder auftreten.

Gerade bei schwer gestörten Patienten schien bislang ein Eingehen oder Verändern der psychischen Situation praktisch unmöglich. Das NLP bietet Ansatzpunkte, hier über das bisher übliche Maß hinaus den Patienten helfen zu können. Das NLP eröffnet neue Chancen des Denkens und Handelns in der Therapie. Aber auch dieser Ansatz ist nicht immer und bei jedem Menschen gleich anwendbar oder erfolgreich. Im elften und letzen Kapitel wird daher näher darauf eingegangen, unter welchen Voraussetzungen der Einsatz von NLP günstig ist und was ihm im Wege stehen kann. Die Hindernisse gelten dabei mehr für bestimmte Techniken und Interventionen als für die Haltung und das Sein des Therapeuten. Denn wenn das NLP wirklich die Strukturen von Verhalten und Kommunikation darstellt, ist alles Verhalten und Kommunizieren *auch* unter NLP-Gesichtspunkten darstellbar - professionelles und alltägliches, gelungenes und weniger gelungenes. Wo immer zwei (oder mehr) Personen zusammen sind, beeinflussen und "programmieren" sie sich neurolinguistisch. So ist es unmöglich, nicht NLP zu machen, analog zu der Feststellung, daß man "nicht *nicht* kommunizieren kann" (Watzlawik/ Beavin/ Jackson [8]1990, S.51).

1. Der systemtheoretische Ansatz der Wissenschaft

> *"Wenn das Wort »Geist« in den Mund des Papalagi kommt, so werden seine Augen groß, rund und starr; er hebt seine Brust, atmet schwer und reckt sich auf wie ein Krieger, der den Feind geschlagen hat. (...) Der Papalagi denkt so viel, daß ihm das Denken zur Gewohnheit, Notwendigkeit, ja zu einem Zwange wurde. Er muß immerzu denken. Er bringt es nur schwer fertig, nicht zu denken und mit allen Gliedern zugleich zu leben. Er lebt oft nur mit dem Kopfe, während alle seine Sinne tief im Schlafe liegen. (...) Er denkt wohl fröhlich, aber lacht dabei nicht; er denkt wohl traurig, aber weint dabei nicht. Er ist hungrig, aber greift nicht zum Taro oder Palusami (Lieblingsgericht des Samoaners). Er ist zumeist ein Mensch, dessen Sinne in Feindschaft leben mit seinem Geiste; ein Mensch der in zwei Teile zerfällt."*
>
> Der Papalagi.1979

Der Südsee-Häuptling Tuiavii hat, von einer ursprünglichen Lebensweise herkommend, sehr schnell und zielsicher die Probleme von uns aufgeklärten Europäern - den Papalangi - erkannt, als er das Land seiner Träume besuchte und herb enttäuscht wurde. Wir Europäer bzw. Menschen der sogenannten zivilisierten westlichen Welt, entdecken erst allmählich wieder, wohin uns das Denken geführt hat, das so aufregend vielversprechend mit den Entdeckungen der Naturwissenschaft des 17.Jahrhunderts begonnen hatte. So groß und wichtig die Errungenschaften seit Newton und Descartes auch sind, es wird immer deutlicher, daß unsere Welt, soll sie weiter bestehen und gedeihen, ein Umdenken braucht. Die Forderung nach einem neuen Weltbild, einem neuen Paradigma, um die Zukunft zu meistern, kommt aus den verschiedensten Bereichen der Forschung, von den Naturwissenschaften (Capra 1988; Prigogine/ Stengers [6]1990), über die Politik (Global 2000,

1980), die Musik (Berendt 1988), die Theologie (Küng 1990), die Krankenpflege (Juchli 1985) bis hin zur Sprachbehindertenpädagogik (Grohnfeldt 1987; Grohnfeldt 1988).

Der Nobelpreisträger für Chemie Ilya Prigogine sagt für den Bereich der Naturwissenschaft : "Diese neuere Entwicklung der Wissenschaft bietet uns die einzigartige Gelegenheit, die Stellung der Wissenschaft innerhalb der allgemeinen Kultur neu zu bestimmen. Die moderne Wissenschaft ist im spezifischen Kontext des europäischen 17. Jahrhunderts entstanden. Wir nähern uns nun dem Ende des 20. Jahrhunderts, und es scheint, daß die Wissenschaft eine *universalere Botschaft* enthält, eine Botschaft, bei der es um die Wechselwirkung zwischen Mensch und Natur und um die Wechselwirkung zwischen Mensch und Mensch geht" (Prigogine/ Stengers ^{6}1990, S. 12-13). Das gilt nicht nur für die Naturwissenschaften, sondern, und gerade auch, für die Humanwissenschaften, die Pädagogik - und auch die Aphasieforschung und -behandlung.

Ebenso wie die Physik den Wandel im Denken des 17. Jahrhunderts initiierte, ist sie auch jetzt wegweisend, gefolgt von den anderen Naturwissenschaften. Damals schaute Descartes in einer Vision, einer intuitiven Erkenntnis, die Grundlagen für eine Wissenschaft, die Gewißheit vermitteln sollte, ähnlich der Mathematik. Endlich Wahrheit von Irrtum unterscheiden können! Ausgehend von dieser Vision bedeutete für ihn alle Wissenschaft "sicheres, evidentes Wissen. Wir lehnen alles Wissen ab, das nur wahrscheinlich ist, und meinen, daß nur die Dinge geglaubt werden sollten, die vollständig bekannt sind und über die es keinen Zweifel mehr geben kann" (Descartes, zit. nach Capra, 1988, S.56). Um das erreichen zu können, ist es nötig, die zu untersuchenden Probleme in Einzelteile zu zerlegen, die dann auf ihre logische Reihenfolge und ihre Kausalität hin untersucht werden.

Mit Newton wurde dieses Gedankengebäude noch weiter ausgebaut. Er plädiert für eine strenge Trennung von Körper und Geist (Eccles 1990b; Capra 1988; Juchli 1985). Die Welt und auch der Mensch werden als Maschine gesehen, deren Geheimnisse man durch Erforschung der mechanischen Abläufe verstehen lernen kann. Die Vorgänge der Welt, der Zeit und der Mensch selbst werden immer genauer mathematisch berechnet und belegen vermeintlich ein immer umfassenderes Weltverständnis. Bei allen Untersuchungen und Experimenten ist der Mensch ein neutraler Beobachter, der "von außen" betrachtet und dann objektiv und logisch kausal beschreibt. Das Ziel sind abgeschlossene, in sich widerspruchsfreie und allgemein gültige Theorien (Heisenberg 1948).

Die Anwendung dieser Methoden hat die europäische Wissenschaft zu ihrer enormen Blüte geführt. Es ist daher "nicht gerechtfertigt zu sagen, Newtons Theorie sei durch die Relativitätstheorie abgeschafft worden. Sie erweist sich vielmehr als ein Grenzfall, dessen Gültigkeit auf jene Situationen beschränkt ist, bei denen keine Geschwindigkeiten vorkommen, die vergleichbar mit der Geschwindigkeit des Lichtes, etwa 300 000 km pro Sekunde, sind. Bei den meisten Situationen, die im Alltag auftreten, ist dies der Fall. Newtons Physik ist also die Physik des menschlichen Alltags und aus diesem Grunde unmittelbar einleuchtend und durch unsere Sinne direkt erfaßbar. Jedem Autofahrer sind diese Gesetze zumindest intuitiv vertraut" (Fritsch 1990, S.15). Diese Physik war und ist die Grundlage für wesentliche Errungenschaften des Menschen bis in die neueste Zeit. Vermutlich gerade weil diese Physik so "unmittelbar einleuchtend" ist, wie der Physiker Harald Fritsch sagt, hat sich, von der Naturwissenschaft ausgehend, die dualistische, logisch-kausale, objektive Art zu denken und zu forschen im Lauf der Zeit auf alle Wissenschaften ausgeweitet (Capra 1988), auch auf die Wissenschaften, die sich mit dem Menschen oder gar mit Gott befassen, wie Medizin, Psychologie, Linguistik und Theologie. Für die Medizin wurde der Mensch immer mehr zur biochemischen Maschine, die es zu erforschen und bei Defekten zu reparieren gilt. Heute gibt es bereits stattliche Ersatzteillager mit Prothesen verschiedenster Art. Die enormen Fortschritte der Medizin haben für uns alle sehr positive Auswirkungen. Leider wird die Krankheit immer noch selten in einem Gesamtkontext des Lebens des Kranken gesehen (s. Kap.2). Der Behaviorismus in der Psychologie mit seiner Abneigung gegen "Bewußtsein" zeigt deutlich seine Herkunft von der Descartschen Trennung von Körper und Geist (Lefrancois 1976; Capra 1988). Das Wort "Liebe" wird in Anführungszeichen gesetzt (Correll 1971, S.78), und "der Erzieher muß die Emotionen des Kindes als das nehmen, was sie sind: Das Ergebnis von Verstärkungen und Versagungen" (Correll 1971, S.87). Auch das Denken Sigmund Freuds wurzelte zum Teil im biomedizinischen Denkmodell. In einer Rede vor Kollegen stellte er fest: "Analytiker ... können ihre Herkunft aus der exakten Naturwissenschaft und ihre Gemeinschaft mit deren Repräsentanten nicht verleugnen ... Analytiker sind im Grunde unbelehrbare Mechanisten und Materialisten" (Freud 1921, zit. nach Capra 1988, S.194). Die Linguistik, ein für die Aphasiebehandlung wichtiges Gebiet der Forschung, mit ihren sehr detaillierten

Forschungen ist sicherlich ebenfalls in dieser Richtung zu verstehen. Bis vor wenigen Jahren war die Forschung vor allem an der Untersuchung und Behebung linguistischer Defizite interessiert. Bei der Tagung der Gesellschaft für Aphasieforschung und -behandlung des Jahres 1982 hatten von 34 Fachthemen lediglich drei einen Bezug zur Persönlichkeit und der Gesamtsituation der Aphasiker (Ungeheuer 1982; Karrach 1982; Klotz/ Lulei-Janzik/ Schreiner/ Janzik 1982). Auch an Theologie und Kirche ging das "wissenschaftliche" Denken nicht spurlos vorbei, so daß es, vor allem in der evangelischen Theologie, zu Entmythologisierung von Bibel und Gottesbild kam. So gelangte Bultmann zu der Erkenntnis: "Man kann nicht elektrisches Licht und Radioapparat benutzen, in Krankheitsfällen moderne medizinische und klinische Mittel in Anspruch nehmen und gleichzeitig an die Geister- und Wunderwelt des Neuen Testaments glauben. Und wer meint, es für seine Person tun zu können, muß sich klarmachen, daß er, wenn er das für die Haltung des christlichen Glaubens erklärt, damit die christliche Verkündigung in der Gegenwart unverständlich und unmöglich macht" (Bultmann ^{4}1960, S.18). Dorothee Sölle verstand 1968, in den Zeiten des "Politischen Nachtgebets", Glauben als eine Art Leben, "das ohne supranaturale, überweltliche Vorstellung eines himmlischen Wesens auskommt, ohne die Beruhigung und den Trost, den eine solche Vorstellung schenken kann" (Sölle 1968, S.79). Gebet ist dann konsequenterweise "Ersatzhandlung" (Sölle 1968, S.114), es nimmt Energien weg, die man besser im Dienst an der Welt einsetzen sollte. Daß das Empfinden der heutigen, in einer "wissenschaftlichen" Zeit aufgewachsenen Jugendlichen dieser rationalistischen Auffassung der Theologie nicht entspricht, zeigt sich in der großen Attraktivität von Jugendsekten und Spiritismus.

Auch in der heutigen Naturwissenschaft finden die objektiven, logisch-kausalen Forschungen und Messungen nach wie vor Anwendung, und sie sind nach wie vor sehr wichtig für den weiteren Fortschritt, nur ist man sich inzwischen der Grenzen ihrer Gültigkeit bewußt. Die Quantentheorie beispielsweise hat gezeigt, daß in ihr "der mathematische Formalapparat gar nicht unmittelbar auf ein objektives Geschehen in Raum und Zeit abgebildet werden (kann). Was wir mathematisch festlegen, ist nur zum Teil »objektives Faktum«, zum größeren Teil eine Übersicht über Möglichkeiten" (Heisenberg 1948, S.76).

Abb. 1: Wappen von Niels Bohr

Niels Bohr und seine Kollegen mußten nun entdecken, daß eine Gleichzeitigkeit der Gegensätze möglich war, daß sie auf einer höheren Ebene zusammengehören. Den Begriff der Komplementarität, der dafür geprägt wurde, nahm Niels Bohr in sein Wappen auf: »Contraria sunt complementa«, mit dem alten chinesischen Zeichen des Yin und Yang, in dem sichtbar wird, wie die Gegensätze sich ergänzen zu einer höheren Einheit (Abb. 1, nach Teegen 1987). Auch das Symbol des Kreuzes zeigt diese Bedeutung: Horizontale und Vertikale verschmelzen in ihrem Kreuzungspunkt, dem Punkt, in dem die Gegensätze zur Einheit werden (Abb.2). Der gekreuzigte Christus ist der, der den Menschen aus dem Zerrissensein in der polaren Welt zur Einheit bringt (Rosenberg 1975).

Abb.2: Kreuz (Chr.Bertram)

Die Erforschung der Atome führte zu Ergebnissen, die den Forschern völlig neue Wirklichkeiten aufzeigt und für die weder die Sprache noch das alte Denken ausreichten. "Jedesmal, wenn sie die Natur durch ein Experiment befragten, antwortete diese mit einem Paradoxon, und je mehr sie die Situation zu klären versuchten, desto krasser wurden die Paradoxa", beschreibt der Atomphysiker Capra die damalige Situation (Capra 1988, S.78). Wie konnte Licht einmal als Welle, ein anderes Mal als Korpuskel erscheinen? In unserem Bewußtsein schließt sich eine Gleichzeitigkeit dieser Gegensätze aus. Unsere Wahrnehmung, also was wir für wahr halten, ist gewöhnlich polar: Welle oder Korpuskel, Tag oder Nacht, männlich oder weiblich, gut oder böse. Wir können diese Gegensätze nur durch ein Nacheinander bewältigen, häufig in Form eines Rhythmus wie beim Atmen (Dethlefsen/ [5]Dahlke 1990).

Den - auch emotionalen - Schock, der das Umdenken begleitete, beschreibt Heisenberg: "Diese heftige Reaktion auf die jüngste Entwicklung der modernen Physik kann man nur verstehen, wenn man erkennt, daß hier die Fundamente der Physik und vielleicht der Naturwissenschaft überhaupt in Bewegung geraten waren und daß diese Bewegung ein Gefühl hervorgerufen hat, als würde mir der Boden, auf dem die Wissenschaft steht, unter den Füßen weggezogen" (Heisenberg, zit. nach Capra 1988, S.79).

Die Physiker dieser so wichtigen Zeit des Umdenkens faszinieren durch die Weite ihres Horizonts. Sie betreiben Philosophie, beschäftigen sich mit den Zusammenhängen von Naturwissenschaft und Politik, Kunst und Religion. Wie bei vielen großen Entdeckungen spielte auch bei ihnen, bei allem wissenschaftlichen Denken, die Intuition eine entscheidende Rolle, denn die Lösung der Probleme fanden die Forscher nicht nur auf mathematischem Weg an ihrem Schreibtisch, in emotional völlig neutraler Stimmung. Heisenberg erzählt in seinen Erinnerungen an Niels Bohr: "Ich verstand (...), daß die Erkenntnis der Zusammenhänge für ihn nicht aus einer mathematischen Analyse der zugrunde gelegten Annahmen entsprang, sondern aus einer intensiven Beschäftigung mit den Phänomenen, die es ihm ermöglichte, die Zusammenhänge mehr intuitiv zu erfühlen als abzuleiten. So also entsteht Naturerkenntnis, und erst im zweiten Schritt kann es gelingen, das Erkannte mathematisch zu präzisieren und der vollen rationalen Analyse zugänglich zu machen" (Heisenberg 1964, S.53). So treten sie glaubwürdig für das ein, was sie erkannt haben, daß die Welt nicht zu verstehen ist als eine mechanisch arbeitende Maschine, sondern als ein System, "dessen Teile auf ganz wesentliche Weise in Wechselbeziehung stehen und nur als Strukturen eines Vorganges von kosmischen Dimensionen verstanden werden können" (Capra 1988, S.80).

Die ganze Welt als vernetztes System zu erkennen (Vester [4]1987), das ist die Forderung für ein neues Denken, das, wie viele Wissenschaftler behaupten, allein ein Überleben der Welt ermöglichen kann. Dieses Denken ist allerdings anspruchsvoll, denn es geht nicht um ein diffus gefühlvolles, "irgendwie" ganzheitliches Denken und Arbeiten in dem

15

Sinn, daß eigentlich ein Konzept fehlt und man drauflos arbeitet, wie es einem gerade in den Sinn kommt. Diese Auffassung ist mit Sicherheit nicht gemeint. Es geht vielmehr um die Einsicht in die Zusammenhänge, Wechselwirkungen, Rückkopplungen der Systeme; um die Möglichkeiten, regulierend in sie einzugreifen, ohne sie zu gefährden, sondern ökologisch mit ihnen umzugehen.

Die neue Art zu denken wirkt sich selbstverständlich auf die Art zu forschen aus. In seiner Rede zur 500-Jahr-Feier der Universität München 1972 stellt Heisenberg fest, "daß in der heutigen Naturwissenschaft der enge und gewissenhafte Spezialist zwar immer noch eine wichtige, aber nicht mehr die führende Rolle spielen kann. Denn gleichgültig, ob es sich um Physik, Chemie, Biologie oder Medizin handelt, wir sind gezwungen, über die Grenzen in die Nachbargebiete und manchmal über diese Gebiete hinweg bis in die Philosophie hinein zu schauen, wenn wir grundsätzlich wichtige Fortschritte machen und verstehen wollen" (Heisenberg 1972, S.295). Gregory Bateson geht in seinen Aussagen noch weiter. Er behauptet: "Die Wissenschaft beweist nie etwas. Manchmal *verbessert* die Wissenschaft Hypothesen, und manchmal *widerlegt* sie welche. Aber beweisen wäre etwas anderes, und vielleicht geschieht dies auch nur in den Sphären der vollständig abstrakten Tautologie. Manchmal können wir sagen: *Wenn* diese oder jene abstrakten Annahmen oder Postulate gegeben sind, *dann* muß dieses oder jenes notwendig folgen. Aber die Wahrheit dessen, was wahrnehmbar ist oder durch Induktion von der Wahrnehmung erreicht werden kann, ist wieder etwas anderes.

Sagen wir, daß Wahrheit eine genaue Korrespondenz zwischen unserer Beschreibung und dem Beschriebenen oder zwischen unserem gesamten Netzwerk von Abstraktionen bzw. Deduktionen und irgendeinem vollständigen Verstehen der äußeren Welt bedeuten würde. Wahrheit in diesem Sinne ist nicht erreichbar" (Bateson 1987, S.37). An die Universität Californien gerichtet schreibt er 1978: "Als eine technische Schule halten wir uns ganz gut. Wir können zumindest junge Leute zu Ingenieuren, Ärzten und Rechtsanwälten ausbilden. Wir können die Fertigkeiten vermitteln, die Erfolg im Beruf garantieren, deren Arbeitsphilosophie wiederum derselbe alte dualistische Pragmatismus ist. Und das ist viel. Es ist vielleicht nicht die Hauptaufgabe und Funktion einer großen Universität… Kommen Sie aber nicht auf die Idee, daß die Fakultät, die Verwaltung und die Studienleitung allein veraltet sind, während die Studenten als weise, edel und modern dastehen. *Sie sind genauso veraltet wie wir.* Wir sitzen alle in einem Boot, dessen Name 'Erst 1978' ist, die aus den Fugen geratene

Zeit. 1979 werden wir mit Hilfe von Strenge und Phantasie ein wenig mehr wissen, jenen beiden großen Gegensätzen des geistigen Prozesses, von denen sich jeder für sich genommen tödlich auswirkt. Strenge allein ist lähmender Tod, aber Phantasie allein ist Geisteskrankheit" (Bateson 1978).

Mit Strenge *und* Phantasie (Bateson 1978), man könnte auch sagen, mit linker und rechter Hirnhemisphäre bzw. allen Teilen eines "Multimind"-Gehirns (Ornstein 1989) die Zukunft zu gestalten - die Naturwissenschaften haben sich energisch dazu auf den Weg gemacht, da ihnen durch ihre Forschung ein Umdenken quasi aufgezwungen wurde. Auch im Bereich der Aphasieforschung und -therapie zeigen sich seit einigen Jahren Wandlungen. Die Themenliste der interdisziplinären Jahresfachtagung 1991 weist 8 von 28 Themen auf, die sich nicht rein linguistisch mit den Problemen der Aphasiker befassen. Der ganze Mensch rückt auch hier immer mehr in den Mittelpunkt (Stark 1991; Verschaeve 1991; Wolf 1991; v.Stockert 1991; Kumke 1991; Wieland/ Sandt-Koendermann/ Visch-Brink/ u.a. 1991; Herrmann/ Wallesch 1991). In der Ausbildung der Aphasietherapeuten zeigen sich, je nach Ausbildungsort, zunehmend Ansätze zu systemischer Forschung und Arbeit (Grohnfeldt 1987; Grohnfeldt 1988b; Grohnfeldt 1989).

Bezogen auf die Aphasiebehandlung hat das Denken und Arbeiten in Systemen Auswirkung auf das Verständnis von Krankheit (Kap.2), von Aphasie und von der Arbeitsweise des Gehirns (Kap.4), der Sprachspeicherung (Kap.5) und der Sprachtherapie (Kap.8). Nicht zuletzt hat dieses Denken Auswirkungen auf das Verständnis des Therapeuten von sich selbst als einem Teil des Systems (Kap.7).

Das Neurolinguistische Programmieren beruht auf einem Denken in Systemen. Um es angemessen anzuwenden, braucht es Menschen, die systemisch denken und leben. Ein bloßes Anwenden von Techniken und "Tricks" ist weder im Sinne der Begründer, geschweige denn der Therapeuten, die für die Entwicklung des NLP modelliert wurden, wie Virginia Satir, Fritz Perls und Milton Erickson. Nach Liliane Juchli ist Ganzheitlichkeit in diesem Sinne:
- "mehr Weg als Ziel"
- "nicht bloß ein theoretisches Konzept, sondern ein lebenslanges Sich-Bemühen"
- "weniger handlungs- als seinsorientiert" (Juchli 1985, S.42-43).

Den Begründern Richard Bandler und John Grinder geht es nicht darum, objektive Wahrheiten herauszufinden, die, unabhängig vom Beobachter, immer in gleicher Art sich als "richtig" erweisen, es geht ihnen vielmehr um Muster oder Modelle von Kommunikation und Verhalten. Wie das Heisenbergsche Prinzip der Unschärfe-Relation besagt, daß der Wahrnehmungsstandort des Beobachters sich im Ergebnis der Beobachtung auswirkt, sind auch die Ergebnisse der NLP-Anwendungen niemals losgelöst vom Anwender zu sehen. Seine Werte und seine Wahrnehmungsfähigkeiten gehen auf vielerlei Weise in die Ergebnisse mit ein. Im NLP geht es erklärtermaßen um subjektive Erfahrungen von subjektiven Therapeuten. Richard Bandler und John Grinder wollen keine neuen Theorien, die widerspruchsfrei und für alle Zeiten gültig sind (Heisenberg 1948), sondern sie wollen Modelle. "Modelle" können hier so verstanden werden, wie Richards und von Glaserfeld sie definieren: "...halten wir es für wichtig, daß das Modell als Modell verstanden wird und nicht als die Beschreibung eines ontologischen wirklichen Arrangements. Entsprechend darf es in keiner Hinsicht als 'wahr' präsentiert werden, es genügt, es als einen möglichen Weg darzustellen, um zu einer intern konsistenten Vorstellung von organismischen Systemen zu kommen" (Richards/ von Glaserfeld [4]1991, S.221). Sie wollen beschreiben, wie etwas funktioniert, und nicht, warum es funktioniert. Es geht um Muster, die sinnesspezifisch dargestellt werden müssen.

"Es gibt für ein Muster in der Regel mehrere Darstellungsmöglichkeiten. Jede dieser Möglichkeiten ist auf die unterschiedlichen Fähigkeiten der Sinneswahrnehmungen der individuellen Anwender zugeschnitten. Ich weise darauf hin, daß diese Forderung statistische Formulierungen über Kommunikationsmuster ausschließt.

Im Rahmen von NLP sind statistische Aussagen nicht wohlgeformt, weil sie nicht anwenderorientiert sind. Sie geben bestenfalls an, welche Ergebnisse ein Benutzer in einer Reihe von Kontexten erwarten kann; sie geben keine Information über eine spezifische Situation" (Grinder [3]1989, S.17). Sicherlich könnten einzelne Punkte des NLP-Modells mit den Methoden der herkömmlichen Wissenschaft auf ihren "Wahrheitsgehalt" hin untersucht werden, was bisher kaum, und wenn, dann, soweit mir bekannt, nicht sehr angemessen geschehen ist (Bliemeister 1988).

Bei dem vorliegenden Buch handelt es sich nicht um statistische Auswertungen von Therapieversuchen. Es geht vielmehr um die Zusammenhänge innerhalb des Systems bzw. der Systeme, in denen sich

Aphasietherapie abspielt. Die einzelnen am Prozeß beteiligten Teile des Systems werden verdeutlicht und Möglichkeiten ihrer gegenseitigen Beeinflussung aufgezeigt. Es kann sich - aus gutem Grund - hierbei nur um ein Modell handeln, "und zwar als ein versuchsweise entworfenes konzeptionelles Arrangement, mit dessen Hilfe Erfahrung einsehbarer und handhabbarer wird. (...) Ein Modell soll eine Struktur weder abbilden noch verdoppeln, sondern einen möglichen Weg zur Ausführung einer Funktion illustrieren, die zu einem gegebenen Resultat führt" (Richards/ von Glaserfeld [4]1991, S.195). Jeder einzelne Anwender sollte flexibel und individuell angepaßt damit umgehen. Werden diese Modelle gesetzmäßig angewandt, werden sie sich in vielen Fällen als falsch erweisen.

2. Krankheit und Gesundheit in ganzheitlicher Sicht

Vieles in eurem Schmerz ist selbsterwählt. Es ist dies der bittere Trank, mit dem der Arzt in euch das kranke Ich heilt. Daher trauet dem Arzte und trinket sein Heilmittel in Schweigen und Gelassenheit: Denn seine Hand, wie schwer und hart sie auch sein mag, wird gelenkt von der milden Hand des Unsichtbaren, und der Kelch, den er reicht, so er euch auch die Lippen senge, ward gebrannt aus dem Lehme, den der Töpfer benetzte mit seinen heiligen Tränen.

Khalil Gibran

Für den griechischen Arzt Hippokrates (ca.400v.Ch.), dessen Eid noch heute jeder Arzt schwört, war Gesundheit ein Zustand des Gleichgewichts von Temperamenten und Begierden des Menschen im Zusammenspiel mit seinen Lebensgewohnheiten und den Qualitäten der Luft, des Wassers, der Landschaft - also der Umwelt. Mit Begierden umschreibt er die gegenseitige Abhängigkeit von Körper und Seele, die Temperamente stehen für hormonelle und chemische Ausgewogenheit.

Ähnlich sieht Hildegard von Bingen (1098 - 1179) den Menschen eingebunden in die ganze Schöpfung: "O Mensch, schau dir doch daraufhin den Menschen richtig an: der Mensch hat ja Himmel und Erde und die ganze übrige Kreatur schon in sich selber und ist doch eine ganze Gestalt (una forma), und in ihm ist alles schon verborgen vorhanden (in ipsa omnia latent)" (Hildegard von Bingen [4]1957, S.50). Über psycho-physische Zusammenhänge schreibt sie: "Wie Leib und Seele eine Einheit sind und sich gegenseitig stützen, so verhalten sich auch die Planeten zum Firmament: auch sie hegen sich gegenseitig und machen sich stark. Wie aber die Seele es ist, welche ihren Leib belebt und kräftigt, so ist es auch die Sonne, die mit dem Mond und den übrigen Gestirnen das Firmament mit ihrem Feuer wärmend hegt und stärkt" (Hildegard von Bingen [4]1957, S.62).

Wie die Elemente die Welt zusammenhalten, halten sie auch das Gefüge des menschlichen Organismus zusammmen: "So verhält es sich, wenn die Elemente die rechte Ordnung in der menschlichen Organisation verwirklichen: sie sind dann der Garant seiner Erhaltung und seiner Gesundheit. Sobald sie aber von dieser Funktionsordnung abgehen (discordant), machen sie ihn krank und bringen ihn zum Tode. (...) Bewahrt aber ein jedes von ihnen sein richtiges Maß, so daß es von je einem anderen temperiert ist und so angehalten wird, die richtige Ordnung einzunehmen, dann erhält es den Menschen gesund oder bringt ihm die Genesung wieder" (Hildegard von Bingen [4]1957, S.113).

Infolge der Descarteschen Trennung von Leib und Seele wandelte sich im 17.Jahrhundert das Denken in der Medizin hin zu einem mechanistischen Bild vom Menschen. Der Körper wurde zu der zu reparierenden Maschine, mit allen Kosenquenzen, die wir bis heute erleben. Diese Maschine "Mensch" wurde immer detaillierter untersucht, es bildeten sich immer mehr spezielle Fachgebiete heraus, die sich mit einem Teil von ihr beschäftigen und gut auskennen. Im Lauf der Zeit kamen dann die Spezialisten für die Seele hinzu, die sich mit diesem Teil des Menschen befassen und mit den "Körperspezialisten" nicht allzuviel zu tun haben bzw. umgekehrt. Die Medizin hat mit diesem Ansatz zweifellos riesige Fortschritte gemacht, denen unzählige Menschen ihr Leben verdanken. Aber diese Entwicklung hat auch ihre Schattenseiten, die zunehmend von den Patienten und z.T. auch von Therapeuten und Ärzten wahrgenommen werden. Der Patient ist in diesem Denken entmündigt und wird sich selbst entfremdet. Denn nicht er selbst und sein Empfinden der Symptome und ihrer Ursachen ist gefragt, sondern Laborergebnisse und Untersuchungen durch den neutralen Spezialisten, der dann auch entscheidet, was für eine Krankheit der Patient hat. Allein der Ausdruck: "eine Krankheit haben" zeigt, daß nicht davon ausgegangen wird, daß dem Menschen etwas fehlt, um in der Balance zu sein ("Was fehlt dir?"), sondern, daß die Krankheit ein Eindringling ist, den man hat und loswerden möchte (Dethlefsen/ Dahlke [5]1983). Der Patient mit seinem Denken und seiner Lebensweise hat damit nichts zu tun. Daher wird das Auftreten von unliebsamen Symptomen bekämpft, man geht zu dem "Medizin-Ingenieur", der die Maschine untersucht und, wenn er gut ist, das richtige Mittel verschreibt, das die Symptome beseitigt und es dem Patienten ermöglicht, sein Leben wie bisher weiterzuführen. Der Arzt wird zu dem "Halbgott in weiß", der alle Kenntnis besitzt und dem der Patient unwissend ausgeliefert ist. Die Haltung, die der Patient nicht nur dem Arzt, sondern auch dem Therapeuten entgegenbringt, ist die eines Entmündigten, der gar nicht mehr erwartet, selbst an seiner Heilung arbeiten zu können oder zu müssen, was sehr bequem und angenehm sein kann. Auf die Frage des Sprachtherapeuten an den Patienten: "Wo hapert's denn noch mit dem Sprechen?" oder "Was möchten Sie denn heute tun?" kommt oft die erstaunte - und erstaunliche - Antwort: "Das müssen Sie doch wissen!"

Spielen die im Gesundheitswesen Tätigen dieses Spiel weiter mit, ergeben sich weitreichende Konsequenzen, nicht nur für den Einzelnen, sondern für die ganze Gesellschaft. Ivan Illich stellt in seiner "Nemesis der Medizin" (1981) sehr eindrücklich die Folgen dar: "Die unerwünschten Nebenfolgen von korrekten, irrtümlichen, gleichgültigen und kontraindizierten technischen Kontakten mit dem Medizinsystem stellen nur die erste Ebene der pathogenen Medizin dar. (...) Auf einer zweiten Ebene fördert die medizinische Praxis die Krankheit, indem sie eine morbide Gesellschaft stützt, die die Leute dazu treibt, Konsumenten von Heils-, Präventiv-, Industrie- und Umweltmedizin zu werden. (...) Auf einer dritten Ebene bewirken die sogenannten Gesundheitsberufe insofern einen noch tieferen, kulturell gesundheitsschädigenden Effekt, als sie die Bereitschaft der Menschen zerstören, ihre menschliche Schwäche, Verletzlichkeit und Einmaligkeit auf persönliche, autonome Weise zu bewältigen" (Illich 1981, S.42-43).

Sieht man von der Medizingeschichte der letzten Jahrhunderte ab, scheint es für die westliche Medizin relativ leicht, zu einem Systembild des Lebens entsprechend dem Denken der modernen Physik zu finden, kann sie doch anknüpfen an ihre Ursprünge im Westen, wie Hippokrates oder Hildegard von Bingen, an die Natur- und Erfahrungsheilkunde wie beispielsweise die klassische Homöopathie Samuel Hahnemanns (1775 - 1843) (Hahnemann [6]1987; Vithoulkas 1979), oder an medizinische Erkenntnisse anderer Kulturen, seien es die der Indianer oder der Chinesen (Capra 1988). Die medizinischen Errungenschaften seit der Aufklärung sind bei diesem neuen Paradigma (Modell, Muster) der Medizin keineswegs überflüssig, sie sind mit Sicherheit auch für die Zukunft unentbehrlich und sollten entsprechend berücksichtigt werden, denn ein Denken in Systemen bedeutet nicht, ein neues Entweder-Oder-Modell einzuführen, also die uns jetzt gewohnte Art der modernen Medizin zu verteufeln, keinen Arzt mehr aufzusuchen und nur noch zu Heilern und Psychotherapeuten zu gehen. Das wäre altes Denken in Polaritäten, lediglich mit anderen Begriffen gefüllt. Anzustreben ist vielmehr ein Sowohl-als-auch, eine Verbindung von moderner und traditioneller Medizin mit den Erkenntnissen der Psychologie und Psychotherapie, Ernährungswissenschaft, Soziologie, Ökologie und Religion.

Die Weltgesundheitsorganisation (WHO) hat bereits 1946 den Begriff "Gesundheit" recht umfassend definiert: "Die Gesundheit ist der Zustand des vollständigen körperlichen, geistigen und sozialen Wohlbefindens und nicht nur des Freiseins von Krankheit und Gebrechen.

Sich des bestmöglichen Gesundheitszustandes zu erfreuen, ist eines der Grundrechte jedes Menschen, ohne Unterschied der Rasse, der Religion, des politischen Bekenntnisses, der wirtschaftlichen und sozialen Stellung.(...)

Für die höchste Entwicklung des Gesundheitszustandes ist von wesentlicher Bedeutung, daß die Wohltaten des medizinischen, psychologischen und des damit zusammenhängenden Wissens allen Völkern nutzbar gemacht werden" (WHO 1946, zit.nach Teegen 1983, S.38). Wenngleich die Vielseitigkeit der Aspekte, die in diese Definition aufgenommen sind, für die damalige Zeit bemerkenswert ist, weist die Beschreibung der Gesundheit als Zustand auf eine Stabilität hin, wie sie in lebendigen Systemen nicht gegeben ist. Ilya Prigogine, Nobelpreisträger für Chemie 1977, weist auf den Zusammenhang von Schwankungen hin, die bei der Herausbildung von Ordnung eine wichtige Rolle spielen: "Wir können dissipative Strukturen als gewaltige Schwankungen auffassen, die durch Energie- und Materiefluß aufrecht erhalten werden. Sie sind in der Tat das Ergebnis von Schwankungen, doch wenn sie einmal entstanden sind, können sie in bezug auf große Klassen stabil sein. (...) Wir sind intuitiv der Ansicht, daß Schwankungen in der Nähe von Verzweigungen 'größer' als gewöhnlich sein müssen. Das System beginnt, zwischen verschiedenen Möglichkeiten zu wählen" (Prigogine/ Stengers [6]1990, S.176).

Wünschen wir uns eine "stabile" Gesundheit, so bewegen wir uns außerhalb der Realität. Thorwald Dethlefsen drückt es so aus: "Wir sollten uns von der Illusion lösen, man könnte Krankheit vermeiden oder aus der Welt schaffen. Der Mensch ist ein konflikthaftes Wesen und somit auch krank. (...) Kranksein gehört zur Gesundheit, wie der Tod zum Leben" (Dethlefsen/ Dahlke [5]1983).

Es geht nicht um die totale Abwesenheit von Symptomen, lupenreine Gesundheit, sondern um ein besseres Verstehen der Systeme, die wir sind und in die wir eingebunden sind. Wir können lernen, mit den Schwankungen im Gleichgewicht der Systeme immer besser umzugehen, bemerken, wo wir selber für uns unangenehme Schwankungen hervorgerufen haben durch Einstellungen, Überzeugungen, Lebensstil.

Die Krankheit oder ihre Symptome sind nicht länger ein Feind, den es so schnell wie möglich zu bekämpfen und zu vertreiben gilt, sondern Mahner, wenn nicht gar Freund, der helfen will, wieder zu einer günstigeren Balance oder Einheit zu finden. Wenn der Patient die Symptome "loswerden" will, gilt es, zuerst ihre Botschaft zu verstehen, um den Symptomen zu zeigen, daß sie nicht mehr nötig sind und verschwinden können. Um diesen Schritt zu tun, muß der Kranke bereit sein zu akzeptieren, daß er selber und nicht der Arzt oder Therapeut verantwortlich ist für seine Krankheit. Das ist häufig ein schwieriger Schritt, da die Betroffenen oft meinen, nun seien sie *schuld* an ihrer Krankheit, und das kann doch nicht sein. Es gilt einzusehen, daß es nicht um Schuld oder Nicht-Schuld geht, sondern um das Anerkennen unserer eigenen Verantwortung für unsere Gesundheit. Schuldgefühle sind rückwärts gewandt, sie haben keine Perspektive für die Zukunft. Heilsamer ist der Blick nach vorn mit dem Bemühen, etwas zu unternehmen, um in Zukunft gesünder zu werden (Jaffe [2]1988; Simonton, C.O. u. S.M./ Creighton 1982).

Der Patient und sein Helfer müssen aber auch wieder entdecken bzw. akzeptieren, daß jeder Mensch in sich selber, als Gabe des Schöpfers, Selbstheilungskräfte hat, die es ihm ermöglichen zu gesunden. Diese Selbstheilungskräfte werden am deutlichsten, wenn Menschen gesund werden, denen der Arzt statt eines wirksamen Medikamentes ein Placebo, ein Scheinmedikament ohne Wirksubstanzen, gegeben hat. Im herkömmlichen Denken wird dieser Placeboeffekt lediglich abfällig beurteilt, der Patient ist ja "nur" durch "Einbildung" gesund geworden. Aber wie fantastisch ist doch diese Möglichkeit der Gesundung durch "Einbildung"! Neuere Behandlungsansätze arbeiten mit dieser Fähigkeit des Menschen, durch gezieltes Arbeiten mit den inneren Bildern gesund zu werden. Carl O.Simonton und in einer Weiterentwicklung Robert Dilts, einer der Begründer des NLP beispielsweise, haben mit den Techniken des Visualisierens gute Erfolge bei der Behandlung von Krebs und anderen Krankheiten (s.Kap.11.3) (Simonton O.C./ Simonton S.M./ Creighton 1982; Dilts/ Hallbom/ Smith 1991).

Die Überzeugungen des alten bzw. neuen Paradigmas des Gesundheitswesens (Ferguson 1982; Teegen 1987; Irmey 1990) lassen sich wie folgt zusammenfassen:

ALTES PARADIGMA	NEUES PARADIGMA
Die Krankheit	
Krankheit ist ein Feind, der bekämpft und vertrieben werden muß.	Die Symptome einer Krankheit sind Signale, die als Freunde oder Mahner auf eine Unausgeglichenheit und mangelnde Balance im Leben hinweisen wollen. Sie sind der Versuch, die Balance wiederherzustellen.
Krankheit ist ein statischer Zustand.	Krankheit ist ein dynamischer Prozess, eine Interaktion zwischen den verschiedenen Systemen des Organismus und seiner Umgebung.
Ursachen für Krankheiten sind "Erreger", Erbanlagen, Gifte (wie Nikotin, Abgase usw.) Mangelzustände der Körpermaschine.	Innere Einstellungen zu sich und der Welt ("beliefs"), die den Lebensstil prägen, bilden zusammen mit "Erregern" und Umweltgiften die Ursache für Erkrankungen.
Der Körper	
Der Körper ist eine biochemische Maschine, die möglichst gut gewartet und repariert werden muß.	Der Körper ist ein dynamisches System, in dem viele "Untersysteme" zusammenarbeiten, eingebunden wieder in größere Systeme, ein Energiefeld innerhalb weiterer Felder.
Meßbare Daten geben Auskunft über Zustand und Funktionsfähigkeit des Körpers.	Subjektive Angaben des Patienten sowie qualitative Informationen über Körperbewußtheit, Flexibilität, Energieblockaden dienen, ergänzt durch quantitative Datenerhebung, der Beurteilung des Zustandes.

Körper-Seele-Geist

Körper und Seele (+Geist) sind voneinander getrennt.	Körper, Seele und Geist arbeiten zusammen und beeinflussen sich ständig gegenseitig.
Seele und Geist sind nur bei wenigen Krankheiten zu berücksichtigen.	Alle Krankheiten sind psychosomatisch.
Der "Placebo-Effekt" wird als negativ eingestuft.	Der "Placebo-Effekt" zeigt die wichtige und wirkungsvolle Rolle des Geistes bei der Behebung von Krankheiten.

Behandlung

Vorrangiges Ziel ist die Beseitigung von Symptomen.	Ziel ist ein möglichst großes Gleichgewicht von Körper, Seele, Geist. In diesem Zusammenspiel werden die Ursachen für die Symptome gesucht. Die Behebung eines Symptoms muß für den Organismus ökologisch sein, um dauerhafte Besserung zu bringen.
Ziel ist ein ganz gesunder Mensch.	Ziel ist eine relative Gesundheit (Metagesundheit). Das Auftauchen von Symptomen wird als zum Menschen gehöriges Signal des Organismus gesehen.

Der Helfer

Der Helfer steht über den Problemen des Patienten, seine eigenen Probleme werden ausgeklammert. Er ist Autorität, der Patient ist von ihm abgängig.	Der Helfer weiß sich eingebunden in dieselben Zusammenhänge wie der Patient. Auch er hat nur eine Metagesundheit. Er ist Partner und Begleiter, der sein Wissen und seine Sicht von außen respektvoll zur Verfügung stellt.
Der Helfer ist im Besitz des Wissens über Krankheit und deren Behandlung. Er bestimmt die Ziele der Therapie.	Die Wünsche, Erfahrung, das Erleben und das Wissen des Patienten um sich selbst sind wichtige Hilfen für den Helfer, um die Werte und Ziele des Patienten zu erkennen. Er stellt sein Können zur Verfügung, um mit dem Patienten gemeinsam an der Erreichung oder vom Patienten gewünschten Korrektur dieser Ziele zu arbeiten.

Umgeben, durchdrungen und ständig in mehr oder weniger bewußtem Austausch mit Gott (oder transzendenter Kraft - wie auch immer man ihn, je nach religiöser Heimat, benennen mag) bestehen der Mensch und seine Umwelt aus vielen ineinandergreifenden, sich gegenseitig beeinflussenden Systemen, von denen nur einige in dem "Systembild des Menschen" (Abb. 3) dargestellt sind. Das zentrale Nervensystem ist ein faszinierendes System mit vielen Subsystemen, so komplex, daß die Menschen es bisher nicht nachbauen können. Die Sinnesorgane, die inneren Organe mit all den hochkomplizierten chemischen Prozessen, die von ihnen gesteuert werden, Skelett, Muskeln (Tonus), sie alle arbeiten als Systeme zusammen, die wiederum zu den übergreifenden oder untergeordneten Systemen in ständigem, reguliertem Austausch stehen. Das gesamte Netzwerk Mensch mit seinen Prozessen ist seinerseits verflochten in andere Netzwerke, die es beeinflussen und die von ihm beeinflußt werden, wie Familie, Beruf und Gesellschaft, Überzeugungen und Werte, seine Ziele, Deutung von Vergangenheit und seine psychischen Verarbeitungsmöglichkeiten.

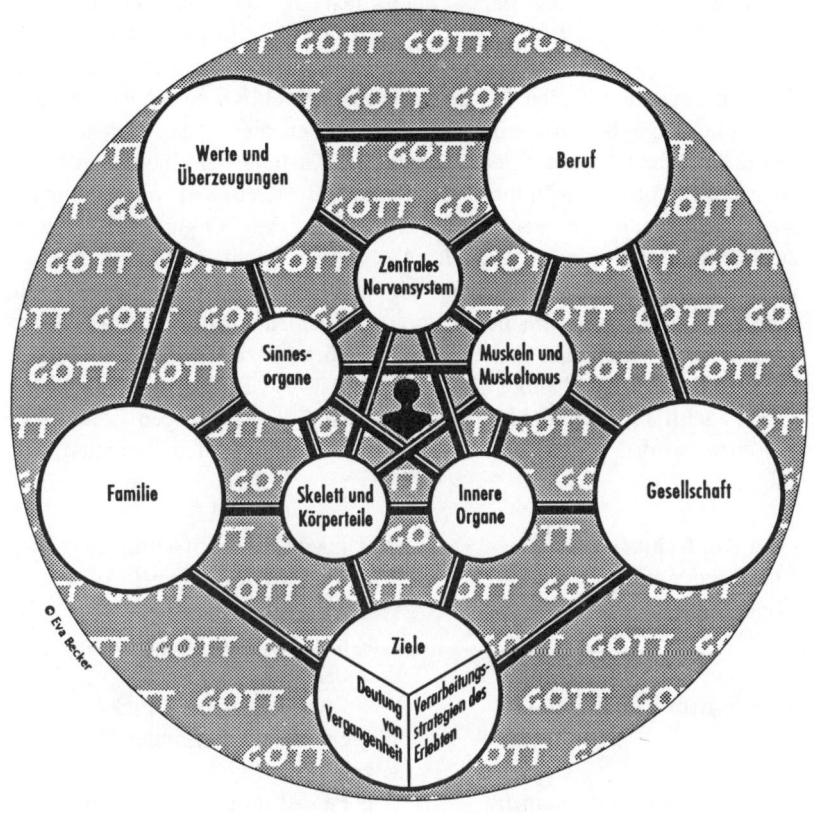

Abb.3: Systembild des Menschen

Die Familie, selber von Tradition und Gesellschaft beeinflußt, vererbt eine bestimmte Konstitution, und sie beeinflußt dadurch wie durch ihre Art zu leben die Herausbildung von Fähigkeiten und Werten. Auch bei der Berufswahl spielt die Familie gewöhnlich eine direkte oder indirekte Rolle. Hat der Mensch einen bestimmten Beruf ergriffen, so beeinflußt dieser sein psychisches und physisches Befinden. Durch das Erleben im dem Beruf ändert er eventuell seine Werte, was nicht ohne Auswirkung bleibt auf die Familie und damit auf die Gesellschaft. So beeinflußt die Änderung eines Teiles im System das gesamte System. Befindet sich das Netzwerk aus Systemen in einem ausgeglichenen Zustand, d.h. einem

Zustand, der von allen daran Beteiligten als der weiteren Existenz förderlich erlebt wird, werden sich auch alle Beteiligten in einem recht guten und angenehmen Zustand befinden. Kommt es zu Schwankungen, die von einzelnen Teilen des Systems als bedrohlich erlebt werden und die nicht ausgeglichen werden können, werden diese Teile sich melden, um ihren Mangel anzuzeigen. Tritt dieser Zustand bei einem Menschen ein, spricht man gewöhnlich von Krankheit. Krankheit wäre demnach als Warnsignal zu verstehen. Ein Teil des Organismus macht aufmerksam auf einen Mangel. Aus dieser Sicht ist die Krankheit durchaus positiv zu verstehen, wir müssen nur wieder lernen, die Sprache unseres Organismus zu verstehen. Eine Möglichkeit, sie zu verstehen ist, daß man das Signal des Körpers zuerst einmal wörtlich nimmt (Dethlefsen/ Dahlke ^{5}1983; Teegen 1987; Ruthe 1975; Ferguson 1982; Juchli 1985). Die Umgangssprache hat das seit langen Zeiten sehr gut zum Ausdruck gebracht. So kann man sich oder den Patienten z.B. fragen:

- bei Kopfschmerzen: Was macht dir Kopfschmerzen?
- bei Magenschmerzen: Was liegt dir im Magen?
- bei Herzproblemen: Was geht dir zu Herzen?
  Was nimmst du dir zu Herzen?
  Was bricht dir das Herz?
- bei hohem Blutdruck: Was setzt dich unter Druck?
  Wovon läßt du dich unter Druck setzen?
- bei Verdauungsproblemen: Was kannst du nicht verdauen?
  Was kannst du nicht loslassen?

In der Praxis sind mir sehr viele Patienten begegnet, bei denen diese einfachen Fragen schon viele Probleme, die der Erkrankung zugrunde lagen, aufdeckten. Eine solche Frage kann eventuell aussagekräftiger sein als Laboruntersuchungen.

Ein Patient, ca. 80 Jahre alt, hatte einen cerebralen Insult erlitten mit schwerer Hemiparese rechts, schwerster globaler Aphasie mit ausgeprägten Wahrnehmungsstörungen. Er war an den Rollstuhl gebunden, den er aufgrund der Schwere der Ausfälle lange Zeit nicht selber bedienen konnte. Wochenlang litt er unter Durchfall, für den man trotz vielfältiger, unangenehmer Untersuchungen keine Ursache finden konnte. Anamnestisch stellte sich heraus, daß er bis zu seiner Erkrankung leidenschaftlich gern und schnell Auto gefahren war. Er stellte wahre Rekorde auf. Wen wundert es da noch, daß er die

Situation, an den Rollstuhl gebunden zu sein, jeder Fortbewegung beraubt, im wahrsten Sinne des Wortes nicht verdauen konnte? Ein anderer Patient, der zuerst seinen einzigen Sohn durch einen plötzlichen Tod verlor, dann auch die verzweifelte, schwangere Schwiegertochter und zuletzt seinen Freund, bekam schließlich einen Schlaganfall. Wem würde da nicht das Wort naheliegen: "Mich trifft der Schlag!" Diesen Patienten traf er verständlicherweise wirklich, verbunden mit einer schweren Globalen Aphasie. Es hatte ihm "die Sprache verschlagen", so daß er keinen Laut mehr bewußt sprechen konnte. Der Organismus war durch die tragischen Erlebnisse so erschüttert worden, daß er keinen besseren Ausweg aus der Situation fand als die Krankheit.

Gewöhnlich hat eine Krankheit auch einen Gewinn und ein Ziel (Ansbacher/ Ansbacher [2]1975). Sagt ein Ehemann, dessen Frau einen Schlaganfall mit Globalaphasie bekommen hat: "Ich dachte, mit dieser Frau hätte ich mehr Glück, die erste ist mir schon gestorben, diese sollte mich doch versorgen!", dann ist schon recht verständlich, daß die Frau gar nicht so unter ihrer Situation und der Sprachlosigkeit leidet. Durch ihre Krankheit ist es ihr gelungen, die von dem Mann geplante Situation umzukehren: Nun muß er sie versorgen. Kein Wunder, daß sie nicht sehr motiviert war, wieder sprechen zu lernen.

Es ist also wichtig für den Therapeuten herauszufinden, was sich für den Patienten positiv durch die Erkrankung geändert hat. Das macht den inneren Konflikt im Patienten und sein unbewußtes Ziel deutlich. Werden diese Gesichtspunkte nicht berücksichtigt, kann der Sprachtherapeut vielleicht eine ganze Weile recht erfolgreich arbeiten, häufig allerdings gegen einen latenten Widerstand des Patienten, bis der Patient dann einen neuen Schlaganfall bekommt, der alle Arbeit zunichte macht. Für den Patienten ist es sehr ökologisch, denn sein Ziel war es, sich dem Anspruch der Umwelt zu entziehen, was bei wiedergewonnener Sprache nicht mehr möglich gewesen wäre.

Die Ziele und Überzeugungen des Patienten zu erforschen, ist eine wesentliche Hilfe für die therapeutische Arbeit. Ein Patient, der gesund werden will, der Ziele im Leben hat, für die es sich lohnt zu genesen, der wird, wenn diese Haltung stimmig ist, mit allen Möglichkeiten versuchen, dieses Ziel zu erreichen. Unbewußt macht er sich Bilder, Geräusche, Gefühle von der erstrebenswerten Zukunft. Auf diese Ziele wird das Unbewußte dann auch zugehen. Hat er keine Ziele für sich bzw. den Tod als Ziel, wird der Organismus ihm auch helfen, dieses Ziel zu erreichen. Die Simontons (1982) und auch Robert Dilts (1991) machen sich in ihrer Therapie diese Erkenntnisse zunutze. In Abstimmung mit den Patienten arbeiten sie mit ihnen an deren

Überzeugungen und Zielvorstellungen und erzielen allein auf diesem Weg erstaunliche Heilungen. Auch für den Sprachtherapeuten, der gewöhnlich einen sehr intensiven Kontakt zum Patienten hat, ergeben sich hier viele Möglichkeiten, die ohnehin stattfindenden Gespräche heilsamer für den Patienten zu gestalten. Für den Therapeuten selbst ist die Erforschung der Ziele des Patienten die Basis für die Wahl der Therapieziele.

Dazu noch ein Beispiel, wie sich die Ziele des Patienten durchsetzen, auch gegen den gutgemeinten Wunsch der Ärzte und Therapeuten: Eine Patientin, ca. 75 Jahre alt, Amnestische Aphasie, machte nur widerstrebend die Sprachtherapie mit, obwohl sie verbal angab, wieder sprechen zu wollen. Ihr eigentliches Ziel, das aus ihrer Körpersprache in Zusammenhang mit kurzen Bemerkungen zu entnehmen war, war es, am Fenster zu sitzen und den Vögeln zuzuschauen. Aus verschiedenen Gründen sollte die Sprachtherapie dennoch weitergeführt werden mit dem Ziel, der Patientin das Sprechen beizubringen. Nach einigen Wochen bekam sie einen Reapoplex. Sie lag im Bett, konnte nur noch ein einziges Wort sprechen, aber das wiederholte sie strahlend ständig: "Prima, prima".

Das Denken in Systemen ist für den Therapeuten einerseits sehr anspruchsvoll, andererseits aber auch entlastend. Anspruchsvoll ist diese Therapie, da es sehr viele Subsysteme in den Systemen Therapie und Gespräch zu berücksichtigen gilt, und da dasselbe Denken und Kombinieren, das seine Patienten betrifft, auch für ihn selber gilt, ist er doch in dieselben Problematiken verstrickt wie sie. Will er glaubwürdig bleiben, muß er sich auch seiner eigenen Problematik stellen. Entlastend ist diese Art von Therapie, da der Therapeut schneller und deutlicher erkennen lernt, was wirklich bei dem Patienten "los" ist, was die Ziele des Patienten sind, wobei er helfen kann und wo er sich heraushalten kann und wann er eventuell die Therapie besser beenden sollte. Wenn wir bemüht sind, dem Patienten innerhalb seines Systems zu einer bestmöglichen Balance zu verhelfen, werden wir am erfolgreichsten sein und kaum mit unmotivierten Patienten arbeiten müssen.

3. Neurolinguistisches Programmieren - NLP

"Für euch, die ihr das Vorrecht genießt, im Raum zu leben, will ich unsere Welt "Flächenland" nennen, damit ihr leichter verstehen könnt, wie es bei uns aussieht: Stellt euch ein großes, ebenes Stück Papier vor, mit geraden Linien darauf, mit Dreiecken, Quadraten, Fünfecken, Sechsecken und anderen Figuren. Stellt euch weiter vor, daß diese Figuren sich frei auf oder in der Ebene bewegen können, aber ohne die Fähigkeit sich darüber zu erheben oder darunter zu sinken, ganz wie Schatten, nur "hart" und mit leuchtenden Kanten, und ihr werdet eine ziemlich richtige Vorstellung von unserem Land und meinen Landsleuten haben. (...) Ihr werdet gleich bemerkt haben, daß es in unserem Land unmöglich etwas geben kann, daß ihr "massiv" nennen würdet, und ihr werdet sicher annehmen, daß wir Dreiecke, Quadrate und andere Figuren mit unseren Augen unterscheiden können, da sie sich doch in der Ebene bewegen können. Aber das ist nicht der Fall: Im Gegenteil, wir können nichts derartiges sehen, wenigstens können wir keine Figur von der anderen unterscheiden, sondern sehen immer nur gerade Linien."

Abbott: "Flächenland"

3.1 Was ist NLP?

Die Anfänge des NLP entwickelten 1971 in den USA Richard Bandler und John Grinder (Bandler/ Grinder [6]1987), zu denen bald Leslie Cameron-Bandler, Robert Dilts und Judith DeLozier hinzukamen (Dilts/ Bandler/ Grinder/ Bandler/ DeLozier [3]1989). Sie erklären den Begriff Neurolinguistisches Programmieren so: "«Neuro» (vom griechischen Wort *neuron* für Nerv) steht für die These, daß jede Verhaltensweise das Ergebnis neurologischer Prozesse ist. «Linguistisch» (vom lateinischen *lingua* für Sprache) deutet an, daß nervliche Vorgänge durch Sprache und Kommunikationssysteme in Form von Modellen dargestellt, geordnet und in eine Reihenfolge gebracht werden. «Programmieren» bezieht sich auf den Prozeß der Organisation von Systemkomponenten (in diesem Fall handelt es sich um sinnesbezogene Repräsentationen), um spezifische Ergebnisse zu erzielen" (Dilts/ Bandler/ Grinder u.a. [3]1989, S.22). John Grinder war ursprünglich Lehrer und Sprachwissenschaftler, Richard Bandler beschäftigte sich mit Mathematik und Informatik, bevor er sich der Psychologie zuwandte. Die Art des Denkens, wie man sie im Umgang mit Computern braucht, bestimmte denn auch die Art, wie er zuerst einmal an therapeutische Fragen heranging (Bandler [2]1988), was natürlich nicht heißt, daß der Mensch und sein Geist einfach ein Computer seien. Auch in Zeiten der neuronalen Netze ist noch deutlich, daß der Mensch ein sehr komplexes, für den Menschen nicht nachbaubares Wesen ist. Dennoch kann das Denken eines Informatikers bei psychologischen Fragen innovative Impulse setzen.

Will ein Programmierer ein Computerprogramm erstellen, damit eine Maschine eine bestimmte Aufgabe erledigen kann, muß er zuerst die Aufgabe in einzelne Schritte zerlegen, und zwar so genau, daß die von der Maschine zu erfüllende Aufgabe genau wiedergegeben wird. Wenn dann bekannt ist, *wie* der Prozeß genau abläuft, kann man dem Computer diese Schritte eingeben, damit er die Aufgabe steuert. Man studiert den möglichst perfekt ablaufenden Vorgang, um ihn dann dem Computer beizubringen. Bei psychologischen Workshops mußte Bandler feststellen, daß in der Psychotherapie bisher meist genau anders herum gearbeitet wurde. Man beschäftigte sich nicht mit glücklichen, gesunden Menschen, um herauszufinden, wie sie es machen, gesund und glücklich zu sein, sondern man befaßte sich fast ausschließlich mit den Störungen der Menschen, seit wann sie diese Störungen haben und vor allem warum. Es schien Bandler recht sinnlos, gestörte Menschen zu untersuchen, "um herauszufinden, wie man sie wiederherstellt. Das ist so, als ob man die Autos auf einem Schrottplatz untersucht, um herauszukriegen, wie Autos besser funktionieren könnten. Wenn man viele Schizophrene studiert, mag man vielleicht lernen, wie man wirklich gut schizophren wird, aber man wird nichts über die Dinge erfahren, die sie *nicht* können" (Bandler [2]1988 S.28). Unser Verhalten wird vom Gehirn gesteuert. Es gilt also, erst einmal herauszufinden, *wie* unser Gehirn funktioniert, um es dann möglichst gut steuern zu können. "Gehirne sind, ebenso wie Computer, nicht 'benutzerfreundlich'. Sie machen genau das, was man ihnen sagt, und nicht das, was man von ihnen will. Und man kann sich leicht über sie ärgern, weil sie nicht das tun, was man ihnen eigentlich sagen wollte" (Bandler [2]1988, S.25). Jeder, der einmal mit einem Computer kämpfte, weiß, wovon die Rede ist.

Um herauszufinden, wie es erfolgreiche Therapeuten machen, Menschen erfolgreich zu helfen, unerwünschtes Verhalten und Erleben zu ändern, untersuchten Bandler und Grinder die Strukturen der Therapien von sehr verschiedenen Therapeuten, vor allem von der Familientherapeutin Virginia Satir (Satir [4]1979; Satir [3]1991), dem Gestalttherapeuten Fritz Perls (Perls/ Hefferline/ Goodman 1981) und dem Hypnosetherapeuten Milton Erickson (Erickson/ Rossi 1980; Erickson 1983). Sie waren sehr verschieden, und sie waren alle drei sehr erfolgreich, also mußte es auch Verbindendes in ihrer Therapie geben. Das menschliche Verhalten ist zwar komplex, doch es besitzt eine Struktur. Wenn das so ist, kann man versuchen, die Strukturen und Regeln herauszufinden. Sind diese bekannt, kann man sie erlernbar machen und anwenden, um Verhalten zu ändern. Gelingt das im Umgang mit Klienten, ist man ein erfolgreicher Therapeut. Bandler und Grinder analysierten genau, was in der Kommunikation der drei Therapeuten mit den Klienten ablief sowohl verbal, mit Methoden der Linguistik (s. Kap.3.4), als auch nonverbal, über Körpersprache und Repräsentationssysteme (s. Kap.3.3). Das Ergebnis waren die "Strukturen subjektiver Erfahrung - ihre Erforschung und Veränderung durch NLP", wie das gleichnamige Buch heißt (Dilts/ Bandler/ Grinder/ Bandler/ DeLozier [3]1989). Die herausgefundenen Merkmale ließen sich zu bestimmten Modellen und daraus abzuleitenden Techniken zusammenfassen, die keinen Anspruch erheben, "wahr" zu sein. Für Bandler sind sie nützlich, und solange sind sie gut. Er vergleicht das mit der Situation in der Physik. Auch dort arbeitete man immer wieder erfolgreich mit Modellen, die dann irgendwann veraltet waren. Dennoch sind die Forschungsergebnisse, die man aufgrund der Modelle herausfand oft weiterhin gültig. Das Atommodell von heute ist anders als das Modell, wie Niels Bohr es sich vorstellte. Dennoch bestehen die Entdeckungen weiterhin, die aufgrund des falschen Modells gemacht wurden (Bandler [2]1988). NLP-Therapeuten bezeichnen die Techniken des NLP als äußerst wirkungsvoll und nützlich und arbeiten ständig an der Weiterentwicklung. Heute wird viel verfeinerter und eleganter gearbeitet als in den Anfangszeiten des NLP. Im Bereich der Psychotherapie sind Kurzzeittherapien möglich, von denen man früher kaum zu träumen wagte. Wenn berichtet wird, daß eine einfache Phobie innerhalb von dreißig Minuten zu beseitigen ist, regt sich allerdings auch immer wieder Skepsis bei Kritikern, die so schnelle Erfolge nicht kennen und für unmöglich halten. Allerdings gelten diese Zeitangaben nur, und das muß man hinzufügen, wenn es sich um eine "einfache" Phobie handelt, wenn z.B. jemand nach einem Autounfall Angst hat, wieder in ein Auto zu steigen. Es gibt komplexere Phobien, die auch mit NLP längerer Behandlung bedürfen. Von Kritikern wird dem NLP eine "allzu selbstsichere und flotte Gangart" angekreidet (Reichelt 1989) und das Fehlen einer empirischen Grundlage (Revenstorf 1985, Kossak 1989). Diese Kritik ist sicher nicht ganz von der Hand zu weisen. Auch Hilarion Petzold, einer der Herausgeber der deutschen NLP-Literatur, und Thies Stahl, einer der führenden NLP-Therapeuten in Deutschland (Stahl 1988), sagen über Bandler und Grinder: Sie "gefallen sich zuweilen in der Deus-ex-machina-Attitüde klassischer Experimentatoren" (Petzold/ Stahl in: Bandler/ Grinder [6]1987, S.9). Es wäre sicher wünschenswert, die Modelle und Erfahrungen des NLP, soweit es möglich ist, auch auf eine empirische Basis zu stellen. Da es sich um ein systemisches Konzept handelt, bereitet die wissenschaftliche Untersuchung recht große Probleme, um wirklich aussagekräftig zu sein. Das zeigt sich in den bisher gemachten Studien (Bliemeister 1988), auf die ich später zurückkomme (s. Kap.3.3.2). Trotz der Kritik arbeiten viele Therapeuten, wie auch Thies Stahl, weiter mit den Modellen des NLP und machen die Erfahrung, daß die Zeiträume, über die sich die Therapie erstreckt, in vielen Fällen deutlich unter denen einer herkömmlichen Therapie, insbesondere denen der Psychoanalyse, liegen. In einer einzelnen Sitzung kann ein Problemkapitel so bearbeitet werden, daß der Klient sich mindestens in Bezug auf dieses Problem, wenn nicht gleich auf mehrere, anders fühlt und verhält. Sei es, daß er das jahrelange Problem der ständigen Unordnung in der Wohnung plötzlich nicht mehr hat, leicht sein Gewicht halten kann oder mehr Mut hat, dem Chef zu begegnen. Gerade da die NLP-Methoden so wirksam sind, besteht die Gefahr, daß sie von relativ ungeschulten Menschen lediglich als Techniken angewandt werden. Das entspricht nicht dem eigentlich systemischen Charakter des Ansatzes und könnte gefährlich für die Klienten werden. Hilarion Petzold und Thies Stahl bemerken dazu: "...die Technik allein wird eine dauerhafte Wirkung nicht erbringen. Sie muß *im Prozeß* eingesetzt werden. Nicht die Technik bestimmt den Prozeß, sondern die Verlaufsdynamik der Therapie bestimmt die Wahl und den Einsatz der Technik. Die Verwendung des NLP setzt deshalb gediegene Kenntnisse einer dynamisch und systemisch ausgerichteten Psychotherapie voraus" (Petzold/ Stahl in: Bandler/ Grinder [6]1987, S.8). Näheres zu dem Problem der ethischen Vertretbarkeit der Arbeit mit NLP in Kap. 3.6.

Das NLP hat sich inzwischen zu einer Fülle von Modellen, Programmen und Möglichkeiten entwickelt. Im Rahmen dieses Buches kann nicht das Konzept in seinem ganzen Umfang dargestellt werden, zumal es sich ständig in der Weiterentwicklung befindet. Um seine Anwendbarkeit für die Aphasiebehandlung deutlich zu machen, sollen die Teile erläutert werden, die für die Arbeit, so wie sie von mir bisher durchgeführt wird, relevant sind. Auf die Darstellung der umfassenderen Arbeit an psychischen Veränderungen, sei es durch Reframing (Bandler/ Grinder [4]1990) (s. Kap.3.3.5), die Arbeit mit Zeitlinien (Andreas/ Andreas [2]1990a), mit Submodalitäten (Bandler/ McDonald 1990) oder durch die Veränderung von Überzeugungen (Dilts/ Hallbom/ Smith 1991) oder Trancen (Grinder/ Bandler [4]1989b) wird hier verzichtet. Sie können in der angegebenen Literatur nachgelesen bzw. zweckmäßiger noch in Kursen gelernt werden. Selbstverständlich sind auch diese Techniken für die Behandlung psychischer Störungen bei Aphasikern geeignet, im Rahmen dieses Buches geht es aber schwerpunktmäßig um die Anwendbarkeit des NLP zur Verbesserung der Sprachfähigkeit von Aphasikern.

3.2 Vorannahmen des NLP

Das NLP arbeitet auf der Basis einiger Vorannahmen, die auf dem Weltbild und dem Denken seiner Begründer und Anwender beruhen.

Die wichtigste Grundannahme für meine Arbeit mit NLP heißt:

"Jeder Mensch ist: - einzigartig
- liebenswert
- lernfähig" (Müller 1990).

"Jeder Mensch ist einzigartig", das heißt: Jeder Mensch nimmt als ein kleiner Organismus am Universum teil, allerdings nicht auf direktem Weg, sondern durch verkodete Deutungen der Welt, wie sie durch unsere sinnlichen Repräsentationssysteme Sehen, Hören, Fühlen, Schmecken, Riechen an das Zentralnervensystem zur Verarbeitung

weitergeleitet werden (Dilts/ Bandler/ Grinder u.a. [3]1989). Es werden dabei nicht alle empfangenen Signale weitergeleitet, es wären viel zu viele. Wie die Vertreter des radikalen Konstruktivismus sagen, ist es "völlig unmöglich und auch nicht der Sinn von Sinnesorganen, Umwelt widerzuspiegeln, abzufotografieren. (...) Aus dem geringen Datenmaterial baut das Gehirn aufgrund vieler komplizierter Mechanismen, (...) *die* Welt, in der *wir selbst* leben" (Roth, G. 1991). Die Sinnesorgane wirken wie Filter der Wahrnehmung, Filter, die in ihrer spezifischen Art vom einzelnen Menschen in seiner und durch seine persönliche Geschichte gebildet bzw. gelernt werden. Jeder Mensch schafft sich durch diese Filter ein Modell von der Welt, eine Landkarte, die ihm hilft, sich zurechtzufinden oder, wie Richards und v.Glaserfeld es ausdrücken: Bei Wahrnehmung handelt es sich "nicht um eine Aufnahme oder Wiedergabe von Information, die von außen hereinkommt, sondern um die Konstruktion von Invarianten, mit deren Hilfe der Organismus seine Erfahrungen assimilieren und organisieren kann" (Richards/ v.Glaserfeld [4]1991, S.194 f.).

"Die Landkarte ist nicht das Land" - eine weitere Vorannahme des NLP - bedeutet, daß die Landkarten, die ich mir von der Welt gemacht habe, zwar wichtig für mich sind, um mich in der Welt zu orientieren, daß sie sich aber immer von der realen Welt unterscheiden. Sie geben ein begrenztes Abbild "meiner" Welt. Ich finde mich zurecht in der Welt mit *meinen* Landkarten. Die Landkarten oder Weltmodelle anderer kann ich immer nur begrenzt kennenlernen. Der Philosoph Siegfried Schmidt, Vertreter des Konstruktivismus, sagt: "Die Frage, ob die verschiedenen Wirklichkeiten, die konstruiert werden, vergleichbar sind oder ähnlich sind, kann im Grunde nicht beantwortet werden, weil keiner Einblick in eine andere Wirklichkeit hat und niemals Einblick in eine andere Wirklichkeit bekommen kann. Und nur über das Gelingen oder Mißlingen von Kommunikation können wir indirekte Schlüsse darüber ziehen, ob Wirklichkeiten sich so weit ähnlich sind, daß sie kommunizierbar sind oder nicht" (Schmidt 1991a). Das NLP vergrößert die Möglichkeiten, die Landkarten anderer Menschen besser kennenzulernen, was nicht heißt, daß wir den anderen jemals wirklich "verstehen" könnten. Ein Therapeut, der mit dieser Vorannahme arbeitet, wird dem Patienten mit großem Respekt begegnen. Er weiß um die Relativität der eigenen Landkarten und die Wichtigkeit der dem Patienten eigenen Landkarten. Es geht nicht darum, den Patienten zu ändern, damit er wird, wie man selbst ist, sein möchte oder zu sein "normal" findet, sondern darum, dem Patienten zu helfen, zu werden, wie *er* sein möchte, und gegebenenfalls mit großem Respekt sein Modell zu erweitern, um ihm Wahlmöglichkeiten des Handelns zu schaffen.

Die Vorannahme, daß *jeder Mensch liebenswert* ist, geht davon aus, daß das Unbewußte immer eine positive Absicht für den oder die Menschen und die Welt hat. Das nach außen gezeigte Verhalten ist das Ergebnis des Lernprozesses, in dem die Filter der Wahrnehmung der Welt gebildet wurden. Entsprechend dieser subjektiven Wahrnehmung der Welt wird der Mensch versuchen, seine Absicht umzusetzen. Die Art, wie er das tut, das Verhalten also, mag für die Umwelt und die Mitmenschen zuweilen skurril erscheinen oder gar gefährlich sein; solange die Wahrnehmungsfilter sich aber nicht ändern, hat der Mensch nur die eine Möglichkeit des Verhaltens. Es gilt daher auch die weitere Vorannahme:

> - Der liebenswerte und lebenswerte Kern einer Person bleibt beständig und zuverlässig , während das innere und äußere Verhalten und Erleben veränderlich ist und in Frage gestellt werden kann (Müller 1990).

Für den Therapeuten kann es sehr schwierig sein, mit einem Menschen zu arbeiten, der ihm sehr unsympathisch ist, dessen Landkarten so fremd scheinen. Da ist es dann hilfreich zu suchen, welche Absicht hinter dem unsympathischen Verhalten steht. Eine weitere Möglichkeit ist es, zu schauen, ob die Eigenschaft, die man an dem Patienten so abstoßend findet, nicht eine Fähigkeit beinhaltet, die man selbst sehr gerne hätte. Man würde sie vielleicht anders einsetzen wollen, aber die Suche nach dieser Möglichkeit kann helfen, den Patienten leichter akzeptieren zu können.

Für Therapeuten, für die die Verwobenheit des Seins, mit Gott, mit der transzendenten Dimension, eine Realität ist, ist dieser liebenswerte Kern des Menschen leicht mit dem "göttlichen Funken", wie Meister Eckhart ihn nennt, zu vereinbaren, den es gilt zu entdecken (Meister Eckhart [2]1989, S.145).

"Jeder Mensch ist lernfähig". Auch dieser Satz hängt mit dem Verständnis der Wahrnehmung zusammen. Die Landkarten der Welt, die Art der Filter, mit denen wir die Welt wahrnehmen, haben wir im Lauf des Lebens gelernt, und sie sind veränderlich. Der optimistische Mensch findet ein Glas " noch halb voll", derselbe Mensch, wenn er depressiv ist, findet es "schon wieder halb leer". Die Wahrnehmungsfilter des

Depressiven schneiden ihn ab von seinen Ressourcen, die ihm helfen könnten, glücklich zu werden. Er hat in dieser Situation nur die Verhaltens- und Erlebensstrategien zur Verfügung, die ihm die Welt dunkel und ausweglos erscheinen lassen. Günstig wäre es zu lernen, die Wahl zu haben, die Welt einmal so, das andere Mal anders zu sehen, je nachdem, wie man es der Situation entsprechend möchte. Es ist das Anliegen des NLP, die Wahrnehmungsmöglichkeiten zu erweitern und Wahlmöglichkeiten für das Handeln zu schaffen. Postulat des NLP: Für jedes Problem gibt es mindestens drei Lösungsmöglichkeiten. Ein Mensch in ausweglosen Situation sieht meist keine bzw. nur eine Lösung, die Einbahnstraße. Gelingt es, zwei potentielle Lösungsmöglichkeiten für ein Problem zu finden, sieht die Lage schon günstiger aus, der Mensch ist aber noch in einer Entweder-Oder-Situation gefangen. Ab drei potentiellen Lösungsmöglichkeiten besteht wirklich eine Wahlmöglichkeit, die dem Menschen das Gefühl von Freiheit vermittelt.

Es ist nach Bandler nicht so sehr das Problem, daß das Gehirn nicht lernt, sondern daß es zu schnell und zu gut lernt. "Denken Sie zum Beispiel an eine Phobie. Es ist eine großartige Leistung, sich jedesmal, wenn Sie eine Spinne sehen, immer wieder daran zu erinnern, eine Panikattacke zu bekommen. Sie finden niemals einen Spinnenphobiker, der gerade eine Spinne betrachtet, während er denkt: 'Eh, Mist, ich habe vergessen, Angst zu kriegen.'" (Bandler [2]1988, S.23) Eine Phobie zeigt also die phantastische Lernfähigkeit des Gehirns, und es wäre schön, auch andere Dinge so perfekt und schnell zu lernen. Ob und wie man die Lernfähigkeit des Gehirn nutzen kann, ist, nach Bandler, weniger eine Frage der Begabung oder des Alters, sondern der Lernstrategie.

3.3 Grundbegriffe und -techniken des NLP

Im Umgang mit NLP werden im Zusammenhang mit dem Einsatz bestimmter Techniken Begriffe benutzt, von denen ich einige, für meine Arbeit besonders wichtige, erläutern möchte, um im Weiteren das Verständnis zu vereinfachen.

3.3.1 Repräsentationssysteme

Als Repräsentationssysteme werden die Wahrnehmungssysteme bezeichnet, über die die Menschen mit ihrer Umwelt in Verbindung stehen. Wir bekommen jederzeit Informationen über den Input der bekannten fünf Sinneskanäle: Sehen, Hören, Körpergefühle, Geschmack und Geruch. Es scheint, daß der visuelle, der auditive und der kinästhetische Kanal die Hauptkanäle sind, über die wir Informationen empfangen. Geruch und Geschmack spielen für die Arbeit mit NLP bisher eine untergeordnete Rolle, obwohl sie natürlich für den Menschen nicht nur zur Steigerung der Lebensqualität beitragen, sondern auch lebensrettend sein können. Ihre Informationen gehen direkt zum Gehirn und warnen ohne Umwege, z.B. bei der Wahrnehmung von Feuer bzw. Rauchgeruch. Die psychischen Assoziationen verbinden oftmals direkt mit den frühesten Erfahrungen, die mit dem betreffenden Geschmack oder Geruch gemacht wurden.

Die Repräsentationssysteme sind ein dreiteiliges sensomotorisches Netzwerk, bestehend aus:

Input - Repräsentation/Verarbeitung - Output (Dilts/ Bandler/ Grinder u.a. [3]1989)

Im Input nehmen die Sinneskanäle die Informationen aus der Umwelt auf, die dann im Zentralnervensystem repräsentiert und verarbeitet werden. Die neuen Eindrücke werden mit den bisherigen Erfahrungen verglichen und sortiert und in unsere "Landkarten" eingearbeitet, die die Grundlage für das Verhalten, den Output, bilden. Gleichzeitig werden die Filtereinstellungen für den Input entweder bestätigt oder entsprechend der gemachten Erfahrung verändert.

Als Verhalten bezeichnet das NLP Aktivitäten in allen drei Bereichen des Netzwerks. Sehen, Hören, Fühlen sind Verhalten ebenso wie die Verarbeitung, das "Denken". Wenn man das Programm für das "Denken" versucht zu ermitteln, also herauszufinden, wie es funktioniert, stößt man auf die inneren Repräsentationen der Wahrnehmungskanäle, das *innere* Sehen, das *innere* Hören oder den *inneren* Dialog, das *innere* Fühlen. Der Output ist das Verhalten in Sprache, Stimmqualität, Mimik, Gestik, Körperhaltung, Muskeltonus, Augenbewegungen.

Die geordneten Abläufe in der Verarbeitung bilden die Strategien, die wir benutzen, um eine Handlung zu planen oder uns an eine Erfahrung zu erinnern. Die Reihenfolge und Rangfolge der Repräsentationen in einer Strategie ist individuell verschieden. Wenn der Leser sich an ein schönes Erlebnis während des letzten Urlaubs am Meer erinnern will, kann es sein, daß er als erstes wieder vor sich sieht, was er in der Situation gesehen hat, z.B. das Meer, welche Farbe es hat und ob es viele Wellen gibt oder nicht, er wird den Himmel sehen, ob Wolken da sind oder die Sonne scheint, und wenn Menschen dabei waren, wird er sie auch sehen. Dann wird er hören, wie die Wellen an den Strand spülen, wenn da Wind war, wird er ihn hören, und wenn Menschen gesprochen haben, wird er auch ihre Stimmen oder Worte innerlich hören. Zu all dem kommt dann das Gefühl von dem Sand unter den Füßen, dem Wind auf der Haut und vielleicht die Berührung mit Menschen. Vielleicht stellt sich noch der dazu gehörige Geruch und Geschmack ein. Alles zusammen führt so in die Situation zurück, daß sich auch das gute Gefühl im Körper wieder einstellt, das der Mensch damals hatte. Um dieses gute Gefühl wieder zu haben, wird ein anderer Mensch zuerst die Stimmen, den Wind und das Meer hören, dann den Wind, den Sand und die Menschen spüren, und schließlich wird er die Situation auch vor sich sehen. Ein dritter Mensch wird zuerst den Sand und den Wind und die Menschen spüren, dann das innere Bild dazu sehen und schließlich die Geräusche dazu hören.

So wie wir Strategien haben, um uns an angenehme oder unangenehme Erlebnisse zu erinnern, haben wir auch Strategien, um Handlungen zu planen wie einkaufen, lernen oder eine Rede halten. Durch die Arbeit mit dem Ablauf dieser Strategien sowie mit den Submodalitäten der Repräsentationen wie Helligkeit, Farbe, Bewegung, Tonhöhe, Lautstärke, Ort und Art des Gefühls lassen sich Änderungen in Verhalten und Erleben erreichen.

Alle Menschen haben jederzeit alle Repräsentationssysteme zur Verfügung, und sie benutzen auch alle, allerdings haben die meisten Menschen Vorlieben für ein bestimmtes System, d.h. man benutzt ein System häufiger als das andere. Die größte Flexibilität im Handeln ergibt sich, wenn man in der Lage ist, jeweils das Repräsentationssystem zu benutzen, bzw. die Strategie anzuwenden, die zur erfolgreichen Bewältigung der jeweiligen Situation die günstigste ist.

3.3.2 Zugangssignale

Zugangssignale sind die nach außen sichtbaren Zeichen für das Repräsentationssystem, in dem sich ein Mensch gerade befindet. Die Begründer des NLP drücken es so aus: "Zugangssignale sind Verhaltensweisen, die wir entwickeln, um unseren Körper so zu justieren und unser Nervensystem so zu beeinflussen, daß wir ein Repräsentationssystem stärker als das andere zugänglich machen können" (Dilts/ Bandler/ Grinder u.a. ³1989, S.65). Diese Signale kann man nur begrenzt an sich selbst wahrnehmen, da sie sehr schnell und unbewußt ablaufen. Insbesondere ist es unmöglich, vor dem Spiegel die Zugangssignale feststellen zu wollen. Zuverlässiger kann eine andere Person als Beobachter die Signale wahrnehmen. Das folgende Beispiel ist daher nur begrenzt als Eigenexperiment zu nutzen.

Wenn Sie sich an eine schöne Situation in Ihrem letzten Urlaub erinnern wollen, sei es die eben wieder erlebte Situation am Meer oder in den Bergen oder sonstwo, so werden viele von Ihnen Teile dieses Urlaubs wie in einem Film vor sich sehen, aus dem Sie dann eine Situation aussuchen, die besonders schön war. (Es gab hoffentlich solche Situationen!) Wie haben Sie es gemacht, daß Sie sich visuell daran erinnern konnten? Die meisten Rechtshänder werden entweder mit den Augen defokussiert haben und geradeaus geschaut haben oder Sie haben nach oben links geblickt, um die Bilder möglichst deutlich vor sich sehen zu können. Wenn ich Sie bitte, sich einen Hasen vorzustellen mit grünen Punkten, einer roten Schleife um den Hals und mit Flügeln, so werden die meisten Rechtshänder unter Ihnen dieses seltsame Tier am leichtesten visualisieren können, wenn sie mit den Augen nach oben rechts schauen. Vielleicht haben Sie sich dabei noch etwas zurückgelehnt, die Schultern angespannt und eine flache Brustatmung gehabt.

Bei der Bitte, sich nun die auditiven Erinnerungen der schönen Situation in Ihrem letzten Urlaub zu holen, werden Sie vielleicht Ihr Körpergewicht ein wenig nach links verlagern, die Schultern zurücknehmen, zu einer Zwerchfellatmung übergehen und die Augen horizontal nach links bewegen. Wollen Sie den grüngepunkteten Hasen singen hören, werden Sie Kopf oder Körper eher nach rechts bewegen, und die Augen bewegen sich horizontal zur rechten Seite. Hüpft der Hase nun so nahe zu Ihnen heran, daß Sie ihn streicheln können, um sein weiches Fell zu spüren, so gelingt es Ihnen am leichtesten, wenn Sie nach unten rechts schauen, dazu die Schultern herunterfallen lassen und im Bauch atmen. Sie können auch gleich in dieser Position verharren, um das schöne Gefühl aus dem letzten Urlaub endlich wieder einmal zu haben. Da das alles nun doch reichlich seltsam ist, gehen Sie nach innen, um mit Ihren inneren Instanzen zu sprechen, ob das denn überhaupt so stimmen kann und darf. Dabei schauen Sie nach unten links, reiben sich vielleicht noch das Kinn und den Mund dazu (s.Abb.4).

Bandler und Grinder haben herausgefunden, daß sich die Menschen durch ihre Körperhaltung die Möglichkeit verschaffen, auf bestimmte Art zu "denken" bzw. zu erleben. Bei der Beobachtung ist es wichtig, nicht nur auf ein isoliertes Merkmal zu fokussieren, sondern den ganzen Menschen wahrzunehmen, denn nur so läßt sich erfassen, wie sein Denken und Erleben gerade verläuft. Es können z.B. die Augen eines Menschen nach oben links blicken, was bedeuten könnte, daß er sich visuell an etwas erinnert. Dieser Mensch sitzt dabei aber ganz auf seiner rechten Körperseite und ist vornübergebeugt, was auf einen kinästhetischen Zugang deutet. Es kann sich dabei z.B. um Synästhesien handeln, d.h. visueller und kinästhetischer Zugang sind zusammengeschaltet. Aus Rückfragen und dem Gesamtkontext muß dann die Bedeutung der einzelnen Signale erschlossen werden. Dabei können auch Fehlinterpretationen passieren, was sich dann alsbald in der Reaktion des Gegenübers zeigen wird. Vom Patienten/ Klienten aus beschrieben sind die typischen Muster von Augenbewegung und Körperhaltung:

Bei visueller Repräsentation:

- Augen defokussiert: bildliche Vorstellungen
- Augen nach oben-rechts: konstruierte Bilder
- Augen nach oben-links: erinnerte Bilder
- gespannte Schultern
- hohe, flache Brustatmung
- evtl. ergänzende Gesten zu den Augen oder Nasenrücken
- schnelle Wortausbrüche, schnelles Sprechtempo
- hohe, evtl. nasale oder angespannte Stimmgebung

Bei auditiver Repräsentation:

- Augen nach horizontal-rechts: auditive Konstruktion
- Augen nach horizontal-links: auditive Erinnerungen

- Schultern zurückgezogen
- gleichmäßige Zwerchfellatmung
- entsprechende leichte Kopfneigung, um "besser" zu hören
- gleichmäßiges oder rhythmisches Sprechtempo
- deutliche Artikulation
- Stimmgebung mit klarer Stimme in Mittellage

- Augen nach unten-links: innerer Dialog (Selbstgespräch)
- gleichmäßige Zwerchfellatmung, mit leicht verlängerter Ausatmung
- evtl. Hand an Kinn und Gesicht (Telefonierhaltung)

Bei kinästhetischer Repräsentation:

- Augen nach unten-rechts
- tiefe Bauchatmung
- entspannter Muskeltonus
- bei a) externen Repräsentationen (taktil oder motorisch):
    breite Schultern, Körper in Bewegung (wie bei Sportlern)
- bei b) starken inneren Gefühlen:
    Schultern hängen oft herab, z.T. heftige Gestik
    (Dilts/ Bandler/ Grinder u.a. [3]1989)

Bandler und Grinder haben diese Zusammenhänge bei der Analyse ihrer Therapeuten-Beobachtungen herausgefunden. Sie haben Körperhaltung, Mimik und Augenbewegungen beobachtet und dann in Beziehung gesetzt zur verbalisierten Sprache. Besonders die Prozeßwörter geben in der Sprache Aufschluß über das gerade benutzte Repräsentationssystem. Leider geben die Autoren keinerlei genauere Hinweise, wie sie zu den Ergebnissen gekommen sind: "Die Muster und Verallgemeinerungen, die wir in Bezug auf Zugangssignale anbieten, können durch experimentelle Forschung gestützt werden und sind durch experimentelle Forschung gestützt worden. Wir haben uns aber dazu entschlossen, die Verallgemeinerungen und Muster einfach so zu präsentieren, wie wir sie im nützlicheren Kontext unserer professionellen Praxis beobachtet haben. Wir zeigen keine Zahlen, Tabellen oder Grafiken." (Dilts/ Bandler/ Grinder u.a. [3]1989, S.95) Die Aussagen über die Zugangssignale werden von Kritikern angezweifelt (Revenstorf 1985; Bliemeister 1988; Kossak 1989) und angeblich widerlegt, was mir allerdings, soweit mir die Untersuchungen zugänglich waren, nicht schlüssig scheint (s. Kap.4.4). Ich bin für meine Arbeit von der Annahme ausgegangen, daß die Beobachtungen von Bandler und Grinder zutreffend sind, und habe auf dieser Basis wichtige Hinweise für die Therapie bekommen.

Die Zugangssignale sind als Hinweise zu verstehen, wie der Körper sich Verbindung sucht zu den Gebieten im Nervensystem, die die gestellte Aufgabe am besten bewältigen können. Der Blick nach links ermöglicht einem normal organisierten Rechtshänder am leichtesten den Zugriff zur nicht-dominanten rechten Hemisphäre, in der die Erinnerungen gespeichert sind. In der dominanten, der linken Hemisphäre, finden die logischen Verarbeitungen statt und die Manipulation und Konstruktion der Erfahrungen (s. Kap.5.4).

Augenbewegungsmuster für „normal" organisierte Rechtshänder

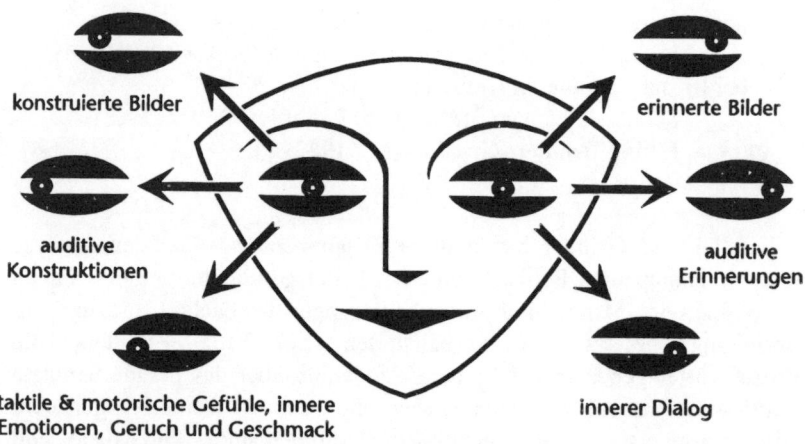

Abb.4: Augenbewegungsmuster

Für die Aphasietherapie sind die Augenbewegungen von besonderer Bedeutung. Jeder Aphasietherapeut hat vermutlich die Erfahrung gemacht, daß bei einem schwer gestörten Patienten die Augen die beste Möglichkeit der Verständigung sind. Wegen der besonderen Bedeutung der Augenbewegungen in diesem Kontext wird dieser Punkt in Kap. 5.4 ausführlich behandelt.

Die Begründer des NLP behaupten nicht, daß das, was sie über die Repräsentationssysteme und ihre Zugangssignale herausgefunden haben, *die* Wahrheit sei und als Gesetz gehandhabt werden müsse. Es handelt sich wie bei anderen Erkenntnissen und Techniken des NLP um Muster, die individuell variieren können. Es gilt bei jedem Patienten herauszufinden, ob seine Reaktionen dem Standardmuster entsprechen oder welche individuellen Muster sich bei ihm zeigen. Bei einem Linkshänder wird man häufig die Umkehrung der Muster eines Rechtshänders finden, man kann sich aber nie einfach darauf verlassen. Will der Therapeut mit den Zugangssignalen arbeiten, muß er seine Wahrnehmung schulen, um bei jedem Patienten individuell damit arbeiten zu können. Er muß lernen, kleine Bewegungen in Atmung, Mimik, Gestik, Tonus und Augen zu sehen, Änderungen in der Stimmgebung und Sprechgeschwindigkeit zu hören. Die Schulung dieser Wahrnehmung, die später mehr unbewußt als bewußt abläuft, gehört zur Ausbildung der NLP-Therapeuten.

3.3.3 Rapport

"Rapport" ist die Voraussetzung für gute oder erfolgreiche Kommunikation. Er steht für die Verbindung zwischen den Kommunikationspartnern. Jeder Therapeut weiß, daß es für eine gelungene Therapie unerläßlich ist, daß eine Vertrauensbeziehung besteht zwischen Patient und Therapeut. Die Frage ist nur: Wie stellt man diese Vertrauensbeziehung her? Man sagt: "Man muß sich einfühlen", "ich lasse mich auf den Patienten ein", " ich zeige ihm mein Wohlwollen" u.ä. Wie das aber genau geht, ist gewöhnlich nicht klar und wird auch nicht gelehrt. Es ist der Intuition des einzelnen Therapeuten überlassen. Entweder gelingt es, die Verbindung aufzubauen, oder es gelingt nicht. Der Prozeß läuft gewöhnlich unbewußt ab und wie so vieles in der therapeutischen Beziehung scheint er wenig steuerbar. "Rapport aufbauen" und "Rapport halten" sind im NLP erlernbare und steuerbare Vorgänge, die allerdings, wenn die Wahrnehmung geschult ist, gewöhnlich unbewußt reibungslos ablaufen. Man kann aber jederzeit bewußt steuernd eingreifen, was besonders bei Problempatienten sehr hilfreich ist.

Die Basis dessen, was man "Rapport aufbauen" nennt, ist das Pacen. Es bedeutet, wahrzunehmen, welche Körperhaltung der Patient hat, welchen Atemrhythmus, welche Gestik er hat, wie seine Stimmlage und sein Sprechtempo ist und welche Wörter er benutzt. Der Therapeut spiegelt dann einzelne oder mehrere der wahrgenommenen Merkmale während der Kommunikation. Das vermittelt dem Patienten das Gefühl, daß sein Gegenüber sich auf ihn einläßt. Besonders das Pacen des Atemrhythmus spielt eine zentrale Rolle und kann gerade im Umgang mit Aphasikern sehr hilfreich angewandt werden. Durch das Pacen von Verhaltensmerkmalen begibt sich der Therapeut allerdings auch in starkem Ausmaß in den inneren Zustand des Patienten, den er paced. Da sich die Patienten, zumal die Aphasiker, meist in einem schlechten Zustand befinden, ist die Warnung von Dilts, Bandler und ihren Mitarbeitern sehr ernst zu nehmen: "Wir warnen jedoch Programmierer - besonders diejenigen im therapeutischen Bereich - davor, nicht immer alle Aspekte der Verhaltensweisen ihrer Klienten zu pacen. Es kann körperlich und geistig ungesund sein, das Verhalten vieler Menschen zu pacen. Pacen Sie in den meisten Fällen den Klienten nur soweit, wie es nötig ist, um den Rapport herzustellen, den Sie für die Erzielung der gewünschten Resultate brauchen" (Dilts/ Bandler/ Grinder u.a. ^{3}1989, S.196). Statt das Verhalten den Patienten zu spiegeln, kann es für ein erfolgreiches Pacen auch notwendig sein, eine vom Patienten erwartete Rolle anzunehmen. In diesem Fall unterscheidet sich das Verhalten des Therapeuten sehr von dem des Patienten. Für den Patienten kann es z.B. wichtig sein, daß der Therapeut die Rolle der Mutter, des Wissenden im weissen Kittel oder des Untertan übernimmt.

Neben der Möglichkeit, das Verhalten im jeweils gleichen Kanal zu spiegeln, also Atmung durch Atmung, Sprechtempo durch Sprechtempo, gibt es auch die Möglichkeit, überkreuz zu spiegeln. Dabei kann beispielsweise die Atemfrequenz des Patienten durch Handbewegungen des Therapeuten oder durch die Anpassung des Sprechtempos des Therapeuten an die Atemfrequenz des Patienten gespiegelt werden. Die Wirkung ist für den Patienten dieselbe, die Auswirkungen für den Therapeuten können aber weniger belastend sein als bei der direkten Spiegelung (Bandler/ Grinder ^{6}1987).

Ist es gelungen, einen guten Rapport aufzubauen, kann der Therapeut zum "Leading", dem Führen übergehen, d.h. er ändert ein Verhalten, um den Patienten zu veranlassen, es ihm gleich zu tun. Ist der Rapport gut, wird dem Patienten daran gelegen sein, ihn aufrecht zu halten, und er wird dem Therapeuten in das neue Verhalten folgen. Während des Prozesses ist es wichtig, immer wieder zu prüfen, ob der Rapport noch besteht. Das Leading ist häufig so unauffällig und selbstverständlich, daß ein Außenstehender es nicht wahrnimmt. Der Atemrhythmus kann geändert werden, oder der Patient wird behutsam geleitet, sich in eine für ihn günstigere Körperhaltung zu begeben, was oft bei Hemiplegikern ein wichtiges Ziel ist.

3.3.4 Anker

Das Phänomen von Ankern und ihren Wirkungen kennt jeder aus seiner Erfahrung. Nur war man ihnen bisher quasi hilflos ausgeliefert, bzw. man war nicht geschult, sie gezielt einzusetzen.

Ankern bedeutet, daß eine Erfahrung im Organismus zusammen mit einem bestimmten Zustand gespeichert wird.

Während meiner Tanzstundenzeit, meist ja eine aufregende Zeit, war die Musik "petite fleur" modern und wurde überall gespielt. Höre ich heute diese Musik irgendwo, tauchen aus der Erinnerung sofort Bilder aus der damaligen Zeit auf, verbunden mit dem Gefühl, das ich damals hatte. Viele Paare haben so ein Musikstück, das sie miteinander und mit der Zeit der ersten Liebe verbindet. Die Musik ist hier der Anker für das Gefühl, verbunden mit Bildern und Geräuschen einer bestimmten Situation. In der Medizin bzw. der Musiktherapie wird diese Tatsache z.T. genutzt, wenn man Patienten in kritischen Situationen, bei einer Operation oder in der Rehabilitation, die Musik vorspielt, die sie mit positiven Erlebnissen und damit auch mit einem positiven Gefühl und einem positiven Zustand verbinden. Das wirkt sich erfahrungsgemäß auch heilungsfördernd aus.

Außer den positiven Ankern, die wir gern hinnehmen, gibt es viele Anker, die uns sehr wirkungsvoll mit unangenehmen Zuständen verbinden. War die Schulzeit eine unangenehme Zeit, in der sich ein Mensch klein und gedemütigt fühlte, kann ein Schulgeruch, der Anblick von in Schulart angeordneten Tischen und Bänken oder allein das Wort "Schule" die alten Gefühle wieder aufleben lassen. Diese Tatsache ist sicher ein Grund dafür, daß viele Eltern den Kontakt mit den Lehrern ihrer Kinder scheuen.

Ein Talisman oder Glücksbringer ist ebenso ein Anker. Er verbindet mit bestimmten Situationen und ihren Zuständen. Allein durch den Anblick oder das Gefühl des Talismans geht der Mensch in den damit verbundenen Zustand. Ein einfacher Stein, der in einer bestimmten Situation gefunden oder von einem lieben Menschen überreicht wurde, führt immer wieder, wenn man ihn berührt, in die erste Situation und das damit verbundene Gefühl zurück. Dadurch hat der Mensch evtl. den Eindruck, der Stein habe eine "magische" Kraft.

Wir alle ankern ständig und werden geankert, d.h. ein bestimmter Reiz wird mit einem Verhalten oder einem Gefühl gekoppelt. Bandler und Grinder berichten von einer Therapeutin, die in einer einzigen Sitzung *neun*mal eine Phobie weggenommen und zurückgegeben hat, ohne auch nur die leiseste Ahnung zu haben, was sie machte. Am Schluß der Sitzung sagte sie: 'Nun, wir werden das nächste Mal weiter daran arbeiten müssen' (Bandler/ Grinder [6]1987, S.128). Bandlers und Grinders Kommentar dazu: "Ihr könnt nicht *nicht* ankern. Die Frage ist nur, ob ihr es so macht, daß es *nützlich* ist oder nicht" (Bandler/ Grinder [6]1987, S.128). Man kann lernen, Anker bewußt und gezielt einzusetzen, so daß sie für das Gegenüber hilfreich sind. Bevor ich NLP kennenlernte, habe ich oft weinende Aphasiker getröstet, indem ich ihnen den Arm um die Schulter legte. Inzwischen ist mir klar, wie verhängnisvoll dieser gut gemeinte Anker ist. Für den armen Patienten wird das Arm-um-die-Schulter-Legen zu einem Anker für Traurigkeit und Depression. In Zukunft braucht man ihm nur noch den Arm um die Schulter zu legen, um ihn zum Weinen zu bringen. Ein Patient, der in einem guten Zustand sein möchte, wird bald intuitiv eine Umarmung zu vermeiden suchen. Günstiger ist es, dem Patienten den Arm um die Schulter zu legen, wenn er fröhlich ist. Dann kann man diesen Anker einsetzen, wenn der Patient weint, um ihm in dem traurigen Zustand Zugang zu seinen fröhlichen Ressourcen zu vermitteln. Das ist *eine* Möglichkeit, wie man therapeutisch mit Ankern arbeiten kann. Andere Möglichkeiten werden im Zusammenhang mit Darstellungen aus der Aphasietherapie deutlich werden. <u>Das Prinzip ist immer: eine Reaktion, einen Zustand, ein Verhalten des Patienten in mindestens einem Repräsentationssystem zu ankern, um diese Anker wieder zu benutzen, wenn der Patient wieder Zugang zu dem geankerten Zustand, der Reaktion oder dem Verhalten haben soll.</u>

Für die Art zu ankern gibt es viele Möglichkeiten. Am wirkungsvollsten ist die, die der Patient nur unbewußt mitbekommt, so daß der Verstand nicht dagegen steuern wird. Am einfachsten zu lernen sind zu Anfang für viele Menschen kinästhetische Anker, d.h. man berührt den Patienten an einer bestimmten Stelle in einer bestimmten Weise, so daß man es in einer späteren Situation genauso wiederholen kann. Man kann genauso gut auditiv ankern, durch bestimmte Wörter, den Tonfall oder das Sprechtempo. Eine andere Art des auditiven Ankerns sind Geräusche, ein Schnipsen der Finger, das Klopfen mit dem Bleistift auf den Tisch, ein Räuspern o.ä.. Visuelle Arten des Ankerns sind z.B. Handbewegungen, eine bestimmte Mimik oder Körperhaltung.

3.3.5 Reframing

Das englische Wort frame heißt auf deutsch Rahmen. Reframing bedeutet, daß ein bestimmtes Verhalten, eine Meinung oder Klage des Patienten in einen anderen Rahmen gestellt wird. Der alte Zusammenhang wir gelöst, ein neuer Kontext oder eine neue Bedeutung mit dem alten Verhalten oder Erleben verbunden und dadurch das Gefühl des Patienten geändert. Wie bei den anderen NLP-Interventionen auch, ist es das Ziel des Therapeuten, den Patienten aus seiner gegenwärtigen Ausweglosigkeit oder seiner scheinbaren Einbahnstraße zu führen. Er soll wieder Wahlmöglichkeiten haben, denn Verzweiflung kommt gewöhnlich aus dem Gefühl heraus, in einer Sackgasse zu sein, aus der es keinen Ausweg gibt. Es gilt also, dem Patienten zu helfen, mindestens drei Lösungsmöglichkeiten für sein Problem zu finden. Eine der Möglichkeiten ist selbstverständlich die, daß der Patient an seinem alten Erleben und seinen Überzeugungen festhalten kann. Das ist dann aber seine Entscheidung, für die er die Verantwortung trägt. Es ist nicht das Ergebnis von Ausweglosigkeit.

Reframing ist ein Prozeß, der im täglichen Leben immer wieder praktiziert wird, sei es in Witzen, Redewendungen oder in der Therapie.
Kennen Sie den?: Ein Mann im Restaurant beschwert sich bei dem Ober: "Herr Ober, hier ist ein Haar in der Suppe!" Der Ober fragt zurück: "Ist es blond oder schwarz?" Der Kunde: "Schwarz!" Sagt der Ober: "Dann ist es nicht vom Koch. Der hat blonde Haare."

Die Pointen leben gewöhnlich davon, daß ein Reframing stattfindet, d.h. der erwartete Zusammenhang ist plötzlich nicht mehr da, das Ereignis bekommt eine andere Bedeutung oder einen anderen Zusammenhang. Der Witz hätte auch enden können mit einer Antwort des Obers: "Seien Sie froh, daß es nur ein Haar ist, gestern war es eine Maus!"

In den Fernsehnachrichten des letzten Sommers wurde ein Beitrag angekündigt: "Man(n) geht in Zukunft nicht mehr 'oben ohne'!" Man erwartet einen Beitrag über die Zustände in Deutschlands Schwimmbädern, aber es folgte ein Beitrag über die Hutmode für Männer. Der Satz, dessen Rechtschreibung man ja nicht sehen konnte, bekam eine neue, unerwartete Bedeutung. "Die Bedeutung, die ein Ereignis hat, hängt ab von dem 'Rahmen', in dem wir es wahrnehmen. Verändern wir den Rahmen, so verändern wir die Bedeutung" (Andreas/ Andreas [4]1990, S.13).

Sowohl in der Psychotherapie als auch in den begleitenden Gesprächen zur Sprachtherapie wird viel mit Reframing gearbeitet, sei es mit Hilfe bestimmter Konzepte oder einfach mit "therapeutischem Wohlwollen". Der Therapeut stellt immer wieder fest, wie eingeschränkt die Sichtweise des Patienten in seiner Problematik ist. Also will er ihm helfen, "die Dinge einmal anders zu sehen", sie "von einem anderen Standpunkt aus zu betrachten". Wenn das therapeutische Wohlwollen sich lediglich in Ratschlägen und überreden äußert, wird ihm wenig Erfolg beschieden sein.

Neben den ausführlicheren Methoden des Reframing, die von Bandler und Grinder entwickelt wurden und auf deren Darstellung in diesem Rahmen verzichtet werden kann, gibt es Möglichkeiten des Reframing, die auch "normalen" Sprachtherapeuten offenstehen. So lassen sich z.B. die Klagen der Patienten umdeuten. Sie treten an vielen Stellen der therapeutischen Arbeit immer wieder auf: wenn Patienten ihre eigenen sprachlichen Leistungen und Fortschritte beurteilen, bei Äußerungen über ihr Wohlbefinden, bei Äußerungen über Freunde und Familie. Die Äußerungen werden bei Aphasikern oft auch nur nonverbal übermittelt wie in dem folgenden Fall:

- Ein Patient war furchtbar verspannt, er hatte große Angst, bei den gestellten Aufgaben Fehler zu machen. Es sollte Kettendeblockieren mit 20 Wörtern durchgeführt werden. Die Therapeutin fragte ihn: "Wieviele Fehler dürfen Sie heute machen?" Der Patient überlegte, lächelte ein wenig, die Frage war für ihn sehr überraschend und neu. Er wußte nicht, was er sagen sollte. Die Therapeutin fragte freundlich: "Na, wieviel? Einen oder vierzig?" Er war immer noch unentschlossen, zeigte aber mehr Lächeln bei der Zahl "vierzig". Therapeutin: "Wie wär's mit vierzig? Sie dürfen heute vierzig Fehler machen?!" Er lächelte deutlich und stimmte freudig zu. Bei der weiteren Arbeit war er für seine Verhältnisse sehr entspannt und machte nur einen Fehler. Nach jedem Durchgang des Kettendeblockierens machte die Therapeutin ihn darauf aufmerksam, daß noch kein bzw. erst ein Fehler da sei. Er müsse sich nun anstrengen, wenn er vierzig Fehler schaffen wolle. Nachdem er mit nur einem Fehler abgeschlossen hatte, war er sehr stolz auf seine Leistung. Es kommt eben immer auf den Rahmen an. Wenn es das Ziel ist, immer höchste Perfektion zu erbringen, ist ein Fehler eine Schande. Ist alles unter 40 Fehlern gut, ist ein Fehler schon Spitze.

Verbalisierte Klagen haben oft folgende Formen:
- Eine Teil-Äquivalenz wird mit einer Klasse von Ereignissen verbunden in der Form: "Wenn ... passiert, fühle ich mich ...".
- Die Äußerung einer Generalisierung über sich oder andere, bei gleichzeitiger Tilgung des Kontextes, in der Form: "Ich bin zu...", "Sie ist zu ..." (Bandler/ Grinder ^{4}1990).

Solche Klagen können durch ein Reframing in einem Satz umgedeutet werden (Laborde 1991). Als Beispiel:

- "Wenn mein Mann kommt, bin ich immer traurig."
  Reframe: Dann geht es Ihnen die übrige Zeit gut? Das ist ja toll!

- "Der Arzt spricht zu schnell, oft kann ich ihn nicht verstehen."
  Reframe: "Sie Glückliche! Ich wünschte, ich würde ihn auch nicht verstehen!"

Es kann zwar sein, daß der Patient die Umdeutung mit dem Verstand ablehnt, das angesprochene Problem muß damit auch noch nicht erledigt sein. Es ist aber durch das Reframing anders geworden, als es bei der ersten Äußerung war. Findet das Reframing humorvoll statt - Humor ist ein wichtiger Teil in der Arbeit mit NLP - muß der Patient erst einmal lachen, weil er sein Problem noch nie in dieser Weise betrachtet hatte. Damit ist er schon einmal aus seiner ursprünglichen, traurigen Klagehaltung heraus und damit in der Lage, sein Problem distanzierter zu sehen.

3.3.6 Erarbeitung des Zielrahmens

Eine der Vorannahmen des NLP heißt in Übereinstimmung mit Alfred Adler: Menschliches Handeln bzw. Verhalten ist zielgerichtet.

Sprachtherapeuten lernen in der Ausbildung, Ziele zu nennen, die der Patient in der Therapie erreichen soll. Meistens sind diese Ziele orientiert an den "objektiven" Defiziten der Patienten. Wenn der Patient eine Agraphie hat, muß die eben behandelt werden. Häufig wird dann geklagt darüber, daß man so viele Patienten zu behandeln habe, die nicht motiviert seien. Die Frage ist: Wozu sind sie nicht motiviert, bzw. wozu sind sie motiviert? Wer in der Umgebung des Patienten hat schon einmal nach *seinen* Zielen gefragt? Der Patient wird nur *das* lernen, was er auch lernen *will*. Abgesehen von den sprachlichen Lernzielen ist überhaupt die Frage, welche Ziele der Patient nach seiner Erkrankung für sich hat. Viele Menschen sind negativ motiviert, d.h. sie tun eine Sache nicht, um ein Ziel zu erreichen, sondern um eine negative Konsequenz zu vermeiden, z.B. wenn ein Patient morgens nur aufsteht, weil seine Frau sonst schimpft.

Das NLP hat sehr gute Möglichkeiten, die Ziele zu definieren und so abzuklären, daß der Patient gute Chancen hat, sie zu erreichen. Das Abstecken des Zielrahmens besteht aus sechs Schritten:

1. Was ist Ihr Ziel?

Die Formulierung muß drei Kriterien erfüllen, um wohlgeformt zu sein:

- in der Gegenwart formuliert,
- positiv formuliert,
- in der eigenen Kontrolle (Bourdillon 1991).

Das Ziel: "Meine Frau soll nicht mehr mit mir schimpfen", ist in diesem Sinne nicht wohlgeformt, es erfüllt keins der Kriterien.
"Ich will lernen, gelassen zu bleiben, wenn meine Frau mit mir schimpft", wäre eine wohlgeformte Zielformulierung. Die Einfügung von: "ich will lernen", kann hilfreich sein, da in dieser Formulierung zum Ausdruck kommt, daß es sich um ein *Ziel* handelt. Vor dem Ziel liegt ein Weg, der eventuell etwas Zeit braucht.

2. Evidenz

Genaue Repräsentation des Ziels in allen Wahrnehmungssystemen:

- Wie sieht das Ziel aus, bzw. wie sehen Sie aus, wenn Sie das Ziel erreicht haben?
- Wie hört es sich an?
- Wie fühlt es sich an?
- Wie riecht/ schmeckt es? (Bourdillon 1991)

Der Leser mag es für sich ausprobieren, wie schwer es ist, diese Fragen zu beantworten, wenn man es nicht gewöhnt ist, mit sinnesspezifisch genau definierten Zielen zu arbeiten.

3. In welchem Kontext wollen Sie das Ziel verwirklichen?

Unser Unbewußtes arbeitet sehr genau, es muß daher auch genau wissen, in welchem Zusammenhang das Ziel verwirklicht werden soll. Es gibt meist auch Kontexte, in denen das Erreichen des Ziels nicht günstig wäre. Bei dem Ziel: "Ich möchte lernen, mich durchzusetzen", könnte es passieren, daß man beim Autofahren dem Vordermann in den Kofferraum fährt, wenn dieser vor einer Ampel steht.
Man sollte mindestens drei Kontexte heraussuchen, in denen das neue Ziel Gültigkeit hat.

4. Ökologie

In der gesamten NLP-Arbeit ist das Abklären der Ökologie eine immens wichtige Aufgabe. Bei der Zielabklärung sollen die Fragen beantwortet werden:

- Wie wird sich mein Leben ändern, wenn ich das Ziel erreicht habe?
- Wie sieht mein Ziel aus der Sicht meiner Mitmenschen aus?
- Welches werden die Konsequenzen sein? Negativ und positiv.

Oft sind die Menschen froh, wenn sie endlich ein konkretes Ziel gefunden haben. Darüber wird leicht vergessen, daß die meisten Ziele auch negative Konsequenzen auf dem Weg dahin bedeuten. Wenn ein Mensch wieder sprechen lernen will, kann das den Nachteil haben, daß er nach Erreichen des Zieles auf die Fürsorge und Bemutterung der Umgebung verzichten muß.

5. Welchen Nutzen hat der alte Zustand / das alte Verhalten?

Gewöhnlich haben Verhalten und Krankheit auch einen Nutzen, auf den man nicht einfach verzichten kann. Wie ist dieser Nutzen in dem neuen Ziel berücksichtigt?

6. Was hindert mich, das Ziel zu erreichen?

Welches Verhalten und welche Überzeugungen hindern mich?
Welche Fähigkeiten und Überzeugungen brauche ich, um mein Ziel zu erreichen?

3.4 Bewußter Einsatz der Sprache - Meta-Modell

Der Begriff "Neuro*linguistisches* Programmieren" verleitet dazu, sich eine rein verbal, linguistisch orientierte Art der Therapie vorzustellen. Aus den bisherigen Darstellungen ist klar geworden, daß das nicht zutreffend ist. Die Linguistik ist allerdings ein Bestandteil des NLP, denn die Sprache ist *eine* der Möglichkeiten, wie Menschen auf sehr subjektive Art die Welt modellieren. Sie gehört zu den Landkarten, mit denen wir Welt abbilden und uns in ihr zurechtfinden, und die Landkarten der Sprache sind bisher die am besten erforschten.

John Grinder ist Sprachwissenschaftler und hat sich mit der Transformationsgrammatik Chomskys und anderer Transformationalisten intensiv beschäftigt, die das vollständigste Modell vom Modell (Meta-Modell) Sprache entwickelt haben. Das Metamodell des NLP macht diese Erkenntnisse anwendbar für den Bereich der Therapie. Gregory Bateson, der sich selbst mit Modellbildung und Systemforschung beschäftigte (Bateson 1981), sagt über die Ergebnisse, zu denen Bandler und Grinder kamen: "Ihnen ist es gelungen, die Linguistik zur Basis einer Theorie und gleichzeitig zu einem Therapiewerkzeug zu machen (...) die Syntax explizit zu machen, wie Menschen Veränderung vermeiden, und somit, wie man ihnen helfen sollte, sich zu ändern" (Bateson 1988, zit. nach Bandler/ Grinder [5]1988, S.14). Wie die anderen Techniken des NLP ist auch die Arbeit mit dem Meta-Modell immer im Rahmen einer systemischen Arbeit zu sehen, die als Ganzes dem Wohl des Menschen dienen soll. Die Linguistik ist nicht Selbstzweck und Hauptinhalt der Therapie. Sie ist, wie Bateson sagt, "Therapiewerkzeug", das, wenn der Therapeut es einmal gelernt hat, intuitiv von ihm angewendet wird. Obwohl es auch möglich ist, nur mit dieser Methode Therapiesitzungen durchzuführen, ist es ursprünglich dazu gedacht, im Zusammenhang mit anderen Therapiemethoden angewandt zu werden.

Die Transformationslinguistik hat Konzepte entwickelt um darzustellen, wie die Oberflächenstruktur der Sprache eines Menschen, also das, was er äußert, von der Tiefenstruktur, d.h. dem, was als vollständige linguistische Repräsentation unter der Oberfläche der Äußerung liegt, abgeleitet wird. Es würde zu weit führen, die Transformationsgrammatik im einzelnen hier darzulegen. In dem von der Transformationsgrammatik abgeleiteten Meta-Modell des NLP wird davon ausgegangen, daß alle Menschen in ihrer Muttersprache im Stande sind, intuitiv die Wohlgeformtheit von Sätzen zu beurteilen. Wo diese Wohlgeformtheit in der Oberflächenstruktur der Sprache verletzt wird, zeigen sich Diskrepanzen zwischen Tiefen- und Oberflächenstruktur. Sie deuten hin auf Einschränkungen im Weltbild des Menschen, auf die Stellen, an denen er keine Wahlmöglichkeiten des Handelns mehr hat. Durch die Arbeit an den Kriterien der Wohlgeformtheit können sehr effektiv Änderungen beim Patienten erreicht werden. "Das 'Wohlgeformte' einer Therapie besteht aus einer Reihe von Kriterien, denen die Oberflächenstrukturen, die der Klient in der Therapie verwendet, entsprechen müssen, um akzeptabel zu sein. Indem wir als Therapeuten diese für die Therapie angemessene Grammatik benützen, können wir unseren Klienten helfen, diejenigen Bereiche ihrer Repräsentationen zu erweitern, welche sie in ihrem Verhalten verkümmern lassen und einschränken" (Grinder/ Bandler [4]1989a, S.12). Bei jedem Menschen entstehen solche Einschränkungen und Verkümmerungen, da all unsere Landkarten der Welt eben nicht die Welt selber sind, sondern Modellbildungen, auch die Sprache. Sie unterliegt damit auch den normalen Prozessen der Modellbildung: Der Generalisierung, der Tilgung und der Verzerrung (Bandler/ Grinder [5]1988). Die Generalisierungen, Verzerrungen und Tilgungen zeigen sich durch Verletzungen der Wohlgeformtheit in der Oberflächenstruktur der Sprache der Kommunikationspartner. Durch das Hinterfragen dieser Fehlgeformtheiten bekommt der Mensch die Möglichkeit, seine Grenzen und Einschränkungen bewußt oder unbewußt wahrzunehmen und eventuell zu ändern. Häufig lassen sich die einzelnen Fehlgeformtheiten nicht einfach und sauber voneinander trennen. Ein und derselbe Satz kann z.B. verschiedene Formen von Generalisierung, verbunden mit einer Verzerrung, enthalten. Das gesamte Meta-Modell des NLP ist sehr komplex (Bandler/ Grinder [5]1988; Grinder/ Bandler [4]1989a). Es können in diesem Rahmen nur in Kürze die Aspekte dargestellt werden, die mir für die Arbeit mit Aphasikern besonders wichtig sind.

3.4.1 Generalisierungen

Generalisieren zu können ist wie praktisch alle Fähigkeiten, die uns auch einschränken können, eine wichtige menschliche Fähigkeit. Sie bedeutet, daß wir in der Lage sind, Kategorien zu bilden, um uns den Umgang mit der vielfältigen Welt zu vereinfachen. Wenn wir mit Aphasikern umgehen, die nicht mehr eine Hauskatze und einen Löwen in dieselbe Kategorie der Katzen einsortieren können, merken wir, wie oft wir diese Fähigkeit im täglichen Leben brauchen. Wenn aber gar von der Erfahrung mit der Hauskatze die Generalisierung abgeleitet wird: "Alle Katzen sind lieb", dann wird es lebensgefährlich. In diesem Fall für den Menschen, der generalisiert. Im Fall des Patienten, der nach einem Wochenende im Kreis der Familie sehr aggressiv ankam und behauptete, alle Frauen seien schlecht, man solle sie alle umbringen, wurde es potentiell für die Hälfte der Menschheit gefährlich, auch für die Therapeutin.

Das Beispiel des Patienten, der die Frauen umbringen wollte, zeigt, wie sehr eine Generalisierung ein Modell verarmt. Details und Unterscheidungen gehen verloren. Einige Bemerkungen seiner Schwiegermutter und seiner Tochter führten durch Generalisierung dazu, die Hälfte der Menschheit umbringen zu wollen. Der Patient hatte subjektiv das Gefühl, keine andere Wahl zu haben. Das Hinterfragen der Generalisierungen des Patienten führt dazu:

1. "das Modell des Patienten mit seiner Erfahrung wieder zu verbinden;
2. die unüberwindlichen Hindernisse, die sich aus Generalisierungen ergeben, auf etwas Definitives zu reduzieren, mit dem er beginnen kann umzugehen;
3. Differenziertheit und Reichhaltigkeit im Modell des Klienten zu gewährleisten, um damit Möglichkeiten zu eröffnen, die auf vorher nicht zugänglichen Unterscheidungen beruhen" (Bandler/ Grinder [5]1988, S.105).

3.4.1.1 *Fehlender Bezugsindex*

Wichtige sprachliche Hinweise auf Generalisierungen im Modell des Patienten sind fehlende Bezugsindices:

- <u>Keiner</u> mag mich.
- <u>Es</u> ist mir unangenehm, wenn mich <u>die Leute</u> <u>so</u> sehen.
- <u>Das</u> fühlt <u>man</u> doch.
- <u>Jeder</u> kann in <u>solche Situationen</u> kommen.

Den fehlende Bezugsindex ermittelt man durch Fragen wie:

- Wer genau?
- Was genau?

3.4.1.2 Unvollständig spezifizierte Verben

Ein weiterer Hinweis auf Generalisierung sind unvollständig spezifizierte Tätigkeitswörter:

- Mein Mann fordert immer meine Aufmerksamkeit.
  > Frage: Wie genau fordert er Ihre Aufmerksamkeit?
- Die Schwester hat mir weh getan.
  > Frage: Wie genau hat Sie Ihnen weh getan?
- Meine Frau hat alle erkannt.
  > Frage: Wie genau macht Ihre Frau das Erkennen, und wen genau hat Ihre Frau erkannt?

3.4.1.3 Universalquantoren

Eine weitere Möglichkeit der Generalisierung ist die der Benutzung von Universalquantoren wie: alle, jeder, sämtliche, irgendjemand, immer; und ihre Verneinungen: keiner, niemand, nie, kein. Sätzen mit Universalquantoren fehlt immer der Bezugsindex:

- (a) Aphasiker sind immer aggressiv.
- (b) Seit der Krankheit nimmt sich niemand Zeit für mich.
- (c) Therapeuten sind Besserwisser.

Grinder und Bandler nennen drei Möglichkeiten, solche Sätze zu hinterfragen:

- Der Therapeut kann die Generalisierung noch übertreiben:
  - (zu a) Alle Aphasiker sind immer und in jeder Situation aggressiv?

- Der Therapeut kann direkt fragen, ob der Klient einmal eine Erfahrung gemacht hat, die seiner Generalisierung widerspricht:
  - (zu b) Haben Sie jemals, seit Sie krank sind, die Erfahrung gemacht, daß sich jemand Zeit für Sie genommen hat?

- Der Therapeut kann fragen, ob der Patient sich eine Situation vorstellen kann, die anders sein würde, als er es glaubt:

- (zu c) Können Sie sich eine Therapeutin oder einen Therapeuten vorstellen, der oder die sich partnerschaftlich verhalten würde? (Bandler/ Grinder ⁵1988)

Die beiden ersten Möglichkeiten helfen dem Klienten, die Generalisierung an der konkreten Erfahrung zu überprüfen und sie dadurch relativieren zu können. Bei der dritten Fragetechnik wird allein durch die Tatsache, daß eine neue Situation und Verhaltensweise für möglich gehalten und visualisiert wird, das Modell des Patienten geöffnet und erweitert.

3.4.1.4 Ein Beispiel

Um das Vorgehen anschaulich zu machen, ein Beispiel, wie ein solches Gespräch ablaufen kann, dargestellt an dem Patienten, der alle Frauen umbringen wollte, als er zur Sprachtherapiesitzung am Montag kam. Er schien die Therapeutin, obwohl sie eine Frau war, recht gern zu haben. Ich fragte ihn also, mit wem er mit dem Umbringen denn anfangen wolle. Zuerst sollte die Schwiegermutter an die Reihe kommen.

Th.: Und dann?
P.: (muß erst überlegen) Meine Tochter.
Th.: Und wer kommt dann?
P.: (überlegt, zuckt die Schultern)
Th.: Wann kommt Frau Müller (seine Ergotherapeutin, Name geändert, d. Autorin) dran?
P.: (überlegt, lächelt, macht Handbewegung) Ziemlich spät.
Th.: Und die Sr. Anna (Name geändert, d. Autorin)?
P.: (überlegt, lächelt und macht das Ganze spielerisch weiter) Noch später.
Th.: (auch lächelnd) Und ich?
P.: (windet sich, will nicht antworten, lacht)
Th.: (lachend) Ja, nun, - ich bin schließlich eine Frau!! Und die wollten Sie doch alle umbringen. Ich möchte schließlich gerne wissen, wann ich dran bin.
P.: (recht ernsthaft) Als Letzte.
Th.: (lachend) Oh, das ist ja sehr beruhigend. - Und wie war das mit Ihrer Schwiegermutter? Was hat die denn getan, daß Sie sie umbringen wollten?

P.: (ernst und mit fester Stimme) Sie ist zu alt.
Th.: Dann soll man alle alten Leute umbringen? (Das setzt seine Generalisierung konsequent fort).
P.: (etwas zögernd) Ja.
Th.: Dann müßte man ja alle meine Patienten umbringen. (Er nickt.)
Th.: Wie alt muß man denn sein, um *zu* alt zum Leben zu sein?
P.: (überlegt) Anfang siebzig.
Th.: Und wie alt sind Sie?
P.: (schon etwas lächelnd) Siebenundsechzig.
Th.: Aha, dann haben Sie also noch vier Jahre Zeit.
P.: (inzwischen lächelnd) Ja.
Th.: Mhm. Und dann? Wie soll man Sie dann umbringen?
P.: (gestikulierend, halb belustigt): Mit dem Beil.
Th.: (auch lachend): Ach, mit einem Beil! Soso, - und wer soll das tun?
P.: Meine Kinder.
Th.: Und glauben Sie, die tun das?
P.: (nachdenklich und ernsthaft) Nein.
Th.: (auch wieder ernsthaft) Was meinen Sie, ob Ihre Kinder wohl froh sind, daß Sie noch leben?
P.: (überlegt, dann ernsthaft) Ja.

Der Patient war inzwischen sichtbar und hörbar ruhig und entspannt geworden. Seine Aggressivität war weg, er hatte, mehr unbewußt als bewußt, gemerkt, daß seine anfänglichen Generalisierungen nicht das waren, was er eigentlich wollte und meinte. Das Ziel des Gespräches war damit erreicht. Dieser Patient, der während der ersten Zeit seines Klinikaufenthaltes allen Menschen in seiner Umgebung gegenüber sehr aggressiv war, wurde nach diesen Gesprächen deutlich ausgeglichener und damit auch offener für die anderen Möglichkeiten der Rehabilitation.

3.4.2 Tilgungen

Der zweite Prozeß, dem die Sprache wie jede Modellbildung unterliegt, ist der der Tilgung. Bei ihr wird das Modellierte durch das Modell reduziert: "Tilgung ist ein Prozeß, der Teile der ursprünglichen Erfahrung (der Welt) oder der vollständigen sprachlichen Repräsentation (der Tiefenstruktur) entfernt" (Bandler/ Grinder [5]1988, S.85). Die Welt und die Handlungsmöglichkeiten des Menschen werden durch Tilgungen ihrer Vielfalt beraubt. Es gibt daher dem Patienten neuen Spielraum, wenn er die Tilgungen finden und wieder auffüllen kann.

Wie bei der Generalisierung gibt es auch bei den Tilgungen verschiedene Möglichkeiten, wie sie sich in der Oberfächenstruktur darstellen können. Es ist Aufgabe des Therapeuten, festzustellen, ob es sich bei der Fehlgeformtheit eines Satzes tatsächlich um eine Tilgung handelt oder ob der Satz aus anderen Gründen fehlgeformt ist.

3.4.2.1 Unvollständige Prozeßwörter und Verben

Die Prozeßwörter der Tiefenstruktur werden meist in Verben ausgedrückt, z.T. aber auch in Adjektiven, die ein Substantiv charakterisieren. Sätze, in denen Substantivargumente oder Argumente fehlen, sind z.B.:

- Ich habe Angst. (a)
- Ich bin traurig. (b)
- Ich kann nicht mehr. (c)
- Meine Frau war wütend. (d)
- Die Therapie ist langweilig. (e)
- Der Arzt sagt, er sei wütend. (f)
- Ich weiß, daß mein Mann nicht zurecht kommt. (g)
- Sie haben immer dumme Ausreden. (h)
- Hier gibt es nur böse Menschen. (i)

Die getilgten Teile des Satzes können vom Therapeuten erfragt werden (Bandler/ Grinder [5]1988):

- Angst vor wem oder was? (a)
- Traurig worüber? (b)
- Was können Sie nicht mehr? (c)
- Wütend über wen oder was? (d)
- Welche Therapie? Was langweilt Sie in der Therapie? (e)
- Welcher Arzt? Wem sagt er es? Worüber ist er wütend?(f)
- Mit wem oder was kommt er nicht zurecht? Wie wissen Sie das? (g)
- Für wen sind die Beispiele dumm? (h)
- Böse wem gegenüber? Böse über was? (i)

Werden bei einem Prozeßwort oder Verb in der Tiefenstruktur Argumente getilgt, erscheinen in der Oberflächenstruktur oft Adverbien am Anfang, die diese Tilgungen anzeigen. Sie sind auf Anhieb oft schwer zu erkennen und zu hinterfragen. Man sollte daher versuchen, diese Sätze zu paraphrasieren, indem man das Adverb an den Anfang des Satzes stellt und dann "es ist" davorsetzt. Ist diese Paraphrasierung möglich, ohne daß der Sinn geändert ist, hatte eine Tilgung stattgefunden. In der neuen Form läßt sich der Satz wieder, wie oben gezeigt, hinterfragen (Bandler/ Grinder [5]1988):
- Erstaunlicherweise habe ich wieder sprechen gelernt.
- Es ist erstaunlich, daß ich wieder sprechen gelernt habe.

Frage:
- Für wen ist das erstaunlich?

3.4.2.2 Komparativ und Superlativ

Bei dem Gebrauch des Komparativ und des Superlativ werden Dinge miteinander verglichen. Damit die Oberflächenstruktur vollständig ist, müssen die verglichenen Dinge benannt werden (Bandler/ Grinder [5]1988):

- Ein Apfel ist besser für mich als eine Zigarette.
- Das Lesen ist für mich am schwierigsten von allen sprachlichen Fähigkeiten.

Werden ein oder mehrere Teile getilgt, heißt der Satz:

- Ein Apfel ist besser für mich.
- Ein Apfel ist besser.
- Das Lesen ist für mich am schwierigsten.
- Das Lesen ist am schwierigsten.

3.4.2.3 Modaloperatoren

Die Oberflächenstruktur bei der Verwendung von Modaloperatoren zeigt Generalisierungen in Form von Regeln und Gesetzen. Benutzt werden Modaloperatoren der Notwendigkeit und Modaloperatoren der Möglichkeit.

3.4.2.3.1 Modaloperatoren der Notwendigkeit

Modaloperatoren der Notwendigkeit werden ausgedrückt durch die Verben:

- "müssen   wie in: Ich/ man muß... , du mußt...
- notwendig   wie in: es ist notwendig
- sollte   wie in: man/ ich sollte.., du solltest...
- sollen   wie in: ich /man/ soll..., du sollst..."

(Bandler/ Grinder [5]1988, S.96)

Sätze wie die folgenden beinhalten die Notwendigkeit einer bestimmten Handlung, weil sonst eine bestimmte Konsequenz eintreten wird:

- Man muß sich zusammenreißen.
- Ich sollte fröhlich sein.
- Es ist notwendig, auf Kranke Rücksicht zu nehmen.

Die in dem Satz enthaltene Konsequenz ist aus der Oberfächenstruktur des Satzes getilgt und kann vom Therapeuten hinterfragt werden durch Fragen wie:

- Was passiert sonst?
- Was würde passieren, wenn Sie es unterlassen würden, fröhlich zu sein?
- Sonst ...?

3.4.2.3.2 Modaloperatoren der Möglichkeit

Modaloperatoren der Möglichkeit betreffen Oberflächenstrukturen mit den Wörtern:
- "nicht möglich   wie in: es ist nicht möglich
- kann   wie in: niemand kann, keiner kann
- darf   wie in: niemand darf, keiner darf

- kann nicht	wie in:	ich/ du/ man/Menschen kann (können) nicht
- vermag	wie in:	niemand vermag, keiner vermag
- unmöglich	wie in:	es ist unmöglich
- außerstande	wie in:	ich/ du/ man/ Menschen bin (bist/ ist/ sind) außerstande"

(Bandler/ Grinder [5]1988, S.98)

Ein Satz wie:

- "Niemand kann den ganzen Tag mit einem Aphasiker zusammen sein"

sagt, daß es irgendetwas geben muß, was das ständige Zusammensein mit einem Aphasiker für den Sprecher unmöglich macht. Das, was es unmöglich macht, ist aus der Oberflächenstruktur getilgt. Der Therapeut kann die Tilgungen folgendermaßen erfragen:

- Was hindert Sie daran?
- Was macht das ganztägige Zusammensein mit dem Aphasiker unmöglich?
- Was hält Sie davon ab, den ganzen Tag mit einem Aphasiker zusammen zu sein?

3.4.3 Verzerrungen

Bestimmte Formen semantischer Fehlgeformtheit in der Oberflächenstruktur der Sprache sind Anzeichen für Verzerrungen in der Tiefenstruktur der Welt der Patienten. Wie auch die Generalisierungen und die Tilgungen schränken die Verzerrungen die Handlungsfähigkeit des Menschen ein (Bandler/ Grinder [5]1988).

3.4.3.1 Präsuppositionen

Patienten benutzen häufig Sätze, die Präsuppositionen, also Vorannahmen enthalten, die ihnen selbst nicht mehr bewußt sind, mit denen sie ihre Handlungsfähigkeit bedeutend einschränken. Die

Möglichkeiten der Sätze mit unausgesprochenen Vorannahmen sind vielfältig, beispielsweise:
- Sie kämmt ihre Haare.
  Vorannahme: Es gibt eine Frau.

- Wenn mein Mann sich über den Besuch gefreut hätte, hätte er sich anders verhalten.
  Vorannahme: Mein Mann hat sich nicht gefreut.

- Glauben Sie nicht auch, daß sie faul ist?
  Vorannahme: Es gibt jemand, der glaubt, daß sie faul ist.

- Wenn ich noch einmal weine, schimpft meine Tochter.
  Vorannahme: Ich habe schon (mindestens) einmal geweint.

Präsuppositionen treten ebenfalls immer nach Hauptverben wie "erkennen, sich in acht nehmen, ignorieren" auf (Bandler/ Grinder [5]1988, S.119).

Der Therapeut hat die Möglichkeit, die Vorannahmen zu akzeptieren und das Verb spezifizieren zu lassen, oder er kann den Patienten mit der herausgehörten Vorannahme konfrontieren.

3.4.3.2 Fehlender Performativ

Patienten machen oft generalisierte Aussagen, die Wörter wie: gut, schlecht, richtig, falsch, nur u.ä. enthalten, z.B. Sätze wie:

- Es ist falsch zu weinen.
- Es ist richtig, daß Kinder für ihre Eltern sorgen.
- Es gibt nur eine Art, wie man mit meinem Sohn umgehen kann.

Diese Sätze scheinen Aussagen über die Welt zu machen, aber sie sagen nur etwas über das Weltbild des Sprechers. Diese Einschränkung ist dem Sprecher gewöhnlich nicht bewußt. Er hält seine Überzeugungen für allgemeingültig. Die Sätze sind im Grunde abgeleitet von einem Performativ, einem übergeordneten Satz:

- Es ist für mich gut/schlecht/richtig/falsch....

Hat der Therapeut das erkannt, kann er die Generalisierung entsprechend hinterfragen und so dem Patienten helfen, seine ihn oft sehr einschränkenden Überzeugungen über die Welt zu relativieren (Bandler/ Grinder [5]1988).

3.4.3.3 Nominalisierungen

Verzerrungen in der Repräsentation der Welt des Klienten zeigen sich häufig in Nominalisierungen, d.h. Prozeßwörter werden in der Oberflächenstruktur zu Ereigniswörtern, Verben zu Substantiven. Damit wird ein Prozeß zu einem Ereignis, der Patient ist festgelegt, er hat keine Wahlmöglichkeit des Handelns mehr:

- Seine Nörgelei macht mich verrückt.
- Ich bekomme keine Hilfe.
- Die Krankheit bringt nur Einsamkeit.

Im therapeutischen Gespräch wird das "Ereignis" wieder in einen Prozeß verwandelt:

- Daß er nörgelt, macht mich verrückt.
- Niemand hilft mir.
- Seit ich krank bin, bin ich einsam.

Nominalisierungen sind häufig mit anderen Arten von Fehlgeformtheit verbunden. Der Therapeut hat vielfältige Möglichkeiten, sie weiter zu hinterfragen, um dem Patienten zu helfen, Handlungsspielraum zu bekommen und Verantwortung für sein Handeln zu übernehmen (Bandler/ Grinder [5]1988).

3.4.3.4 Gedankenlesen

Gedankenlesen ist eine vielgeübte Praxis unter Menschen. Man sieht jemand und schließt aus seiner Mimik, Gestik oder einer Bemerkung, was dieser Mensch jetzt denkt oder tun will. Das Ergebnis des Gedankenlesens wird dann als Realität behandelt und zur Grundlage von

Reaktionen gemacht. Viel Leid und Probleme schaffen sich die Menschen durch Schlüsse wie die folgenden:

- Die Leute auf der Straße halten mich für dumm.
- Meine Tochter denkt nicht an mich.
- Ich sehe, daß ich meinem Mann lästig bin.

Wird die Aussage umgewandelt in eine Frage: "Wie /Woher wissen Sie, daß:...", muß der Patient seine Aussage mit konkreten Erfahrungen verbinden, was ihm hilft, seine eigenen Schlüsse in Frage zu stellen:

- Wie wissen Sie, daß die Leute auf der Straße Sie für dumm halten?
- Wie wissen Sie, daß Ihre Tochter nicht an Sie denkt?
- Woran sehen Sie, daß Sie Ihrem Mann lästig sind?

3.4.3.5 Ursache - Wirkung

Eine weitere Möglichkeit semantischer Fehlgeformtheit zeigt fälschlich einen Zusammenhang von Ursache und Wirkung auf, der in der Realität so nicht gegeben ist:

- Meine Zimmerkollegin stört mich.
- Meine Frau schafft es immer wieder, daß ich nichts mehr sprechen kann.
- Wenn sie mich anschaut, muß ich lachen.
- Ich würde ja üben, aber ich habe keine Ruhe.

Der Zimmerkollegin, Frau oder Situation wird in diesen Sätzen eine Macht zugestanden, die der Sprecher so erlebt und die objektiv nicht gegeben ist. Es braucht immer zwei Beteiligte: einen, der stört, und einen, der sich gestört fühlt. Der zwingende Zusammenhang, wie er in diesen Sätzen zum Ausdruck kommt, existiert nur in der Wahrnehmung des Sprechers. Die scheinbare Unausweichlichkeit der Situation macht ihn handlungsunfähig. Zu fragen wäre z.B.:

- Wie genau stört Sie Ihre Zimmerkollegin?
- Was genau tut Ihre Frau, daß Sie nichts sprechen können?
- Müssen Sie immer lachen, wenn sie Sie anschaut?
- Wenn Sie Ruhe hätten, würden Sie also üben?

3.5 Arbeit mit dem Unbewußten - Milton-Modell

Milton Erickson war einer der Therapeuten, deren Art zu arbeiten von Bandler und Grinder untersucht wurde, um die Strukturen erfolgreicher Therapie herauszufinden. Milton Erickson betrachtete das Unbewußte des Menschen als Freund, als Verbündeten, der *auch* das Heilsein des Menschen wünscht. Es weiß lediglich manchmal nicht den z.Zt. günstigsten Weg, um dieses Ziel zu erreichen. Die von dem Menschen nach außen gezeigten Problemlösungen scheinen vielleicht absurd, dienen aus der Sicht des Unbewußten aber dem Ziel, den Menschen zu schützen und ihm zu helfen. Die angewandte Strategie war irgendwann einmal sehr nützlich und wurde daher beibehalten. In der Therapie geht es darum, dem Unbewußten neue Wahlmöglichkeiten zu zeigen, um das alte Ziel des Helfens und Heilens zu erfüllen, Möglichkeiten, die für den ganzen Menschen in verschiedenen Situationen günstiger und ökologischer sind, als es die einzige Verhaltensmöglichkeit war, die der Patient vorher hatte. Zustände von Entspannung, auch Trance oder Hypnose genannt, ermöglichen einen leichten Kontakt zu den unbewußten Anteilen des Menschen. Allein das Wort Hypnose ist für viele Menschen ein Anker, der ein ungutes Gefühl vermittelt. Jahrmarkt- oder Disco-Hypnotiseure oder okkulte Mächte werden damit verbunden, die teilweise unverantwortliche Dinge dort mit den Menschen tun. In vielen anderen Staaten, in denen die Hypnose als ernsthafte, medizinische Heilungsmöglichkeit anerkannter ist als in Deutschland, sind derartige Schauvorführungen verboten, da man besser informiert ist über die Wirkungen und Gefahren von Hypnose. Ich selber war längere Zeit sehr skeptisch, was diesen Bereich des NLP angeht. Inzwischen ist für mich klar, daß die Hypnose-Arbeit Strukturen hat, die wir alle täglich benutzen und die daher auch bewußt zum Heil der Menschen eingesetzt werden können (s. Kap.3.7).

3.5.1 Trance im täglichen Leben

Die Problematik, ob Trance - ja oder nein -, demonstrierten R.Bandler und J.Grinder auf Kursen, wenn Bandler dort behauptete: "*Alles* ist Hypnose." J.Grinder sagte darauf: "So etwas wie Hypnose gibt es nicht." Und beide waren sich einig: "Wir glauben, daß alle Kommunikation Hypnose ist" (Bandler/ Grinder [6]1987, S.125). Vielleicht haben Sie es schon einmal erlebt, daß Sie auf der Autobahn fahren, eine lange, bekannte Strecke, und während Sie fahren, fliegt rechts und links die Landschaft vorbei und vielleicht gibt es im Radio noch etwas zu hören, was Sie gern hören, dann hilft all das, sich an das Zusammensein mit einem lieben Menschen zu erinnern und noch einmal innerlich zu sehen, zu hören und zu fühlen, wie das Zusammensein mit diesem Menschen so angenehm für Sie ist. Das geht so leicht, daß die Zeit schnell vergeht und Sie gerade noch rechtzeitig merken, daß Sie an der nächsten Ausfahrt die Autobahn verlassen müssen.

Genau das ist dann die Trance, um die es im NLP geht. Wir sind mit dem Körper an einem bestimmten Ort, gehen mit dem Geist aber zu gleicher Zeit an einen ganz anderen Ort. Das erleben wir tagtäglich völlig selbstverständlich bei der Arbeit, beim Fernsehen, bei Meditation und Gebet. Es geht also nicht um Zustände, an die wir uns später nicht mehr erinnern und in denen jemand etwas mit uns machen kann, was wir nicht wollen. Wir sind durchaus gegenwärtig und bekommen alles mit, was wir wollen. Verantwortungsvolle und erfahrene Hypnotiseure sagen übereinstimmend, daß man in Trance niemand zu etwas bringen kann, das gegen seine inneren Werte verstößt. Auf einem Kalenderblatt stand ein Ausspruch Sigmund Freuds: "Das Unbewußte ist viel moralischer, als das Bewußtsein wahrhaben will." Sicher, es läßt sich auch eine Amnesie erzeugen durch Hypnose - mit Techniken, wie sie auch in der normalen Kommunikation vorkommen -, es ist aber weder zentral, noch die Regel. Worum es in der Trance-Arbeit des NLP geht, drücken Bandler und Grinder so aus: "Wenn man in Trance ist, heißt das ja nicht, daß man abgestorben ist. Viele Leute sagen: 'Ich glaube, ich war gar nicht in Trance, ich konnte ja noch alles mögliche hören und fühlen.' Wenn man gar nichts mehr hört und sieht, dann ist man tot. Das ist aber etwas ganz anderes. Unter Hypnose ist sogar meistens alles, was Sie hören, sehen oder fühlen, viel intensiver als sonst. Ich meine, man hat unter Hypnose *mehr* Kontrolle über sich selbst als man glaubt. Hypnose bedeutet nicht, daß man jemanden unter seine Kontrolle bringt. Man ermöglicht jemandem mehr Selbstkontrolle, indem man ihm ein Feedback liefert, das er normalerweise nicht bekommt" (Grinder/ Bandler [4]1989b, S.24-25).

Es gibt viele Möglichkeiten, therapeutisch mit Zuständen von Entspannung oder Trance zu arbeiten. Im Rahmen von Aphasietherapie scheint es mir besonders wichtig, die Patienten in einen guten Zustand führen zu können. Die selbsthypnotische Fähigkeit, sich in Zustände von Depression zu führen, haben die Patienten meist von selbst zur Genüge.

Gute "Hypnotiseure" unter unseren Gesprächspartnern, gute Redner, Prediger, Professoren, sind die, denen es gelingt, uns im Geiste mit in ihre Welt zu nehmen. Diese Redner oder Gesprächspartner finden wir dann "fesselnd". "Sie kann so toll erzählen, daß man denkt, man sei dabei gewesen", sagt man nach einem solchen Gespräch etwa. Man war im Geiste ja auch dabei und hat es so erlebt, daß der eigene innere Zustand sich geändert hat. War die Sprecherin positiv gestimmt, hat sie positiv erzählt, hat sie uns mitgenommen in ihre positive Welt. War sie depressiv, hat sie uns vermutlich mitgenommen in die Welt der Depressiven. Depressive Menschen sind oft große Könner in Hypnose, daher der "Ansteckungseffekt" im Umgang mit zu viel depressiven Menschen.

Dieses "Jemanden-im-Geiste-Mitnehmen", das wir im täglichen Leben erfahren und praktizieren, hat Strukturen, die sich erlernen lassen. Kennt und erlernt man sie, ist man in der Lage, andere bewußt oder unbewußt tätigen Hypnotiseure eher zu erkennen und zu verhüten, daß sie einen mitnehmen in einen negativen Zustand. Man ist aber auch in der Lage, das eigene Verhalten so zu steuern, daß man mit größerer Sicherheit zum Wohle des Patienten arbeitet, statt ihn eventuell unbewußt in immer größere Löcher zu führen, aus denen dann weder Therapeut noch Patient den Ausgang wissen.

3.5.2 Nonverbale Anteile der Trance-Arbeit

Praktisch alle unter Punkt 3.3 genannten Anteile des NLP sind bei der Arbeit mit veränderten Bewußtseinszuständen von Wichtigkeit. Grundlage ist ein guter Rapport. Nur ein Mensch, der Vertrauen hat in seinen Gesprächspartner, der sich verstanden fühlt, wird sich von ihm führen lassen.

Das Gefühl des Verstanden-Seins wird vermittelt durch die Gleichschaltung (Pacing) mit dem Gesprächspartner in Körperhaltung, Atmung, Wortwahl. Ist dieser Rapport so gut, daß praktisch eine Synchronizität da ist, ist sie für den Klienten unwiderstehlich. Er wird sich leicht führen lassen (Leading) in einen anderen Zustand. Auf dem Weg können Anker gesetzt und miteinander verbunden werden, um bestimmte Dinge zu markieren und für Änderungsprozesse zu verwenden. Was zu den nonverbalen Techniken hinzukommt, ist der besondere Einsatz der Sprache.

3.5.3 Die Sprache der Trance

Ob ein Patient sich vom Therapeuten in eine Trance führen läßt, hängt wesentlich davon ab, wie der Therapeut spricht und welche Wörter und Sätze er benutzt. Das Meta-Modell, das sich mit dem Gebrauch der Sprache in der Kommunikation beschäftigt, befähigt dazu, sich möglichst genau auszudrücken und die Generalisierungen, Tilgungen und Verzerrungen in der Sprache des Kommunikationspartners wahrzunehmen. Soll ein Mensch in einen anderen Zustand geführt werden, ist eine präzise Sprache hinderlich. Da jeder Mensch in seiner eigenen Welt lebt, in der alle Begriffe individuell unterschiedlich repräsentiert werden, treffen die genauen Beschreibungen einer Person auch nur für die eigene Welt zu. Bei einer Trance-Induktion soll der Patient in seine eigene Welt gehen können, nicht in die des Therapeuten. Daher sollten alle Begriffe so verwendet werden, daß sie mit den Erfahrungen der je eigenen Welt gefüllt werden können. Um das zu erreichen, gibt es im Milton-Modell verschiedene Sprachmuster, die im Wesentlichen die Umkehrung der Sprachmuster des Meta-Modells sind (Grinder/ Bandler [4]1989b).

3.5.3.1 Weglassen von Informationen

Das Ziel der Sprachverwendung im Milton-Modell ist eine vage und unbestimmte Ausdrucksweise. "Damit kann der Kommunikator Aussagen machen, die spezifisch klingen, aber doch allgemein genug sind, um das Erleben des Hörers adäquat zu begleiten, egal, um was es sich handelt" (Grinder/ Bandler [4]1989b, S.316). Als Beispiel können Sie noch einmal die Beschreibung der Autofahrt in Punkt 3.5.1 lesen. Vielleicht haben Sie sich beim Lesen wieder innerlich auf der Autobahn befunden, wobei Sie in einem anderen Auto saßen als ich, Ihre Autobahn mit Sicherheit anders aussah als meine, bei Ihnen war die Landschaft, durch die Sie fuhren, eine andere, und das Wetter war nicht *mein* Wetter. Sie hörten andere Musik als ich, und Ihr Gespräch war ein anderes als das, was ich geführt habe. Was wir gemeinsam hatten, waren: Auto - Autobahn - Radio (vielleicht) - Erinnerung an ein Gespräch mit positiven Aussagen - richtige Ausfahrt. Da es aber auch nicht sicher ist, daß Sie eine solche Situation kennen, gab es den Zusatz: "*Vielleicht* haben Sie so etwas schon einmal erlebt." Wenn Sie es nicht erlebt haben, fühlen Sie sich frei, in der Zeit an das zu denken, was Ihnen dazu einfällt.

Es eignen sich besonders gut unbestimmte Verben wie: erinnern, erleben, denken, verändern, wissen, lernen, verstehen, tun usw., denn sie bedeuten für jeden Menschen etwas anderes (Grinder/ Bandler [4]1989b).

Außerdem verwendet man Generalisierungen und nicht spezifizierte Nomina: man tut das, das ist ganz selbstverständlich, die Autobahn, eine bekannte Strecke, ein lieber Mensch, ein angenehmes Zusammensein. Die Wörter lieb und angenehm geben zwar die Richtung an, aber nur so weit, daß sichergestellt ist, daß sich der Hörer wirklich in einen für ihn angenehmen Zustand begibt. Wie er die Wörter lieb und angenehm füllt, bleibt ihm überlassen. Würde man z.B. den Zusatz machen: 'ein lieber Mensch, der Ihnen den Arm um die Schulter legt', könnte es passieren, daß der Hörer aus dem schönsten positiven Zustand gerissen wird, weil er das 'Arm-um-die-Schulter-Legen' nicht ausstehen kann. Für ihn würde 'lieb' ganz anders gefüllt werden.

Ein weiteres Mittel sind Tilgungen, in denen das Substantiv völlig fehlt (Grinder/ Bandler [4]1989b):

- Ich bin sicher, daß Sie gerne lachen.
- Sie wissen, worum es geht.

3.5.3.2 Semantische Fehlgeformtheit

Ein weiteres Mittel, das es dem Zuhörer erleichtert, in einen entspannten Zustand zu gehen, ist der bewußte Einsatz von fehlgeformten Sätzen.

Eine Möglichkeit sind Äußerungen, in denen eine Ursache-Wirkung-Beziehung hergestellt wird, die nicht besteht. Man benutzt dazu Konjunktionen, Wörter, die einen zeitlichen Zusammenhang voraussetzen, oder Wörter, die eine Kausalität beinhalten (Grinder/ Bandler [4]1989b):

- Sie lesen dieses Buch, *und* Sie beginnen ruhig zu werden...
- und *während* Sie weiter lesen, können Sie mehr und mehr entspannen...

- und daß Sie aufmerksam lesen, *bewirkt*, daß Sie noch besser entspannen.

Weitere Möglichkeiten sind der bewußte Einsatz von Gedankenlesen oder "bewertende Aussagen, in denen die Person, welche die Aussagen macht, ungenannt (anonym) bleibt" (Grinder/ Bandler [4]1989b, S.320). Man nennt das Anonyme Performanzen.

- Sie fragen sich, wie das wohl weitergeht.
- Es ist gut, daß Sie so aufmerksam sind.

Auch Generalisierungen, Modaloperatoren und Vorannahmen werden bei Trance-Induktionen benutzt:

- Alle Geräusche, die Sie jetzt hören, können Ihnen helfen, sich leichter zu entspannen.
- Atmen Sie noch einmal ruhig, bevor Sie sprechen.

3.5.3.3 Eingebettete Botschaften

Sowohl Befehle als auch Fragen können so in ein Satzgefüge eingebaut werden, daß sie von dem Zuhörer nicht bewußt als an ihn gerichtet wahrgenommen werden. Gegen eine bewußte Anweisung wie : "Hören Sie zu!" wehrt sich der Kommunikationspartner oft, besonders, wenn er zu polaren Reaktionen neigt, d.h. wenn er immer das Gegenteil tut von dem, was man von ihm möchte. Stattdessen kann man sagen:

- Während wir hier zusammensitzen, *hören Sie zu.*

Oder man verkleidet es in einen Dialog mit einem fiktiven Partner:

- Ich hatte neulich eine Patientin, die ließ Ihren Mann nie zu Wort kommen, bis er schließlich schimpfte: "Hör mir jetzt mal zu!"

Ähnlich lassen sich Fragen in einen Kontext einbauen, so daß sie weniger direkt sind und damit auf weniger Widerstand stoßen:

- Was denken Sie jetzt?   wird z.B. zu:
- Ich wüßte sehr gern, was Sie jetzt denken.

3.5.3.4 Negationen

Verneinungen sind für das Gehirn eine komplizierte Angelegenheit. Watzlawik, Beavin und Jackson weisen darauf hin, daß es grundsätzlich zwei Arten gibt, ein Objekt darzustellen, nämlich entweder analog durch Bilder o.ä. oder digital durch Namen. Die Beziehung der Namen zum Gegenstand sind rein willkürlich. Die Analogie dagegen hat eine Ähnlichkeitsbeziehung zum Gegenstand. Sie schreiben weiter dazu: "Digitale Sprache hat (...) eine logische Syntax und ist daher höchst geeignet für denotative Kommunikationen auf der Inhaltsebene. Während der Übersetzung von analogen in digitale Mitteilungen müssen also logische Wahrheitsfunktionen eingeführt werden, die im Analogen fehlen. Dieses Fehlen macht sich vor allem im Fall der Negation bemerkbar, d.h. es gibt keine Analogie für das digitale "nicht". Während es relativ einfach ist, durch eine drohende Haltung die analoge Mitteilung "Ich werde dich angreifen" zu machen, ist die Mitteilung "Ich werde dich *nicht* angreifen" äußerst schwierig zu signalisieren (Watzlawik/ Beavin/ Jackson [8]1990, S.98). Wenn das Gehirn nicht nur digital organisiert ist, sondern zu weiten Teilen analog denkt, bedeutet das, daß es zuerst die bejahte Form heraussuchen muß, um sie dann negieren zu können. Verneinte Befehle werden daher spontan in ihrer positiven Form umgesetzt. Woran denken Sie zuerst, wenn ich Sie bitte:

- Denken Sie nicht an eine rot/weiß-gestreifte Katze!

Sie denken an eine rot/weiß-gestreifte Katze, oder? Da das so ist, haben die verneinten Befehle oft eine verhängnisvolle Wirkung. Insbesondere bei Kindern und bei Aphasikern, da sie die Befolgung der Verneinung häufig nicht leisten können.

Wie oft hört und sieht man, daß Eltern Ihrem Kind zurufen:
  - "Paß auf, daß du nicht hinfällst!"

Das Kind fällt gehorsam hin, und die Eltern schimpfen:
  -"Siehst Du, habe ich dir doch gesagt!"

Pflegepersonal, Angehörige und Therapeuten geben Aphasikern oft verneinte Befehle und wundern sich über den mangelnden Erfolg:

- Nicht weinen!
- Nicht die Bremse vergessen (beim Rollstuhl)!
- Nicht so schnell sprechen!

Negierte Befehle lassen sich aber auch benutzen, um am Bewußtsein vorbei das zu erreichen, was der Befehl negiert. Einen Patienten, der demonstrativ ernst und traurig war, weil er damit etwas zu erreichen hoffte, brachte der folgende Satz zum ersten Mal zum Lachen:

- Passen Sie auf, daß Sie ja nicht lachen!

Die Wege und Möglichkeiten, mit Trancen zu arbeiten, sind mit diesen Punkten nur in ihren für diesen Rahmen wichtigen Aspekten angesprochen. Selbst wenn man aber alles aufgezählt hätte, wäre der Satz von Milton Erickson der Wichtigste:

Sie werden erst dann wirklich Bescheid wissen, wenn Sie jeden einzelnen Schritt gründlich geübt haben (Grinder/ Bandler [4]1989b, S.329).

3.6 Anwendungsgebiete des NLP

Seit den ersten Anfängen des NLP sind etwa zwanzig Jahre vergangen. Die Techniken und Anwendungsgebiete haben sich seither stark ausgeweitet und der Bekanntheitsgrad wächst enorm schnell an. Der Ausgangspunkt lag bei der Psychotherapie. Da es sich nicht um ein Verfahren handelt, das für einen bestimmten Zweck erfunden wurde, sondern um die Strukturen menschlichen Verhaltens und Erlebens, wie sie sich aus der Analyse der Beobachtungen ergaben, sind die Möglichkeiten der Anwendung fast unbegrenzt. Die Strukturen müssen nur den speziellen Anforderungen der entsprechenden Anwendungsgebiete angepaßt werden.

Relativ schnell wurden die Möglichkeiten im Bereich des Managements und der Verkaufsschulung eingesetzt (Bierbaum/ Marwitz/ May 1990). Sowohl in den USA, als auch in Deutschland findet das NLP zunehmend Eingang in Schule und Unterricht (Nagel/ Siudzinski/ Reese/ Reese 1989; Grinder, M. 1991; Riedel 1990). Im Bereich der Sprachtherapie gibt es bereits mehrere Therapeuten, die eine NLP-Ausbildung absolviert haben und die Möglichkeiten in der Behandlung nutzen. Sowohl in der Kinder- als auch in der Erwachsenentherapie bieten sich vielfältige Anwendungsmöglichkeiten, von denen die

Möglichkeiten der Aphasietherapie, wie sie von mir angewendet werden, hier ausführlich erläutert werden. Da das NLP erklärtermaßen ein sehr auf Subjektivität ausgerichtetes Modell ist, ist naturgemäß auch die Art, wie damit gearbeitet wird, individuell sehr verschieden. Andere Sprachtherapeuten kommen daher bei der Umsetzung der Grundsätze des NLP eventuell zu anderen Möglichkeiten als den von mir dargestellten.

3.7 Ethische Fragen beim Einsatz von NLP

Die bisherigen Darstellungen machen deutlich, daß es sich beim NLP um äußerst wirksame Methoden handelt. Besonders in den Schriften der amerikanischen Begründer, wenn nicht gar in der hier dargebotenen Kurzfassung, sieht alles so leicht und machbar aus, daß es eventuell Skepsis erzeugt, wenn man NLP noch nie in Aktion erlebt hat. Und es stimmt ja auch: Viele Änderungen sind in erstaunlich kurzer Zeit machbar. Die Art, in der das geschieht, ist, besonders wenn es gut gemacht ist, so locker, fröhlich, unaufdringlich, daß ein Zuschauer, der nichts von NLP weiß, nicht merkt, wieviele Interventionen gemacht wurden, wieviel Pacen, Leaden, Trancen abgelaufen sind. Was er merkt, ist, daß die Sitzung Spaß macht, daß sie viele überraschende Komponenten hat, daß der Patient sich wohlzufühlen scheint und daß er schnelle Fortschritte macht.

Trotz dieser augenfälligen Vorteile beschleicht viele Einsteiger ein Gefühl des Unwohlseins, der Skepsis: Ist das nicht alles Manipulation? Darf man das machen? Ich habe für diese Skepsis viel Verständnis, da ich sie selbst hatte und auch erst langsam, Stück für Stück abgebaut habe. Es scheint, als würde der Patient oder der Mitmensch nun für den Therapeuten ein "gläserner Mensch", mit dem er nach Belieben anstellen kann, was er will. Obwohl es so nicht stimmt, ist doch an dieser Angst auch etwas dran. Menschliches Verhalten wird durchschaubarer, die Strukturen lassen sich erkennen und im eigenen Reagieren und Handeln berücksichtigen. Das ist man in dieser Art nicht gewöhnt. Gewöhnlich arbeiten die Therapeuten, Sprachtherapeuten in noch weit stärkerem Ausmaß als die Psychotherapeuten, mit ihrem "guten Gemüt", soweit es um die psychische Begleitung der Patienten und ihrer Angehörigen geht. Sie verlassen sich auf ihre ungeschulte Intuition im Umgang mit den Patienten. Solange man mit der Psyche des Menschen arbeitet, scheint ein solch wenig fundiertes Vorgehen durchaus geduldet. Auf dem Sektor der direkten Sprachtherapie stützt man sich meist auf linguistische

Theorien, die sehr wissenschaftlich sind, im herkömmlichen linearen Sinne. Sie bedeuten gewöhnlich nicht mehr als ein isoliertes Training detaillierter, gestörter Funktionen. Es ist unheimlich, wenn durch die Methoden des NLP Verhalten, auch kleinste Reaktionen der Mimik, zu erkennbaren Strukturen gehören, die helfen, die eigenen Reaktionen so zu planen, daß eine Sitzung zu einem geplanten Ziel führt. Es kann doch nicht sein, daß eine Phobie in einer Sitzung, eine Leitungsaphasie innerhalb von zwei Wochen zu beheben ist. Andererseits: wenn es möglich ist und ich als Therapeutin das weiß, darf ich dem Patienten dann diese Erfolge vorenthalten? Ich möchte noch weiter gehen: Gibt es Kommunikation ohne Manipulation? Gibt es Therapie ohne Manipulation?

Was eigentlich ist Manipulation? In der Übersetzung des Duden bedeutet das Wort: Handgriff, Kunstgriff, Verfahren. In der Funktionalen Integration der Feldenkrais-Methode, einer ganzheitlich orientierten Behandlungsweise, spricht Yochanan Rywerant positiv von "kommunikativer Manipulation", die zwischen Lehrer und Schüler stattfindet. Das bewußte Handeln des Lehrers ist Manipulation, die einzelne Handlungssequenz wird als "Manipulon" bezeichnet (Rywerant 1985). Erst in der Umgangssprache, im übertragenen Sinn bedeutet es "Machenschaft", was negative Assoziationen hervorruft, obwohl in dem Wort vor allem zum Ausdruck kommt, daß etwas ge*macht* wird. Handeln, "Kunstgriffe" anwenden, das ist doch das, was wir in der Therapie wollen. Wenn Patienten bleiben wollen, wie sie sind, brauchen sie keinen Therapeuten. Wenn sie sich allein aus ihrer unbefriedigenden Situation heraushelfen könnten, kämen sie nicht zu uns. Sie haben gewöhnlich schon alles getan, was sie konnten, um zu ihrem Ziel zu kommen. Sie erwarten, daß der Therapeut ihnen hilft, sich zu ändern. Sie erwarten "Manipulation". Selbstverständlich erwarten Sie auch, daß sie mit ihrer ganzen Persönlichkeit und mit den Werten, die ihr Leben prägen, respektiert werden. Dieser Respekt ist für mich die wichtigste Grundlage einer verantwortungsvollen Therapie. Therapie ohne Manipulation ist für mich nicht denkbar, denn schon in jeder normalen Kommunikation handeln die Teilnehmer mit dem Ziel, dem anderen die eigene Welt verständlich zu machen und ihm zu zeigen, daß man sich um ein Verständnis seiner Welt bemüht. Dilts, Bandler und Grinder berichten von einem Beispiel aus einem Film mit Carl Rogers, dem Begründer der nondirektiven, klientenzentrierten Therapie: Rogers arbeitete mit einer Klientin an einem konkreten Konflikt, dessen beide Aspekte mit X und Y bezeichnet werden: "Rogers: Ich habe verstanden, daß Sie die Wahlmöglichkeit X haben (macht eine Geste mit der linken

Hand) ... Und Sie haben die Wahlmöglichkeit Y (macht eine Geste mit der rechten Hand) ... Jetzt weiß ich nicht, für welche Sie sich entscheiden werden (macht eine Geste mit der linken Hand), aber ich bin sicher, daß Sie sich für diejenige entscheiden werden, die für Sie am besten ist (macht eine Geste mit der linken Hand)" (Dilts/ Bandler/ Grinder u.a. ³1989, S.166). Es liegt nahe, daß die Patientin sich für die Lösung X entschieden hat, die Rogers, für ihn selbst unbewußt, mit der linken Hand geankert hatte. Entgegen seiner Theorie, ungewollt, und unbewußt manipuliert auch er, und da er keine Ahnung hatte von den Zusammenhängen, konnte er sich selber nicht auf die Spur kommen.

In der Therapie ist die Änderung - in der Aphasiebehandlung nennt man es Besserung - das erklärte Ziel. Wie man dieses Ziel erreicht, bleibt oft im Ungewissen. Das Handeln des Therapeuten wird weniger durch genaue sensorische Wahrnehmung des Verhaltens des Patienten mit allen Repräsentationssystemen bestimmt, sondern durch bestimmte therapeutische Theorien, denen der Therapeut vertraut, verbunden mit der gefühlsmäßigen Reaktion des Therapeuten auf die Botschaften des Patienten. Die Theorien der Therapie besagen meist nur, daß es sich um Methoden handelt, die bestimmte Leute bei bestimmten Symptomen erfolgreich angewandt haben. Welches interne Programm hinter dem Symptom steht und welches Programm zu einer Besserung führen könnte, ist meist unbekannt. Die einzelnen Symptome werden diagnostisch erfaßt und einzeln behandelt, ohne ihre Einbettung in das Gesamte eines individuellen, systemischen Zusammenhangs zu berücksichtigen. Wenn der Therapeut nun in der Lage ist, die Zusammenhänge des Systems, das hinter der Störung steht, besser zu verstehen und angemessener und damit erfolgreicher auf das System einzuwirken, heißt das nicht, daß er den Patienten nach Belieben manipulieren kann. Nicht einmal in der Trance-Arbeit ist das möglich. Milton Erickson sagte dazu: " Wenn ich Menschen dazu veranlassen könnte, Dinge zu tun , die sie nicht wollen, dann gäbe es in dieser Welt viel mehr gesunde Menschen" (Milton Erickson, zit. nach Dilts/ Bandler/ Grinder u.a. ³1989). Aus eigener Erfahrung kann ich das unterstreichen. Jeder Mensch handelt entsprechend seiner Werte und Überzeugungen. Solange er nicht selbst bereit ist, diese zu ändern, wird er sich einer Änderung durch den Therapeuten widersetzen. "Widerstand des Patienten ist ein Zeichen für mangelnde Flexibilität des Therapeuten" (Müller 1990), ist eine Annahme des NLP, die dem Therapeuten helfen kann, immer wieder selbstkritisch sein Tun zu hinterfragen. Allzu leicht versucht man, dem Patienten die eigenen Ziele und Ideale aufzuzwingen, weil man sie für allgemeingültig hält. Ein

Patient beispielsweise, der davon überzeugt war, daß der Weg einer Heilung immer lange dauert und sehr schwer und mühsam ist, wehrte sich gegen mein wohlgemeintes Bemühen, ihm das Leben leichter zu machen. Aus meiner Sicht war es einfach, seine Beschwerden zu bessern und seine Depression zu beheben, aber er wollte nicht. Er selbst hätte natürlich nie gesagt, daß er nicht "wolle", er sagte immer: "Das geht nicht!" Und er verhinderte jede psychische Intervention, die dazu hätte beitragen können, seinen Ausspruch zu relativieren. Selbst auf meinen harmlosen Versuch, ihm unauffällig die schlechte Laune eines Tages zu nehmen, wurde von dem Unbewußten sofort erkannt, und er reagierte mit Aggression und Selbstschutz: "Das ist eben so. Man muß manchmal schlecht gelaunt sein!" Diskussion darüber war offensichtlich unerwünscht, er forderte funktionelle Therapie, die in dieser Situation nicht sehr erfolgreich sein konnte.

Gegen die Werte und Überzeugungen des Patienten sind auch die wirksamsten Methoden unwirksam. "Da kämpfen Götter selbst vergeblich", sagt das Sprichwort sehr richtig. Der freie Wille ist das höchste Gut, das Gott den Menschen gegeben hat. Er selbst tastet diesen freien Willen nicht an. Welches Leid das für Ihn selbst bedeuten kann, ahne ich immer mehr, nicht zuletzt durch die Möglichkeiten des NLP. Ich kleiner Mensch, Teilchen des Universums, bekomme mehr Einsicht in Zusammenhänge. Die Strukturen der Zusammenhänge von persönlicher- und Familiengeschichte, von Krankheit, Gesundheit, Aphasie werden in vielen Fällen sehr deutlich. Die Strukturen sind aber oft so in Übereinstimmung mit Werten und Überzeugungen, die der Patient behalten will, daß eine Heilung sehr unwahrscheinlich ist. Man kann nur Zeuge des Leidens sein. Das ist sehr schwer. Nach christlicher Überzeugung hat es bei Gott, der den absoluten Durchblick durch die Zusammenhänge hat, dazu geführt, daß er selbst sich in diese Zerrissenheit des Menschen begab, um ihn durch das eigene Sterben wieder mit sich selbst und mit Ihm zu vereinen.

Insbesondere bei Techniken der Trance oder Hypnose legen Fachleute großen Wert auf die gute Ausbildung und hohe Verantwortung des Therapeuten, "da die Kritikfähigkeit des Patienten hier relativ reduziert ist und eine sehr enge Kommunikation in einem besonderen Vertrauensverhältnis stattfindet" (Kossak 1989, S.338). Bei einigen Christen steht die Hypnose im Verdacht, daß sie in Zusammenhang stünde mit Teufel und Okkultismus. Gegenüber einer verantwortlich durchgeführten Hypnose sind offizielle Verlautbarungen der katholischen Kirche dagegen durchaus billigend. Das Dekret der

Heiligen Kongregation des Heiligen Offiziums vom 28.7.1847 stellt fest: "Nachdem alle Mißverständnisse, Vorhersagen der Zukunft, mit oder ohne Anrufung des Teufels, beseitigt sind, ist der Gebrauch des animalischen Magnetismus (Hypnose) tatsächlich bloß ein Akt, in dem physikalische Kräfte benutzt werden, die sonst gesetzlich erlaubt sind und darum ist sie moralisch nicht verboten, vorausgesetzt, daß es nicht zu einem ungesetzlichen Ende oder einer Verdorbenheit tendiert" (zit. nach Kossak 1989, S. 340). Im Jahr 1959 befaßte sich der Jesuit Mangan ausführlich mit den Problemen der Hypnose und kommt zu dem Schluß, daß sie nichts mit Okkultismus, Zauberei, schwarzer Magie oder Spiritismus zu tun habe (Kossak 1989).

Das NLP gibt mir nicht die Möglichkeit, den Menschen nach meinem Willen zu prägen. Es befähigt mich aber, viel schneller die Werte und Ziele des Patienten zu erkennen, um dann eine respektvolle Therapie in Übereinstimmung mit den Werten des Patienten durchzuführen. Viele Therapeuten behandeln ohne NLP nur aufgrund ihrer eigenen fachlichen Diagnostik, ohne den Patienten zu fragen, was er möchte. Wenn sie den Patienten fragen, hören sie auf die Worte, die der Patient sagt. Viele Patienten sind aber in ihrem Verhalten nicht kongruent. Sie sagen mit Worten etwas anderes, als sie durch den Körper oder sonstige Reaktionen mitteilen. Die Sprache drückt das aus, was im Bewußtsein des Patienten ist. Der Körper bringt das zum Ausdruck, was der Mensch unbewußt möchte, was seinen inneren Werten entspricht. Das Unbewußte wird sich auf die Dauer auch immer nach außen durchsetzen. Wer als Therapeut Manipulationen, die gegen den Willen des Patienten sind, vermeiden will, sollte sich, ganz im Sinne des NLP, um ein möglichst gutes Verständnis seiner Körpersprache bemühen, um feststellen zu können, welche verbalen Aussagen des Patienten kongruent sind. Ich bin inzwischen davon überzeugt, daß viel mehr negative Manipulationen ohne NLP stattfinden als mit NLP. Als Erläuterung dazu greife ich noch einmal auf das in Kap. 2 angeführte Beispiel einer ca. 75-jährigen Patientin mit einer Amnestischen Aphasie zurück. Sie "hing" mit krummem Rücken in ihrem Rollstuhl, schien oft müde zu sein. Bei der Frage, ob sie weiter Sprachtherapie haben möchte, kam sie erst ein wenig hoch und auf die Therapeutin zu, fiel aber gleich wieder in sich zusammen und sagte mit kraftloser Stimme: "Ja". Auf die Frage, was sie denn gerne möchte, hob sie den Kopf, schaute zum Fenster hinaus, lächelte und sagte: "Die Vögel anschauen". Auf die weitere Frage, was sie sonst noch möchte, sagte sie: "Nichts". Da die gesamte Umgebung eine Therapie für nötig hielt, wurde sie weitergeführt. Die Patientin "wollte" doch auch! Nach recht kurzer Zeit bekam sie einen neuen Schlaganfall. Nun lag sie im Bett mit nur einem Wort, das sie aber strahlend immer wiederholte: "Prima, prima!" Ihre Werte waren Ruhe und Passivität, ihr Ziel war es, sicher, satt und sauber zu sein. Hätte jemand die Sprache des Organismus, verbunden mit den verbalen Äußerungen, verstanden und respektiert, hätte sie ihre Werte auf für sie angenehmere Art leben können.

Therapeuten können mit NLP eine Phobie in einer halben Stunde beheben, und sie können ihre Patienten in vielen Fällen in kürzester Zeit in einen positiven Zustand führen. Ohne NLP haben sie dieselbe Macht, nur benutzen sie sie ungewollt oft zum Schaden des Patienten. Sie können ihnen in kürzester Zeit Phobien machen und sie in Tränentäler führen und dort festhalten, ohne selber den Ausweg zu wissen und ohne zu wissen, daß sie selbst der Führer dorthin waren.

Die Methoden des NLP sind enorm erfolgreich. Man kann sie mit einem Messer vergleichen. Mit einem Messer kann man Brot schneiden, und mit einem Messer kann man einen Menschen umbringen. Die meisten Menschen haben ein Brotmesser zu Hause, obwohl man es auch als Mordinstrument benutzen könnte. Der Nutzen ist uns so wichtig, daß wir uns dennoch eins anschaffen. Außerdem haben wir wohl so viel Vertrauen in unsere Mitmenschen, daß wir davon ausgehen, daß das Messer auch von ihnen nur zum Nutzen verwendet werden wird. Dennoch gibt es ab und zu Unfälle mit Messern, und es gibt Morde. Unfälle entstehen häufig durch Unfähigkeit oder Leichtsinn, Morde durch nicht verarbeitete Probleme. Sowohl was den Umgang mit Messern als auch den Umgang mit NLP betrifft, sollte man bemüht sein, beides zu vermeiden.

Um die wirkungsvollen Möglichkeiten des NLP verantwortlich umzusetzen, sind mehrere Komponenten wichtig:

- NLP-Lehrer, für die NLP mehr ist als eine Technik, die es verbinden mit einer Lebenshaltung von Liebe, Respekt und Kongruenz. Virginia Satir sagte dazu: "Die guten Leute, die mit NLP arbeiten - es gibt eine ganze Reihe von ihnen - stellen es in einen Rahmen von Menschlichkeit (*humaness*). Ich denke, genau das ist wichtig, denn schließlich ... ging es ja aus meiner Arbeit hervor, die getragen ist von Liebe und Engagement. NLP ist ein großartiges Werkzeug, denn die Dinge, die ich mache, vor allem, wenn sie in dieser Form angewandt werden, sind durchschlagend und sehr wirkungsvoll. Doch wenn Leute keine Ahnung haben von Psychodynamik und nicht wissen, wie mit diesem Werkzeug umzugehen ist, können sie Schreckliches damit anrichten" (Virginia Satir, zit. nach Bandler/ Grinder ⁶1987, S.9).

- Gut ausgebildete NLP-Praktiker, zu deren eigenen Werten Liebe zu und Respekt vor den Mitmenschen gehören, damit sie in der Lage sind, ihr Können im Sinne der Patienten einzusetzen. Hilarion Petzold und Thies Stahl schreiben im Vorwort zum ersten deutschen NLP-Buch: "Das neue Instrumentarium des NLP kann, davon sind wir überzeugt, für viele Patienten in kürzerer Zeit Hilfe bringen, als dies in klassischen Ansätzen der Therapie möglich war, wenn es von kompetenten Therapeuten eingesetzt wird, die ihre eigene Problematik (...) durchgearbeitet haben. Ansonsten wird NLP dem Agieren der Größenphantasien der Leute dienen, die ihre eigene Bedürftigkeit mit manipulativer Brillanz kaschieren wollen (Petzold/ Stahl in: Bandler/ Grinder ⁶1987, S.9).

- Therapeuten, die immer wieder bereit sind, ihre eigenen Werte und Überzeugungen zu reflektieren, sich selbst kennenzulernen und an der Erweiterung der eigenen Welt zu arbeiten.

4. Neurowissenschaftliche Grundlagen von NLP und Aphasie

*"Was wir sehen können,
ist nur ein sehr kleiner Teil
der unentfalteten Ordnung."*

David Bohm 1985

Sowohl der Umgang mit dem NLP als auch die Behandlung von Aphasien basieren auf bestimmten Vorstellungen über den Aufbau und die Arbeitsweise des Gehirns. Die Neurowissenschaften umfassen heute höchst komplizierte Fachgebiete wie die Neurologie, die Neuropsychologie, die Neurobiologie und die Biochemie. Trotz intensiver Forschung sind viele Prozesse immer noch unbekannt. Es gibt verschiedene Auffassungen und Modelle über die Art der Vorgänge im Gehirn, die jeweils den neuesten Erkenntnissen angepaßt werden.

4.1 Geschichte der Hirnforschung

Schon die Griechen erforschten das Gehirn, und bereits Hippokrates behauptete um das Jahr 400 v.Chr., daß es zwei Gehirnhälften gebe, die unterschiedliche Aufgaben wahrnähmen. Da es ohne moderne medizinische Kenntnisse praktisch unmöglich war, genauere Gehirnuntersuchungen am lebenden Menschen zu machen, blieben die Aussagen der Hirnforscher lange Zeit im Bereich der Spekulationen.
Anfang des 19.Jahrhunderts lokalisierten die Phrenologen um Franz-Josef Gall eine Menge von psychischen Fähigkeiten, darunter "Kühnheit", "Elternliebe" und "Gesellschaftigkeit", in bestimmten Hirnabschnitten. Gleichzeitig gab es auch immer Forscher, die für ein

ganzheitlich arbeitendes Gehirn plädierten. Erst vor etwas mehr als einhundert Jahren war der Beginn der modernen Aphasieforschung. Daher ist es auch verständlich, daß man sich - trotz aller Riesenerfolge - sowohl was die Forschung als auch die Therapie angeht, vergleichsweise im Stadium der Steinzeit befindet.

Recht unbeachtet von seinen Kollegen berichtete der Landarzt Marc Dax 1836 auf einer Konferenz davon, daß er bei Patienten mit einer Aphasie immer Läsionen der linken Hirnhemisphäre gefunden habe. Er schloß daraus, daß die Hemisphären unterschiedliche Funktionen steuern und daß die linke Hemisphäre die Sprache steuere (Springer/ Deutsch ^{2}1988). Sein Kollege Broca fand dreißig Jahre später mehr Aufmerksamkeit, als er, ebenfalls bei Patienten mit "Aphemie", wie er die Aphasie nannte, nur Läsionen der linken Hemisphäre fand. Bei Störungen der Sprachproduktion handelte es sich um Läsionen im hinteren Drittel der unteren Frontalwindung der linken Hemisphäre. Nach ihm wurde das Gebiet "Broca-Areal" genannt. 1874 fand Wernicke bei Patienten, die vor allem Sprachverständnisstörungen hatten, eine Verletzung der ersten Windung des Temporallappens der linken Hemisphäre. Nach ihm wurde das sensorische Sprachzentrum auch "Wernicke-Areal" benannt. Seither machte die Forschung, gerade in Bezug auf die Aphasien, große Fortschritte.

Der englische Neurologe Jackson wandte sich 1869 gegen eine streng lokalisationistische Auffassung von Aphasie. Sein Ausgangspunkt war die Funktionspsychologie, die sich um die psychologische Fundierung der Aphasien bemühte. Ihm war aufgefallen, daß bei Schädigungen des motorischen oder sensorischen Zentrums nie die betroffene Funktion ganz ausfiel. Es waren immer noch Sprachreste vorhanden. Die Organisation des Gehirns mußte also komplexer sein, als bisher angenommen. Man erkannte, daß es sich bei den Aphasien nicht nur um eine Herdstörung handelte, sondern um eine Störung im physiologischen Zusammenspiel verschiedener Hirnabschnitte. Er kam daher zu einer erweiterten Ansicht über die Bedeutung der Zentren: "Nicht ein bestimmter Ort ist Träger einer bestimmten Funktion, sondern von einem bestimmten Ort her kann eine bestimmte Funktion in bestimmter Weise abgeändert bzw. gestört werden" (Falk 1973).

Ebenfalls mit funktionspsychologischem Ansatz forschte v.Monakow, der ein Wegbereiter wurde sowohl für A.R.Luria als auch für E.Weigl, dessen Ansatz der Deblockierung im Rahmen der Aphasiebehandlung auch für die Arbeit mit NLP weitergeführt wird. Nach v.Monakow kommt es zu einer Aphasie durch eine Läsion in der Aphasieregion des Gehirns, verbunden mit einer als "Diaschisis" bezeichneten Schockreaktion. Sie ist eine Art "Betriebseinstellung, die ihren Ursprung aus der örtlichen Hirnläsion nimmt, ihre Angriffspunkte aber in weiteren Gebieten des Cortex hat" (Falk 1973, S.9). Die Schädigung der Aphasieregion bedingt die dauernden Ausfälle, die Diaschisis die wandelbaren Aphasiesyndrome.

Alexander R.Luria (1970) geht von einer Systemstruktur der Funktionen und einer dynamischen Lokalisation aus, einem Begriff, der von Pawlow und Uchtomski geprägt wurde. Uchtomski formuliert: "Das Zentrum einer bestimmten komplizierten Funktion ist ein ganzes Sternbild von im Einklang arbeitenden Ganglienabschnitten, die einander wechselseitig erregen" (Uchtomski 1945). "Der Ausfall irgendeines Gliedes dieses Systems wirkt sich sofort auf den Endeffekt aus, hat dort eine Umstrukturierung des gesamten Systems zur Folge, die auf Wiederherstellung des gestörten Aktes gerichtet ist" (Luria 1970, S.43-44). Die Ansicht, daß das Gehirn aus verschiedenen ineinander greifenden Systemen organisiert ist, ist inzwischen Allgemeingut geworden. Weigl, der Begründer der "Deblockierungsmethode" in der Aphasiebehandlung, spricht 1972 von funktionellen Systemen als geschlossenen, sich selbst regulierenden Regelkreisen, die sich aus autonomen Teilsystemen zusammensetzen und die auch unabhängig voneinander gestört sein können. (Weigl 1972)

4.2 Von der Zweiteilung zum Multimind-Konzept

Wichtige Erkenntnisse für die Erforschung des Gehirns brachten die Split-brain-Untersuchungen, die von Roger Sperry, Joseph Bogen, Michael Gazzaniga et al. durchgeführt wurden und für die Sperry 1981 den Nobelpreis für Medizin erhielt. Untersucht wurden Patienten, bei denen eine Kommissurotomie durchgeführt wurde, das heißt, das corpus callosum, eine Verbindung von etwa 200 Millionen Fasern (Eccles [6]1990) zwischen der rechten und der linken Hemisphäre wurde operativ durchtrennt, das Gehirn war sozusagen gespalten. Die Operationen wurden durchgeführt, um Patienten, die unter schweren, medikamentös nicht beherrschbaren epileptischen Anfällen litten, eine Erleichterung zu verschaffen. Nach den ersten derartigen Operationen, die 1940 stattfanden, hatte der Neurologe Andrew Akelaitis festgestellt, daß die Patienten nach der Operation fast unverändert wirkten. Im alltäglichen

Leben kamen die Patienten zurecht, ohne daß Störungen auffielen. Man behauptete spaßhaft, das Corpus callosum diene nur dazu, die beiden Hirnhälften zusammenzuhalten (Eccles ^{6}1990). Auch der bekannte Neuropsychologe Lashley kam zu dem Schluß, "der wichtigste Aspekt der Gehirnorganisation sei die Gesamtmenge des vorhandenen Gewebes, nicht die spezifischen Bereiche" (Gazzaniga 1989, S.49). Anfang der sechziger Jahre begannen Sperry, Gazzaniga und Bogen neue und genauere Untersuchungen mit Patienten nach einer Kommissurotomie-Operation. Sie entwickelten Möglichkeiten, die beiden Gehirnhälften einzeln zu untersuchen, indem sie lateralisierte Sinneseindrücke prüften. Mit bestimmten Verfahren gelang es ihnen, Bilder getrennt in das linke oder rechte Gesichtsfeld zu projizieren oder die taktilen Funktionen rechts und links unabhängig voneinander zu prüfen (Gazzaniga 1989). Die sensiblen Reize lassen sich am leichtesten lateralisieren, da sie nur zur kontralateralen Hemisphäre weitergeleitet werden. Bei visuellen Reizen läßt sich dieser Effekt mit einem bestimmten Meßaufbau erreichen. Akustische Wahrnehmungen werden ipsi- und kontralateral weitergeleitet, es überwiegt funktionell und anatomisch allerdings der gekreuzte Anteil. Lediglich die Riechbahnen haben einen ipsilateralen, also ungekreuzten Verlauf.

Die Ergebnisse machten deutlich, daß das Corpus Callosum weit mehr ist als ein Zusammenhalt der Hemisphären. Es dient der Weiterleitung der Informationen von der einen zur anderen Hemisphäre. Ist es durchtrennt, weiß buchstäblich die Rechte nicht mehr, was die Linke tut. Dem Patienten W.J. gelang es beispielsweise mühelos, mit der linken Hand, die von der rechten Hemisphäre kontrolliert wird, Klötzchen zu einem bestimmten Muster zusammenzulegen. Die rechte Hand, die von der linken, "sprechenden" Hemisphäre gesteuert wird, hatte damit größte Mühe. Als der Patient die Aufgabe mit beiden Händen gemeinsam lösen durfte, stritten sich die beiden Hände. Gazzaniga berichtet: "So beobachtete ich zum erstenmal, daß die beiden mentalen Systeme in einen heftigen Kampf geraten können. Die linke Hand machte Fortschritte beim Lösen der Aufgabe, woraufhin die rechte sich einmischte und das von der Linken Erreichte wieder zunichte machte. Es war so, als würden sie ein Duell miteinander austragen" (Gazzaniga 1989, S.67). Jerre Levy und Roger Sperry schlossen daraus, daß die rechte Hirnhälfte holistisch arbeite und die linke analytisch: "Die Untersuchungsergebnisse deuten darauf hin, daß die stumme, (rechte) untergeordnete Hemisphäre auf Gestaltwahrnehmung spezialisiert ist, da ihr bei der Informationsverarbeitung hauptsächlich die Aufgabe des Synthetisierens obliegt. Die sprechende (linke) Hemisphäre hingegen scheint mehr auf logische, analytische, computerähnliche Weise zu arbeiten. Ihre Sprache ist ungeeignet für die schnelle, komplexe Synthese, zu der die untergeordnete (rechte) Hemisphäre in der Lage ist" (Levy J., zit. nach Gazzaniga 1989, S.68).

Die Abbildung von R.Sperry aus dem Jahr 1970 (Abb., zit. nach Eccles 1990, S.25) zeigt einige der Untersuchungsergebnisse mit den verschiedenen sensorischen Inputs und ihren Projektionen im Gehirn:

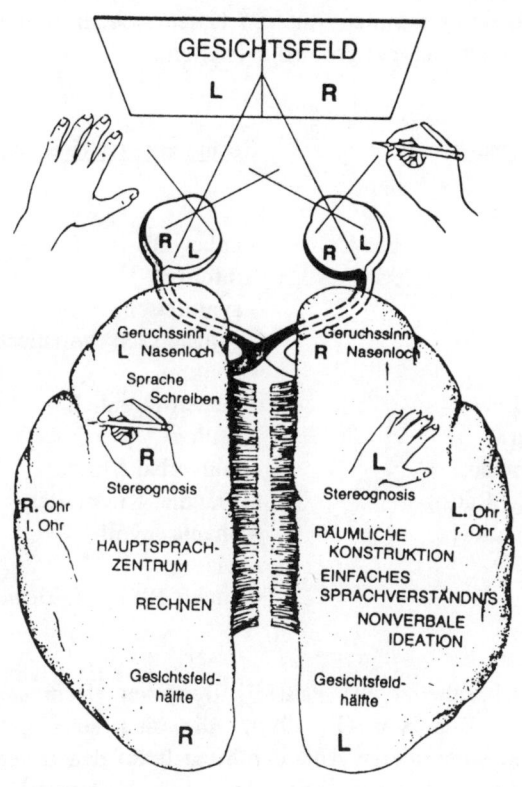

Abb.5: Zusammenarbeit von rechter und linker Hirnhemisphäre. (Nach: Eccles 1990, S. 25)

Jede Hemisphäre nimmt wahr, lernt, erinnert und fühlt, aber sie tut es auf die ihr eigene Weise. Diese Erkenntnisse führten zu Überlegungen, ob nicht auch das gesunde Gehirn mit dieser Aufgabenteilung arbeite. Insbesondere Robert Ornstein machte diese Überlegungen populär. (Ornstein 1974) Andere Autoren folgten international: S.Springer und G.Deutsch (1981 in den USA, 1987 in Deutschland, 2.Aufl. 1988), Thorwald Dethlefsen (1983, 5.Aufl. 1990), Liliane Juchli (1985), Mogens Kirckhoff (1985, 4.Aufl. 1990), Barbara Meister Vitale (1988), Michael Grinder (1991) und viele andere mehr. Die beiden Hemisphären werden dabei auch mit Weltbildern assoziiert. Die Linke steht für die westliche Welt, die rechte Hirnhälfte für östliche Lebensweise. Entsprechend der genannten Autoren lassen sich die unterschiedlichen Arbeitsweisen des Gehirns grob so darstellen:

Linke Hemisphäre	Rechte Hemisphäre
- bewußt	- unbewußt
- logisch	- intuitiv
- analytisch	- synthetisch
- trennend	- ganzheitlich (holistisch)
- symbolisch	- konkret
- im Detail, linear	- visuell-räumlich
- zeitorientiert	- zeitlos
- verbal (Sprache, Mathematik, Ratio)	- nonverbal (Bilder, Träume, Kreativität)
- realitätsorientiert	- phantasievoll
- abstrakt	- analog
	(Juchli 1985; M. Grinder 1991)

Die Edu-Kinesthetik von Paul E. Dennison (Dennison P. [5]1990, Dennison P./ Dennison G. 1990), die sich sehr gut mit NLP-Behandlungen kombinieren läßt, beruht auch auf den Erkenntnissen der Split-brain-Untersuchungen mit den verschiedenartig arbeitenden Hirnhälften. Dennison führt Wahrnehmungs-, Konzentrations- und Lernstörungen wie Legasthenie auf mangelnde Zusammenarbeit der beiden Hemisphären zurück: "Die beiden Gehirnhälften arbeiten entweder zusammen oder sie geraten in Konflikt. Der Konflikt kann zu unzureichender Informationsverarbeitung und zum Abschalten führen." (Dennison [5]1990, S. 130-131) Durch gezielte Körperübungen, z. B.

Mittellinienbewegungen, läßt sich die Zusammenarbeit der Hirnhälften verbessern und damit die Leistung steigern. Eine der wirkungsvollsten Übungen ist die liegende 8: ∞ . Dennison erklärt es so: "Alles Geschriebene, ob wir es sehen oder fühlen, wird im visuellen Feld wie eine auf der Seite liegende 8 wahrgenommen. Diese Figur füllt das gesamte Feld aus; der Kreuzungspunkt liegt dabei im Zentrum oder auf der Mittellinie, wo die linke und die rechte Gehirnhälfte integriert sein und zusammenkommen müssen" (Dennison P. [5]1990, S.143).

Die Ansichten der verschiedenartigen Aktivitäten der beiden Gehirnhälften sind inzwischen weitverbreitet und populär, und es hat sich herausgestellt, daß sich auf der Basis dieser Vorstellungen einige Probleme der Menschen erfolgreich lösen lassen. Einige der Begründer dieser Theorien wie M.Gazzaniga und R.Ornstein gehen in ihren Ansichten inzwischen über die Zwei-Gehirne-Theorie hinaus. "Wir wissen, daß die Komplexität des Gehirns wesentlich höher ist, als die groben Abteilungen es vermuten lassen. Wir sind heute weit von einem zweigleisigen Konzept (bihemisphärisch, links- und rechts-dominant) entfernt: Wir können nur ein Multimind-Konzept vertreten" (Ornstein 1989, S.69). Es kann nach wie vor sinnvoll sein festzustellen, daß Menschen mehr die eine oder andere Hirnhälfte benutzen, es steht aber fest, es gibt "wesentlich segmentiertere und spezialisiertere Zentren, als wir es in den späten 60er und frühen 70er Jahren annehmen konnten" (Ornstein 1989, S.69). Die neueren Hirnforschungen haben gezeigt, daß sich die Nervenzellen im Gehirn zu Moduln zusammenschließen. Ein Modul besteht aus mehreren tausend säulenartig angeordneten Zellen, die senkrecht in der Hirnrinde liegen. Nach Eccles befinden sich im gesamten Neocortex schätzungsweise vier Millionen Moduln, "die die Raum-Zeit-Muster erzeugen, in denen die gesamte kognitive Leistung des menschlichen Gehirns gespeichert ist - jedes Fühlen, jedes Erinnern, jeder sprachliche Ausdruck, jedes kreative Schaffen usw." (Eccles 1990, S. 64). Eccles vergleicht das Gehirn mit einem Klavier. Wie ein Klavier mit 88 Tasten die ganze Fülle an Musik hörbar machen kann, arbeitet unser Gehirn wie ein Klavier mit vier Millionen Tasten (Eccles 1990, S.47). Die Ebene "oberhalb" der Module bilden nach Ornstein die Talente. Sie empfangen die Datenanalyse der Moduln und verarbeiten sie weiter. Folgende Talente sind nach seiner Meinung entscheidend:
- Aktivierung: grundlegend und für alle Menschen biologisch relativ gleich.
- Informationssuche: grundlegende Wahrnehmung.
- Riechen: vermutlich ein zentrales Talent, das den Menschen stark beeinflußt.

- Fühlen: sehr unterschiedlich ausgeprägt von Mensch zu Mensch.
- Heilen: vermutlich nicht an ein bestimmtes Hirnareal gebunden. Das ganze Gehirn ist eine "Gesundheitsmaschine". Droht Gefahr für die Gesundheit durch Viren o.ä., wird die Immunabwehr mobilisiert.
- Bewegung: sie auszuführen und zu steuern bedeutet eine ungeheure Leistung des Gehirns.
- Ortung und Identifikation: durch die Koordination der verschiedenen sensorischen Repräsentationen.
- Kalkulieren: alle Handlungen beruhen auf Schätzen, Vergleichen und Rechnen.
- Reden: für die Sprachbegabung gibt es mindestens zwei verschiedene Areale, obwohl diese Begabung dem eindimensionalen Intelligenzkonzept am nächsten kommt. Die Produktion der Wörter und die Produktion der Bedeutung sind verschiedene Talente. Schreiben und Lesen sind sekundäre Fähigkeiten.
- Wissen: mindestens zwei Zentren, ein "Erkenntnis-Zentrum" für Einzelheiten in der linken Hemisphäre und ein "Erkenntnis-Zentrum", das zu Ganzheiten zusammenfügt, in der rechten Hemisphäre.
- Steuern: das regierende Talent des Selbst mit Schlußfolgerungen und Einschätzungen von uns selbst und anderen. Es ist oberhalb der anderen Talente angesiedelt und faßt die Stückchen des Geistes zusammen. Zu den Kontroll- und Steuerungsfunktionen gehört das Selbst, das nach Ornstein ein eigenes Areal im Gehirn hat. Es zieht die Schlüsse über die Person, in der es wohnt. Es kennt die Milderungsumstände für das Handeln der Person, in dem es wohnt, aber nicht die der anderen Menschen (Ornstein 1989).

Die Talente können unabhängig voneinander arbeiten, sie können sich aber auch zusammenschließen zu größeren Einheiten wie Mitglieder eines Teams. Viele einzelne "kleine Geiste", Talente, Talentteile, Module und Reflexe arbeiten gleichzeitig, es kommen aber nur wenige ins Bewußtsein, da die Kapazität des Bewußtseins sehr begrenzt ist. Wir "rollen" je nach Bedarf den einen oder anderen Geist ins Bewußtsein, und wenn er seine Aufgabe erfüllt hat, rollen wir ihn wieder hinaus. Das, was man als Persönlichkeit bezeichnet, ist für Ornstein die individuelle Kombination von kleinen Geisten und ihrer Benutzung. Das Wissen des einen kleinen Geistes ist dem anderen oftmals unbekannt. Das ist der Grund dafür, daß wir öfter Dinge tun, die wir nicht wollen. Der Geist, der im Bewußtsein ist, will etwas anderes als der Geist, der unbewußt aktiv ist und seine Aktivität durchsetzt (Ornstein 1989).

Auch M.Gazzaniga geht von der modularen Organisation des Gehirns aus. Bestimmte Hirnsysteme sind für bestimmte Fähigkeiten zuständig. Wo sie lokalisiert sind, ist für ihn zweitrangig. Zeichenkünste können sowohl in der rechten als auch in der linken Hemisphäre lokalisiert sein, das kann individuell verschieden sein. Die neuesten Untersuchungen sprechen für ihn dafür, daß die informationsverarbeitenden Systeme der linken Hemisphäre zwar eng mit Sprache verbunden sind, daß sie aber nicht das Sprachsystem per se sind (Gazzaniga 1989). Die relativ unabhängig voneinander arbeitenden modularen Systeme können auch unabhängig von einander Verhalten produzieren, z.B. plötzlich unmotiviert etwas zu tun, was vom Bewußtsein nicht geplant war oder sogar von ihm mißbilligt wird. Es kann z.B. vorkommen, daß man spontan und unmotiviert in ein Museum geht, obwohl man bis dahin Museen langweilig fand. Solches Verhalten wird ausgelöst von "unbewußten" oder "vorbewußten" Prozessen im Gehirn, die parallel zu dem bewußten Denken ablaufen und dem verbalen Selbst nicht bewußt sind (Gazzaniga 1989). Nachdem man so eine nicht geplante Handlung ausgeführt hat, läßt man sie gewöhnlich nicht einfach so stehen. Man findet eine rationale Erklärung für das Verhalten. Nach Gazzaniga geschieht das vermittels des "Interpreten", einem System in dem sprachlichen Bereich des Gehirns, beim Rechtshänder also gewöhnlich in der linken Hemisphäre, der die Aktivitäten der einzelnen Teilselbste deutet. Der Interpret weiß nicht, von welchem Anteil das neue Verhalten ausgelöst wurde, aber er findet eine Erklärung dafür wie: "Ich wollte mal sehen, ob ich mich wirklich langweilen würde", oder "Ich wollte mich über die Kunstszene informieren". Schon die Split-Brain-Untersuchungen hatten gezeigt, daß die verbale Hemisphäre immer eine Erklärung für das Tun der rechten Hemisphäre finden muß, auch wenn sie de facto nicht weiß, worum es geht (Gazzaniga 1989). Nach der Theorie der kognitiven Dissonanz von Leon Festinger (Festinger 1978) kann ein Mensch nicht in der Dissonanz zwischen seiner Überzeugung und seinem tatsächlichen Verhalten leben. Eins von beidem muß er also ändern. Vielfach geschieht es dadurch, daß die Überzeugung dem Verhalten angepaßt wird. Die Erklärungen des Interpreten werden neuer Teil der bewußten Überzeugungen des Menschen und beeinflussen sein zukünftiges Verhalten. Die Überzeugungen entstehen also durch die Interpretation des Verhaltens, und sie ändern sich durch Verhalten (Gazzaniga 1989). Gazzaniga nennt als Beispiel den Seitensprung eines Ehepartners, nach dessen bewußten Überzeugungen bis zu dem Eintritt des Ereignisses so etwas nicht vorkommen darf. Nachdem es zu

dem Seitensprung gekommen ist, müssen Theorien aufgestellt werden, um das Verhalten zu erklären (Gazzaniga 1989, S.97).
Diese Erkenntnisse werfen nach Gazzaniga das Problem der freien Entscheidungsfähigkeit auf. Die Erklärungen des Interpreten dienen seiner Meinung nach dazu, zu verdecken, daß das menschliche Handeln nicht frei ist. Menschen glauben gewöhnlich, daß sie Handlungsfreiheit haben. Um das weiter glauben zu können, muß ein von innen kommendes unerwartetes Verhalten so interpretiert werden, daß Handeln und Überzeugung wieder stimmig sind. Für ein von außen veranlaßtes Verhalten lassen sich leicht Sündenböcke als Erklärung finden, für das vom Gehirn selbst initiierte Verhalten muß durch Interpretation eine Kongruenz hergestellt werden (Gazzaniga 1989, S.166).

Für das Verständnis davon, was bei NLP-Therapie geschieht und wie es geschieht, sind die Forschungen und Modelle von Sperry, Gazzaniga und Ornstein sehr hilfreich. Da es Modelle sind, können sie stimmig sein für viele Fälle, müssen aber nicht für alle gleichermaßen gültig sein. So können sich die Split-Brain-Vorstellung und das Modell vom Multimind durchaus ergänzen. Manchmal kann es hilfreich sein, mit der Zweiteilung zu arbeiten, für andere Probleme ist dieses Raster zu grob. Wie Norman Geschwind (Geschwind 1986) anmerkt, ist es heute nicht mehr angemessen, von der linken Hemisphäre als der dominanten, übergeordneten Hälfte zu sprechen und von der rechten als der subdominanten, untergeordneten, wie es bisher üblich war (Eccles 1990). Gazzaniga und Ornstein und auch die Erfahrungen des NLP zeigen, daß die nonverbalen Anteile für das Handeln durchaus dominant sein können. Den sprachlichen Anteil, dem nichts übrig bleibt, als das Handeln im nachhinein zu interpretieren, könnte man in diesem Sinne auch als untergeordnet bezeichnen. Angemessener ist es wohl, einfach von linker und rechter Hemisphäre zu sprechen ohne eine mehr oder weniger bewerten zu wollen.
<u>Die Arbeit mit NLP stützt in vieler Weise die Auffassung von der Gehirnorganisation als Multimind als einer Föderation von vielen Geistern, die relativ unabhängig voneinander agieren.</u> Die verschiedenen Geiste können auch unterschiedliche Überzeugungen haben, was den Menschen natürlich in Konflikte bringt. Wenn bei einer älteren Aphasikerin beispielsweise *ein* Geist der Meinung ist, der Mensch habe genug in seinem Leben gearbeitet und für andere geschuftet, nun sollen doch bitteschön mal die anderen Menschen etwas für ihn tun, dann wird diese Patientin mit einem Teil ihrer selbst nicht sehr motiviert sein, in der Sprachtherapie zu arbeiten. Ein anderer Geist ist zur selben Zeit der Meinung, es sei schrecklich, ohne Sprache leben zu müssen und dieser

Zustand müsse so schnell wie möglich behoben werden. Dieser Geist möchte also arbeiten. Wenn dieser Teil mit dem Bewußtsein übereinstimmt, wird er sich nach außen verbalisieren oder zeigen. Der andere Geist, der ausruhen möchte, wird sich nonverbal auch zeigen, nur eventuell subtiler (s. Beispiel Fr. N. in Kap.10.4.2). Daher glauben Therapeuten normalerweise dem lauten, auffälligen Geist und wundern sich dann, daß die Patientin doch nie so richtig mitmacht, nach harter Arbeit krank wird oder einen Krampfanfall bekommt. Mit NLP gilt es, durch genaue Beobachtung und Gespräch herauszufinden, welche Geiste welches Ziel haben, sie miteinander in Kontakt zu bringen und Lösungen zu finden, die für alle Anteile befriedigend sind (Ökologie-Check). Erst dann wird eine Änderung oder ein Lernziel wirklich zu erreichen sein. Bezogen auf die ältere Aphasikerin kann das heißen, daß sie eventuell zuerst einmal eine Zeit braucht, in der sie ihre "Streicheleinheiten" bekommt, bevor sie wieder in der Therapie mitarbeiten kann. Vielleicht findet man ganz andere Lösungen, evtl. ist der Teil, der seine Ruhe haben möchte, auch so stark und durch nichts von seinem Ziel abzubringen, daß man der Patientin den größten Gefallen tut, wenn man die Therapie beendet.

Auch die Speicherung der Sprache geschieht in verschiedenen, weit über das Gehirn verteilten Systemen. Die genaue Darstellung erfolgt in Kap.5.4

4.3 Aufbau und Arbeitsweise des Gehirns

Wie Eccles bemerkt, ist das Gehirn, das äußerlich sehr unscheinbar wirkt, die komplizierteste Materie des Universums (Eccles 1990). Es wiegt ca. 1,5 kg und hat etwa 1oo Milliarden Nervenzellen (Hubel 1986). Es entwickelte sich im Lauf von 500 Millionen Jahren und besteht aus verschiedenen Strukturen, die relativ unabhängig voneinander, jedoch untereinander verschaltet, arbeiten. Ornstein vergleicht es mit einem mehrstöckigen Haus, das von unten nach oben errichtet wurde. Die einzelnen Stockwerke haben unterschiedliche Ziele und Aufgaben, und nach Ornstein haben sie auch eigene "Geiste" (Ornstein 1989, S.49). Der Hirnstamm ist der älteste Teil und dient den allgemeinen Lebensfunktionen im Organismus und dem Kontakt mit der Umwelt. Darüber liegt das limbische System mit einer komplexen Anordnung von Kernen (Amygdala-Ansammlung) und Bahnen. Es hat Verbindung zum Hypothalamus, zum Thalamus, zu den Stammganglien und zum Hirnstamm. Es ist zuständig für Selbst- und Arterhaltung, und es steuert die Emotionen. Es hat Einfluß auf die Gedächtnisspeicherung und auf das Lernen (Faller [8]1978; Ornstein 1989; Jantzen 1990). Die späteste und oberste "Etage" des Gehirns bildet der Hirnmantel, der Cortex, dessen weitreichende Aufgaben wie Sprache, Musik, Mathematik, Interpretation und Schlußfolgerung in Kap.5.2 ausführlich erörtert werden.

Alle Bereiche des Gehirns sind in neuralen Systemen organisiert und untereinander auf komplizierteste Art verschaltet. 500 Billionen Schaltstellen oder Synapsen (Vester 1978a) sind an der Informationsübermittlung beteiligt. Die bekannteste Art der Übermittlung ist die elektrische Weiterleitung des Impulses direkt zur Muskelfaser. Lange Zeit hielt man sie auch für die einzig mögliche Art der Übertragung, da die Zeit der Übertragung für eine chemische Wirkungsweise zu kurz schien (Eccles 1990, S.58). "Deshalb heißt es häufig, das Nervensystem sei ein Organ, das auf der Grundlage von elektrischen Veränderungen funktioniere. Dies ist jedoch nur zum Teil richtig, da die Neuronen nicht nur mittels elektrischer Veränderungen interagieren, sondern in konstanter Weise auch mittels Stoffen, die im Inneren des Axons (Nervenzellfortsatz, d. Autorin) transportiert werden. An den Endungen der Axone freigesetzt (oder aufgenommen), lösen sie in den mit ihnen verbundenen Neuronen, Effektoren oder Sensoren, Veränderungen bezüglich der Differenzierung und des Wachstums aus" (Maturana/ Varela [3]1987, S.170). Elektrische und chemische Kommunikation gehen häufig ineinander über. Die elektrische Energie des Nervenimpulses wird umgewandelt in chemische Energie und dann wieder in elektrisches Potential transformiert (Eccles 1990).

Die Forschungen jüngerer Zeit scheinen darauf hinzudeuten, daß die chemische Komponente der Gehirnaktivität von größerer Wichtigkeit ist, als lange Zeit angenommen wurde. Vor allem für die Vorgänge im limbischen System, das mit Lernen, Gedächtnis und Emotionen zu tun hat und das damit auch für die Wirkungen der Trance und Hypnose eine wichtige Rolle spielt, ergeben sich neue Denkansätze (Vester 1978a; Eccles 1990; Rossi E.L. 1988). Es scheint eine molekulare Basis für die kybernetische Kommunikation zwischen Körper und Seele zu geben. Frederic Vester (1978a) weist auf die Bedeutung der chemischen Vorgänge wie Denken, Lernen und Vergessen hin. Der Vorgang des "Vergessens" beispielsweise zeigt die Bedeutung der Transmitterstoffe, die die Übertragung der Nervenimpulse von Zelle zu Zelle ermöglichen. Während es ein Vergessen gibt, bei dem Informationen deshalb nicht erinnerbar sind, weil sie nie vom Kurzzeit- ins Langzeitgedächtnis übermittelt wurden, ist die andere Art ein "Nicht-Wiederfinden" von einmal gespeicherten Informationen. Durch Schock oder als psychischer Schutzmechanismus kann dabei der Zugriff zu einer gespeicherten Information blockiert sein. Bei der Aphasie geht man davon aus, daß die Störung teilweise auf einer Blockierung aufgrund einer Schockreaktion beruht (s. Kap.5.1). Die Blockierungen beruhen auf einer gestörten Transmittertätigkeit. In Hypnose lassen sich die "vergessenen" Inhalte wieder verfügbar machen (Vester 1978a). Von diesem Gesichtspunkt aus liegt es nahe, Trance-Zustände auch für die Sprachtherapie zu nutzen. Eine andere Möglichkeit des Vergessens beruht nach Vester auf der Tatsache, daß es im Gehirn besonders gut eingeschliffene Verbindungen gibt, die besonders häufig benutzt werden, weil der Mensch diese Art des Denkens und Erlebens bevorzugt. Impulse, die über dieselben Zellen, aber andere Verknüpfungen laufen, können dadurch benachteiligt werden (Vester 1978a).

E.L.Rossi beschäftigt sich mit den Zusammenhängen von Körper und Seele bei psychosomatischen Heilungen durch Hypnose nach M.Erickson (Rossi 1988). Er verweist dabei auf den Neurowissenschaftler J.F.Schmitt, der den Begriff der "Informationssubstanzen" prägte, "um damit alle die neuentdeckten Typen von 'Botschaftermolekülen' und Rezeptoren zu bezeichnen, die Gehirn, Körper und Verhalten beeinflussen" (Rossi 1988, S.12). Zu den Informationssubstanzen (IS) gehören die klassischen Neurotransmitter (Dopamin, Acetylcholin, Adrenalin et.al.), Neuropeptide, Wachstumsfaktoren, Faktoren der Genexpression sowie bestimmte Proteide, die Einfluß haben auf Lernen und Gedächtnis (Rossi 1988, S.12). Die IS setzen Rezeptorproteine in Bewegung, die wiederum eine ganze Anzahl von Stoffwechselprodukten auslösen, die für die Körperzellen typisch sind. "Informationssubstanzen und ihre Rezeptoren integrieren also alle wichtigen homeostatischen Regulationssysteme von Psyche, Gehirn und Körper, denen man früher autonome Funktionsweise zugeschrieben hatte: Das periphere und autonome Nervensystem, das endokrine System und das Immunsystem beeinflussen sich gegenseitig auf der molekularen Ebene" (Rossi 1988, S.12). Schmitt kommt zu einem neuen System der parasynaptischen Informationsübermittlung. Die Rezeptoren, die von den IS erreicht werden, sind danach nicht nur im Synapsenspalt, sondern an verschiedenen Stellen der Nervenzelle: "Parallel zu den synaptisch verbundenen, 'fest verdrahteten' neuronalen Schaltkreisen, welche die Grundlagen der konventionellen Neurophysiologie und Neuroanatomie darstellen, gibt es ein System, das ich 'parasynaptisch' nenne. In parasynaptischen neuronalen Systemen können ISn an Stellen freigesetzt werden, die oft ziemlich entfernt von den Zielzellen sind. Diese erreichen sie mittels Diffusion durch die Extrazellularflüssigkeit. (...) Im parasynaptischen Fall sitzen die Rezeptoren, die für Spezifität und Selektivität sorgen, auf der Oberfläche der Zellen, wo sie von den IS Liganden in der Extrazellularflüssigkeit erreicht werden können" (Schmitt 1986, S.240). Die traditionellen fest verdrahteten neuronalen Schaltkreise sind in ihrer Struktur relativ festgelegt, haben aber eine hohe Übertragungsgeschwindigkeit. Das IS-Rezeptor-System ist langsamer in der Übermittlung über das Blut, die Lymphe und die Zerebrospinalflüssigkeit, aber es ist ständig in Veränderung. Auf die Weise können sich beide Systemarten ergänzen.

Rossi (1988) vermutet Zusammenhänge von Psyche, Gedächtnis, Lernen und therapeutischer Hypnose. Er stellt vier Arbeitshypothesen auf:

1. "Neuronale Netze können definiert werden als Aktivierung von spezifisch lokalisierten Neuronenarealen durch Informationssubstanzen" (Rossi E.L. 1988, S.13). Die Aktivität des Neuronennetzes ist zustandsabhängig von der An- oder Abwesenheit der IS.
2. Die IS kodieren in der Extrazellularflüssigkeit (EZF) zustandsabhängiges Lernen, Gedächtnis und Verhalten. Aus Tierversuchen weiß man, daß die Ausschüttung von IS in die EZF bei intensiven Lernerfahrungen wächst und daß die Lernerfolge verschwinden, wenn man die EZF entfernt.
3. "Die molekulare Basis von Gedächtnis, Lernen und Verhalten wird durch Informationssubstanzen reguliert" (Rossi 1988, S.14).
4. Das IS-Rezeptor-Kommunikationssystem, das Psyche, Gehirn, Körper und Verhalten integriert, ist die psychobiologische Grundlage der zustandsabhängigen Aspekte der Hypnose.

Tierexperimente deuten darauf hin, daß die Verfügbarkeit von Lernerfahrungen an den Zustand gebunden sind, in denen sie erworben wurden. Auch im NLP ist man daher sehr zurückhaltend, wenn es darum geht, mit Patienten zu arbeiten, die unter Drogen stehen. Jemand, der unter Alkohol- oder Medikamenteneinfluß eine Lernerfahrung für sich macht, hat in nüchternem Zustand eventuell keinen Zugang mehr zu dieser Erfahrung. Er hat sie nur wieder in Verbindung mit dem Alkohol oder dem Medikament.

Die IS-Rezeptor-Theorie der Kommunikation von Körper und Psyche stützt für Rossi (Rossi 1988) die Auffassungen Milton Ericksons über den Einsatz und die Wirkungsweise von Hypnose, die in "Gegensatz zu den früheren Methoden der autoritären Suggestion, verdeckten Konditionierung und Programmierung" (Rossi 1988, S.20) stehen. Arbeit mit direkter Suggestion fördert nach Erickson und Rossi nicht die Heilung. Wichtig ist vielmehr das Zugänglich-Machen, die Offenlegung und Umstrukturierung der zustandsabhängigen Gedächtnis-, Lern- und Verhaltenssysteme, wie sie im limbisch-hypothalamischen und ähnlichen Systemen gespeichert sind. Entsprechendes geschieht auch in der Arbeit mit NLP, sowohl in der direkten Arbeit mit Trance-Zuständen als auch in der Abklärung des Zielrahmens bei jeder Veränderungsarbeit. Nur wenn der gesamte Organismus mit allen psychischen Instanzen bereit ist für eine Veränderung, wird diese auch wirklich greifen. Ansonsten wird sie allenfalls vorübergehender Natur sein.

Erickson selbst drückte es so aus: "Therapie entsteht aus einer inneren Neusynthese seines Verhaltens durch den Patienten selbst. Eine direkte Suggestion kann zwar eine Veränderung im Verhalten des Patienten auslösen und eine symptomatische Heilung bewirken, wenigstens vorübergehend. Aber eine solche 'Heilung' ist nur eine Reaktion auf Suggestionen und bedeutet nicht jene Reassoziation und Neuorganisation von Ideen, Gedanken von Erinnerungen, die für eine wirkliche Heilung wesentlich sind. Diese Erfahrung der Reassoziation und Neuorganisation des inneren Lebens bewirkt Heilung, nicht das Auftauchen von Reaktionen, die bestenfalls den Beobachter zufriedenstellen" (Erickson 1948/1980, zit. nach Rossi 1988, S.19).

Die hier referierten Ansätze der Forschung zu den Grundlagen der therapeutischen Hypnose bedürfen noch weiterer Untersuchungen zu ihrer Absicherung. Was bereits jetzt deutlich wird, ist die Möglichkeit, die oft so überraschenden und schnellen Therapieerfolge der Arbeit mit Hypnose und damit auch mit dem Neurolinguistischen Programmieren erklären zu können.

Es wird auch immer deutlicher, wie die einzelnen Netzwerke des Menschen ineinander greifen und zusammenarbeiten. Wenn an Lernen, Speichern und Verhalten auch Blut, Lymphe und Zerebrospinalflüssigkeit beteiligt sind, ist mithin der ganze Organismus daran beteiligt. "Unser Gehirn mit seinem Gedächtnis ist beileibe kein isolierter Computer, wie das manchmal so den Anschein hat, sondern es beeinflußt den Körper und seine Umwelt und wird selbst wieder von beiden beeinflußt" (Vester 1978a, S.69).

4.4 Repräsentationssysteme und ihre neuronalen Zusammenhänge

Zentral wichtig für die Arbeit mit NLP sind Beobachtung und Berücksichtigung der Repräsentationssysteme und der Zugangssignale der Kommunikationspartner (s. Kap.3.3.1 und Kap.3.3.2). Die Zugangssignale prägen im Laufe des Lebens den Körper des Menschen (Dilts/ Bandler/ Grinder u.a. [3]1989). Nach der Erkenntnis von Bandler und Grinder haben Menschen, die ein bestimmtes Repräsentationssystem bevorzugt benutzen, bestimmte Zugangshaltungen, Atemfrequenz und Muskeltonus (s. Kap.3.3.1). Dilts/ Bandler/ Grinder u.a. ([3]1989) weisen darauf hin, daß die Gehirnhemisphärenforschung noch nicht mit dem Modell der Repräsentationssysteme arbeitet. Robert Dilts hat erste Versuche unternommen, die Zusammenhänge von Repräsentationssystem und EEG zu untersuchen (Dilts/ Bandler/ Grinder u.a. [3]1989). Es zeigte sich dabei eine Beziehung zwischen dem bevorzugten Repräsentationssystem und dem EEG-Grundmuster. Bei einer Plazierung der Elektroden über dem okzipitalen (visuellen) Cortex, zeigten sich bei primär visuellem Repräsentationssystem im EEG-Grundmuster geringe Beta-Amplituden bei geöffneten Augen und Ruhe der Person. Bei geschlossenen Augen traten Alphaspindeln auf. Bei primär auditiv organisierten Personen zeigten sich bei geöffneten und geschlossenen Augen hohe Beta-Amplituden und intermittierende Alpha-Aktivität. Bei primär kinästhetischem (taktil-motorischem) Repräsentationssystem ergab das Grundmuster bei geschlossenen und geöffneten Augen geringe Beta-Amplituden und bei kinästhetischem (viszeralem) Repräsentationssystem Alphawellen mit hoher Amplitude bei geschlossenen und geöffneten Augen.

Zu interessanten Erkenntnissen kommt Ronald A. Finke (1986), der sich mit den Zusammenhängen von inneren Bildern, also bildhaftem Vorstellen, und äußerer visueller Wahrnehmung beschäftigt. Wie auch Stephen M. Kosslyn (1980) stellte er fest, daß die Auflösung von vorgestellten Bildern und Wahrgenommenem praktisch gleich ist. Je größer ein Bild ist, umso mehr Details können wahrgenommen werden, Streifen erscheinen umso verschwommener, je weiter sie in der visuellen Peripherie wahrgenommen oder vorgestellt werden. Keine Übereinstimmungen zwischen Wahrnehmung und Vorstellung ergaben sich bei Finkes Untersuchungen hinsichtlich Kontrast und Helligkeit der Bilder. "Man nimmt an, daß diese Wahrnehmungsmerkmale von einfacheren neuronalen Vorgängen bestimmt werden, die unterhalb der Ebene der Musterverarbeitung liegen" (Finke 1986, S.180). Es zeigte sich auch, daß die visuelle Vorstellung die visuell-motorische Koordination beeinflussen kann. Dieses Phänomen wird von Sportlern genutzt, wenn sie sich vor der eigentlichen Aktion eine genaue Vorstellung von dem Ablauf der kommenden Leistung machen (Daugs/ Blischke/ Olivier 1986; Blischke 1986). Die neuronalen Prozesse scheinen genauso abzulaufen bei mentaler Vorstellung wie bei visueller Wahrnehmung. Die Differenziertheit der inneren Vorstellung hängt zusammen mit dem Wissen über den Gegenstand.

In Finkes Modell ist die unterste Stufe der Wahrnehmung die der retinalen Wahrnehmung, bei der kein Einfluß der Vorstellung zu erwarten ist. Ebensowenig erwartet er sie bei der Helligkeitsanalyse, die vor dem Cortex erfolgt. Für die höchsten Ebenen der Verarbeitung wie Merkmalsunterscheidung und das Wissen über die Gegenstände nimmt er eine Wechselwirkung an. "Ist die Vorstellung erst einmal gebildet, so kann sie in gewisser Weise die Funktion des Objektes übernehmen und so neuronale Mechanismen in niedrigeren Niveaus des visuellen Systems anregen. Entsprechend gilt, daß alle von diesen Mechanismen herrührenden Beschränkungen sich gleichermaßen auf die Vorstellungsbildung wie auf die Wahrnehmung von realen Gegenständen auswirken" (Finke 1986, S.185).

Im Neurolinguistischen Programmieren wird viel mit inneren Bildern gearbeitet. Die inneren Bilder sind nach dieser Auffassung verbunden mit dazu gehörenden Geräuschen und Gefühlen. Die Erfahrung hat gezeigt, daß die Gefühle zu einem inneren Bild bei vielen Menschen mit zunehmender Entfernung zu dem Bild schwächer werden. Die Untersuchungen Finkes et al. machen diese Erfahrung einleuchtender, denn wie er nachwies, können die Details einer Vorstellung mit zunehmender Entfernung schlechter unterschieden werden. Im Unterschied zu Finke ist im NLP die Submodalität der Helligkeit der inneren Bilder oft von großer Bedeutung, weil auch sie mit Gefühlen gekoppelt ist. Oftmals nimmt die Intensität mit der Helligkeit und dem Kontrast des inneren Bildes zu. Die Veränderung der inneren Bilder und ihrer Submodalitäten bewirkt eine Änderung im Erleben und in der Wahrnehmung der zukünftigen Erlebnisse. Vielen Sportlern sind diese Zusammenhänge schon bekannt, nach einem verlorenen Spiel geben beispielsweise die großen Tennisspieler oft den Kommentar: "Ich habe das Spiel mental verloren. Im Kopf hat es nicht gestimmt." Der von Finke (1986) erwähnte Sportler kann aus der Sicht des NLP seine Leistung noch steigern, wenn er sich nicht nur die innere visuelle Vorstellung der sportlichen Leistung macht, sondern auch die auditive und kinästhetische Verknüpfung herstellt. Die bedeutsame Rolle der visuellen Vorstellung für die Sprache und ihre Verfügbarkeit wird im nächsten Abschnitt dargestellt werden (Kap. 5).

Für die Behandlung von Aphasikern mit NLP ist die Beobachtung und Berücksichtigung der Augenbewegungen von besonderer Bedeutung (Kap. 3.3.2). Bei schweren Aphasien sind außer der Sprache meist auch Mimik und Gestik gestört, so daß die Kommunikation mit diesen Patienten doppelt erschwert ist. Das einzige Signal, was noch übrig bleibt, ist dann oft eine gewisse Mitteilungsfähigkeit durch die Augen.

Werden für den Therapeuten oder die Angehörigen die Möglichkeiten erweitert, die Botschaften der Augen zu entschlüsseln, bedeutet das für Patient und Therapeut bzw. Angehörige eine enorme Entlastung. Richard Bandler und John Grinder haben entdeckt (Bandler/ Grinder ^{6}1987; Dilts/ Bandler/ Grinder u.a. ^{3}1989), daß normal organisierte Rechtshänder nach oben links schauen, wenn sie sich visuell an etwas erinnern. Schauen sie nach oben rechts, konstruieren sie visuell etwas, d.h. sie machen sich ein Bild oder einen Film von etwas, was sie in der Realität noch nie gesehen haben. Gehen die Augen horizontal nach links, erinnert sich der Mensch auditiv an ein Geräusch, an Musik oder Sprache, die er einmal gehört hat. Bei Augenbewegungen nach horizontal rechts konstruiert der Mensch Klänge, Worte oder Geräusche, die er noch nicht gehört hat. Schaut jemand nach unten links, spricht, diskutiert, kommandiert er in seinem Inneren, er ist im inneren Dialog. Schaut er nach unten rechts, ist er im Bereich der Kinästhetik, d.h. taktil, motorisch oder emotionell ist er im Gefühlsbereich, oder er riecht und schmeckt etwas (s. Abb.4, Kap.3.3.2). Im NLP geht man davon aus, daß jede Emotion auch ein Gefühl in einem Bereich des Körpers bedeutet.

Sowohl für die psychische Arbeit mit NLP als auch für die sprachtherapeutische Arbeit mit NLP sind die Zugangssignale der Augen wichtige Hinweise für den Ablauf innerer Strategien. Wie später gezeigt werden wird, sind sie besonders wichtig für die Behandlung von Agraphien und des Nachsprechens (s. Kap.8).

Die Untersuchung der Zusammenhänge von Augenbewegungen und psychischen Funktionen ist ein umfangreiches Forschungsgebiet der Neuropsychologie mit zahlreichen Veröffentlichungen. Die meisten Untersuchungen beschäftigen sich allerdings mit den Augenbewegungen und den sich ergebenden Mustern, mit denen ein Gegenstand, ein Bild oder Schrift abgetastet wird (Heller/ Müller 1983; Groner/ Groner

1983; Huber/ Lüer/ Lass 1983; McConkie/ Hogaboam 1985; Issing/ Mikasch/ Haack 1985; Bahill/ Stark 1986). Lüer, Hübner und Lass (1985) untersuchten die Augenbewegungen während des Lösens von gestellten Problemen. Bei den Testpersonen, die bei der Aufgabe erfolgreich waren, waren die Augenbewegungen recht gleichmäßig über das Feld der Informationsmatrix verteilt. Bei den Personen, die nicht erfolgreich waren, gab es bestimmte Punkte, zu denen sie während des Prozesses immer wieder zurückkehrten. Die Ergebnisse wurden nicht unter dem Gesichtspunkt von NLP reflektiert. Es wäre nach den Ergebnissen zu vermuten, daß die erfolgreichen Problemlöser eine günstige Strategie haben, die ihnen auf dem Weg durch die verschiedenen Repräsentationssysteme eine gute und schnelle Lösung ermöglicht. Die erfolglosen Personen haben vermutlich eine "Schleife" in ihrer Strategie, so daß sie immer wieder am selben Punkt ankommen. Auf dem Weg durch die Repräsentationssysteme laufen sie quasi im Kreis.

Die Augenbewegungsmuster wie sie im Modell des NLP dargestellt und interpretiert werden, sind in einigen Studien untersucht worden, die gezeigt haben sollen, daß die von Bandler und Grinder postulierten Zusammenhänge von Augenbewegung und Repräsentationssystem falsch sind. Von den in Kritiken am NLP (Kossak 1989; Revenstorf 1985; Reichelt 1989) angeführten Untersuchungen ist allerdings meiner Kenntnis nach nur eine veröffentlicht worden (Bliemeister 1988), so daß es schwer ist, sich über die Art der Untersuchung ein über Vermutungen hinausgehendes Urteil zu bilden. Eine an der Universität Köln zu diesem Thema geschriebene Diplomarbeit und eine Diplomarbeit an der Universität Tübingen, auf die Revenstorf sich in seiner Kritik bezieht, sind beide nicht veröffentlicht. In beiden Fällen habe ich Zweifel, ob es Studenten, die wahrscheinlich keine NLP-Ausbildung haben und damit auch keine Erfahrung und Übung in der Konstruktion entsprechender Fragen und der Beobachtung und Deutung der Ergebnisse, in der Lage sind, eine solche Untersuchung schlüssig durchzuführen. Die Untersuchung von Bliemeister (1988) zeigt diese Schwierigkeiten sehr deutlich. Bliemeister hatte zwei Gruppen von Fragen: a) offene Fragen, die bei der Versuchsperson das bevorzugte Repräsentationssystem zeigen sollten, und sie dienten als Kontrollfragen. Als Beispiel nennt er: "Welche Erinnerungen hast Du, wenn Du an Deinen letzten Urlaub denkst?" Hier würde ich Bliemeister zustimmen, daß es sich um eine offene Frage handelt. Da er keine weiteren Beispiele nennt, ist die Beurteilung der anderen Fragen schwierig. Die zweite Gruppe b) betrifft die "geschlossenen" Fragen, die Augenbewegungen in bestimmte

Richtungen provozieren sollten. Für jede Gruppe der 5 Fragetypen nennt Bliemeister ein Beispiel. Für mich sind alle Fragen nicht eindeutig gestellt, d.h. sie können Augenbewegungen in verschiedene Richtungen provozieren, ganz abgesehen davon, daß es bei praktisch jeder Frage zu Synästhesien kommen kann, d.h. daß verschiedene Repräsentationssysteme gleichzeitig angesprochen werden. Als Beispiele für die geschlossenen Fragen nennt Bliemeister:

1. "- Geschlossen eidetisch visueller Typ (GEV): Stell Dir ganz genau die Augen Deiner Mutter vor. Nenne die Farben dieser Augen" (Bliemeister 1988, S.26).

Bliemeister geht davon aus, daß die Versuchsperson sich bei dieser Frage visuell erinnern muß. Es kann aber ebenso:

- "vorstellen" eine visuelle Konstruktion provozieren;
- "nennen" als ein auditives Wort eine horizontale Augenbewegung auslösen.

2. "- Geschlossen eidetisch auditiver Typ (GEA): Erinnere Dich genau an die Stimme Deiner Mutter und beschreibe ihren Klang" (Bliemeister 1988, S.26).

Abgesehen von einer auditiven Erinnerung gibt es auch hier verschiedene Reaktionsmöglichkeiten:

- "erinnern" kann von den Probanden sehr verschieden ausgeführt werden. Evtl. ist die Stimme der Mutter als erstes mit einem Gefühl verbunden;
- "beschreiben" kann visuell umgesetzt werden, weil man eine bildliche Entsprechung sucht.

3. "- Geschlossen eidetisch kinästhetischer Typ (GEK): Stell Dir genau vor, wie es sich anfühlte, als Du Deinen letzten Sonnenbrand hattest und beschreibe das Gefühl" (Bliemeister 1988, S.26).

Auch hier sind neben der kinästhetischen Lösung verschiedene Reaktionsmöglichkeiten:

- "vorstellen" kann visuell umgesetzt werden;
- "beschreiben" kann ebenfalls visuell verarbeitet werden.

Verbunden mit der erwünschten kinästhetischen Reaktion, könnten Augenbewegungen in der folgenden Reihenfolge zu beobachten sein: oben rechts - unten rechts - evtl. oben links, weil man sich den Sonnenbrand doch zusätzlich auch wieder visuell in Erinnerung holt, dann oben rechts - unten rechts - unten links, um das, was man sagen will, im inneren Dialog zu überprüfen.

4. "- Geschlossen konstruiert visueller Typ (GKV): Stell Dir vor, wie die Landschaft auf der Venus aussieht und beschreibe sie" (Bliemeister 1988, S.26).

Auf diese Frage sind visuelle Reaktionen recht wahrscheinlich, sie müssen allerdings nicht nur konstruiert sein, denn die "Venus" kann auch zuerst visuelle Erinnerungen provozieren, wenn nicht gar Gefühle.

5. "Geschlossen konstruiert auditiver Typ (GAK): Stell Dir genau vor, was wäre, wenn Bäume reden könnten; beschreibe, wie sich ihre Stimme anhören würde" (Bliemeister 1988, S.26).

Andere Möglichkeiten der Augenreaktion sind:

- "vorstellen"   kann visuell umgesetzt werden
- "Bäume"   in Verbindung mit "vorstellen" verstärkt die
                       Wahrscheinlichkeit der visuellen Reaktion;
- "reden"   provoziert tatsächlich auditive Reaktion;
- "beschreiben"   kann visuelle Reaktion auslösen;
- "Stimme - anhören"   verleitet zur auditiven Reaktion.

Nach der genauen Analyse der wenigen Beispiel-Fragen, die Bliemeister veröffentlichte, ist es für mich klar, daß seine Untersuchung keine Zusammenhänge von Augenbewegungen und Repräsentationssystemen ergeben konnte, die die Annahmen des NLP hätten bestätigen können. Es wird aber auch deutlich, wie schwierig es ist, mit herkömmlichen wissenschaftlichen Methoden die Postulate des NLP nachzuweisen. Die Fragen müssen absolut sauber formuliert sein, und selbst wenn das geschehen ist, haben Menschen die Freiheit, auf verschieden Weise zu reagieren. Da kann man nur durch Nachfragen, verbunden mit weiterer Beobachtung, herausbekommen, welche Prozesse im einzelnen Menschen abgelaufen sind. Solche Nachfragen sind in standardisierten Untersuchungen aber nicht vorgesehen.

Außerdem ist es irreführend und nicht angemessen, die Augenbewegungen losgelöst vom Gesamtkontext des Verhaltens zu beurteilen. Man kann die Augenbewegungen nur im Zusammenhang mit dem Gesamtkörperverhalten und der verbalen Sprache des Befragten und des Fragenden adäquat einordnen (siehe auch Metamodell, Kap. 3.4.).

Gary Schwartz und seine Mitarbeiter an der Yale Universität (Schwartz/ Davidson/ Maer 1975, nach Springer/Deutsch ^{2}1988), die die Augenbewegungen bei Kommunikation ohne die Zusammenhänge mit NLP untersuchten, fanden bei "sprachlichen" Fragen mehr Augenbewegungen nach rechts, während "räumliche" oder "bildliche" Fragen mehr Augenbewegungen nach links auslösten. Diese Untersuchung scheint im Licht der Erkenntnisse des NLP fragwürdig, denn auf die sprachlich-emotional gemeinte Frage: "Ist für Sie Ärger oder Haß die stärkste Emotion?" ist es möglich, in alle Repräsentationssysteme zu gehen. Man kann sofort in den Bereich der Emotionen gehen (Augen unten rechts), was aber relativ unwahrscheinlich ist. Vermutlich wird man sich zuerst erinnern an Situationen, in denen man Ärger und Haß erlebt hat, oder man wird sich Situationen konstruieren, die mit Ärger und Haß zu tun haben, um das Gefühl wieder damit verbinden zu können. Es können also zuerst Augenbewegungen nach links kommen, später dann, besonders, wenn das Gefühl ganz deutlich da ist, werden die Augen nach rechts unten gehen, wie es die Untersuchung auch zeigte. Das Ergebnis trat aber nicht auf, weil es sich um eine sprachliche Frage gehandelt hatte, sondern weil es eine Frage war, die es erforderte, ein Gefühl haben. Ebenso problematisch ist die bildlich gemeinte Frage: "Wenn Sie sich das Gesicht Ihres Vaters vorstellen, welches Gefühl empfinden Sie zuerst?" Diese Frage wird vermutlich einen Blick nach oben links hervorrufen, weil es näher liegt, sich an das Gesicht des Vaters zu erinnern, als eine Situation zu konstruieren (Blick nach oben rechts). Danach wäre zu vermuten, daß die Testperson ebenfalls nach unten rechts schaut, da auch dieses Mal ein Gefühl abgefragt wird. An diesen Beispielen wird deutlich, wie schwierig es ist, eine Untersuchung zu machen mit eindeutigen Kriterien, da sehr viele, z.T. sehr schnell und individuell verschieden ablaufende Faktoren an dem Vorgang beteiligt sind. Es könnte aber sein, daß die Erkenntnisse des NLP es ermöglichen, solche Untersuchungen durchzuführen und die Widersprüche aufzulösen, die bei den bisherigen Forschungen auftraten.

Barbara Meister Vitale will mit ihrem Buch: "Lernen kann phantastisch sein" (1988) Eltern zeigen, wie sie mit Hilfe der Augenbewegungen die bevorzugte Lernmethode bei ihren Kindern herausfinden können. Ihrer Interpretation nach weisen rechtsgerichtete Augenbewegungen auf einen auditiven Lerntyp hin, da das Hörzentrum in der linken Hemisphäre liege, linksgerichtete Augenbewegungen weisen auf einen visuellen Lerntyp hin. Der haptische Lerntyp, der über Körperbewegungen und taktile Informationen lernt, weise Augenbewegungen nach oben auf. Die Fragen, die die Eltern zum Test benutzen sollen, sollen "rein verbale Antworten einerseits und andererseits räumliche Zuordnungen erfordern (...):
- a. Was hast Du gestern abend gegessen?
- b. Was bedeutet "glücklich" sein?
- c. Wo steht das Bett in Deinem Zimmer?
- d. Buchstabiere Deinen Namen!
- e. Wieviel ist zwei plus drei?" (Meister Vitale 1988, S.29)

Die Frage ist, ob diese Fragen wirklich das prüfen, was sie sollen, denn sie sind nicht so eindeutig, wie die Autorin es angibt. Wenn das Kind die erste Frage mit Augenbewegungen nach links beantwortet, heißt das nach meiner Erfahrung mit den NLP-Augenbewegungen noch nicht, daß das Kind ein rechtshirniger, visueller Lerntyp ist, sondern lediglich, daß es sich an diese Erfahrung erinnert hat. Hat es dabei noch nach oben geschaut, hat es das Essen eventuell vor sich gesehen, hat es horizontal geschaut, hat es vielleicht gehört, also sich auditiv erinnert, wie die Mutter sagte: "Komm, wir essen heute Spaghetti". Die Frage b. fragt nach einem Gefühl, nach NLP gehen die Augen nach rechts unten. Es kann aber auch sein, daß das Kind sich zuerst visuell die Situationen aus seiner Erfahrung heraussucht, die es zur Beantwortung der Frage braucht. Es würde dann mit den Augen zuerst nach oben links und dann nach unten rechts gehen.

Die Frage c. provoziert Augenbewegungen nach links oben, d.h. eine visuelle Erinnerung an das Zimmer, oder nach unten rechts. Viele Menschen werden durch visuelle Erinnerung die Frage beantworten, es kann aber auch sein, daß sich jemand im Geist durch das Zimmer zu seinen Bett bewegt und daher nach unten rechts schaut. Die beiden letzten Fragen geben auch nach den Erkenntnissen des NLP Auskunft über den Lerntyp, allerdings anders als Barbara Meister Vitale es sagt. Prozesse wie Buchstabieren oder Kopfrechnen vollziehen sich im günstigen Fall visuell (s. Kap.8.4). Wichtig wären Augenbewegungen nach oben, um festzustellen, ob das Kind visuell speichert.

Die Angaben von Schwartz, Davidson, Maer (1975) und Meister-Vitale (1988) über die Zusammenhänge von Augenbewegungen und Lerntyp kann ich aus meiner Sicht nicht bestätigen. In meiner Arbeit mit Nichtaphasikern und Aphasikern haben sich die Einteilungen des NLP (Bandler/ Grinder [6]1987; Dilts/ Bandler/ Grinder u.a. [3]1989) immer wieder als zutreffend erwiesen. In der Arbeit mit Aphasikern kommt es relativ häufig vor, daß die Patienten Erinnerungen mit Augenbewegungen nach rechts oben oder rechts horizontal suchen, also dort, wo konstruierte Bilder oder Töne und Geräusche sein sollten. Meist sind sie damit nicht sehr erfolgreich. Zum Teil bringt eine Blickführung zur linken Seite eine spontan richtige Antwort. Oftmals ist es aber auch schwierig, die Patienten zu einer Blickwendung zu bringen, ohne sie von ihrem Gedanken abzulenken. Eine Hypothese für dieses Phänomen, das sich bei Nichtaphasikern nicht findet, ist, daß der Aphasiker nach seiner Erkrankung schnell merkt, daß er zu den gewünschten Erinnerungen in Bildern und Wörtern keinen oder gestörten Zugriff hat, und daher umschaltet und versucht zu konstruieren, was er sucht, was natürlich nicht gelingen kann. Leichter als das Lenken des Blicks von rechts nach links ist die Lenkung in die gewünschte horizontale Richtung, d.h. vom auditiven in den visuellen oder kinästhetischen Bereich oder umgekehrt. Das bringt häufig spontane gewünschte Reaktionen.

5. Sprachspeicherung

*Im Anfang war das Wort,
und das Wort war bei Gott,
und Gott war das Wort.
Dieses war im Anfang bei Gott.
Alles ist durch es geworden,
und ohne es ist nichts geworden.*

Joh. 1,1-3

Die heutige Aphasiologie beschreibt gewöhnlich die Aphasien nach ihrem äußeren Erscheinungsbild: "Aphasien sind zentrale Sprachstörungen, die linguistisch als Beeinträchtigung in den verschiedenen Komponenten des Sprachsystems (Phonologie, Lexikon, Syntax und Semantik) zu beschreiben sind. Die aphasischen Störungen erstrecken sich auf alle expressiven und rezeptiven sprachlichen Modalitäten, auf Sprechen und Verstehen, Lesen und Schreiben, wobei im Prinzip dieselben sprachsystematischen Merkmale der Störungen nachweisbar sind" (Huber, Poeck, Weniger 1982, S.66). Um symptomorientiert zu arbeiten, genügt diese Beschreibung. Das NLP bemüht sich, die hinter dem äußeren Verhalten ablaufenden "Programme" herauszufinden, um das Verhalten "von innen" zu ändern. Um das bei der Aphasie tun zu können, ist die Frage: Was ist gestört im inneren Programm, wenn das Sprechen, Verstehen, Lesen und Schreiben gestört sind?

5.1 Modelle des Denkens und der Sprachspeicherung

Der griechische Lyriker Simonides (500 v.Chr.), ein großer Rhetoriklehrer, half seinen Schülern, lange Reden ohne Manuskript zu halten. Er lehrte sie, sich von dem, was sie sagen wollten, innere Bilder zu machen. Dann führte er sie in ihrer Phantasie in einen ihnen bekannten Raum und ließ sie diese vorgestellten Bilder ihrer Rede in dem Raum plazieren. Wenn sie die Rede dann wirklich hielten, begaben sie sich in ihrem Innern wieder in diesen Raum, machten einen Rundgang dort, betrachteten und beschrieben die von ihnen dort aufgestellten Bilder. Aus der Sicht des NLP ist das, was Simonides seinen Schülern beibrachte, eine schöne und wirksame Intervention unter Zuhilfenahme von Trance und inneren Bildern.

Nach Aristoteles (um 350 v. Chr.) haben die Menschen Gedächtnisinhalte in Bildern gespeichert, die sie in vergleichbaren Situationen gleichzeitig mit dem gegenwärtigen Bild abrufen. Was man denkt, wird unbewußt in Bilder umgesetzt und kann beliebig abgerufen und rekonstruiert werden (nach Kirckhoff [4]1990).

Kussmaul sagt 1881 über die Phase, die dem Sprechen vorausgeht: "Die Vorstellung, wie sie aus den sinnlichen Anschauungen als kalte und farblose Abstraction hervorgeht, hat als solche keine motorische Triebkraft. So sehen wir denn auch, wenn eine Idee durch die Rede sich äußert, stets in Gefühlen das primum movens des gesprochenen Wortes. Aber dies genügt noch nicht. Zum Reden bedarf es weiter der Zeichen, der Anschauungen, die wir uns von den begrifflichen Vorstellungen selbst in der sinnlichen Form der Wortbilder geschaffen haben. Erst dadurch setzen wir den reflektorischen Hebel an die Apparate der Sprechwerkzeuge.(...) was wir Gefühle, Vorstellungen, Anschauungen nennen, ist dem Physiologen nur der seelische Ausdruck materieller Vorgänge in dem organischen Boden des Nervensystems, der zu mechanischen und seelischen Kraftleistungen gleich befähigt ist. Diese mechanischen und seelischen Leistungen laufen untrennbar gesetzlich verknüpft stets nebeneinander her, (...)" (Kussmaul 1881, zitiert nach Kämmerer 1982, S.5).

1890 erschien die deutsche Fassung eines Buches über "Die innerliche Sprache" von dem Franzosen Gilbert Ballet. Die Sprache ist für ihn dem Ursprung nach der Ausdruck eines Gefühls. Aber auch die anderen Repräsentationen sind für ihn von Bedeutung: "Vorstellung (Idee) und Wort sind unabhängig voneinander. Das Wort ist der Gehilfe der

Vorstellung, aber nicht ihr notwendiger Begleiter. Das Wort an sich ist ein Sammelbegriff aus Gehörbild, Gesichtsbild, Sprech- und Schreibbild des betreffenden Wortes. Die Aphasie ist nichts anderes als eine mehr oder minder vollständige Störung einer oder mehrerer Modalitäten der innerlichen Sprache (bzw. des, wie oben beschriebenen innerlichen Wortes)" (Ballet 1890, zitiert nach Kämmerer 1982, S.7).

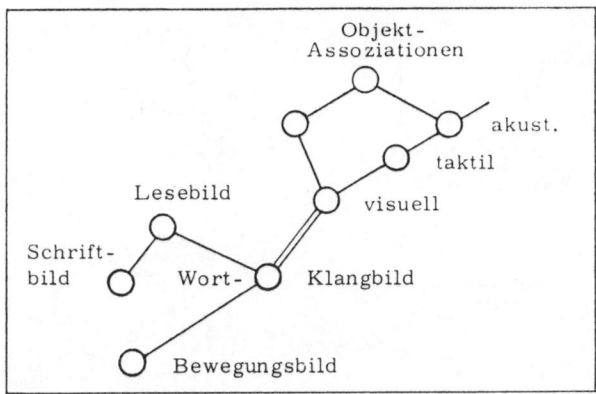

Abb.6: Freud, S.: Lexikonmodell (Freud 1891, S.79)

Auch Sigmund Freud beschäftigte sich mit der Speicherung der Sprache und stellte sie bereits im Jahr 1891 als Netzwerk dar. Sowohl linguistische Komponenten als auch Objektassoziationen werden berücksichtigt. Freud selbst erklärt dazu: "Die Wortvorstellung erscheint als ein abgeschlossener Vorstellungskomplex, die Objektvorstellung dagegen als ein offener. Die Wortvorstellung ist nicht von allen ihren Bestandteilen, sondern bloß vom Klangbild her mit der Objektvorstellung verknüpft. Unter den Objektassoziationen sind es die visuellen, welche das Objekt in ähnlicher Weise vertreten wie das Klangbild das Wort vertritt. Die Verbindungen des Wortklangbildes mit anderen Objektassoziationen als den visuellen sind nicht eingezeichnet" (Freud 1891, S.79; zit. nach Peuser 1978, S.123).

Linguistische Aussagen über Sprache aus neuerer Zeit sind oftmals sehr viel abstrakter und sagen nicht viel aus über die inneren Prozesse, die das Sprechen vorbereiten und begleiten. So fordert Heeschen 1973 ein Sprachmodell, "das multizentral in dem Sinne wäre, daß sprachliche Regularitäten stets nur formulierbar wären in Bezug auf gewisse Aspekte des Sprachverhaltens und daß darüber hinaus möglicherweise auch die theoretischen Entitäten, in deren Termen diese Regularitäten zu formulieren wären, keinen von den verschiedenen Aspekten der Sprachverwendung unabhängigen Status hätten" (Heeschen 1973, S.31).

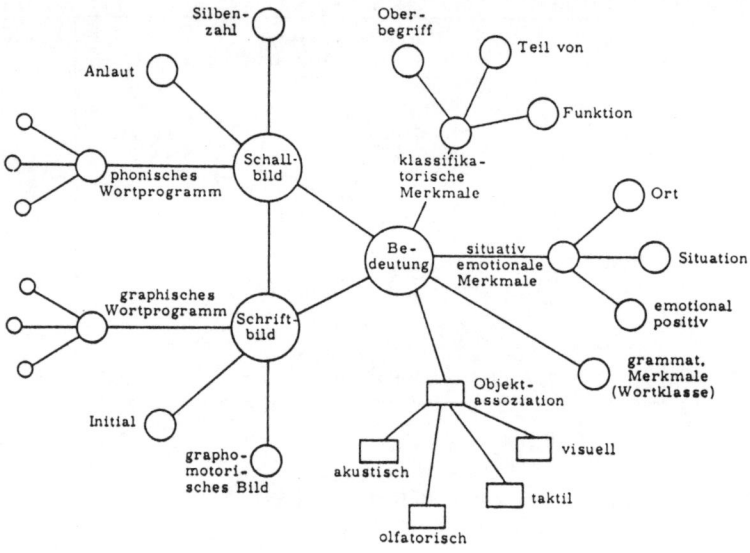

Abb. 7: Peuser, G.: Patholinguistisches Netzwerkmodell der Wortspeicherung (Peuser 1978, S.126)

Für Peuser ist der Gegenstand der Patholinguistik "die mündliche (phonische) und schriftliche (graphische) Sprachperformanz von gestörten Sprechern und Schreibern, wobei rezeptive (Verstehen, Lesen) und expressive Performanz (Schreiben, Sprechen) von gleicher Bedeutung sind. D.h. die Therapie und Diagnose von Sprachstörungen basieren auf der intensiven Untersuchung von vier Teilperformanzen oder Modalitäten" (Peuser 1978, S.11). Es werden die nach außen tretenden sprachlichen Defizite und Symptome analysiert und behandelt. Die dahinter stehenden sprachlichen Prozesse werden als semantisches

Netzwerk verstanden. Für Stachowiak (1977) steht jeder Knoten des Netzwerkes für ein Konzept, "wobei die Merkmale des Konzepts als etikettierte relationale Verbindungen zu anderen Knoten dargestellt werden. (...) Bei der Aktivierung des Netzwerks, etwa beim Benennen, Verstehen, usw. geht ein Impuls von einem Knoten aus und verbreitet sich auf weitere Knoten in alle Richtungen. Wichtigstes Organisationsprinzip in diesem Netzwerk ist die semantische Ähnlichkeit...." (Stachowiak 1977, S.383). Wendet man das Meta-Modell des NLP auf die Sprache der Wissenschaftler an, wird deutlich, daß die meisten, wenn sie sich nicht gerade "wissenschaftlich", d.h. digital-unspezifisch ausdrücken, vorwiegend visuell organisiert sind. Von Ballet über Freud bis zu Peuser schreiben alle von Klang*bild*, Wortklang*bild*, Schall*bild* und auditiven *Vorstellungen*. Sie drücken auditive Vorgänge in visuellen Wörtern aus (Freud 1891; Peuser 1978). Das heißt, daß sie die Repräsentationen nicht klar voneinander unterschieden haben.

Das Netzwerkmodell der Sprachspeicherung hat bei Peuser (Abb. 7, zit. nach Peuser 1978, S.126) vor allem linguistische Komponenten, wenngleich er unter Berufung auf die Untersuchungen von Goodglass (Goodglass u.a. 1968) auch auf die Bedeutung der Objektassoziationen hinweist. Goodglass u.a. hatten die Objekte in der Sprachtherapie sehen, hören, betasten und riechen lassen. Dabei hatte das Objektbild die stärkste Deblockierungswirkung gezeigt. Ein Punkt im Netzwerk Peusers gilt der Bedeutung, das heißt, es gibt seiner Ansicht nach bestimmte Bereiche im Gehirn, die allein für die Bedeutung der Wörter zuständig sind (Abb. 7). Das scheint aus der Sicht des NLP fragwürdig.

5.2 Denken und Sprachspeicherung im NLP

Nach Bandler und Grinder wird Sprache vom Menschen in zweierlei Hinsicht gebraucht. Einmal als eine Möglichkeit der Repräsentation unserer subjektiven Welt in Form von Folgern, Denken, Phantasieren. Zum anderen benutzen wir Sprache, um anderen Menschen Mitteilungen zu machen über unsere subjektive Welt (Bandler/ Grinder [5]1988). Wir verschlüsseln also unsere innere Landkarte, die aus Bildern, Tönen und Geräuschen, Gerüchen, taktilen und emotionalen Gefühlen sowie aus Worten besteht, in Sprache. Diese Aussagen stehen in Übereinstimmung mit Watzlawik, der von digitaler und analoger Kommunikation, entsprechend der unterschiedlichen Arbeitsweisen des Gehirns, spricht (Watzlawik/ Beavin/ Jackson [8]1990). Watzlawik weist auf die Schwierigkeit der Übersetzung zwischen beiden Systemen hin: "Wie der chinesischen Schrift, so fehlen auch dem Material analoger Kommunikationen viele der Verbindungselemente, auf die sich die Morphologie und die Syntax der digitalen Sprache aufbauen. Beim Übersetzen analoger Mitteilungen in die digitale Sprache müssen diese Elemente vom Übersetzer beigesteuert und eingefügt werden, so wie man in der Traumdeutung digitale Strukturen mehr oder weniger intuitiv in die kaleidoskopische Bilderwelt des Traumes einführen muß" (Watzlawik/ Beavin/ Jackson [8]1990, S.96). Ähnlichkeiten zum Netzwerkmodell der Sprache im NLP bestehen auch mit Paivio, der die Theorie der "Dualen Kodierung" entwickelte (Paivio 1976; Paivio 1981; Paivio 1986). Nach Paivio gibt es ein nonverbales und ein verbales Kodierungssystem von Sprache. Beide Systeme existieren unabhängig voneinander, doch teilweise miteinander verbunden. Insbesondere konkrete Objekte und Ereignisse, die "images" hervorrufen, werden dual, d.h. in beiden Systemen repräsentiert. Die "images", auf deutsch "Bilder, Vorstellungen", stehen bei ihm sowohl für visuelle als auch für auditive oder haptische "Vorstellungen". In Paivios Forschung werden vor allem die visuellen Vorstellungen berücksichtigt (Wippich 1980). Die nonverbalen Kodierungen können simultan verarbeitet und verknüpft werden. So kann man sich z.B. das eigene Wohnzimmer aus allen möglichen Perspektiven vorstellen und mit der Beschreibung von jedem beliebigen Punkt des inneren Raumes aus beginnen. Man kann allerdings nicht den Raum gleichzeitig von verschiedenen Standpunkten aus sehen (Paivio 1986, S.60). Die verbale Kodierung ist im Gegensatz zur nonverbalen sequenziell organisiert. "Ein sequenzieller Operationsmodus wird unterstellt, weil das System auf die Verarbeitung temporaler, auditiv-motorischer oder phonemischer Einheiten spezialisiert sein soll" (Wippich 1980, S.25). Der verbale Kode repräsentiert linguistische Einheiten und abstrakte Informationen. "Mit zunehmendem Konkretheitsgehalt der zu verarbeitenden Informationen erhöht sich die Wahrscheinlichkeit, daß dual, d.h. imaginal und verbal kodiert wird. Abstrakte Informationen sollen hingegen lediglich verbal repräsentiert sein" (Wippich 1980, S.25). Bei dualer Kodierung, d.h. einer gleichzeitigen Kodierung in beiden Systemen, soll die Gedächtnisleistung höher sein als bei einfacher Kodierung, da es mehrere unterschiedliche Möglichkeiten der Speicherung und der Abrufung gibt.

Das Modell der Sprachspeicherung, wie es in der Arbeit mit NLP entstand (Abb. 8), weitet die Vorstellungen Paivios, der sich bisher vor allem mit Bildern beschäftigt, auf die anderen nonverbalen Repräsentationen aus und berücksichtigt die Zugangssignale des Körpers, die dem Beobachter helfen, das aktuelle Repräsentationssystem zu erkennen. Objektassoziationen sind nicht eine "Beigabe" zu den Worten, wie es in den Modellen von Freud oder Peuser den Eindruck machte, sie liegen den Worten zugrunde, bzw. sie sind parallel zu den Worten gespeichert. Was soll das Wort "Apfel", wenn ich innerlich kein Bild, kein Geräusch, keinen Geruch und eine emotionale Assoziation damit verbinden kann. Es ist so leer, wie es das für Patienten mit transkortikaler Aphasie ist, die das Wort mühelos sprechen, aber keine Bedeutung damit verbinden, da sie keine Objektassoziationen dazu haben. Ich würde allerdings insofern auf einer konsequenteren dualen Kodierung bestehen, als ich vermute, daß auch Abstrakta nonverbal kodiert werden können, allerdings nicht direkt, sondern in Form von Symbolen oder in Verbindung mit nonverbalen Kontexten. Außerdem legt die Arbeit mit Aphasikern die Vermutung nahe, daß beide Systeme aufs engste miteinander verbunden und teilweise voneinander abhängig sind. Die Bedeutungszuweisung und die Wortfindung können von der Intaktheit und der Kommunikation der beiden Systeme untereinander abhängig sein.

Über die Art und den Ablauf der nonverbalen Kodierung kann man im NLP durch Körpersprache und die Richtung der Augenbewegungen Aufschluß erhalten, was in meinem Netzwerkmodell der Sprachspeicherung berücksichtigt wird.

Wenn man Sprache hört, wird diese mehr oder weniger bewußt mit analogen Entsprechungen im Gehirn assoziiert, die in Bereichen des ganzen Gehirns gespeichert sind. Für das Sprechen benutzen wir die diesen analogen Abspeicherungen entsprechenden Wörter und ordnen sie sequenziell hintereinander. Für die Sprache und die Aphasie sind demnach nicht einfach die Sprachzentren in der dominanten Hemisphäre zuständig. Diese fungieren vielmehr im Sinne von ersten - und damit wichtigen - Umschaltzentralen (Vester 1978a).

Ein Beispiel soll das Modell erläutern (Becker 1990; Becker 1991): Nehmen wir einen "Kuckuck": Viele der Leser werden bei der Erwähnung dieses Wortes eine auditive Assoziation haben von einem Kuckucksruf. Erkennbar wäre das an Augenbewegungen nach horizontal-links. Aber nicht alle werden den Kuckucksruf in derselben

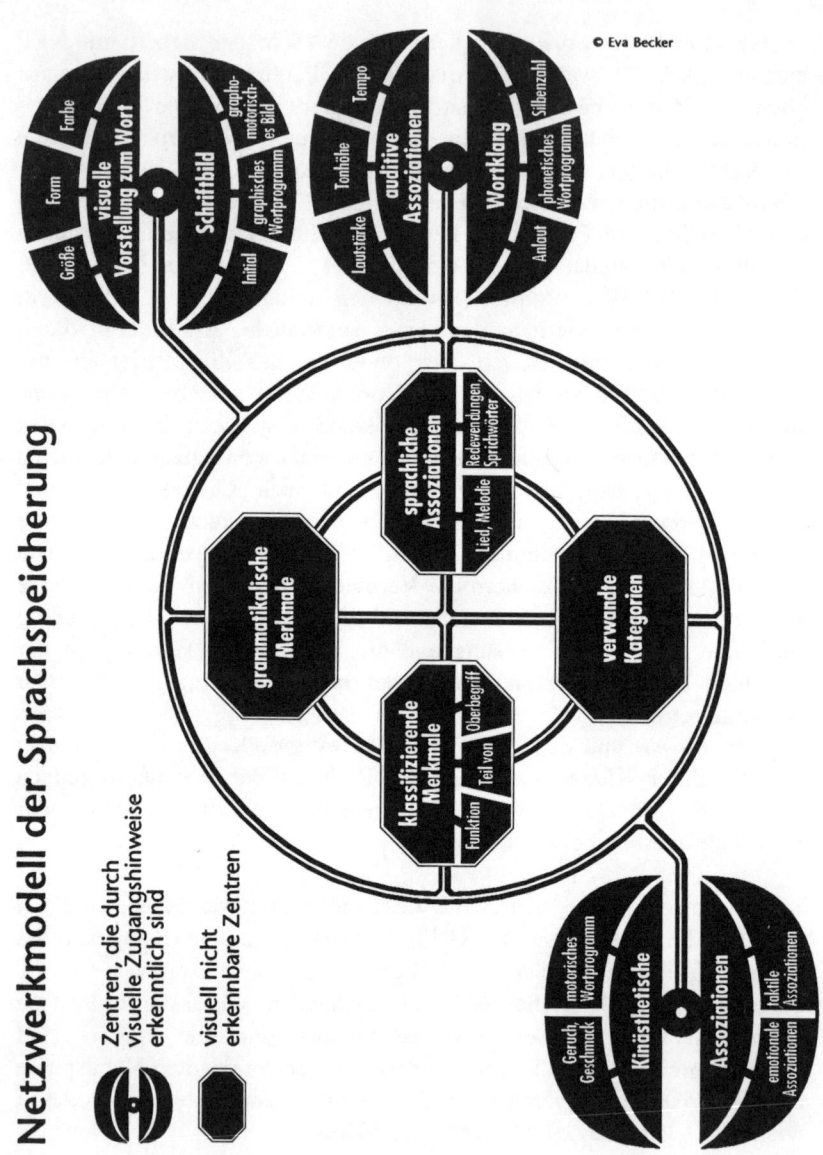

Abb. 8

Art hören. Bei dem einen wird er hoch und relativ laut sein, bei dem anderen tiefer langsamer und vielleicht leiser. Einer wird ihn hören, wie er in der Natur erklingt, nämlich mit einer großen Terz, der andere so, wie er in Volksliedern vorkommt, mit einer kleinen Terz. So, wie man das Rufen des Kuckucks innerlich hören kann, ohne daß er da ist, kann man auch innerlich hören, wie das Wort gesprochen wird. Vielleicht ist es die eigene Stimme, die das Wort spricht, vielleicht aber auch die der Mutter, eines Freundes o.ä. Nicht nur wenn man sich unbewußt den Zugang zu der Abspeicherung holt, auch wenn man sich diese Abspeicherung bewußt zugänglich macht, werden die Augenbewegungen vermutlich nach horizontal links gehen (s. Augenbewegungsmuster, Abb.4, Kap.3.3.2). Man kann aber auch ausprobieren, wann man es am deutlichsten hört: wenn man nach oben rechts oder links schaut, horizontal oder nach unten. Ich gehe davon aus, daß bei Wörtern nicht nur der Wortklang als Ganzes gespeichert ist, sondern auch, relativ getrennt, der Anlaut, die Silbenzahl und das phonische Wortprogramm. Deutlicher als für einen selbst sind diese Zusammenhänge für den Beobachter zu erkennen. Man selbst macht so schnell unbewußte Augenbewegungen, daß sie nur von außen beobachtbar sind. Selbstversuche sind daher schwierig und im Ergebnis unsicher.

Außer den auditiven Abspeicherungen hat man auch irgendeine visuelle Assoziation zu dem Wort Kuckuck. Bei dem einen mag es der Kuckuck aus der Kuckucksuhr sein, bei dem anderen das naturgetreue Bild des Kuckucks, vielleicht ist es auch nur ein relativ diffuses, unscharfes Bild eines Vogels, weil man nicht recht weiß, wie er aussieht, aber man weiß, daß es sich um einen Vogel handelt. Sollte gerade der Gerichtsvollzieher dagewesen sein, denkt man vielleicht bei dem Wort spontan gar nicht an einen Vogel, sondern an eine Papiermarke zur Beschlagnahmung. Die auditive Entsprechung wäre dann vermutlich auch sehr anders als die des Vogels. Während man sich den visuellen Zugang zu dem Wort Kuckuck verschafft, werden die Augen, wenn man ein "normal" organisierter Rechtshänder ist, nach oben links schauen. Wenn man gar nicht weiß, wie der Kuckuck aussieht, sondern nur, daß es sich um einen Vogel handelt, werden die Augen eventuell zuerst nach oben-links gehen, um sich Vögel aus der Erinnerung zu holen und dann schnell nach oben-rechts wandern, um sich einen "privaten" Kuckuck zu konstruieren. Wenn man einmal lesen und schreiben gelernt hat, was ich bei den Lesern voraussetzen muß, hat man im Gehirn auch das Schriftbild für das Wort Kuckuck abgespeichert, getrennt nach Initial, graphischem Wortprogramm und graphomotorischem Bild. Während man sich das zugänglich macht, gehen auch hierbei die Augen nach oben-links, da es sich um eine visuelle Erinnerung handelt: Man weiß, wie der erste Buchstabe aussieht, welche Buchstaben dann folgen und wie das Bewegungsmuster beim Schreiben des Wortes aussieht. Eventuell ist bei dem einen oder anderen Leser das Schriftbild etwas unscharf, dunkel oder lückenhaft, und er ist nicht sicher, mit wievielen "c" das Wort geschrieben wird.

Um sich Zugang zu den kinästhetischen Assoziationen zu dem Wort "Kuckuck" zu verschaffen, ist es am günstigsten, nach rechts unten zu schauen und eventuell den Kopf noch etwas nach rechts zu neigen. Da wahrscheinlich wenig Menschen einen Kuckuck wirklich anfassen, ist eine taktile Assoziation schwierig. Vielleicht ist es so ähnlich, als ob der Kanarienvogel zu Hause auf der Hand sitzt. Deutlicher ist eventuell die emotionale Verknüpfung zu spüren, sei es, daß der Kuckuck aus der Kuckucksuhr mit bestimmten angenehmen oder unangenehmen Assoziationen aus der Vergangenheit verbunden ist oder daß man bei dem Gedanken an den Ruf des Kuckucks in der Natur die Freude eines neuen Frühlings spürt und eventuell ihn zu riechen meint. Kinästhetisch abrufbar ist ebenfalls das motorische Wortprogramm, d.h. die fühlbare Abfolge der Bewegungen der Artikulationsorgane beim Sprechen des Wortes.

Außer diesen Repräsentationen, deren Verfügbarmachen an Augenbewegungen erkennbar ist, gibt es noch die "neutralen", eher digitalen Positionen, die auf der Abbildung im inneren Ring dargestellt sind. Am ehesten mit Augenbewegungen verbunden sind die sprachlichen Assoziationen, da eine auditive Speicherung naheliegt. Sie sind meiner Erfahrung nach aber nicht unbedingt eindeutig zu erkennen, da es zu starken Synästhesien kommen kann, insbesondere, wenn es z.B. nicht allein um die Verfügbarmachung der Melodie geht, sondern um die Wortspeicherung. In dem Fall des "Kuckuck" ist die Verbindung zu den Melodien: "Kuckuck, Kuckuck ruft's aus dem Wald", oder "Der Kuckuck und der Esel..." für viele Menschen verfügbar. Als Redewendung könnten die Ausrufe: "Zum Kuckuck!" oder "...weiß der Kuckuck" abgespeichert sein. Ist die erste Assoziation zum Kuckuck der Reim: "Kuckuck, sag mir doch, wieviel Jahre leb' ich noch", können die Augenbewegungen von der auditiven Position schnell zur kinästhetischen Position wechseln, da der Reim, gerade nach schwerer Krankheit, starke Emotionen hervorrufen kann.

Irgendwo im Gehirn gespeichert sind die eher linguistischen Assoziationen wie die klassifikatorischen Merkmale mit Ober- und

Unterbegriff, sowie die grammatikalischen Merkmale, um zu wissen, daß es sich um ein Substantiv handelt, wie die Stellung im Satz ist usw. Und es gibt die verwandten Kategorien, wie rufen, Vogel, Frühling u.ä. Vermutlich sind aber auch die linguistischen Positionen immer wieder mit analogen Repräsentationen verknüpft. Allerdings nicht so direkt und daher schwerer zugänglich.

Das Modell erhebt nicht den Anspruch auf letzte Vollständigkeit und Wahrheit. Es ist *eine* Möglichkeit, sich und dem Patienten deutlich zu machen, wie das mit der Sprache ist, und was bei einer Aphasie passiert. Ich gehe davon aus, daß bei gesunden Menschen alle Punkte des Netzwerks miteinander verbunden sind und ständig unbewußt zusammenwirken. Bei einer entsprechenden Hirnverletzung durch Krankheit oder Unfall kommt es zu Zerstörungen und Blockaden in diesem Netzwerk (Luria 1970; Weigl 1969). Dadurch sind für den Patienten einzelne oder viele Bereiche dem Zugriff entzogen. Die Forscher und Therapeuten sind inzwischen recht übereinstimmend der Meinung, daß es sich bei den Erfolgen in der Sprachtherapie vor allem um Deblockierungsvorgänge handelt, nicht so sehr um ein Neulernen. In der herkömmlichen Sprachtherapie wurde vor allem mit den Anteilen des inneren Rings des Modells gearbeitet, d.h. mit digitalen Elementen der Sprache. Zur Unterstützung benutzt man allerdings bei allen Therapiemethoden, von der linguistischen Therapie (Engl/ Kotten/ Ohlendorf/ Poser 1982) bis zur Arbeit mit P.A.C.E. (Edelman 1987), Bild- und Schriftmaterial, oder auditive Stimulation durch den Wortklang (Schuell/ Jenkins u.a. 1964; Ruge 1976).

Mit NLP ist es möglich, über jeden Punkt des Netzwerks an der Sprache zu arbeiten. Man kann direkt nicht nur an und mit den äußeren Bildern und Wörtern arbeiten, sondern an den inneren Bildern, an den inneren auditiven oder kinästhetischen Assoziationen, die man zur Sprache hat. Man nutzt die analoge Speicherung der Sprache genauso, wenn nicht mehr, für die Deblockierung der Sprache wie die digitalen Speicherungen. Die Hypothese ist, daß ein Wort nur dann für einen Menschen eine Bedeutung hat, wenn er es mit inneren Repräsentationen verbinden kann. Es gibt also nicht einen bestimmten Punkt im Gehirn, der für die Bedeutung zuständig ist, sondern die Bedeutung ergibt sich durch die Verknüpfung der Repräsentationen untereinander. Eine Schlüsselrolle scheinen in der Aphasiebehandlung wie im Schulunterricht (Michael Grinder 1991) die visuellen Repräsentationen zu spielen. Das Wort «Vogel» gibt schon einen gewissen Sinn, wenn man es mit dem Gesang des Vogels verbinden kann. Um sicher mit dem

Wort umgehen zu können, ist es aber wichtig, zu wissen, wie ein Vogel aussieht, bzw. was die typischen Merkmale von Vögeln sind. Um sich die typischen Merkmale des Vogels zu merken, genügt visuell ein einziger Blick, bei einer auditiven Speicherung muß man sich innerlich das ganze linear gespeicherte Tonband anhören, um zu einem Ergebnis zu kommen. Arbeitet man an den inneren Repräsentationen der Wörter und nicht nur mit vorgegebenen Bildern, bringt das eine neue Vielfalt in die Therapie, in Ergänzung zu den bisherigen Therapiemöglichkeiten.

6. Der Aphasiker

> ...
> Den Mund voll Schweigen,
> krieche ich aus dem Schlaf,
> krieche ich aus dem Traum,
> krieche ich aus der Erdspalte
> und höre,
> und höre:
> ich höre die Sprechenden
> sprechen.
>
> Die warten auf Antwort.
> Die warten
> vergebens.
>
> A.M. Rueffer 1987

Im Mittelpunkt der Sprachtherapie steht nicht eine Störung, sondern ein Mensch, der Aphasiker. Dieser Mensch hat nicht nur eine Sprachstörung, er hat eine Persönlichkeit, er hat sein ganz persönliches Leben gelebt, das ihn geprägt hat. Er hat einen Beruf, er hat Hobbys, meist eine Familie oder einen Partner. Er hat Werte, die er in seinem Leben lebt, und er hat Probleme. Um mit diesem Menschen erfolgreich Sprachtherapie machen zu können, in der Art, daß dem ganzen Menschen geholfen wird und nicht nur seiner Sprache, gilt es, sich mit dem Leben des Aphasikers zu beschäftigen. Da der Patient selbst oft wenig Auskunft geben kann, ist von Anfang an der Kontakt und Austausch mit den Angehörigen nötig, ebenso der Kontakt mit den anderen Helfern im therapeutischen Team. Denn der Aphasiker, allein durch seine Sprachstörung schon stark in seinem Leben beeinträchtigt, hat gewöhnlich außer dieser Störung noch eine Vielfalt an anderen neurologischen, neuropsychologischen, vegetativen, psychischen und internistischen Problemen, die er verarbeiten muß und die ihn beeinträchtigen. Im Rahmen einer systemisch ausgerichteten Therapie bedürfen diese Punkte der Berücksichtigung durch den Therapeuten, denn jeder Punkt kann sich in der Therapie als Störfaktor bemerkbar machen. Es erweist sich in der Sprachtherapie als vorteilhaft, die Forderung der Themenzentrierten Interaktion (TZI): "Störungen haben Vorrang", zu beherzigen (Cohn 1975), denn ein Patient, der innerlich mit anderen Problemen als den sprachlichen beschäftigt ist, wird sich nicht auf eine sprachspezifische Therapie einlassen können. Internistische oder andere medizinische Begleiterkrankungen wie Herzinsuffizienz, arterielle Verschlußkrankheiten, Diabetes oder Decubitalulcera ausführlicher zu erörtern, ist in diesem Rahmen nicht möglich und wohl auch nicht nötig. Selbstverständlich verlangen auch diese Krankheiten das Augenmerk des Sprachtherapeuten, da sie sich als Störfaktor in der Therapie bemerkbar machen können und der Sprachtherapeut auch in diesen Fällen vom Patienten oft als Dolmetscher und Ratgeber benutzt wird.

6.1 Neurologische und neuropsychologische Begleitstörungen

Die neurologischen und neuropsychologischen Ausfälle umfassen sehr viele Störungen, die, je nach Forschungsansatz, von verschiedenen Wissenschaftlern unterschiedlich gedeutet werden (Poeck 1982; Hartje/ Sturm 1982; Leischner 1979; Wais 1988). An dieser Stelle werden nur die Störungen erörtert, bei denen sich neue oder bisher für die Sprachtherapie wenig berücksichtigte Gesichtspunkte ergeben.

6.1.1 *Paresen und Sensibilitätsstörungen*

Die auffälligsten der außersprachlichen Störungen sind die Paresen, gewöhnlich in Form von Hemiparesen, von denen die überwiegende Zahl der Patienten betroffen ist. Sie sind meist verbunden mit Oberflächen- und/ oder Tiefensensibilitätsstörungen. Es kann nur ein Arm oder ein Bein davon betroffen sein, es kann aber auch die ganze Körperhälfte - meist die rechte Seite - in Mitleidenschaft gezogen sein, inklusive Gesicht und Mund. Sind Gesicht und Mund mit betroffen, kommt zu der Aphasie eine Dysarthrie hinzu.

Der Sprachtherapeut sollte Grundkenntnisse über den Umgang mit Halbseitengelähmten haben. Am weitesten verbreitet ist heute das Bobath-Konzept, das sich um eine Aktivierung der betroffenen Seite bemüht und eine Normalisierung des Muskeltonus anstrebt (Bobath ²1980; Davies ⁵1991; Eggers 1979). Es ist ein 24-Stunden-Konzept, d.h. Patienten, Ärzte, Pfleger, Physio-, Ergo- und Sprachtherapeuten sowie Angehörige müssen über die Grundprinzipien Bescheid wissen und sie mit dem Patienten umsetzen können (Bernard 1985). Für den orofacialen Bereich gibt es spezielle Ausbildungsprogramme, die von allen Berufsgruppen, die mit Essen, Trinken und Sprechen zu tun haben, in Anspruch genommen werden (Coombes 1989; Davies ⁵1991). Leider gibt es bislang keine Bobath-Ausbildung für Sprachtherapeuten, die die Grundbegriffe des Transfer (Bett - Rollstuhl; Rollstuhl - Stuhl oder Toilette), Begleitung beim Laufen, Hilfe beim Aufstehen usw. betrifft. Man ist für diesen Bereich, der in der orofacialen Ausbildung vorausgesetzt wird, auf die Unterweisung von Krankengymnasten angewiesen. Wird das Gesamtkonzept im Bereich der Sprachtherapie vernachlässigt, wird in dieser Zeit eventuell das wieder kaputtgemacht, was die Krankengymnastik vorher mühsam erarbeitet hatte. Außerdem kann ein Therapeut ohne Kenntnisse auf dem Gebiet des Bobath-Konzeptes eine plötzlich während der Therapie einschießende schmerzhafte Spastik weder erkennen noch hemmen. Die Körperhaltung während der Behandlung, die Haltung beim Schreiben, beim Aufstehen und beim Laufen in den Behandlungsraum sollten immer bewußt wahrgenommen und bei Bedarf korrigiert werden. Bei Patienten mit orofacialen Begleitstörungen dient dies direkt der Sprachtherapie, in den anderen Fällen kommt es dem Patienten in seiner Befindlichkeit, in seinem Körper- und damit Selbstgefühl zugute und trägt somit zu einer Beschleunigung der Rehabilitation bei.

Die Behandlung der orofacialen Problematik ist auch für die Aphasietherapie von nicht zu unterschätzender Bedeutung. Jeder Gesunde weiß, wie unangenehm es ist, nach einer örtlichen Betäubungsspritze beim Zahnarzt in die Öffentlichkeit zu gehen und/ oder zu sprechen. Man glaubt, jeder könne sehen, wie schief man sich fühlt. Das mangelnde Gefühl im Mund stört zudem bei der Artikulation. Man fühlt nicht richtig, was man spricht. Der Aphasiker mit orofacialen Begleitstörungen fühlt sich gewöhnlich nicht nur schief, er ist auch schief im Gesicht. Sich selbst und seiner Familie erscheint er dadurch sehr verändert, da die nonverbale Kommunikation über die Mimik deutlich beeinträchtigt ist. In der orofazialen Therapie nach Bobath wird an der Behebung der Störungen der mimischen Muskulatur gearbeitet, da Menschen unwillkürlich auf die nonverbalen Signale der Mimik reagieren (Coombes 1989). Das NLP hat die Wichtigkeit der nonverbalen Signale für die Kommunikation noch deutlicher herausgestellt (Dilts/ Bandler/ Grinder u.a. ³1989). Nonverbale Antworten werden spontaner gegeben als die verbalen, und sie stimmen gewöhnlich mit der inneren Intention des Sprechers mehr überein als die Worte. Können diese nonverbalen Signale nicht mehr wie gewohnt gegeben werden, bedeutet das für die Umwelt, insbesondere für die Angehörigen, eine große Irritation. Man weiß auf einmal nicht mehr, wo man "dran" ist im Umgang mit dem Partner oder dem Vater. Die Fremdheit, die durch die Aphasie schon sehr stark ist, wird dadurch noch gesteigert. Die Sensibilitätsstörungen und Lähmungen im Mundbereich erschweren zudem das normale Essen und Trinken sowie die Artikulation. Das durch die Aphasie beeinträchtigte Sprechen wird auf diese Art doppelt schwierig. Erst sehr langsam setzt sich bei Therapeuten eine orofaciale Behandlungsmethode durch, die den ganzen Menschen von Kopf bis Fuß berücksichtigt. Das ist verständlich, muß der Aphasietherapeut sich doch dann außer mit dem Geist und dem Kopf auch mit dem ganzen Körper und seinen Funktionen und Vernetzungen beschäftigen. Sprachtherapeuten wählen oft den Beruf, weil sie sich mit Sprache und nicht mit Körpern beschäftigen wollen. Im Rahmen einer vernetzten Arbeit ist diese Trennung nicht mehr möglich. Die Fußstellung und die Rückenproblematik eines Patienten sind weder von der Psyche noch von der Sprache bzw. der Artikulation zu isolieren. Bisher werden diese Störungen noch oft mit einer "Sprechübungsbehandlung" therapiert, d.h. es wird mit dem Mund einfach das geübt, was nicht gekonnt wird. Meiner Ansicht nach ist das nicht nur wenig erfolgreich, sondern je nach Fall auch schädigend. Wird eine Artikulationsstörung bei spastischer Parese weiter einfach beübt, wird die betroffene Seite immer spastischer, und die gesunde Seite kommt in einen Zustand der Überkompensation. Das Ergebnis ist ein grimassierendes Sprechen mit einer spastisch verhärteten Zunge, die sich kaum bewegen läßt. Neuere orofaciale Behandlungsmethoden, z.B. nach Bobath (Davies ⁵1991; Coombes 1989), Castillo-Morales (1991), Bunzel-Hinrichsen (1992), bieten dagegen gute Möglichkeiten, diese Störungen, die die gesamte Kommunikation sowie die Befindlichkeit des Patienten deutlich beeinträchtigen, positiv zu beeinflussen.

6.1.2 Apraxien

Hat ein Patient eine Apraxie, so kann er trotz erhaltener Bewegungsfähigkeit geforderte Bewegungen oder Bewegungs- und Handlungsfolgen nicht ausführen oder imitieren. Man unterscheidet ideomotorische und ideatorische Apraxien sowie konstruktive Apraxien (s. Glossar). Nach Poeck (Poeck 1982; Poeck [7]1987) haben 80% der Aphasiker eine ideomotorische Apraxie im Sinne einer Gesichtsapraxie. Eine Apraxie soll nur dann diagnostiziert werden, wenn keine Störung der Tiefensensibilität vorliegt (Poeck [7]1987). Dennoch scheint mir bei vielen Patienten mit diagnostizierter "Apraxie" in der Praxis eine Störung der Tiefensensibilität beteiligt zu sein. Ein Teil der Mund- und Sprechapraxien läßt sich durch gezielte Sensibilitätsbehandlung, vor allem durch orofaciale Therapie, günstig beeinflussen. Daß Sensibilitätsstörungen apraxie-ähnliche Phänomene bewirken, liegt nahe, wenn man bedenkt, wie praktisch beeinträchtigt man sich allein nach der Betäubungsspritze beim Zahnarzt fühlt.

Geschwind (1967) ist der Ansicht, daß die Apraxien durch Unterbrechung von Assoziationsbahnen bedingt sind. "Die dabei am meisten unterbrochene Assoziationsbahn sei der Fasciculus arcuatus, der nicht nur das linke akustische, sondern auch das linke optische Assoziationsfeld mit dem linken motorischen Assoziationsfeld verbindet. Über dieses erfolgt dann einerseits die Verbindung zum linken motorischen Rindenfeld und andererseits über die vorderen Balkenanteile zum rechten motorischen Assoziationsfeld" (Leischner 1979, S.191). Eigene Erfahrungen, die noch genauer überprüft werden müßten, deuten in die Richtung, daß die Apraxien etwas mit der Verbindung der einzelnen Hirnregionen untereinander zu tun haben - vermutlich im Sinne Geschwinds. Die angewandte Kinesiologie nach Paul Dennison (Dennison, P. [5]1990; Dennison, P. u.G. 1990) beschäftigt sich mit Problemen, die durch eine mangelnde Überkreuzbahnung im Gehirn entstehen. Ist die Nachrichtenübermittlung zwischen den einzelnen Hirnarealen, speziell der linken und der rechten Hemisphäre, beeinträchtigt, treten u.a. Konzentrations- und Koordinationsstörungen oder Lese-, Rechtschreibschwächen auf. Das Programm und die empfohlenen Übungen wie das Nachfahren einer liegenden Acht sind eine gute Ergänzung zum NLP-Konzept. Die Arbeit mit Schlaganfallpatienten zeigt, daß fast alle Patienten mit diesen Übungen Schwierigkeiten haben. Mit Fortschritten in diesem Bereich bessern sich viele andere Symptome, u.a. auch die Apraxien.

Um im NLP-Modell zu bleiben, ist die Frage, wie wir es machen, "praktisch" zu sein bzw. was sich hinter dem Etikett "Apraxie" verbirgt. Sind die inneren "Filme" der Bewegungsabläufe blockiert, die motorischen Programme der Bewegungen und der Bewegungsfolgen oder die Kombination von beiden Anteilen? Es gibt viele Fragen, die von verschiedenen Disziplinen weiter erforscht werden können.

6.1.3 Wahrnehmungsstörungen

Von besonderer Bedeutung, vor allem bei den schweren Aphasien, sind verschiedene Arten von Wahrnehmungsstörungen. Angesprochen wurden schon kinästhetische Wahrnehmungsstörungen durch Beeinträchtigungen der Oberflächen- oder Tiefensensibilität. Diese Störungen können Einfluß haben auf das praktische Verhalten, aber auch auf die Beziehung zu sich selbst. Sie können die Ablehnung der betroffenen Seite verstärken und damit auch einen Hemineglect, die Vernachlässigung der kranken Seite, unterstützen. Was man nicht fühlt, ist gleichzeitig fremd. Wenn diese fremden Glieder dann noch nicht einmal funktionieren, können sie recht lästig sein. Manche Patienten sprechen mit ihrem gelähmten Arm wie mit einem Hund. Sie geben ihm einen Namen, schimpfen mit ihm oder streicheln ihn. Andere wollen den Arm am liebsten abhacken, weil er nur Probleme macht.

Für die Aphasiebehandlung sind die visuellen Wahrnehmungsstörungen von besonderer Bedeutung. Sie können sich auf mehreren Ebenen abspielen.
Die erste Störungsebene ist die der direkten Sehstörungen. Durch die Hirnschädigung kann es zu verschiedenen Ausprägungen von Gesichtsfeldausfällen, den Hemianopsien, kommen. Der Patient kann z.B. Therapiematerial, das auf der rechten Seite des Tisches liegt, nicht sehen. Um es zu sehen, muß er den Kopf zur rechten Seite drehen. Er kann den Ausfall nur durch kompensatorische Kopfbewegungen ausgleichen. Schwieriger wird das Problem, wenn es sich nicht um eine Sehstörung, sondern um eine Wahrnehmungsstörung im Sinne eines Hemineglectes handelt. Dabei werden alle Wahrnehmungen, die von einer Seite, z.B. der linken Seite kommen, nach rechts projeziert. "Die Patienten können zwar alles 'sehen', was links ist, aber sie empfinden es nicht als dort. Es wird also nicht die linke Seite 'negiert', sondern *daß* sie links ist. Es handelt sich also nicht um ein 'Negieren' oder ein 'Vernachlässigen' im Sinne etwa von wenig achtsam oder -verläßlich, sondern ein nicht anders können. Man muß also unterscheiden zwischen einem nicht können und einem nicht wollen. Beim Neglect-Syndrom handelt es sich eindeutig um ein Nicht-können" (Weber 1988, S.268)!

Patienten mit schweren Aphasien, insbesondere mit globalen Aphasien, leiden meist unter starken visuellen Wahrnehmungsstörungen im Sinne von Störungen der visuellen Differenzierung und Störungen der Figur-Grund- und der Gestaltwahrnehmung. Selbst 5 cm große Formen von Dreiecken, Kreisen und Quadraten können nicht voneinander unterschieden werden. Es ist schwer vorstellbar, wie für diese Patienten die Welt aussieht. Erschwerend kommt für diese Patienten hinzu, daß sie in Akutkliniken und z.T. auch in Rehakliniken nicht dazu angehalten werden, ihre Lesebrillen zu benutzen. Vielfach wird sogar vergessen, ihnen die Brillen zu geben, die sie vor der Erkrankung den ganzen Tag getragen haben. Wenn sie die Brillen bekommen, wird oft nicht bedacht, daß man sie auch putzen muß und daß die Patienten das in dem Zustand, in dem sie zu diesem Zeitpunkt sind, nicht können. An solchen kleinen Dingen zeigt sich oft, wie ganzheitlich im Sinne des Patienten wirklich gearbeitet wird. Eine Sprachtherapie, die sich auf normales Bild- und Wortmaterial stützt, muß bei diesen Patienten zum Scheitern verurteilt sein. Es gibt auf dem Markt leider wenig Material, das sich für die Therapie mit dieser Patientengruppe eignet (Farben und Formen; Logische Blöcke, Colorama). Es ist aber für den Erfolg der Sprachtherapie entscheidend, daß der Therapeut diese Störungen wahrnimmt und behandelt, bevor er "normales" Therapiematerial benutzt. Einige Möglichkeiten dazu werden im Abschnitt über die Behandlung der Globalen Aphasie dargestellt.

Aus der Sicht des Konstruktivismus könnten diese visuellen Wahrnehmungsstörungen damit zusammenhängen, daß diese Aphasiker keinen Zugang mehr zu einem Referenzsignal haben (Richards/ von Glaserfeld [4]1991). Während unserer Entwicklung und Erfahrung der Welt bauen wir uns aus unseren Wahrnehmungen unsere persönliche Welt (Richards/ von Glaserfeld [4]1991; Bandler/ Grinder [5]1988). Insoweit sie die Welt der sichtbaren Objekte betrifft, machen wir uns recht feste Vorstellungen, die wir später versuchen, möglichst invariant zu halten. Wir benutzen die Vorstellungen der "Permanenten Objekte" (Piaget [2]1976) als Referenzsignale, um neue Informationen mit ihnen zu vergleichen. Beobachtet man schwer gestörte Aphasiker, wie sie versuchen, Dreiecke, Kreise und Quadrate zu sortieren, fällt auf, daß sie die Formen nicht mit einem inneren Referenzsignal vergleichen. Sie vergleichen vielmehr die Formen nur untereinander und sehen oder fühlen, daß der Kreis und das Dreieck sich nicht decken. Erst durch diese Arbeit scheinen wieder Referenzsignale deblockiert zu werden. Da der Prozeß verhältnismäßig schnell abläuft - innerhalb von ca. 10 Tagen bei täglicher Therapie - nehme ich an, daß es sich nicht um Neulernen, sondern um Deblockierungen oder Wiederzugänglichmachen durch Neuorganisation der Schaltbahnen im Netzwerk handelt. Es könnte sogar sein, daß durch diese Arbeit nicht nur die Referenzsignale von unterschiedlichen Formen deblockiert werden, sondern auch von anderen visuell gespeicherten Objekten.

Ein weiteres Phänomen, das vermutlich mit Problemen der Wahrnehmung zusammenhängt, ist, daß gerade die schwer gestörten Patienten oft übergenau und "pingelig" sind. Sie sind zwar nur mühsam imstande, Formen oder Buchstaben zu unterscheiden, aber sie ärgern sich über ein Fädchen auf dem Pullover der Therapeutin oder machen einen großen Bogen um einen Flusen auf dem Fußboden, als wäre er ein großes Hindernis. Es scheint schwer für sie zu unterscheiden, was unwichtig ist und was bedeutsam ist. Dem Flusen auf dem Fußboden wird eine Bedeutung als Hindernis zugemessen, die er nicht hat, und der Faden auf dem Pullover nimmt die ganze Aufmerksamkeit in Anspruch. Für Familie oder Pflegepersonal kann das recht lästig sein. Noch problematischer ist allerdings die "Ordnungsliebe" vieler Aphasiker. Ein schräg auf dem Tisch liegender Bleistift, eine "falsche" Falte in der Gardine, der schief auf dem Herd stehende Topf können sie völlig aus der Ruhe bringen. Ich vermute, daß das mit einer Dominanz der rechten Hirnhemisphäre nach der Krankheit zusammenhängt, die vorrangig für das Wahrnehmen der "guten Gestalt" zuständig ist. Wird das Gefühl der "guten Gestalt" für den Aphasiker verletzt, fängt er an, sich unwohl zu fühlen, ohne unterscheiden zu können, ob das, was er jetzt bemängelt, "wirklich" wichtig ist. Aber wer sollte das auch entscheiden? In seiner Welt ist es wichtig, und es ist die Frage, wie Aphasiker, Pflegepersonal, Therapeuten und Familie zu einem für alle tragbaren Kompromiß finden können. Aphasiker haben mir mehrfach bestätigt, daß sie unter dem Problem litten, so übergenau zu sein, und daß sie vor der Erkrankung nicht so waren. Sie waren aber nicht in der Lage, etwas daran zu ändern.

6.1.4 Hirnleistungsschwäche

Ein weiteres in der Therapie zu berücksichtigendes Problem ist eine durch die Hirnverletzung bedingte Hirnleistungsschwäche mit Folgen, die aus der Literatur seit längerem bekannt sind (Wepman 1951; Scholz 1968; Falk 1973). Dazu gehören:

- verminderte Konzentrationsfähigkeit (Falk 1973): <u>Der Aphasiker braucht, insbesondere für geistige Anstrengung, etwa die vierfache Energie wie vor der Krankheit.</u> Eine halbe Stunde Therapie ist so anstrengend wie früher zwei Stunden Arbeit. <u>Es ist auch meist nicht mehr möglich, mehrere Dinge gleichzeitig zu tun.</u> Lesen und Zuhören oder Laufen und Sprechen können nicht mehr gleichzeitig erfolgen, die Leistungen müssen nacheinander erbracht werden. Auch das Umschalten von einer Aufgabe zur anderen ist ein Problem und braucht längere Zeit (Scholz 1968; Falk 1973). Da Aphasiker bzw. Schlaganfallpatienten oft Menschen sind, die früher sehr viel unter Streß, unter "Hochdruck" gearbeitet haben, ist diese Umstellung für sie nur schwer zu akzeptieren.

- Wetterfühligkeit, Kopfschmerzen, Schwindel (Scholz 1968; Falk 1973), Abhängigkeit von Mondphasen: Viele Menschen, die bis zur Erkrankung mit Aphasie selten krank waren, wundern sich sehr über die unterschiedliche Befindlichkeit an verschiedenen Tagen. Sie erwarten von sich, daß sie wie eine Maschine jeden Tag gleich gut "funktionieren". Bis zur Erkrankung waren die Schwankungen so gering, daß sie ihnen nicht auffielen. Nun müssen sie feststellen, daß es auch ihnen passieren kann, bei Wetterumschwung oder auch "einfach so" Kopfschmerzen zu haben, müde oder schwindelig zu sein und an solchen Tagen noch schlechter sprechen zu können. Sie können eventuell Hitze oder Sturm nicht mehr gut vertragen, und bei Vollmond werden sie nervös und leiden unter Schlafstörungen. Solche Beschwerden hatten sie früher nur Leuten zugeschrieben, die sich "anstellten" oder überempfindlich waren. Für sich selbst diese Symptome zu akzeptieren, bedeutet schon eine Änderung des Welt- und Menschenbildes.

Andere Symptome, die von Wepman (1951), Scholz (1968) und Falk (1973) genannt werden, kann ich aus meiner Erfahrung nicht bestätigen. Dazu gehören:

- verminderter Antrieb: Der Antrieb kann in den Augen des Therapeuten vermindert sein. Fragt man aber in der Familie genauer nach, so stellt sich gewöhnlich heraus, daß die Antriebsminderung auch schon vor der Erkrankung vorlag. Oder aber es handelt sich um eine psychische Reaktion auf die veränderten Lebensumstände, die eine psychische Begleitung notwendig machen.

- Tendenz zu egozentrischem Denken, Mangel an Introspektion und Selbstkritik: Diese Symptome als Äußerung einer Hirnleistungsschwäche kann ich nicht bestätigen. Es kommt allerdings vor, daß Menschen, die vor der Erkrankung nach Angaben der Familie nur für andere da waren, nach der Erkrankung an sich denken. Zum Teil schien die Krankheit geradezu den Sinn zu haben, dem Menschen das zu ermöglichen, was er sich vorher sein Leben lang nicht zugestanden hatte.

6.2 Die psychosoziale Situation des Aphasikers

Die psychosoziale Situation der Aphasiker fand in der Literatur bis in jüngste Zeit wenig Berücksichtigung. Ein Ausspruch von Critchley aus dem Jahr 1964 (nach Falk 1973), der nach einem Fachsymposium feststellte, daß man zwar viel über die Aphasie, aber wenig über den Aphasiker gehört habe, hatte lange Zeit weiter Gültigkeit. Veröffentlichungen von Aphasikern (Tropp Erblad 1985; Rother [2]1981; Rueffer 1987; Mickeleit [2]1987) und nicht zuletzt der Bundesverband zur Rehabilitation der Aphasiker haben dazu beigetragen, daß sich das Bild allmählich wandelt. Beim Jubiläumssymposium des Verbandes (1988) hielt der Aphasieforscher D.Y von Cramon einen bemerkenswerten Vortrag über Aphasiker, in dem er feststellt: "Der Umgang mit aphasischen Menschen sollte uns demütig machen. Demut angesichts unserer beschämenden Unwissenheit über die 'innere Welt' eines Menschen, der abgeschnitten ist von der Gemeinschaft des Wortes" (von Cramon 1988, S.3). Er vergleicht den Aphasiker mit einem "Gefangenen, der aus einem Turm mit meterdicken Mauern nach draußen ruft. Man wird ihn rufen hören, aber wird man ihn auch verstehen" (von Cramon 1988, S.3)? Auch ich werde den Aphasiker nicht wirklich "verstehen", da ich kein Aphasiker bin und mich immer nur teilweise in seine Situation einzufühlen vermag. Es ist aber wichtig, als Therapeut im guten Sinne neugierig zu sein auf die Welt, die der Aphasiker in die Therapie mitbringt. Dann zeigt sich, daß der Patient eine ganze Menge über seine verborgene innere Welt mitteilen kann. Neugierig sein auf die Welt des Patienten, das heißt auch, daß der Therapeut nicht seine eigenen Werte und Einschätzungen auf den Patienten überträgt, daß er nicht von sich aus die Therapieziele bestimmt, weil er ja "von Beruf" weiß, was wichtig ist. Auch schwer gestörte Aphasiker vermögen viel mitzuteilen, wenn man nur geduldig fragt und bereit ist zuzuhören, zuzusehen und sich einzufühlen. Wenn man das tut, leistet man schon die wichtigste Hilfe, um dem Patienten zu zeigen, daß man ihn für voll nimmt und daß man ihn nicht für "doof" hält, wie er oft befürchtet.

6.2.1 Einige Persönlichkeitszüge des Aphasikers

Entsprechend der ganzheitlichen Auffassung von Krankheit und Gesundheit stellt sich beim Aphasiker die Frage, wie sein Organismus aus dem Gleichgewicht gekommen ist, so daß schließlich eine so gravierend in das Leben eingreifende Krankheit mit Aphasie eintrat. Wie immer, gibt es auch hier ein ganzes Netzwerk von Bedingungen, nicht nur eine Ursache mit einer Wirkung.

Bei Tumorpatienten kann man sich oder - vorsichtig - den Patienten fragen, was er denn eventuell "im Kopf nicht mehr aushielt", bevor er krank wurde. Oder was wollte eventuell wachsen, ohne dafür Raum zu bekommen?

Bei diesen Patienten wie bei der großen Gruppe der Schlaganfallpatienten kommen zu den psychischen Faktoren und den eventuell ererbten Anfälligkeiten für bestimmte Erkrankungen Risikofaktoren in der Lebensweise der Patienten hinzu wie hoher Zigaretten- oder Alkoholkonsum. Auch dabei ist allerdings wieder die Frage: Welche Probleme, welches Sehnen wurde durch die Sucht verdeckt?

Bei einem entsprechend disponierten Menschen kann ein Ereignis, das hart in das Leben eingreift, der letzte Auslöser für einen Schlaganfall sein. Läßt man sich die Vorgeschichten der Krankheit erzählen, trifft man immer wieder auf solche Zusammenhänge mit Ereignissen in der Biographie. Bei einem Patienten z.B. sollte eine Oberbauchproblematik im Krankenhaus abgeklärt werden. Es ging dem Patienten im übrigen recht gut. Als man nach einigen Tagen noch nichts finden konnte, teilte der Arzt ihm recht unerwartet mit: "Wenn wir morgen nichts finden, müssen wir aufschneiden." Der Patient regte sich daraufhin furchtbar auf, und es traf ihn noch in der Nacht der Schlag mit Globalaphasie. Die Oberbauchprobleme erwiesen sich bis zum Lebensende als nicht gravierend.

Ein häufig anzutreffender Risikofaktor bei Schlaganfallpatienten ist der Bluthochdruck. Diese Patienten leben in "gesunden" Zeiten häufig mit Streß. Mitbeteiligt bei dem zu Erkrankung führenden Streß ist gewöhnlich Angst (Vester 1978b): Angst vor der Zukunft nach der Pensionierung, weil keine positive Zielvorstellung mehr vorhanden ist, aber auch Angst vor dem Versagen im Beruf. Die Menschen mit Bluthochdruck arbeiten häufig sehr unter Druck (Vester 1978b). Es kann sich um äußeren Druck handeln, der von Vorgesetzten gemacht wird und der verinnerlicht wird, es kann aber genauso um inneren Druck gehen, in dem Bestreben, inneren Idealen und Werten zu entsprechen.

Das innere Streben, perfekt zu sein, keine Fehler zu machen, findet sich in den Wertvorstellungen vieler aphasischer Patienten. Insbesondere, wenn sie dann einen Beruf wählten, in dem Perfektion unerläßlich war, sahen sie sich gezwungen, diesem Wert immer zu entsprechen. Mit dem Druck, perfekt sein zu müssen, ist eine Angst verbunden zu versagen. Damit entsteht ein Konflikt, der vom Organismus nur schwer gelöst werden kann. Für Dethlefsen und Dahlke (^{5}1990) sind Hypertoniker Menschen, die die Konflikte nicht lösen, so daß der Überdruck nicht abgebaut werden kann. Sie fliehen vielmehr in äußere Betriebsamkeit. Dem Druck und den ständig weiter ablaufenden Folgen des Streß im Organismus ist dieser auf die Dauer nicht gewachsen, und es kommt zum Herzinfarkt oder zum Schlaganfall. "Wenn durch die ständige Vorstellung einer Leistung der Kreislauf erhöht wird, ohne daß diese Leistung jemals in motorische Aktivität umgesetzt und entladen wird, kommt es buchstäblich zu einem «Dauerdruck»" (Dethlefsen/ Dahlke ^{5}1990, S. 275). Mit dem Apoplex ist das Problem aber nicht gelöst. Die psychischen Probleme, die in der Aphasietherapie auftauchen, sind daher oftmals nur die Weiterführung der schon vor der Erkrankung bestehenden Probleme. Die Lösung ist allerdings nicht unbedingt leichter geworden.

6.2.2 Die Erfahrung der Krankheit

Die meisten Patienten bekommen ihre Aphasie durch einen Schlaganfall. Daher soll hier vor allem auf diese Problematik eingegangen werden. Ich beziehe mich bei meinen Erörterungen der psychischen Auswirkungen des Schlaganfalls auf Aussagen, die ich bei meiner Arbeit von den Aphasikern selbst bekam, sowie auf die Berichte, die Aphasiker in Veröffentlichungen geben. Die von mir gesammelten Aussagen der Aphasiker haben bisher keine statistische Relevanz, da eine beabsichtigte Untersuchung wegen aufgetretener Probleme abgebrochen wurde. Es zeigte sich, daß die Patienten recht gern die Befragung mitmachten, weil es ihnen guttat, daß nicht nur *über* sie geredet und geschrieben wurde, sondern daß jemand sie nach ihren Erfahrungen fragte. Es wurden durch die Fragen allerdings auch viele Probleme bewußter, die einer intensiveren psychischen Nacharbeit bedurft hätten. In der Sprachtherapie wurde zwar ständig an der Aufarbeitung der Probleme gearbeitet, aber in dem Maß, wie es nach der Befragung nötig gewesen wäre, konnte diese Arbeit im Rahmen der Aphasietherapie nicht geleistet werden. Zu meinem Erstaunen erwiesen sich die Probleme der nicht-aphasischen Kontrollgruppe der Schlaganfallpatienten als noch schwieriger. Sie hatten gewöhnlich noch gar nicht über die Folgeproblematik des Schlaganfalls gesprochen, obwohl sie doch dazu in der Lage waren. Sie erlebten allerdings die Umwelt als wenig entgegenkommend bzw. selbst überfordert, was diesbezügliche Gespräche anging. Bei diesen Patienten zeigten sich starke psychische Reaktionen auf die Befragung, die deutlich machten, daß eine Nacharbeit dringend nötig wäre. Da das nicht geleistet werden konnte, wurde die Befragung vorzeitig beendet. Es können daher nur erkennbare Tendenzen oder Einzelaussagen, die typisch scheinen, erwähnt werden. Trotz der mangelnden statistischen Absicherung können sie vielleicht ein Anstoß sein, mehr Auskünfte über den Aphasiker von diesem selbst zu erfragen. Wenn Therapeuten oder Ärzte über die Situation der Aphasiker sprechen, bewegen sie sich notgedrungen auf dem Gebiet der Spekulation oder des "Gedanken-Lesens". Einige von uns sind darin vielleicht sehr begabt und geschult, dennoch scheint es mir sicherer, sich direkt an die Betroffenen zu wenden.

Die meisten Aphasiker sagen, daß sie sich an die erste Zeit nach dem Schlaganfall nicht erinnern können. Erst langsam, etwa im Lauf der ersten drei Wochen, taucht die Erinnerung allmählich wieder auf. Eine Patientin mit Amnestischer Aphasie sagte, daß sie glaube, sich eigentlich doch an die erste Zeit erinnern zu können, aber daß sie die Zeit verdränge, weil sie zu schrecklich war. Die meisten Patienten empfanden sich in der ersten Zeit, an die sie sich wieder erinnerten, wie im Traum lebend. Einige erlebten den Traum wie einen Alptraum und glaubten, bald aufwachen zu müssen. Danach würde dann alles vorbei und wie früher sein. Oft wurde ihnen erst im Laufe der Rehabilitation klar, daß das Ganze kein Traum war. Nicht immer wird die Sprachlosigkeit als solche von Anfang an als furchtbar erlebt. Auch dadurch, daß man glaubt, im Traum zu sein, ist der Sprachdruck am Anfang z.T. nicht so groß. Ein Patient mit einer Globalaphasie, die sich später in eine Transkortikal-sensorische Aphasie wandelte, gab an, am Anfang ganz "freundlich und zufrieden" gewesen zu sein. Er merkte seine Sprachstörung nicht. Manchmal fiel ihm auf, daß man ihn nicht verstand, und dann wunderte er sich. Danach fing auch der Leidensdruck an. Der wurde noch stärker, als er merkte, daß die Gesprächspartner oft nur so taten, als ob sie ihn verstanden hätten, obwohl das nicht der Fall war.

Viele Patienten geben an, daß sie sich von Ärzten und Schwestern verstanden fühlten, was im Gegensatz steht zu den berichteten recht hilflosen Hilfsversuchen und teilweise erschreckenden Prognosen. Am Bett eines etwa 45jährigen Patienten, der während der Rehabilitation gut mit einem Stock laufen konnte und eine Amnestische Aphasie hatte, wurde im Akutkrankenhaus über seinen Kopf hinweg zu der Ehepartnerin gesagt, ihr Mann sei nur noch wie eine leere Hülle. Sie solle sich schon einmal um einen Pflegeplatz bemühen. Solche Berichte sind keine Einzelfälle. Wieviel Energie braucht es von Patient und Angehörigen, dennoch auf das Leben zuzugehen? Ein Patient, der später nur noch eine Amnestische Aphasie hatte, berichtete, daß die Schwestern im Akutkrankenhaus immer sagten: "Sie müssen sprechen, Sie müssen sprechen". Es wußte aber niemand, wie. Ein Arzt forderte ihn auf, bis zehn zu zählen und zurück. Das empfand er als Hilfe. Ein Patient, der spontan auch die Frage bejaht hatte, daß die Ärzte und Pfleger ihn verstanden, sagte später, daß sich zwei bis drei Leute wirklich Mühe gaben, sich mit ihm zu verständigen. Die anderen gingen schnell wieder aus dem Zimmer. Diese Aussage deckt sich mit dem Bericht von Ingrid Tropp Erblad (1985): Eine Stationshilfe, mit der sie sich etwas angefreundet hatte und der sie, bevor sie die Aphasie bekam, geholfen hatte, eine Bewerbung aufzusetzen, wich ihr plötzlich aus, als sie nicht mehr sprechen konnte: "Da wurde mir klar, daß sich seit gestern noch mehr verändert haben mußte. Ich war, von außen betrachtet, nicht mehr derselbe Mensch. Gestern formulierte ich Annas Bewerbung und redete ihr gut zu. Heute war ich ein Mensch ohne Sprache! (...) Ich begriff, daß Anna traurig war und Angst hatte. Nun war auch ich traurig. Und hatte Angst" (Tropp Erblad 1985, S.9-10).

6.2.3 Die Verarbeitung der Krankheit

Der Verarbeitungsprozeß der Krankheit mit Aphasie verläuft in verschiedenen Phasen, ähnlich wie der Sterbe- und Trauerprozeß (Kübler-Ross [4]1975; Kast [13]1992; Kawohl 1992). Verena Kast unterscheidet vier Phasen:
    1. Phase: Nicht-wahrhaben-Wollen
    2. Phase: Aufbrechende Emotionen
    3. Phase: Suchen und Sich-Trennen
    4. Phase: Neuer Selbst- und Weltbezug (Kast [13]1982).

Der Mensch, der nicht mehr sprechen kann, erlebt in der Tat etwas Vergleichbares wie Sterben. Eine bisher gelebte Lebensform geht zu Ende bzw. wurde sehr plötzlich beendet. Augenfällig ist zunächst nur der Verlust. Was werden soll, ist noch nicht klar. Die Änderung ist so stark, daß viele Patienten das Gefühl haben, sie seien nach der Krankheit ein anderer Mensch. Das macht die Umstellung noch schwerer als sie ohnehin ist. Wenn der Mensch vor der Krankheit ein anderer war, sind seine Fähigkeiten, seine Ressourcen für die Zukunft nicht nutzbar. Der Mensch trauert der Vergangenheit nach, ohne in die Zukunft aufbrechen zu können.

Wie mit der Änderung und dem Sich-nicht-mehr-verständigen-Können umgegangen wird, ist individuell verschieden. An den Reaktionen wird deutlich, daß bei den wenigsten Patienten durch den Schlaganfall eine Wesensumkehr stattfindet, wie es Wepman (1951), Scholz (1968) und Falk (1973) festzustellen glaubten. Wenn ein Aphasiker, der vor der Erkrankung sanft und nett zu seiner Familie war, nun anfängt zu toben, handelt es sich meiner Meinung nach nicht um eine Wesensumkehr, sondern um eine Änderung des äußeren Verhaltens. Rollenspiele mit Studenten oder Therapeuten zeigen, daß auch bei ihnen ganz verschiedene Reaktionen auf die verordnete Sprachlosigkeit eintreten. Bereits nach wenigen Minuten werden die einen aggressiv, die anderen depressiv und resigniert. Die Situation der Sprachlosigkeit und des Mißverstanden-Werdens ist so drückend, daß auch bei sonst gut kontrollierten und freundlichen Menschen schnell eine aggressive Reaktion auftreten kann. Sie ist im Grunde von der depressiven Reaktion ja auch gar nicht so verschieden. Beide Typen werden aggressiv, der eine nach außen, der andere nach innen gerichtet. Meiner Beobachtung nach reagieren vor allem temperamentvolle Menschen aggressiv. Im Normalleben hatten sie eine gute Eigenkontrolle, sie können aber unter dem immensen Druck des Nicht-mehr-sprechen-Könnens explodieren. Für den Umgang sind diese Patienten oft unangenehm, für sich selbst sind sie weniger gefährdet als die stillen depressiven, da man weniger Angst haben muß daß sie sich selbst etwas antun.

Mit der Verarbeitung seiner Situation ist der Aphasiker weitgehend auf sich selbst gestellt. Seelsorger lernen in ihrer Ausbildung nur, mit Menschen zu sprechen, die Sprache zur Verfügung haben, und sind daher meist hilflos. Unter den Psychologen gibt es auch nur wenige, die mit Aphasikern therapeutisch arbeiten können, ganz abgesehen davon, daß ein guter Psychologe noch kein guter Psychotherapeut sein muß.

Kliniken stellen meist, wenn sie überhaupt jemanden beschäftigen, der sich um die psychischen Belange der Patienten kümmert, Psychologen ein, die dann vor allem neuropsychologische Tests durchführen. Insbesondere im Bereich der Geriatrie ist der Einsatz von Psychotherapie umstritten, da sowohl Internisten als auch Psychiater vielfach der Ansicht sind, daß man mit alten Menschen nicht psychotherapeutisch arbeiten könne und daß sie das auch nicht brauchten. Aber auch bei jüngeren Menschen ist die zur Rehabilitation parallel laufende Psychotherapie keineswegs selbstverständlich. Eine 41jährige Patientin, die in einer Reha-Klinik eine Psychotherapie wünschte - da sie in einer Lebenskrise vor dem Schlaganfall schon Therapie gehabt hatte, wußte sie, daß man für eine Psychotherapie nicht "verrückt" sein muß -, bekam von dem Arzt zur Antwort: "Wozu brauchen *Sie* das denn? Sie sind doch ganz normal!" Wie viele Aphasiker hatte diese Patientin seit ihrem Schlaganfall keine Träume mehr in der Nacht, bzw. erinnerte sie keine Träume. Da sie gewohnt war, mit Träumen zu leben, vermißte sie die Träume. Sie wandte sich daher an den Psychotherapeuten, den sie vor der Erkrankung kennengelernt hatte. Dieser meinte, das käme wohl daher, daß sie nun keine Träume brauche. Weder der Patientin noch mir schien diese Erklärung einleuchtend. Nachdem wir uns im Rahmen der Sprachtherapie ausführlicher mit Träumen befaßt hatten, fing sie wieder an, Träume zu erinnern. Ähnlich erging es mehreren anderen Patienten. Zuerst erinnerten sie kurze Träume, die morgens, gerade vor dem Wachwerden waren. Später wurden die Träume ausführlicher. Es wäre eine interessante Aufgabe, die tatsächliche oder empfundene Traumlosigkeit der Aphasiker (zumindest während der ersten ca. 9 Monate nach dem Apoplex) zu untersuchen. Wenn Träume eine vorwiegend rechtshemisphärische Leistung des Gehirns sind (Zimmer 1984), scheint es unlogisch, daß linkshemisphärisch gestörte Menschen nicht träumen. Mögliche Erklärungen für das Nicht-Erinnern von Träumen könnten Schwächen in der Gedächtnisspeicherung sein. Es könnte aber auch sein, daß auch hier die schon erwähnte Störung in der "Nachrichtenübermittlung" zwischen den beiden Hirnhälften eine Rolle spielt (Dennison [5]1990; 1990). Demnach könnte die rechte, bildhaft arbeitende Hälfte der linken, sprachlichen Hälfte nicht mitteilen, was sie in den Träumen erlebt.

6.2.3.1 Die Rolle der Tränen

Alle Patienten erleben im Verlauf der Verarbeitung ihrer Situation Phasen von Traurigkeit, die bis zu Verzweiflung und Todeswünschen gehen können. Nach meiner Erfahrung äußern etwa 80% der Patienten im Lauf ihrer Rehabilitation Todeswünsche. Was aus diesen Wünschen wird, hängt von den psychischen Verarbeitungsmöglichkeiten des Patienten und den Reaktionen der Umwelt ab. Die depressiven Stimmungen des Aphasikers werden von der Umwelt teilweise ernstgenommen als reaktive Depression, z.T. aber auch abgetan als Affektinkontinenz. Es gibt sicherlich Aphasiker, die affektinkontinent sind durch ihre Hirnschädigung. Es wäre allerdings gut, wenn die Umwelt erst einmal sorgsam versuchte herauszufinden, welche Gefühle im Patienten wirklich vorhanden sind. Nach einer gravierenden Umstellung aller Lebensumstände ist es nur allzu verständlich, daß eine Fülle von verschiedenen Gefühlen auftaucht, die zum Verarbeitungsprozeß dazugehören. Wenn ein Patient bei den Reden des Therapeuten, daß man jeden kleinen Fortschritt als Erfolg werten solle, anfängt zu weinen, rät von Stockert (1984, S.119): "Es gibt nichts Falscheres und Unsinnigeres, als wenn nun der Therapeut mit allerlei Tröstungsversuchen auf die gesamte Problematik der Krankheit und alle menschlichen und sozialen Folgen eingeht. Damit wird das Weinen, das hier nichts anderes als eine psycho-organische Enthemmungsreaktion darstellt, lediglich unterstützt." Diese Deutung scheint mir sehr fragwürdig. Was für den Therapeuten ein "Erfolg" ist, erscheint dem Patienten oft gar nicht als Erfolg. Er hat andere Maßstäbe, nämlich die, die er vor der Erkrankung hatte. Und da gab er sich mit solchen "Erfolgen" nicht zufrieden.

Die Patienten weinen nur selten "sinnlos". Es besteht allerdings meist in der ersten Zeit nach dem Schlaganfall nicht die Möglichkeit, die Tränen willentlich zu "bändigen". Das scheint mir eine recht gute Einrichtung des Organismus zu sein. Auf diese Art ist es in dieser so einschneidenden Situation nicht möglich, die anerzogene Kontrolle über die Tränen durchzuhalten. Die Tränen sind der natürliche Begleiter von Veränderungen. Augustinus sagt: "Im Strom der Tränen wird das Alte fortgeschwemmt, wie einem reinigenden Bade entsteigt die Seele einem solchen Weinen" (Augstinus, nach Kawohl 1992, S.36). Meist hängen die Tränen mit der Trauer um die Vergangenheit und der noch nicht verarbeiteten Lebensänderung zusammen. Die Menschen haben sich diese Änderung ja nicht gewünscht wie jemand, der den Beruf oder die Stelle wechselt.

Nicht alle Tränen führen den Patienten weiter. Es gilt daher zu unterscheiden, ob der Patient sie benutzt, um wieder in die Zukunft gehen zu können, oder ob sie zeigen, daß er an etwas festhält, was es loszulassen gilt, ob sie ihn hindern, nach vorne zu gehen. Der Patient und seine Helfer müssen unterscheiden lernen, wann es Zeit ist zum Weinen und wann es Zeit ist zu lachen. Nach dem Prediger Salomo hat alles seine Zeit und sollte sie daher auch bekommen:

"Eine Zeit fürs Geborenwerden, und eine Zeit fürs Sterben;
eine Zeit fürs Pflanzen, und eine Zeit, das Gepflanzte auszureißen.
Eine Zeit, zu töten, und eine, zu heilen;
eine Zeit, einzureißen, und eine Zeit, aufzubauen.
Eine Zeit, zu weinen, und eine Zeit, zu lachen;
eine Zeit, zu klagen, und eine Zeit, zu tanzen."

(Prediger Salomo, 3,2-4)

6.2.3.2 Die Verarbeitung von Sinnfragen

Die psychische Problematik, in der ein Aphasiker sich plötzlich befindet, könnte kaum gravierender sein. Für den Aphasiker gibt es Änderungen in allen täglichen Lebensbereichen, die zu bewältigen sind. Vor allem die Situation in der Familie ändert sich in den meisten Fällen sehr stark. Die Rollen müssen neu verteilt und gelebt werden, was für alle Beteiligten ein schwieriger Lernprozeß ist. Beruf und Hobbys können nicht mehr wie früher ausgeübt werden oder müssen zumindest neu erobert werden. Gerade die Rückkehr in den Beruf ist für die meisten Aphasiker nicht mehr möglich, sofern sie nicht zu den wenigen Glücklichen gehören, deren Sprache fast vollständig wieder in Ordnung kommt. Für die meisten Berufe ist der phonische und/ oder graphische Gebrauch der Sprache unerläßlich. Viele Menschen in unserer Leistungsgesellschaft empfinden ihr Leben "sinnvoll" durch das, was sie *tun*, und nicht durch das, was sie *sind*. Nach der Erkrankung mit Aphasie ist das Tun sehr eingeschränkt. Um das Leben sinnvoll zu finden, müssen daher die Werte geändert werden. Das ist eine der schwierigsten Aufgaben im Leben, und die Patienten verdienen allein von daher unseren vollen Respekt. Sie leisten etwas, das nur wenige von uns freiwillig tun.

Eine Verbesserung der psychischen Begleitung ist dringend notwendig. In vielen Fällen wird der Mensch aus einem vollen, wenn nicht übervollen Berufsleben gerissen. In anderen Fällen, besonders in der Geriatrie, die in Zukunft immer wichtiger werden wird, erleiden Menschen einen Schlaganfall, die sich nach einem erfüllten Berufsleben und Pensionierung in einer Sinnkrise befanden. Im ersten Fall konnte eventuell der Organismus den Streß nicht weiter aushalten, oder positiv ausgedrückt: die Krankheit macht die Einseitigkeit der Arbeit mit der linken Hemisphäre deutlich und bietet die Chance für einen Ausgleich. Im zweiten Fall hatte der Mensch kein Ziel mehr vor Augen. Kein Ziel mehr zu haben, ist praktisch gleichbedeutend mit Tod. Gäbe es die moderne Medizin nicht, wären diese Patienten in den meisten Fällen auch tot. Nun, da sie überleben, stellt sich für beide Gruppen massiv die Sinnfrage für ihr Leben, nur jetzt unter erschwerten Bedingungen. Für stark gestörte Globalaphasiker heißt das: "Was soll mein Leben, wenn ich halbseitig gelähmt bin, nichts mehr tun kann, anderen zur Last bin und nicht einmal sprechen, lesen oder schreiben kann?" Viktor E. Frankl, der Begründer der Logotherapie sagt: " ... ein Mensch, der auf einen Sinn ausgerichtet ist, diesem Sinn sich verpflichtet fühlt, diesem Sinn gegenüber Verantwortung empfindet, ein solcher Mensch hat unvergleichlich größere Überlebenschancen in Extremsituationen als der durchschnittliche andere" (Kreuzer/ Frankl 1982, S.27). Gelingt es nicht, Sinn, Werte, neue Ziele zu erarbeiten, die in dieser Situation tragen, wird die Genesung nicht von langer Dauer sein (Dilts/ Hallbom/ Smith 1989).

Für viele Patienten werden in dieser Situation Fragen nach dem Sinn der Krankheit unter religiösem Aspekt, Fragen nach Gott, Tod und Ewigkeit ganz neu relevant. Sie hadern eventuell mit dem ihnen unverständlich handelnden Gott, oder sie sind bereit, neu Kontakt mit ihm aufzunehmen. Bei Pfarrern und im Gemeindeleben finden sie dabei selten Möglichkeiten der Hilfe. Kaum jemand ist bereit und in der Lage, mit einem Aphasiker offen über so tiefgreifende Probleme zu sprechen. Möchten sie ihre Beziehung im Rahmen von religiöser Gemeinschaft leben, so ist dazu wenig Gelegenheit. Insbesondere in der evangelischen Kirche sind sowohl Gottesdienst als auch Gemeindekreise ganz auf das "Wort" abgestellt. Meditationskreise oder Gebetsgruppen, die mehr vom Sein her leben, sind selten. Von katholischen Aphasikern weiß ich, daß sie recht gern zur Messe gehen, auch am Werktag, wenn es keine Predigt gibt. Die Frau eines Globalaphasikers berichtete, daß ihr Mann sich jeden Tag zur selben Zeit aus dem Haus schlich. Schließlich kam sie dahinter, daß er zur Messe ging. Vor seiner Krankheit war er nicht religiös gewesen. Auch hier würde ich nicht von einer Wesensänderung sprechen, sondern davon, daß die Krankheit genutzt wurde, um neu über wichtige Fragen des Lebens nachzudenken und Konsequenzen zu ziehen. Es gehört zu den schönsten Erfahrungen im Therapeutenberuf, wenn man miterleben kann, wie ein erwachsener, vielleicht sogar relativ alter Mensch sein Leben neu sortiert, neue Schwerpunkte und Werte für sich findet, so daß er vielleicht nach einem Jahr sagen kann: "Ich bin dankbar für den Schlaganfall. Dadurch habe ich ein ganz neues Leben angefangen, was ich sonst nie geschafft hätte."

6.2.4 Der Aphasiker und sein soziales Umfeld

Von der Aphasie ist nicht nur der Aphasiker selbst betroffen, betroffen sind ebenso seine Familie und sein Freundeskreis. Der Aphasiker ist ihnen plötzlich entfremdet. Er sieht durch seine Lähmungen anders aus, das verbale und häufig auch das nonverbale Verhalten sind anders. Ein Gespräch wie in früheren Zeiten ist nicht mehr möglich. Diese veränderten Umstände bedeuten für Familie und Freunde eine große Verunsicherung. Auch ihre "Welt" stimmt nicht mehr. Wie soll eine Beziehung und Kommunikation mit einem Sprachbehinderten sich gestalten? Die Aphasiker selbst geben an, vorher noch nie einen Aphasiker kennengelernt zu haben. Eltern oder Großeltern sind zwar oft an einem Schlaganfall gestorben, aber die Rehabilitation eines Patienten nach Apoplex haben sie entweder wirklich nicht erlebt oder verdrängt. Den Angehörigen geht es meist genauso, so daß die Problematik ganz neu ist. Für die Angehörigen kommt hinzu, daß es sehr schwer ist, sich vorzustellen, wie es in einem Menschen ohne Sprache aussieht. Die einzigen Menschen, die man normalerweise erlebt, die nicht sprechen können, sind Kinder. Daher werden die Aphasiker oft auch wie Kinder behandelt. So wird denn ein 80jähriger Oberstudienrat mit Globalaphasie im Rollstuhl behandelt wie ein Säugling. Seine Frau steht auf dem Flur des Krankenhauses und unterhält sich mit einer anderen Angehörigen. Sie wendet sich der anderen Frau zu, deren Mann auch im Rollstuhl sitzt. Der Rollstuhl ihres Mannes steht zur anderen Seite gewendet, so daß er die Gesprächspartnerin nicht sehen kann. Seine Frau fährt während des Gesprächs den Rollstuhl immer ein paar Zentimeter vor und wieder zurück, wie man es mit einem Kinderwagen tut, wenn das Kind ruhig bleiben soll. Bei der Frau ist diese Handlung sicher ein Zeichen der eigenen Unsicherheit, eventuell mit dem Gefühl gemischt, wieder ein Kind zu haben. Von dem Ehemann fordert diese Situation sehr viel Demut und Geduld. In diesem Fall wie in vielen anderen war der

Ehemann bis zur Erkrankung der dominierende Teil der Beziehung. Die Frau erfüllte seine Wünsche und sorgte dafür, daß er zufrieden war. Um alle wichtigen organisatorischen Fragen der Familie kümmerte sich der Ehemann. Das geht nun plötzlich nicht mehr. Die Rollen müssen getauscht werden. Das geschieht häufig zu einem Zeitpunkt, in dem beide Partner schon relativ alt sind. Die Umstellung ist dementsprechend sehr schwierig. Beide Partner können darüber in große Verzweiflung und Hilflosigkeit kommen. Da der Patient selber viel besser weiß, was es heißt, nicht sprechen zu können, ist die Situation für ihn selbst manchmal leichter als für den, der zuschauen muß, ohne viel helfen zu können, und der die Situation nicht recht verstehen kann. Nun muß der Angehörige auf einmal Dinge tun, die er bisher nie tat. Ehemänner müssen lernen, für sich zu sorgen, während Ehefrauen häufig lernen müssen, Probleme mit Ämtern und Versicherungen zu regeln und in der Beziehung vorübergehend zu dominieren. Es gibt durchaus Fälle, in denen der Patient der Stärkere ist in dieser Situation. Dann muß er eventuell zusätzlich zur eigenen Krankheitsverarbeitung noch lernen, dem Partner bei der Bewältigung der Situation zu helfen. Die Verzweiflung und Suizidgefährdung nicht nur der Patienten, sondern auch der Angehörigen ist ein nicht zu unterschätzendes Problem in der Rehabilitation. Zum Teil zeigt sich im Verhalten der Angehörigen und Freunde auch eine Fluchttendenz vor dem Patienten, die mit Zeitmangel begründet wird, was aber für den Beobachter nicht schlüssig wirkt. Es kann sich dabei auch um Angst handeln, durch die Krankheit der Schwester, der Ehefrau o.ä. an die eigene Gebrechlichkeit erinnert zu werden. Um nicht selbst das Leben ändern zu müssen, und um sich nicht mit Krankheit, Behinderung, Tod beschäftigen zu müssen weicht man dem Patienten aus. Für den Patienten ist das schwer zu verstehen, weil er sich selbst nicht als Bedrohung empfindet.

Bei allen zwischenmenschlichen Beziehungen des Aphasikers wird deutlich, wie die Beziehung vor der Erkrankung war. Die Befragung von Aphasikern zeigt, daß sie sich immer von den Angehörigen und Freunden verstanden fühlen, zu denen sie auch früher eine innige und verständnisvolle Beziehung hatten. Lebten die Partner nebeneinander her, wird das nach dem Schlaganfall offensichtlich, denn wenn schon im normalen Leben kein Rapport da war und jeder in seiner eigenen Welt lebte, würde eine Änderung dieser Situation nach der Erkrankung erst recht ungeheuer viel Energie und Änderung bedeuten. Ein neutrales Nebeneinander-Leben ist schwer mit jemand, der nicht sprechen kann. War die Beziehung vor der Krankheit mehr oder weniger in einer Krise, wird diese Krise nachher deutlicher werden. Die Krankheit und insbesondere die Sprachstörung wird zu einem harten Prüfstein der Beziehungen.

War der Aphasiker bis zu seiner Erkrankung berufstätig, muß er auch in diesem Bereich mit Änderungen rechnen. Wenn er Glück hat, kommen die ehemaligen Kollegen ihn besuchen und zeigen Verständnis. Eine Rückkehr in den Beruf ist in vielen Fällen nicht möglich. In fast allen Berufen ist man auf Kommunikation angewiesen. Wenn man schon nicht sprechen kann, müßte man jedenfalls lesen und schreiben können. Nur relativ wenige Aphasiker machen so große sprachliche Fortschritte, daß sie wieder im Beruf zurechtkommen. Die anderen müssen lernen, sich auf ein Rentnerleben einzustellen. Im schlimmsten Fall müssen sie noch ein selbständiges Unternehmen auflösen mit eventuellen finanziellen Problemen für die ganze Familie.

Die aufgezeigten Schwierigkeiten machen deutlich, daß sowohl der Aphasiker als auch seine Angehörigen in jeder Hinsicht sehr viel arbeiten müssen. Sie brauchen und verdienen dabei unseren Respekt und qualifizierte Begleitung.

7. Der Aphasietherapeut

> *Genug dergleichen habe ich gehört. Ihr alle seid*
> *Tröster. Gibt es für eitle Reden denn kein Ende?*
> *Was reizte dich, mir zu entgegnen? Auch ich*
> *verstände es wie ihr zu reden. Wärt ihr doch erst an*
> *meiner Stelle, ich könnte euch mit Worten überhäufen*
> *und über euch das Haupt schon schütteln.*
>
> Hiob 16, 1-4

Neben dem Aphasiker ist der Therapeut der zweite wichtige Faktor, der die Therapie beeinflußt. Sein Fachwissen und seine Persönlichkeit wirken gleichermaßen auf den Erfolg der Sprachtherapie sowie auf die Befindlichkeit von Patient und Therapeut ein. Ziel der systemischen Arbeit ist ein größtmögliches Gleichgewicht im Zusammenspiel der an der Therapie beteiligten Punkte des Systems, d.h. es geht nicht nur um fachliche Inhalte, sondern auch darum, daß es sowohl dem Patienten als auch dem Therapeuten möglichst gut geht bei der Arbeit. Nur dann wird auf Dauer die Therapie erfolgreich sein. Was hilft es, wenn ein Patient zwar sprechen gelernt hat, um sich dann vom Balkon zu stürzen. Und wem ist gedient, wenn der Therapeut durch das ständige Sich-Einfühlen krank und depressiv wird oder wenn er, um dem zu entfliehen, in wissenschaftliche Studien flüchtet, bei denen er das Geschehen dissoziiert von außen betrachten kann. Die Beschäftigung mit der Person und der Rolle des Therapeuten ist daher dringend nötig. In der Literatur gibt es Hinweise darauf, daß der Aphasietherapeut nicht "Schulmeister", sondern Partner des Aphasikers sein soll (Leischner 1979; Ruge 1976; Lonczewski 1990), damit das unabdingbar notwendige Vertrauensverhältnis aufgebaut werden kann (Wepman 1951; Lonczewski 1990) und daß der Therapeut Helfer bei der Krisenbewältigung sein soll (Steiner/ Worms 1988; Steiner 1989). Über das "Wie" und über die Konsequenzen dieser Arbeitsweise für den Therapeuten gibt es wenig Auskünfte (Grohnfeldt 1987, 1988a, 1988b). Es ist an der Zeit, über die eigene Rolle und über die Beziehung zum Patienten nachzudenken. Die

Worte Petzolds, gedacht für die Psychotherapie, lassen sich auf die Aphasietherapie leicht übertragen: "Das Geschehen zwischen Therapeut und Patient gründet nicht nur in einem Menschenbild, sondern ist auch *Ausdruck* des Menschenbildes der jeweiligen psychotherapeutischen Schule" (Petzold [2]1987, S.8). Die Aphasietherapie mit NLP unterscheidet sich von anderen Ansätzen nicht unbedingt durch die Verwendung von anderen Materialien oder Methoden. Die können sogar teilweise gleich sein. Sie unterscheidet sich vielmehr durch das "Wie" der Anwendung, das mit dem hinter der Arbeit stehenden Menschenbild zu tun hat (Grohnfeldt 1988b).

7.1 Die Rollenfunktionen des Aphasietherapeuten

Das Wort Therapeut kommt von dem griechischen Wort *therapeúo* und hat sehr vielfältige Bedeutung (Menge [21]1970):

- Diener sein, dienen, Dienste leisten,
- freundlich behandeln, jemandem ergeben sein,
- ehren, verehren (auch die Götter), hochachten, schätzen
- um jemandes Gunst buhlen
- sorgsam behandeln, fördern
- (Kranke) behandeln, pflegen, heilen

Der *therápon* ist der:
- Gefährte, Waffengefährte,
- Genosse, Freund,
- der Diener und Gehilfe, der auch aus fürstlichem Geschlecht sein kann (Menge[21]1970).

Plato sagte: "Jedes therapeuein bezweckt etwas Gutes und eine Förderung des Gegenstandes, dem es gilt" (nach Beyer 1983, S.128-129).

Die Aufgaben des Aphasietherapeuten sind sehr vielfältig. Damit hat auch seine Rolle sehr unterschiedliche Aspekte. Die verschiedenen Aspekte der Worte *therápon* und *therapeúo* lassen sich darin wiederfinden.

7.1.1 Der Aphasietherapeut als Diener und Gehilfe

Der Aphasietherapeut, ein Diener und Gehilfe - vielleicht aus adligem Geschlecht, einer der um jemandes Gunst buhlt (nach Menge [21] 1970):
Das Bild reizt vielleicht zum Widerspruch, und doch ist viel Wahres daran. Mit seinem Fachwissen dient der Therapeut dem Patienten, bzw. er möchte ihm damit dienen. Um ihm dienen zu können, muß er zuerst die Gunst des Patienten gewinnen, er muß um ihn buhlen. In der Sprache des NLP: er muß zuerst Rapport aufnehmen mit dem Patienten, damit dieser ihn als einen wohlwollenden Gehilfen annehmen kann. Er muß sich also verbal und nonverbal auf den Patienten einlassen, ihn spiegeln und wird dabei erfahren, wie es dem Patienten geht. In dem Wort "Diener" steckt die Aussage, daß der Therapeut nicht der Bestimmende in der Beziehung ist. Er hat durch seine Ausbildung ein reiches Fachwissen erworben. Dieses soll er nun nicht "gnadenlos" über den Patienten schütten, sondern er ist der, der dem Patienten behilflich ist, die eigenen Wünsche und Ziele zu erfüllen. Um ihm dabei helfen zu können, muß er die Wünsche und Ziele kennen. Er muß mit dem Patienten darüber sprechen und, soweit der Patient sich schon verbal äußern kann, auf die Worte achten, indem er z.B. das Meta-Modell der Sprache benutzt. Dazu wird er lernen, die Körpersprache zu verstehen, um feststellen zu können, inwieweit verbale und nonverbale Sprache kongruent sind. Während der Patient sich noch nicht verbal ausdrücken kann, kann die Körpersprache schon sehr beredt sein. Um die eigenen Befragungen und Gespräche zu ergänzen, ist es wichtig, mit den Angehörigen zu sprechen. Sie werden oft als "Interpreten" und "Historiker" dazu beitragen können, dem Therapeuten deutlich zu machen, welche Wünsche und Ziele der Patient hat oder vor der Erkrankung hatte. Der Diener sollte die Hobbys, Werte und Probleme des Arbeitgebers kennen, um sie in seinen Dienst mit einzubeziehen.

Als Zusatz zu dem Wort "Diener" heißt es im Wörterbuch (Menge [21] 1970), daß dieser zuweilen aus adligem, fürstlichen Geschlecht ist. Es geht also nicht um ein devotes, untertäniges Ergeben-Sein unter Aufgabe der eigenen Persönlichkeit. Der Fürst, der Adlige weiß gewöhnlich, wer er ist. Er *ist* Jemand, er hat eine Geschichte und eine Persönlichkeit. Er erweist nicht nur einem anderen Ehre, auch ihm gebührt Ehre. Wenn er dem anderen ein Diener wird, so gibt er doch sich selbst nicht auf, er bleibt immer ein Mensch aus fürstlichem Geschlecht. Er behält seinen Adel ebenso wie der, dem er dient.

7.1.2 Der Aphasietherapeut als Verehrer, freundlicher Förderer und Behandler

Das Wort, das im Griechischen für den Dienst am Menschen benutzt wird, wird auch für den Dienst an den Göttern benutzt. Der Diener arbeitet also nicht in einer Haltung von oben herab, sondern voller Ehrerbietung - und voller Adel - von unten herauf. Er ist nicht dazu da, über den, dem er dient, zu bestimmen, sondern ihn freundlich und hochachtungsvoll zu behandeln, ja ihn zu verehren und zu fördern. Klingt das nicht etwas geschwollen und heuchlerisch, wenn der Therapeut so über den Patienten spricht? Nun gut, er soll ihn fördern, aber soll er ihn auch verehren? Nach vielen Jahren des Zusammenseins mit Aphasikern halte ich die Haltung der Verehrung durchaus für gerechtfertigt. Zugegeben, man empfindet diese Haltung nicht bei jedem Patienten gleich stark. Aber grundsätzlich bin ich den Aphasikern zutiefst dankbar. Durch das Mitleben ihrer Problematik, durch ihre Fragen und durch das gemeinsame Erarbeiten von Antworten haben sie mein Leben geprägt. Ich wäre heute nicht die, die ich bin, ohne das Leben derer, denen ich diene. Die Aphasiker stehen vor den zentralsten Fragen des Lebens, und sie wollen und müssen für sich Antworten finden, um weiter leben zu können. Für ihre Therapeuten ist das eine Chance für das eigene Leben, von und mit ihnen zu lernen. Viele Aphasiker schauen nach der Erkrankung nicht mehr so auf Äußerlichkeiten wie früher, sie achten mehr auf die Echtheit ihrer Mitmenschen. Gerade weil sie oft Sprachverständisschwierigkeiten haben, sind sie angewiesen auf die nonverbale Sprache und die Kongruenz ihres Gegenübers. Sie sehen, hören, spüren sehr schnell und sicher, wo falsche, unechte, hohle Worte sind. Dadurch können sie dem, der sich ihnen stellt, zu Lehrmeistern in ehrlichem Umgang werden.

Der Therapeut hat nicht nur Hochachtung für den Patienten, er ist auch dessen freundlicher Förderer. Die banalste Art der Förderung ist die sprachliche, die der Therapeut gelernt haben sollte. Der Maßstab dessen, wie er seine Kenntnisse einsetzt, wird in der ganzheitlichen Arbeit der Wunsch und die Verfassung des Patienten sein. Es geht nicht an, daß der Therapeut sich schöne Therapieziele ausdenkt, die der Patient zu erfüllen hat. Der dienende Förderer wird dem Patienten nur das beizubringen versuchen, was dieser hier und heute und überhaupt lernen möchte. Alles andere wäre Mißachtung der Würde des Patienten und außerdem wenig erfolgreich, da der Organismus des Patienten sich gegen alles sperren wird, was nicht den eigenen Zielen entspricht (Dilts/ Hallbom/ Smith 1991). Um so arbeiten zu können, braucht es eine große

Flexibilität des Therapeuten. Er muß die Fähigkeiten und die Defizite des Patienten genau kennen und ein Repertoire an Therapiemöglichkeiten zur Verfügung haben, aus dem er spontan und zielgerichtet das auswählen kann, was der Patient braucht. Er wird gewöhnlich recht genau wissen, welche Ziele und Therapiemöglichkeiten er selbst im Augenblick für vorrangig hält. Das heißt aber noch nicht, daß der Patient das genauso sieht. Vielleicht können sich die beiden einigen, vielleicht muß der Therapeut aber auch die eigenen Ziele zurückstellen oder sie auf ganz anderen, neuen Wegen zu verwirklichen suchen.

7.1.3 Der Aphasietherapeut als Gefährte, Freund und Heiler

Über die sprachliche Förderung und Behandlung hinaus ist der Therapeut auch Gefährte - Waffengefährte, Kampfgefährte - in schwieriger Zeit. Er begleitet den Patienten in einer der schwersten Zeiten seines Lebens. In vielen Fällen geht der Patient dabei durch tiefste Tiefen und ist oft in der Gefahr, an sich und dem Leben zu verzweifeln. Das Leben, wie es vor der Erkrankung war, ist vorbei, und zumindest in den ersten Monaten nach der Erkrankung ist meist noch nicht abzusehen, wie es wirklich weitergehen soll. Fast alles ist anders geworden, vieles muß sich ändern, aber wie? "Die Angst, die jede neue Entwicklungsphase mit sich bringt, verlangt nach einem Vertrauen, das vorweg die Kraft verleiht, die jeweilige Krise zu bestehen; dazu gehört sowohl die Macht der inneren Wesensgestalt wie auch die äußere Begleitung eines Menschen, der Vertrauen in die Richtigkeit der eigenen Person schenkt und ermöglicht", sagt Eugen Drewermann (1985, S.90). Dieser Begleiter kann der Aphasietherapeut sein, und er ist es gerade in der Phase der Rehabilitation oft, da er jemand ist, der diesen Prozeß der Umstrukturierung kennt, der ihn schon oft miterlebt und begleitet hat, ohne in der Art selbst betroffen zu sein wie die Angehörigen des Patienten. Diese brauchen als direkt Mitbetroffene selbst Begleiter in dieser Lebensphase. Die Arbeit des Sprachtherapeuten kann, wenn er dazu bereit und fachlich wie menschlich in der Lage ist, in dieser Phase weit über die Rolle des *sprachlichen* Förderers hinausgehen (Grohnfeldt 1988a). In Kliniken, in denen ein Psychotherapeut auch mit Aphasikern arbeitet, kann diese Rolle sicher auch von diesem Begleiter übernommen werden. Weder in allen Kliniken, geschweige denn in Praxen stehen aber speziell ausgebildete Psychotherapeuten zur Verfügung, an die sich diese Aufgabe delegieren ließe. Außerdem tauchen gerade in der Sprachtherapie häufig psychische Probleme auf, die ganz gut unter Verschluß gehalten werden konnten, solange man nicht sprechen mußte. Man kann relativ gut Stützübungen machen in der Ergotherapie oder Gehtraining in der Krankengymnastik, wenn die Tränen schon fast überlaufen. Die Spastik wird wahrscheinlich größer sein als notwendig und die Konzentration schlecht, aber es geht. Wenn man aber den Mund aufmacht, werden die Tränen kommen. Zudem ist die Sprachtherapie, gerade in Kliniken, oft der einzige Ort, an dem der Aphasiker mit einem Menschen unter vier Augen allein sein kann; Mit einem Menschen, der eine halbe oder eine ganze Stunde lang Zeit hat, ihm wirklich zuzuhören, auch wenn er sich schwer verständigen kann. Kommt er nun in einer depressiven Stimmung zur Therapie, kann der Sprachtherapeut den Patienten wegschicken, weil man nicht mit ihm arbeiten kann, er kann ihn auf übermorgen vertrösten, wenn er einen Termin beim Psychotherapeuten hat, oder er kann in dieser Situation der Begleiter sein, der versucht, dem Patienten bei der Bewältigung seiner Probleme zu helfen. Indirekt dient er damit auch der sprachlichen Förderung, da diese Gespräche das Vertrauen des Patienten stärken, weil sie "Schutt" aus dem Weg räumen, der den Patienten hindert, sprachlich weiterzukommen, und weil der Patient in diesen Gesprächen auch lernen muß, sich verständlich zu machen. Er muß sogar lernen, sich über zentral wichtige Probleme wie Fragen nach Sinn von Leben, nach Leben, Tod und Ewigkeit zu äußern. Diese Gespräche können, wenn der Therapeut sich dem gewachsen fühlt, durchaus ein wichtiger Teil der Sprachtherapie sein, sie gehen allerdings in ihrer Wirkung weit darüber hinaus. Sie tragen zu einem "Heil-Werden" des Patienten bei, das mehr heißt als körperlich oder sprachlich gesund zu sein. "Heil"-werden ist zu verstehen im Zusammenhang mit Ganzheit, die nach Juchli vier Ebenen betrifft:

- "Kontakt zu uns selbst,
- Kontakt zur Mitwelt (Mitmenschen),
- Kontakt zur Umwelt (Natur, Objektwelt),
- Kontakt zum Ganz-Anderen (Geist, Überweltliches, Gott)" (Juchli 1985, S.135-136).

In diesem Sinne kann der Sprachtherapeut eine heilende Funktion haben. Wenn er sich selbst eingebettet weiß in das Ganze, wird er sich und seine Rolle, auch seine heilende Rolle ganz bescheiden in diesem Zusammenhang verstehen.

Für Therapeut und Patient entsteht aus der intensiven Verbindung heraus oft etwas wie Freundschaft. Sicherlich hat die Beziehung Aspekte von Freundschaft, eben weil eine intensive Lebensphase miteinander geteilt wird. Dennoch ist es gewöhnlich eine Beziehung, die auch durch Aspekte bestimmt ist, die nichts mit Freundschaft zu tun haben: "Die Aspekte von Arbeit, Leistung und Entlohnung, die im therapeutischen Rahmen eine wichtige Rolle spielen, stehen dem Konzept der Freundschaft entgegen" (Petzold [2]1987, S. 277). Außerdem ist die Beziehung Patient - Sprachtherapeut gewöhnlich eine Beziehung auf Zeit. Selbst, wenn der Therapeut das Bedürfnis hat, die Kontakte weiterzuführen, wird ihm das nach einiger Zeit nicht möglich sein, da er wieder neue Menschen auf ihrem Weg durch "schwierige Länder" begleiten wird. Seine Aufgabe ist eigentlich darauf ausgerichtet, sich selbst überflüssig zu machen. Er begleitet den Patienten während des Aufenthaltes in der Klinik oder während einer Therapiephase in der Praxis. Am Ende soll der Patient gern wieder selbständig ohne den Therapeuten leben können. Hat der Therapeut den Abschied mit dem Patienten gut vorbereitet, ist es das größte Lob, wenn der Patient lachend Abschied nimmt und positiv gestimmt in die Zukunft geht. Für den Therapeuten selbst kann diese Situation eventuell genauso schwer zu bewältigen sein wie für den Patienten, hat er doch viel Intensität, Kraft und viel von sich selbst in diese Beziehung investiert. Schon am nächsten Tag soll er bereit sein, sich ebenso intensiv auf eine neue menschliche Begegnung und Begleitung einzulassen.

7.1.4 Das Beispiel eines Therapeuten

Ein wunderbares Beispiel für das Wesen eines Begleiters, eines Therapeuten, ist die Geschichte des Tobit im Alten Testament. Alle Elemente, die in dem Wort "Therapeut" enthalten sind, finden sich in dieser Geschichte wieder. Nachdem die "Patienten" oder Klienten ihren Weg gefunden haben und nachdem sie heil geworden sind, ist sein Dienst beendet. Obwohl die Beziehung zwischen den handelnden Personen recht eng und intensiv war, verschwindet der Helfer am Ende einfach. Er kann sicher sein, daß die anderen jetzt ohne ihn zurechtkommen. Und er selbst kann offensichtlich auch ohne sie weiterleben. Hier eine kurze, recht prosaische Zusammenfassung der wunderschönen, poetischen Geschichte:

Tobit, ein Jude, lebt im Land der Verbannung. Er hat viel erlitten, viel Unrecht gesehen, ist darüber blind geworden und möchte sterben.

Vorher soll sein Sohn ein Mädchen seines Stammes in der alten Heimat heiraten. Aber wer soll den jungen Tobias auf der Reise begleiten? Wer soll ihm den Weg zeigen und ihm helfen, das richtige Mädchen zu finden? Tobias sucht einen Führer und findet den Engel Rafael, den er nicht als Engel erkennt. Tobit fragt ihn nach seiner Herkunft. Er legt Wert darauf, daß der Begleiter seines Sohnes aus gutem Hause kommt. So stellt Rafael sich dem Vater vor als jemand aus dem Stamm seiner Verwandten, der den Weg in das fremde Land gut kennt und oft gegangen ist. Rafael, der den Tobias "Bruder" nennt, dient diesem auf vielerlei verschiedene Weise. Aus den Innereien eines Fisches läßt er ihn Medizin bereiten, die er später brauchen wird. Er hilft ihm, seine auserwählte Braut von Dämonen zu befreien und sie als seine Frau nach Hause zu führen. Er macht Botenreisen für Tobias und bringt ihn schließlich mit seiner jungen Frau zu seinen Eltern. Dort sagt er ihm, wie er seinen Vater von seiner Blindheit heilen kann. Die Familie ist Rafael so dankbar, daß sie ihm die Hälfte des Vermögens als Lohn für seine Dienste geben will. Dieser sagt ihnen nun, wer er ist und daß er gesandt war, um ihnen zu helfen. Statt seine Person zu loben, sollen sie den loben, der ihn gesandt hat. Damit verschwindet er.

7.2 Einige Persönlichkeitsmerkmale des Aphasietherapeuten

Nach diesen Ausflügen in die Welt des "Idealtherapeuten", der Zielvorstellung eines Therapeuten, heißt es zurückkehren in die nüchterne Realität. Die realen Therapeuten sind sehr menschlich, d.h. sie haben Schwächen und Fehler und befinden sich bestenfalls ständig auf dem Weg, ihrem Ideal näherzukommen. Welcher Typ Mensch wird Aphasietherapeut, und wie wirkt sich die Therapie auf diesen Menschen aus?

7.2.1 Der Sprachförderer

Das Anliegen der Aphasietherapie ist es, Menschen zu helfen, sich sprachlich zu verständigen. Ein Mensch, der diesen Beruf ergreift, wird sich also für Sprache interessieren. Das sprachliche Interesse kann sich auf unterschiedliche Weise äußern. Vielleicht hat der angehende Therapeut, der sich diesen Beruf erwählt, festgestellt, daß er selbst sich sehr gern unterhält. Er ist in gutem Sinn neugierig auf Menschen, erfährt gern etwas von ihnen und möchte ihnen auch durch Gespräche helfen. Dennoch entschließt er sich, Sprachtherapeut zu werden und nicht Gesprächstherapeut. Dahinter kann eine Scheu stecken, psychotherapeutisch zu arbeiten, es kann auch sein, daß das "harmlose" Gespräch, die Kommunikation als solche, für ihn Vorrang hat. Es ist auch möglich, daß ihn vor allem die Strukturen der Sprache faszinieren. Er beschäftigt sich daher mit Linguistik und stellt dabei fest, daß auch der Verlust der Sprache und die Strukturen der gestörten Sprache faszinierend sein können. Die Strukturen wieder zu "reparieren", scheint reizvoll zu sein.

Wo auch immer der Schwerpunkt des Interesses sein mag, die Faszination der Sprache wird den Aphasietherapeuten u.a. zu diesem Beruf geführt haben. Wie schon festgestellt wurde (s. Kap.2 u. 4), ist die Sprache mit ihren Hauptumschaltzentralen in der dominanten Hemisphäre angesiedelt. Von Menschen, die sich vor allem für die Strukturen, für die Einzelheiten und den Ablauf von Sprache interessieren, ist anzunehmen, daß sie sehr viel mit der linken Hirnhemisphäre leben.

Die Arbeitsweise der beiden Gehirnhälften, wie Ornstein sie Anfang der siebziger Jahre herausarbeitete, sei hier noch einmal dargestellt (nach Ornstein 1974, S.97):

Linke Hemisphäre	Rechte Hemisphäre
verbal	räumlich
intellektuell	sinnlich
Zeit und Geschichte	Ewigkeit, Zeitlosigkeit
aktiv	rezeptiv
propositionell	appositionell
linear	nicht-linear
kausal	akausal
fokal	diffus
mit Argumenten	mit Erfahrung

Auch wenn Ornstein selbst heute der Ansicht ist, daß das Gehirn komplizierter arbeitet als in der einfachen Dichotomie, scheinen doch bestimmte Arbeitsweisen bevorzugt miteinander kombiniert zu sein. Andernfalls ließen sich die vielen erfolgreichen Denk- und Arbeitsansätze (Juchli 1985; Dennison [5]1990; 1990; Meister Vitale 1988), die auf diesen Annahmen beruhen, schlecht erklären.

Wenn man die obige Skala auf den Aphasietherapeuten anwendet, wird deutlich, daß er zu bestimmten Vorlieben und Schwächen neigen wird, die das Handeln beeinflussen werden, wenn er sich nicht um eine gute Integration seines "Multimind"-Gehirns bemüht. Um möglichst viele Patienten zu verstehen, die ja nicht unbedingt cerebral in der gleichen Art organisiert sind wie er, und um sich sowohl auf diese wie auf ganz anders arbeitende Mitglieder des therapeutischen Teams einlassen zu können, wäre es eine Aufgabe für den Sprachtherapeuten, in diesem Sinne um seine eigene Ganzheit bemüht zu sein. Als Ausgleich für sein "Naturell" und für seine Arbeit sollte er sich um die vernachlässigten Fähigkeiten der "rechten Hemisphäre" kümmern. Damit hat er größere Chancen, selbst gesund zu bleiben (Juchli 1985) und mehr unterschiedliche Menschen mit Freude behandeln zu können.

In diesem Rahmen scheint es fast überflüssig zu betonen, daß der Sprachförderer ein gute fachliche Ausbildung braucht. Selbstverständlich sollte er die verschiedenen Therapiemethoden theoretisch und praktisch gelernt haben und sollte damit sprachliche Defizite diagnostizieren und auf unterschiedliche Art behandeln können. Er sollte auch die sprachlichen oder nichtsprachlichen Kommunikationsfähigkeiten diagnostizieren, die dem Patienten geblieben sind und auf denen er seine Therapie aufbauen kann. Die Diagnostik wird sich dabei nicht auf die Durchführung von Tests beschränken, sondern wird die persönlichen Angaben und das verbale wie das nonverbale Verhalten des Patienten, sowie seine Wünsche berücksichtigen. Die Ergebnisse der Eingangsdiagnostik wird er im Therapieprozess immer wieder auf ihre Stimmigkeit hin überprüfen und sie im systemischen Ganzen der Aphasietherapie beachten (Grohnfeldt 1988b).

7.2.2 *Der Aphasietherapeut als Helfer*

Der Aphasietherapeut beschäftigt sich mit Sprache, aber er ist nicht einfach ein Linguist. Die Linguisten, die sich zu einer therapeutischen Tätigkeit entschlossen haben, nennen sich "Klinische Linguisten". Sie machen damit deutlich, daß auch sie sich wie die anderen Berufsgruppen im Bereich der Sprachtherapie nicht einfach nur mit gesunder oder pathologischer Sprache beschäftigen wollen. Der Sprachtherapeut ist immer auch Helfer, und er weiß das, wenn er den Beruf ergreift. "Wo wirkliche Hilfe gebraucht wird, wo der Patient an der Dynamik aus

seinem Innenraum oder aus seinem Umfeld *leidet*, muß der Therapeut -
oft im Verein mit der Institution, in der er arbeitet - die notwendige
Hilfe geben" (Petzold ²1987, S.274-275).

Da der Therapeut bewußt einen Helfer-Beruf wählt, werden sich bei
ihm auch die Merkmale finden lassen, die für Menschen in helfenden
Berufen typisch sind. Sehr eingehend hat sich Wolfgang Schmidbauer
mit diesen Berufsgruppen beschäftigt (Schmidbauer 1977, 1983). Er hat
so manche Schwäche hinter der sozial sehr angesehenen Fassade der
Helfer entdeckt und aufgedeckt, die er unter dem Ausdruck
"Helfersyndrom" zusammenfaßt. Gleichzeitig legt er Wert darauf, "daß
es gerade um die Wiederherstellung und Befreiung der spontanen,
kreativen Hilfsbereitschaft geht, um die Trennung von einem
zerstörerischen Ideal" (Schmidbauer 1983, S.9). Auch für den
Sprachtherapeuten ist es wichtig, sich den typischen Helferproblemen zu
stellen, um sein Tun von Ballast und von Gefahr für den Patienten zu
befreien.

Ein Kennzeichen des Helfers mit Helfersyndrom ist es, daß er selbst
oft genug ein hilfloser Helfer ist. Ein helfender Beruf wird häufig von
Menschen ergriffen, die selbst unbewußt dringend auf Hilfe warten. Sie
sind wie "ein verwahrlostes, hungriges Baby hinter einer prächtigen,
starken Fassade" (Schmidbauer 1977, S.15). Es fällt ihnen allerdings
schwer einzugestehen, daß sie selbst auch die Hilfsbedürftigen in der
Beziehung sind. Es ist typisch für sie, "daß Schwäche und Hilflosigkeit,
offenes Eingestehen emotionaler Probleme nur bei anderen begrüßt und
unterstützt wird, während demgegenüber das eigene Selbstbild von
solchen «Flecken» um jeden Preis freigehalten werden muß"
(Schmidbauer 1977, S.14). So fehlt es der therapeutischen Beziehung an
Gegenseitigkeit. Der Patient ist der, der seine Bedürfnisse äußern darf
und soll, während die Bedürfnisse des Therapeuten verdrängt werden.
Diese nie gestillten Bedürfnisse nach Zuwendung führen bei den Helfern
zu Suchtgefahr, Depression und Suizidgefahr. Bei Ärzten zwischen 25
und 39 Jahren beispielsweise ist die Selbstmordhäufigkeit fast dreimal so
hoch wie bei der Durchschnittsbevölkerung (nach Schmidbauer 1977).
Hilfe für sich selbst wird oft allenfalls in Form von Fortbildungen
akzeptiert.

Der Gestalttherapeut de Roeck, der sich auch mit der Psyche des
Helfers beschäftigt, fragt seine Leser: "Wie bist du übrigens selbst zu
dem helfenden Beruf gekommen, in dem du bist? Glaubst du, deinen
Platz in der Welt zu finden, indem du eine helfende Funktion ausübst?
Du als «unterwürfiger Diener von anderen» sitzt dadurch eine Stufe

höher in der Hierarchie. Sicherer Ort! Vor allem, wenn du fürchtest, Beziehungen auf gleicher Ebene anzuknüpfen" (de Roeck 1983, S.56). Der hilflose Helfer hat Angst, in Beziehungen verletzt zu werden. Also baut er Beziehungen auf, in denen er davor sicher ist: einseitige Beziehungen. Der Patient braucht ihn, und dieses Gebraucht-Werden ist das wichtigste. Es kann wie ein Suchtmittel für den Helfer sein. Er möchte der Eine und Einzige und Wichtigste im Leben des Patienten sein (Schmidbauer 1983). Dadurch entsteht natürlich eine Konkurrenz zu den Angehörigen des Patienten, sie werden als störend für den Ablauf der Therapie angesehen und daher lieber ausgeschlossen. Auch die anderen Therapeuten des Teams, die mit demselben Patienten arbeiten, gefährden den Seelenfrieden. Auf wessen Konto geht der Erfolg oder Mißerfolg der Therapie (Schmidbauer 1977)? Kann jemand anders so einfühlsam und erfolgreich mit dem Patienten umgehen wie man selbst? Im stationären Bereich muß der Therapeut sich der Anwesenheit der anderen Therapeuten mehr oder weniger stellen, im ambulanten Bereich wird das Problem vielfach dadurch gelöst, daß jeder einzelne Therapeut allein für sich arbeitet, ohne Kontakt und Rücksprache mit anderen ambulanten Diensten. Ist ein Aphasiker ins Krankenhaus gekommen oder hat man eine Idee für eine sinnvolle Freizeitbeschäftigung, informieren sich Krankengymnastik, Ergotherapie, ambulante Pflege und Sprachtherapie kaum untereinander. Jeder denkt nur an "seinen" Patienten und wie er ihm optimal helfen kann.

Für die seelische Ausgeglichenheit des Therapeuten ist sein Privatleben von großer Bedeutung. Für den "Helfersyndrom-Helfer" ist es kennzeichnend, daß die Art Beziehungen, wie sie im Beruf aufgebaut werden, nämlich ohne eine Gegenseitigkeit, auch im Privatleben gelebt werden. Schmidbauer unterscheidet drei verschiedene Formen, in denen das Privatleben gestaltet wird:
- Das «Opfer des Berufs», das ganz im Beruf aufgeht und keinen Raum für Privatleben hat.
- Der «Spalter», der streng zwischen Beruf und Privat trennt. Im Beruf ist er vielleicht sanft und untertänig, zu Hause aufbrausend und herrisch.
- Der «Perfektionist» hat hohe Ideale, die er auch im Privatleben zu verwirklichen sucht. Er kann den Idealen und Anforderungen, die er an sich selbst hat, aber nie gerecht werden.
- Der «Pirat» nimmt alles mit, was sich ihm anbietet. Er nutzt die Nähe, die in der therapeutischen Beziehung entsteht, für seine persönlichen Bedürfnisse aus.

7.3 Ein Weg zum systemisch arbeitenden Aphasietherapeuten

Wenn die problematischen Seiten des Helfers und damit auch des Aphasietherapeuten so ausführlich dargelegt werden, heißt das nicht, daß alle Therapeuten nur aus Helfersyndrom bestehen. Es ist aber hilfreich, wenn man beginnt, die eigene Berufsmotivation und Lebenshaltung und -problematik zu hinterfragen und aufzuarbeiten. Andernfalls wird man den vielfältigen Anforderungen der Arbeit in der Aphasietherapie nicht gerecht werden können. Eigene Schwächen und Probleme werden auf Patienten, Angehörige oder Kollegen übertragen, was die Probleme aller Beteiligten steigert und eventuell sehr schaden kann.

Die Arbeit des Aphasietherapeuten ist ungeheuer komplex und anspruchsvoll, wenn man alle Aspekte berücksichtigen will. Der Therapeut trifft auf einen zutiefst verunsicherten Patienten in einer durch die Krankheit verunsicherten Umwelt. Er soll und will dem Patienten helfen, seine sprachlichen Fähigkeiten zu erweitern oder rückzugewinnen, was am erfolgreichsten sein wird, wenn er ihm hilft, die begleitenden psychischen Schwierigkeiten zu bewältigen. Das umfaßt Trauerarbeit, Aufarbeitung der Rollenänderung, Sinnfindung. Um den Patienten in seinem gesamten sozialen Umfeld zu berücksichtigen, ist die Begleitung der Angehörigen notwendig, was von der Information über die Art und Auswirkungen der Störungen über psychische Ermutigung, Hilfe bei der Rollenänderung in der Beziehung bis zu Kommunikationshilfen geht. Arbeitet der Therapeut im klinischen Bereich, sollte eine Schulung des therapeutischen Teams im Umgang mit Aphasikern erfolgen. Oftmals wird er auch in schwierigen Situationen bei Angehörigen, dem Pflegepersonal oder bei Juristen als "Dolmetscher" fungieren. Sowohl die klinische Arbeit als auch die in einer größeren Praxis verlangen zudem Fähigkeiten, im Team zu arbeiten, die Vernetzung einer Institution zu erkennen und im Tun zu berücksichtigen sowie genügend Zeit zur notwendigen Kommunikation innerhalb des Systems.

Die Aufgaben sind derart vielfältig und verantwortungsvoll, daß kein Therapeut von sich erwarten kann, allen Punkten gerecht zu werden. Er muß lernen, sich auch mit seinen Unzulänglichkeiten und Fehlern zu arrangieren, und damit zufrieden zu sein, sich auf dem Weg zu dem Ziel des systemisch arbeitenden Therapeuten zu befinden, ohne es wohl jemals erreichen zu können. Wieweit er auf dem Weg kommt, ist u.a. eine Frage der Ausbildung. Eine nur sprachlich fachbezogene

Ausbildung genügt sicher nicht. Es genügt auch nicht, theoretisch zu *wissen*, was man mit *anderen* Menschen und Gruppen an psychotherapeutischen Interventionen machen kann. Bevor man den anderen Menschen zu helfen versucht, sollte man sich selbst kennenlernen und erfahren, wie es ist, sich helfen zu lassen. Erst dann kann man die harte Arbeit richtig einschätzen, die Patienten während der Therapie erbringen. Die verschiedenen Schulen der Psychotherapie haben Ausbildungsgänge vorgesehen, in denen der angehende Therapeut an sich selbst arbeitet. Bevor er andere therapiert, muß er sich selbst kennenlernen und therapieren lassen. So wird eine gewisse Selbsterkenntnis und Arbeit an sich selbst erzwungen. Außerdem ist eine berufsbegleitende Supervision Pflicht. Im Bereich der Aphasietherapie ist das bisher nicht so, obwohl bekannt ist, daß Sprache und Psyche sich nicht voneinander trennen lassen. Sowohl Selbsterfahrung als auch eine nicht nur fachlich ausgerichtete Supervision sollten für jeden ganzheitlich arbeitenden Aphasietherapeuten verpflichtend sein. Insbesondere im Bereich der Pflege, aber auch bei Therapeuten werden Praxisbegleitungen oder Supervisionen immer selbstverständlicher. Die Einsicht wächst, daß nur jemand, der um das eigene Heil-Sein bemüht ist, auch für andere Menschen wirklich heilsam sein kann. Elisabeth Kübler-Ross sieht für solche nichtärztlichen Helfer eine wichtige Rolle im Dienst an den Kranken: "Nichtmediziner, die im Gesundheitswesen tätig sind und etwas von ganzheitlichem Heilen verstehen, tragen eine große Verantwortung insofern, als sie den Ärzten helfen können, die psychische Seite zu erkennen und nicht nur physische Bedürfnisse zu erfüllen, sondern den ganzen Menschen zu betreuen" (Kübler-Ross 1982, S.98).

Es gibt auf dem Gebiet der Supervision verschiedene Ansätze. Bei Ärzten sind vor allem "Balint"-Gruppen bekannt geworden, in denen an der Arzt-Patienten-Beziehung gearbeitet wird (Balint 1965; Roth, J.K. [2]1985). Ein Modell, das sich in Kombination mit NLP sehr gut auch für Aphasietherapeuten einsetzen läßt, ist die Themenzentrierte Interaktion (TZI) nach Ruth Cohn (Cohn 1975). "Cohn sieht in ihrem Ansatz nicht nur sachliche, themenrelevante Fachberatung des Supervisanden vor und die Auseinandersetzung mit seiner Persönlichkeit, im Sinne von Defizitbereinigung, wie der Erweiterung von Potentialen, sie will all dies auch vor dem Hintergrund des jeweiligen aktuellen gruppalen und sonstigen Kontextes ("globe") verhandelt sehen" (Schreyögg 1991, S.19). Ich selbst habe Supersivion in dieser Art in einer interdisziplinären Gruppe von Mitgliedern des therapeutischen Teams als sehr hilfreich und effektiv erlebt. Gerade in einer interdisziplinären Gruppe - unter der Leitung eines von außen kommenden

Therapeutenpaares - besteht die Möglichkeit, neben der beruflichen Problematik die Vernetzung der Arbeit sowie die Fähigkeiten und Belastungen der anderen Teammitglieder besser kennenzulernen und zu einer intensiveren Teamarbeit mit gegenseitiger Unterstützung zu kommen. Kinzl (1990) berichtet über die Erfahrungen aus einer Balintgruppe mit Logopädinnen in Innsbruck und über die Entwicklungen von anfänglichen Ängsten hin zu wirkungsvollen Hilfen: "Zuerst waren es Ängste, sich in einer Gruppe von nicht sehr eng Vertrauten im wahrsten Sinne des Wortes zu 'äußern', Angriffen ausgesetzt zu sein und in mehrerer Hinsicht (z.B. therapeutisches Können oder auch rethorisch) bestehen zu müssen. (...) Die Erfahrung, daß eine Gruppe nicht nur negative Auswirkungen auf das Individuum haben kann, sondern beim Einbringen eigener Problemfälle, aber auch in der Diskussion um die Schwierigkeiten der Kollegen eine enorme Entlastung geschieht, war eine völlig neue. (...) Die Entlastung geschieht, wie ich glaube, eher selten durch die Vorgabe einer Lösung, sondern vielleicht durch das Abgebenkönnen bzw. Aufgefangenwerden innerhalb der Gruppe. Dadurch kann ich wiederum eine Stärkung meines therapeutischen Selbstbewußtseins empfinden, das mich neue Belastungssituationen wieder besser aushalten läßt" (Kinzl 1990, S.122).

Für einen Sprachtherapeuten, der mit NLP arbeiten will, ist es wichtig, dieses auch selbst in der Praxis kennengelernt und an sich erfahren zu haben, da es sich allein aus Büchern nicht lernen läßt. Insofern ist eine Kombination mit den Möglichkeiten des NLP in der Praxisbegleitung ideal. Was der Therapeut selbst an Erweiterung seiner Welt erlebt hat, kann er glaubwürdig weitergeben, und Aphasiker wie Therapeut können durch eine solche Praxisbegleitung besser vor Therapieschäden bewahrt werden.

Insbesondere für Sprachheilpädagogen müßte ein Um- und Weiterdenken in diese Richtung leicht sein, gehört ein ganzheitliches Denken doch seit langem zum Berufsbild (Knura 1974; 1980; Grohnfeldt 1987; 1988b; 1989). Grohnfeldt nennt als übergreifendes Prinzip pädagogisch-therapeutischer Intervention:
- "die Bedeutung der Beziehung,
- Mehrdimensionalität und Ganzheitlichkeit der menschlichen Entwicklung sowie
- Interaktionalität und systemische Veränderung"
(Grohnfeldt 1989, S.19).

"Das wichtigste Instrument der Therapie ist der Therapeut", sagt Petzold (^{2}1987, S.278; Grohnfeldt 1987). Wieviel sind die

Aphasietherapeuten aber bereit, für dieses wichtigste Instrument zu tun, so lange die Ausbildungsgänge zwar Selbsterfahrung anbieten, aber nicht ausdrücklich vorschreiben? Man kann argumentieren, wir seien eben keine Psychotherapeuten und sollten lernen, uns auf unseren Bereich zu beschränken. Wenn unser Bereich aber immer und notwendigerweise die psychosozialen Probleme des Menschen mit berührt, weil sich Sprache nicht einfach auf Wörter und sprachsystematische Übungen reduzieren läßt, so können wir uns auch den Anforderungen, die das für uns als Therapeuten bedeutet, nicht entziehen. Wir werden uns uns selbst stellen müssen, um der Patienten willen und um der eigenen psychischen und physischen Gesundheit willen. Das alte Bibelwort: "Liebe Deinen Nächsten wie Dich selbst", macht für die Nächstenliebe die Eigenliebe zur Voraussetzung. Menschliche Kommunikation kann auf die Dauer nur erfolgreich und heilsam für alle Beteiligten sein, wenn beide Aspekte ihre angemessene Berücksichtigung finden. Wird der Aspekt der Eigenliebe bzw. die Rücksichtnahme auf die eigenen Bedürfnisse vernachlässigt, besteht bei den starken Anforderungen, die sich aus dem Aufgabengebiet des Aphasietherapeuten ergeben, die Gefahr, daß der systemisch arbeitende Therapeut nach relativ kurzer Zeit "ausgebrannt" (burnout) ist.

Neben dem Erlernen sprachfördernder Techniken der Therapie sollte gleichberechtigt die Arbeit am Selbstkonzept des Therapeuten und seinem Umgang mit den *Menschen*, mit denen er zu tun hat, stehen.

Die Beziehung Therapeut - Patient ist für den Verlauf der Therapie von größter Bedeutung. Für das Verhalten des NLP-Therapeuten dem Patienten gegenüber wirken sich die gelebten Grundannahmen, die hinter dem NLP stehen und Ausdruck des Menschenbildes sind, prägend auf das Verhalten aus (s. Kap.3). D.h. der Therapeut glaubt, daß auch ein Aphasiker alle Ressourcen hat, die er braucht für sein Leben. Es ist also weniger die Aufgabe des Therapeuten, einem schwachen Menschen eine Stütze zu sein, als einem schwachgewordenen Menschen zu helfen, seine Stärke wieder zu entdecken. Das gilt auch für die blockierten sprachlichen Fähigkeiten. Allein dadurch, daß er an die Stärke des Patienten glaubt, hilft er ihm schon, seine Würde wiederzufinden. Eine Dysarthrikerin, die aufgrund einer äußerst starken Störung ähnliche phonische Verständigungsschwierigkeiten hatte wie Aphasiker, schrieb in einem Dankesbrief nach der Entlassung aus der Behandlung, daß die Gespräche in der Sprachtherapie einen wesentlichen Teil an ihrem "Persönlichkeitsaufbau" geleistet hätten: "Verzeihen Sie die geschwollene Ausdrucksweise, aber man findet sich nach einem solchen Geschehen erst mal in dem «allerunstersten Kreis der Hölle» wieder (frei nach Solschenizyn). Und es braucht lange, bevor man seine Menschenwürde wieder erleben kann." In diesen wie in entsprechenden Gesprächen mit Aphasikern hatte die Therapeutin echtes Interesse an den Werten, Gedanken, Hobbys der Patientin. Es hatte ein Austausch stattgefunden, der beide Seiten bereicherte. Die Patienten bekommen dadurch wieder Anschluß an ihre alten Fähigkeiten und Gedanken, die durch den Schock der Erkrankung verschüttet waren. Nach Grinder und Bandler ([4]1989) fühlen sich die Menschen, die in Therapie kommen, gewöhnlich blockiert und festgefahren. "Der Therapeut steht vor der Aufgabe, dem Klienten dabei zu helfen, sich so zu ändern, daß er wachsen kann, daß ihm mehr Möglichkeiten, mehr Befriedigung zur Verfügung stehen und er weniger Leid in seinem Leben hat" (Grinder/ Bandler [4]1989, S.37). Die "Menschenhelfer", wie sie die Therapeuten nennen (Grinder/ Bandler [4]1989, S.37), haben dabei die Aufgabe, "die Erfahrung des Klienten in irgendeiner Weise zu ändern, die sie bereichert. Selten erreichen Therapien dies, indem sie die Welt verändern. Ihr Vorgehen besteht also typischerweise darin, die Erfahrung des Klienten von der Welt zu ändern. Menschen wirken nicht direkt auf die Welt ein, sondern wirken zwangsläufig mittels ihrer Wahrnehmung oder ihres Modells von der Welt auf die Welt ein. Therapien wirken also charakteristischerweise daraufhin, das Modell der Welt des Klienten und folglich das Verhalten und das Erleben des Klienten zu verändern" (Bandler/ Grinder [5]1988, S.180). In diesen Gesprächen wird der Patient keineswegs immer mit Samthandschuhen angefaßt. Um sein Leben in die Hand nehmen zu können, muß er es auch aushalten können - und das kann er gewöhnlich auch - hinterfragt zu werden. Er kann seinerseits die Ansichten und Äußerungen des Therapeuten genauso hart in Frage stellen.

Daß der Therapeut den Patienten für einzigartig, liebenswert und lernfähig hält und außerdem für dazu imstande, Verantwortung für sich und sein Leben zu übernehmen, wird das Verhalten in tausend Kleinigkeiten prägen. Der Therapeut wird bemüht sein, dem Patienten zu helfen, den eigenen Fähigkeiten wieder zu vertrauen, wird versuchen, ihm den Zugang zu seinen Ressourcen zu ermöglichen, und ihn eventuell recht deutlich - und respektvoll - mit Verhaltensweisen konfrontieren, die für ihn und die Mitmenschen problematisch sind. All das kann in einer sehr freundlichen und wohlwollend humorvollen Art geschehen, wenn der Therapeut selbst genug Einfühlung und Distanz hat, um den Patienten durch verschiedene Zustände zu führen.

In der Gesprächstherapie (Rogers 1983), wie auch in anderen Therapieformen (Satir [2]1977; [4]1979) wird vom Therapeuten sehr viel

Einfühlung verlangt. Jeder Aphasietherapeut wird bestätigen, daß ein Aphasiker vor allem durch eine gute Einfühlung zu verstehen ist. Das ist ein Punkt, der die Aphasietherapie für den Therapeuten so sehr anstrengend macht, soll er sich doch alle dreiviertel Stunde in eine neue, nicht-sprechende Persönlichkeit einfühlen. Hier bietet das Erlernen von NLP eine bedeutende Erleichterung, da alle Repräsentationen genutzt werden, um dem Patienten nahe zu sein. "Ein*sehen*", "ein*hören*" und "ein*fühlen*" sind gleichberechtigt. Die Auskünfte, die die Wahrnehmung aller Repräsentationen dem Therapeuten geben, stützen sich gegenseitig und ermöglichen es, sich nicht nur auf die so sehr anstrengende und den Therapeuten selbst gefährdende Einfühlung zu verlassen. Selbst bei guter eigener Psychohygiene und der Fähigkeit trotz Einfühlung Distanz zu halten, besteht bei beständigem Rapport über das Gefühl die Gefahr, durch die körperliche Gleichschaltung bis hin zur Atmung, psychische und physische Probleme der Patienten zu übernehmen. In der ambulanten Arbeit, bei der man die Patienten nicht täglich sieht und bei der man Menschen sehr unterschiedlichen Alters mit sehr verschiedenen Störungen behandelt ist dieses Problem weniger dringend als in der klinischen Arbeit. Im Krankenhaus behandelt der Therapeut meist nur Aphasien und Dysarthrophonien. Man hat meist täglich dieselben Patienten, die unter ähnlichen, sehr gravierenden Krankheiten leiden, so daß der Therapeut ständig dem Energiepontential dieser schwerkranken Menschen ausgesetzt ist. Durch die Einbeziehung zusätzlicher Repräsentationssysteme sind die Erkenntnisse über Befindlichkeit und Wünsche des Patienten sicherer, schneller und schonender zu bekommen als mit der herkömmlichen Methode der bloßen Einfühlung.

Ein weiterer Punkt, der für das Therapeutenverhalten beim NLP wie auch in anderen therapeutischen Schulen, z.B. in der Gesprächstherapie, wichtig ist, ist die Kongruenz und Echtheit im Verhalten. Methoden wie die Psychoanalyse oder die Gesprächstherapie arbeiten fast nur über die Sprache mit den Klienten und sind daher bei Aphasikern kaum anwendbar. Das NLP bezieht außer der verbalen Sprache ebenso die nonverbale Kommunikation des gesamten Organismus mit ein. Die nonverbale Sprache gibt sogar eindeutiger als die verbale an, was der Mensch wirklich möchte und wo er steht. Gibt ein Mensch über Körper und Worte unterschiedliche Botschaften, ist das Gegenüber verwirrt. Geglaubt wird gewöhnlich eher der Körpersprache, denn wie der Volksmund sagt: "Der Körper lügt nicht". Ein Patient oder ein Angehöriger, der mit Tränen in den Augen verkündet, es gehe ihm gut, ist von den Worten her genauso unglaubwürdig wie ein Therapeut, der dem Patienten sagt: "Ich bin ganz für Sie da" und dabei aus dem Fenster schaut. Für die Wirksamkeit und Glaubwürdigkeit des NLP ist es wichtig, zu einer Kongruenz im Verhalten zu kommen. Das Verhalten kann aber nur dann kongruent sein, wenn der Mensch innerlich hinter seinem Verhalten steht. Die eigenen Unstimmigkeiten kann man nur sehr begrenzt selbst entdecken. Auch aus diesem Grund braucht der Therapeut seinerseits einen Begleiter, der mit Respekt vor dem Anderen hilft, die eigene Persönlichkeit zu entwickeln, liebevollen Kontakt zu dem eigenen Unbewußten zu bekommen und respektvollen Umgang mit den Mitmenschen zu einzuüben. Nur wenn der Therapeut selbst in seinem Verhalten kongruent ist, wird die von den meisten Therapierichtungen geforderte Empathie (Einfühlung) und Echtheit (Rogers 1983; Perls/ Hefferline/ Goodman 1981; Seiderer-Hartig [2]1987; Farrelly/ Brandsma 1986) von dem Patienten auch als solche erlebt werden.

7.4 Die Bedeutung der Werte des Aphasietherapeuten

Zur Arbeit an sich selbst gehört auch die Frage, wozu man seine Tätigkeit eigentlich ausübt. Welches Ziel hat der Therapeut für seine Arbeit? Welche Rolle spielen für ihn selbst die Existenzfragen, vor denen die Patienten stehen, und welche Antworten hat er für sich selbst gefunden?

Für die Aphasiebehandlung kann man sehr unterschiedliche Ziele haben. Für Leischner war das Ziel die Wiedergewinnung des individuellen, prämorbiden Sprachniveaus (Leischner 1979), für Peuser (1978), Birchmeier (1984) und Steiner (1989a; 1989b) sowie für von Stockert (1984) ist das "Therapieziel nicht die Wiederherstellung einer möglichst normalen Sprache, sondern der möglichst sichere Gebrauch einer ausreichend kommunikativen aber formal defizienten Sprache" (von Stockert 1984, S.115). Während ältere oder streng linguistisch ausgerichtete Therapieansätze praktisch ausschließlich defizitorientiert sind (Leischner 1979; Kotten 1983; Engl/ Kotten/ Ohlendorf/ Poser 1982), berücksichtigen die Ansätze, die auf kommunikative Kompetenz ausgerichtet sind, verstärkt die verbliebenen Fähigkeiten der Patienten (Steiner/ Worms 1988; Steiner 1989a, 1989b; Edelman 1987; Pulvermüller 1987; 1989a; 1989b). Steiner setzt sich daneben für "Krisenbegleitung" durch den Therapeuten ein, ohne näher auf die Inhalte einzugehen (Steiner 1989a). Von Stockert plädiert für eine

Aufarbeitung depressiver Reaktionen in der Sprachtherapie, setzt aber hinzu: "Es muß allerdings streng darauf geachtet werden, daß die gezielte Sprachtherapie nicht durch psychotherapeutische Nebeninteressen überwuchert wird" (v.Stockert 1984, S.120).

Für Grohnfeldt (1988a) umfaßt die pädagogische Sprachtherapie:

- "Die Beeinflussung der Störung selbst durch gezielte sprachtherapeutische Übungen zur Erweiterung des Sprachausdrucks und/oder Sprachverständnisses und damit der kommunikativen Möglichkeiten,
- das Eingehen auf die psychosoziale Situation des betreffenden Menschen,
- im Einzelfall eine Neubewertung des familiären und sozialen Erlebens für alle Betroffenen" (Grohnfeldt 1988a, S.269-270). Die Aufgabe der Sprachtherapie wird in diesem Sinne zu "Menschenführung" (Grohnfeldt 1989, S.270).

Diese Auffassung kommt meiner eigenen Zielvorstellung von Aphasietherapie nahe. Danach bedeutet die Therapie für Aphasiker und Therapeuten in erster Linie: "gemeinsam leben lernen". Das gilt insbesondere für die klinische Arbeit, in der die Patienten sich gewöhnlich in einer Umbruch- und Umorientierungsphase befinden. Wenn die Patienten in die ambulante Praxis kommen, ist diese Phase oft schon abgeschlossen, so daß sprachstrukturelle und kommunikative Aufgaben ein größeres Schwergewicht haben können. Das genannte oberste Ziel bleibt aber konstant, die Teilziele wie sprachstrukturelle oder kommunikative Übungen, Trauerbegleitung, Witze machen, Leben aufarbeiten, Gespräche über Gott, Tod und Ewigkeit, Angehörigenbegleitung gehören alle zu diesem obersten Ziel. Die Teilziele sind alle untereinander vernetzt, und oft arbeitet man in der Therapie an mindestens drei Zielen gleichzeitig. Aphasietherapie ist - wie auch die Psychotherapie - dann eine "Humantherapie" (Petzold 1988, S.326). "Der Aspekt der Entwicklung von Fähigkeiten (Kompetenzen) und Fertigkeiten (Performanzen) über die reparative Wiederherstellung hinaus ist immer in das therapeutische Handeln einbezogen" (Petzold 1989, S.43). Der Therapeut wird sich diesen vielseitigen Zielen nur öffnen können, wenn er für sich selbst an diesen Themen gearbeitet hat. Das heißt weder, daß er zu endgültigen Ergebnissen gekommen ist, noch daß er seine Werte dem Patienten aufdrängen soll und darf. Der Patient ist in seinen Entscheidungen und Erkenntnissen genauso zu achten wie der Therapeut respektiert werden will. Der Therapeut muß sich nur darüber klar sein, daß sich seine Werte dem Patienten mitteilen, auch wenn er sie nicht verbalisiert. Ist er selbst ausgebrannt, depressiv und am Leben verzweifelt, ist es für ihn kaum möglich, den Aphasiker zu mehr Zuversicht zu führen. Ist der Sinn des Lebens für den Therapeuten die Arbeit, ist es schwer, dem Patienten glaubhaft zu machen, daß es schön und sinnvoll sei, ohne Arbeit zu leben. Empfindet der Therapeut das stark behinderte Leben des Patienten als sinnlos, wird er dieses Gefühl nonverbal weitergeben. Wenn das, was der Therapeut den Patienten als Lebenshilfe vermitteln will, nicht mit seinen eigenen Werten übereinstimmt, wird er wenig glaubwürdig sein und selbst auf die Dauer psychische und physische Probleme bekommen. Da auch der Therapeut sich in einem lebenslangen - hoffentlich erfolgreichen - Entwicklungsprozeß befindet, kann die Kommunikation mit den Aphasikern und ihren Familien für beide Seiten ein weiteres Wachstum bedeuten.

Wie das Ziel "leben lernen" gefüllt wird, kann sehr unterschiedlich sein. Wichtig ist, daß der Patient Hilfe bekommt, seine eigenen Lebensziele zu klären. Leben-Lernen kann auch heißen Sterben-Lernen. Zur ganzheitlichen Art zu leben gehört sowohl die Annahme des Lebens als auch die Annahme der Möglichkeit des Todes (Kast [13]1992). Insbesondere bei alten Patienten kann das Sterben zu einem Lebensziel werden. Im Kontakt mit einem solchen Menschen wird deutlich, daß er sehr kongruent den Wunsch äußert, diese Welt zu verlassen. Der Therapeut soll ihn nun nicht beim Suizid unterstützen. Er kann vielmehr versuchen - und das ist mit Hilfe des NLP sehr gut möglich - herauszufinden, ob da nicht doch noch Ziele auf dieser Erde sind, die für den Patienten erlebenswert sein könnten. Denn die Tatsache der Todeswünsche ist in vielen Fällen Ausdruck einer reaktiven Depression und der Unfähigkeit, aus der veränderten Situation heraus schon neu auf Leben zuzugehen. Dann braucht der Patient vielleicht zuerst eine Unterstützung darin, seine Trauer über Verlorenes auszudrücken. Vielleicht benötigt er auch jemanden, der ihm hilft, seine eigenen Kraftquellen und Fähigkeiten wiederzuentdecken. Es gibt aber auch Patienten, die wirklich sterben möchten. Bei einer 83jährigen Patientin konnte in Gesprächen das Ziel aufgebaut werden, den nächsten Geburtstag zu Hause bei ihren Kindern zu erleben. Ziele, die weiter weg lagen, wurden von ihr abgelehnt. Wider Erwarten erholte sie sich so gut, daß das möglich wurde. Kurze Zeit später starb sie recht plötzlich.

Der Therapeut kann helfen, die Phantasie des Patienten auf Leben hin anzuregen, er kann versuchen, den Patienten zum Frieden mit sich und der Umwelt zu führen, seine Art zu "sein" und das eigene Leben zu gestalten, kann Modellcharakter für den Patienten bekommen, aber er kann und darf dem Patienten nicht die eigenen Werte aufzwingen. Die Freiheit ist das höchste Gut, das wir Menschen bekommen haben, sie sollte auch von Therapeuten respektiert werden.

8. Aphasietherapie mit NLP

> *"Mein Großvater war lahm. Einmal bat man ihn,*
> *eine Geschichte von seinem Lehrer zu erzählen.*
> *Da erzählte er, wie der heilige Baalschem beim*
> *Beten zu hüpfen und zu tanzen pflegte.*
> *Mein Großvater stand und erzählte, und die*
> *Erzählung riß ihn so hin, daß er hüpfend und*
> *tanzend zeigen mußte, wie der Meister es ge-*
> *macht hatte. Von der Stunde an war er geheilt."*
>
> Aus M. Buber: Die Erzählungen der Chassidim

In den bisherigen Ausführungen ging es vor allem darum, das System "Aphasiebehandlung" in seinen Hauptpunkten darzustellen. Alle Punkte des Netzwerks sind vom Therapeuten in seiner Arbeit zu berücksichtigen, inklusive der eigenen Person. Dies zu tun ist ein Vorhaben, das sich nicht einfach durch einen rationalen Beschluß und eine Erkenntnis in die Tat umsetzen läßt, sondern es erfordert einen Therapeuten, der mit seinem ganzen Sein bewußt und unbewußt in vernetzten Systemen lebt. Da das Neurolinguistische Programmieren auf Systemdenken beruht, wirkt es in alle genannten Punkte hinein. Darüber hinaus ergeben sich aus den von Bandler und Grinder herausgefundenen Strukturen Konsequenzen für neuartige Therapiemethoden, bzw. eine Neuakzentuierung bekannter Therapiemöglichkeiten, die in den folgenden Kapiteln dargestellt werden sollen. Sie sollten nie isoliert als "Trick" angewendet werden, sondern eingebettet in eine ganzheitliche, wertorientierte Therapie.

8.1 Die Ziele der Therapie

Die Therapieziele, die sich ein Therapeut in der Aphasiebehandlung setzt, sind abhängig von seinem Menschenbild und seinen Vorstellungen von Aphasie. Stehen die Symptome der sprachlichen Defizite des Aphasikers im Vordergrund, wird sich die Sprachtherapie vor allem mit der Behebung dieser Symptome beschäftigen (Kotten [3]1986). Das Ziel der Behandlung wäre dann die linguistische oder praktische Heilung oder zumindest eine weitestmögliche Reduzierung der Defizite (Leischner 1979). Steht die Störung der Kommunikation des Aphasikers mit seiner Umwelt im Vordergrund, wird man sich um bessere Verständigungsmöglichkeiten bemühen, wie bei der Therapie mit PACE (Edelman 1987; Steiner 1988) oder bei der Kommunikativen Therapie (Pulvermüller 1987; 1989a; 1989b; Steiner 1989a). Hier wäre das Ziel vor allem eine Steigerung der kommunikativen Kompetenz. Steht der Aphasiker als Mensch im Vordergrund, wird der Therapeut sich damit beschäftigen müssen, was für diesen Menschen in der jeweiligen Therapiesituation lebensrelevant ist bzw. welche Ziele er für sich selbst hat. Das können linguistische Ziele zur Behebung sprachlicher Defizite sein, das kann das Bedürfnis nach größerer kommunikativer Kompetenz sein, das können aber auch Wünsche sein, die auf Sinnfindung, Zielfindung, Trauerarbeit und Problembewältigung zielen. Die Grob- und Feinziele des Sprachtherapeuten ergeben sich aus den Zielen des Patienten. Sondereggers Ziel für die Aphasiebehandlung gilt durchaus auch für die Arbeit mit NLP: "Primäres Ziel der Aphasiebehandlung scheint mir die Wiederausweitung der Kommunikationsmöglichkeiten zu sein. Alles, was an sprachlichem Material in der Therapie an die Patienten herangebracht wird, muß in erster Linie sie, in zweiter Linie das Störungssyndrom betreffen. Therapie sollte so nahe wie möglich an wirkliche, alltägliche Gesprächssituationen angeglichen werden mit Einbezug der Umwelt (Angehörige, Arbeitsplatz, Schule usw.)" (Sonderegger 1984, S.9).

8.1.1 Abklärung der Werte und Ziele des Patienten

Die erste Frage, die es zu Beginn der Behandlung abzuklären gilt, ist die Frage, was den Patienten überhaupt in die Therapie geführt hat, ob er freiwillig kommt und was er von der Therapie erwartet. Ein Patient, der nur kommt, weil die Familie ihn geschickt hat, wird weder engagiert mitarbeiten, noch erfolgreich sein, da sein Ziel offensichtlich nicht die Arbeit an der Besserung der Sprache ist. Sprechende Menschen - auch Therapeuten - neigen zu der Annahme, daß "natürlich" jeder Aphasiker sprechen lernen möchte. Begibt man sich daran, die Ziele der Patienten zu erforschen, stellt sich heraus, daß das keineswegs so selbstverständlich ist, wie man denkt. Aus verschiedenen Gründen kann der Patient gegen eine Sprachtherapie oder eine Verbesserung der Sprachfähigkeit sein. Ein möglicher Grund wäre, daß er sich alt und müde fühlt und schlicht seine Ruhe haben möchte. Es gibt tatsächlich Menschen, die möchten vor allem satt und sauber sein. Häufig hatten diese Menschen auch vor der Erkrankung keine Interessen und kein Hobby. Sie warten, daß die Zeit vorübergeht, ohne direkt sterben zu wollen.

Eine andere Möglichkeit wäre, daß der Aphasiker sich durch die Sprachlosigkeit Ansprüchen aus der Umgebung entziehen möchte. Ein Globalaphasiker beispielsweise konnte nur Automatismen sprechen. Die allerdings sprach er heiter strahlend. In seiner früheren Berufstätigkeit hatte er mit Malen zu tun gehabt. Er konnte mit viel Überredungskunst dazu gebracht werden, ein Bild zu malen. Das Bild war außerordentlich ausdrucksstark und paßte von den Fähigkeiten her nicht zum Schweregrad der ertesteten Aphasie. Der Patient weigerte sich standhaft, weitere Bilder zu malen. Als er zu viel Druck in dieser Richtung bekam, fälschte er Bilder von früher durch eine Umdatierung. In weiterführenden Gesprächen ergab sich, daß der Patient sich durch die Erkrankung mit der Sprachlosigkeit den Anforderungen und Beschuldigungen seiner Familie entziehen konnte. Er war ein zutiefst verletzter Mensch, der nicht einmal durch Bilder Auskunft geben wollte über sein Innenleben. Als die Therapeutin ihm sagte: "Die Bilder sehen aber aus, als ob Sie ein sehr reiches Innenleben haben", strahlte er und nickte. Auf die weiterführende Frage: "Und das halten Sie vor Ihrer Umwelt geheim?" nickte er wieder sehr heftig. Nach einem ersten Schlaganfall mit leichterer Aphasie hatte er durch Sprachtherapie wieder sprechen gelernt. Als er es wieder konnte, bekam er den nächsten Schlaganfall. Wenn die Aphasie für ihn sinnvoll war, mußte das für die Therapie heißen, daß man ihm nicht wieder das Sprechen beibringen durfte. Die Therapeutin versuchte daher, von ihm zu erfahren, was er sich von einer möglichen Therapie wünschte. Es kam heraus, daß er gern wieder ein besseres Sprachverständnis hätte. Er wollte wissen und mitbekommen, was um ihn herum geredet wurde, ohne selbst zur Verantwortung gezogen zu werden. In diesem Sinne wurde dann auch gearbeitet, und der Patient arbeitete gut mit.

Man muß sicherlich sehr sorgsam abklären, ob solche Wünsche stimmig sind, d.h. ob sie verbal oder nonverbal sehr eindeutig und unabhängig von der Tagesform übermittelt werden. Um sichere Schlüsse zu ziehen, muß der Therapeut, soweit das bei der Störung möglich ist, mit Hilfe des Metamodells die Wünsche des Patienten abklären. Außerdem braucht der Therapeut eine geschulte Beobachtung, um an den nonverbalen Reaktionen des Patienten zu erkennen, ob und bei welchen Fragen die verbalen Auskünfte stimmig sind.

Hinter dieser ersten Frage in der Therapie stehen unausgesprochen schon die wichtigsten Fragen, die die systemisch ganzheitliche Therapie begründen und begleiten: Was ist das Lebensziel des Patienten? Was hält diesen Patienten im Leben? Was hatte er zum Zeitpunkt der Erkrankung für eine Zukunftsperspektive für sich, und welche hat er jetzt? Welche Werte hat er bisher gelebt? Welche Werte sind eventuell zusammengebrochen, so daß es zur Erkrankung kam, oder welche Werte sind durch die Erkrankung nicht mehr lebbar? Was hat dem Patienten bisher im Leben Kraft gegeben: Beruf, Familie, Hobbys, Religion? Welche dieser Ressourcen können weiter gelebt oder neu entdeckt werden, und wie sind sie für die Sprachtherapie nutzbar zu machen? Da der Patient die rein informativen Fragen oft nicht selbst beantworten kann, sind die Auskünfte der Angehörigen hier unentbehrlich. Es ist günstig, einen Fragebogen zu benutzen, wie er schon lange an einigen Kliniken entwickelt wurde, in dem sowohl die Familienangehörigen mit Namen und Lebensdaten, Beruf, Kindern und Enkeln erfaßt werden wie der berufliche Werdegang, die Hobbys, Haustiere und religiöse Einstellung des Patienten. Wenn die Angehörigen wissen, daß diese Angaben vertraulich sind und nicht der Neugier des Therapeuten, sondern dem Wohl des Patienten dienen, sind sie gewöhnlich gern bereit, diese Angaben zu machen. In diesem Gespräch erfährt der Therapeut meist zugleich sehr viel über die Beziehungen in der Familie und über die Probleme der Angehörigen selbst.

8.1.2 *Führen in einen positiven inneren Zustand*

Abgesehen von dem Ziel, etwas über die obersten Werte und Ziele des Patienten zu erfahren, um diese dann in der Therapie zu berücksichtigen, ist es von der ersten Sitzung an ein Teilziel der Therapie, daß der Patient sich in einem positiven inneren Zustand befinden soll. Dahinter steht der schlichte Wunsch, daß es dem Menschen, der sich in einer sehr schwierigen Lebensphase befindet, möglichst gut gehen soll. Dazu ist das Bemühen geleitet von der Annahme, daß nur ein Mensch der sich wohlfühlt, aufnahmefähig ist für Lernangebote. Das Gespräch mit dem Patienten wird daher mit den Fragen begonnen, die den Patienten nach Möglichkeit in einen positiven inneren Zustand führen. Der Aachener Aphasietest AAT (Huber et al. 1982) beginnt mit der Frage: "Wie fing das mit Ihrer Krankheit an?" Mit dieser Frage stürzt man den Patienten gleich in der ersten Sitzung in das tiefste Loch seines Lebens zurück, denn um diese Frage beantworten zu können, muß er sich innerlich in die Situation der Akutphase der

Erkrankung begeben. Es ist bekannt, daß die erste Sitzung sehr entscheidend ist für den Verlauf einer therapeutischen Beziehung. Wie soll die Beziehung für den Patienten mit Kraft, positiven Gefühlen und Freude am Leben assoziiert werden, wenn der Therapeut ihn als erstes in das tiefste emotionale Tal schickt? Es scheint daher viel sinnvoller, mit Fragen nach Beruf, Hobbys und eventuell mit Fragen zur Familie zu beginnen. Bei vielen Menschen, insbesondere bei Männern, führen die Fragen nach dem Beruf am leichtesten zu positiven Gefühlen. Im Beruf verbringen die meisten Menschen sehr viel Zeit ihres Lebens, und aus dem Beruf nehmen viele Menschen ihre Selbstbestätigung und das Gefühl, "Jemand" zu sein und etwas zu leisten. Bei Hausfrauen und Müttern führen die Fragen nach Familie und Kindern mit größter Sicherheit zu den positiven Gefühlen. Insbesondere Fragen nach der Zeit, als sie die Kinder geboren und goßgezogen haben, sind bei ihnen meist mit Gefühlen der Stärke und des Etwas-wert-Seins verbunden.

Die diesbezüglichen Fragen sollten immer in der Gegenwart formuliert sein, um dem Patienten die Möglichkeit zu geben, wirklich in die erfragte Zeit wieder einzusteigen und die Kraft daraus zu nutzen. Zumindest sollten einleitende Fragen nach dem "Wie war das, als ..." überleiten zu der Aufforderung "Holen Sie sich diese Situation noch einmal. Wie haben Sie es gern im Büro? Wie soll es aussehen? Sie sind bestimmt eine Autorität für Ihre Mitarbeiter! Sie sind bestimmt sehr fleißig!" Es werden solche Fragen oder Aussagen gesucht, die in Übereinstimmung mit den möglichen Werten des Patienten sind. Da für die meisten Menschen, insbesondere die, die unter "Hochdruck" gearbeitet haben, Worte wie Fleiß, gewissenhaft, Erfolg, Kompetenz Wert haben, kann man sie erst einmal benutzen und sehen, wie der Patient darauf anspricht bzw. wie sich seine Körperhaltung und sein Aussehen verändern. Man kann dazu auch *die* Worte und Fähigkeiten mit den positiven Erinnerungen des Patienten verbinden, die dieser für die zukünftige Therapiearbeit brauchen wird, wie lernfähig, durchhalten, wissen, was man will o.ä. Sind die Worte, die man so dem Patienten als zu ihm gehörig zuspricht, in Übereinstimmung mit seinen Werten, wird das an seiner Körpersprache erkennbar sein. Man kann oft sehen, wie der Patient sichtbar größer wird, der Rücken wird gerade, der Patient findet sein "Rückgrat" wieder. Er fängt an zu lächeln, und oft wird er allein durch diese Maßnahmen motivierter zu sprechen, denn er merkt, daß er für sein Gegenüber "Jemand" ist und nicht nur eine Nummer im Klinik- oder Praxisbetrieb.

Manchmal können diese Fragen beim Patienten spontan zu Tränen führen. Davor haben Therapeuten oft Angst, weil sie glauben, daß der Patient bei Fragen nach der Vergangenheit in Trauer versinken wird und sie mit ihm. Diese Art Trauer tritt aber vor allem dann auf, wenn die Vergangenheit nur als vergangen behandelt wird, als etwas, was diesen anderen Menschen betraf, der vor der Erkrankung lebte. Der Mensch nach der Erkrankung kann dem nur noch nachtrauern. Eine solche Haltung beraubt die Vergangenheit ihrer möglichen Kraft für Gegenwart und Zukunft. Die Eigenschaften, Werte und Erfolge des Menschen vor der Erkrankung sind aber auch die Eigenschaften, Werte und Erfolge des Menschen nach der Erkrankung. Es ist derselbe Mensch, und dieser Mensch kann lernen, die Schätze der Vergangenheit für Gegenwart und Zukunft zu nutzen. Und die Teile der Vergangenheit, die er nicht mehr als gültig betrachten möchte, weil die Werte ihm nach der Erkrankung nicht mehr tragfähig scheinen, kann er für die Zukunft umwandeln lernen.

Ob die Gespräche über Vergangenheit für den Patienten zum Anlaß für Depression werden oder zu einer Kraftquelle, liegt vor allem an der Fähigkeit des Therapeuten. Er muß einerseits der berechtigten Trauer Raum zu geben wissen, eventuell sogar die Tränen provozieren, die der Patient herunterschlucken will, und gleichzeitig in der Lage sein, durch Fragen, Wortwahl und Reframing das Gespräch so zu lenken verstehen, daß es dem Patienten Kraft für den Weg in die Zukunft gibt.

Fragen nach der Familie sind zu Beginn nicht unbedingt die Fragen, die den Patienten in einen angenehmen Zustand führen, da familiäre Beziehungen oft auch recht problematisch sind. Der Therapeut sollte hier daher mit aller Behutsamkeit fragen, eher von dem Schlimmsten ausgehen, dann kann der Patient ihm Positiveres berichten, als erwartet. Setzt der Therapeut dagegen voraus, daß der Patient Angehörige hat, und daß diese Angehörigen auch noch verständnisvoll sind, kann es für den Patienten sehr entmutigend sein, mit seinen wenigen sprachlichen Möglichkeiten dem Therapeuten seine Illusionen zu rauben. Günstig ist es natürlich, die familiären Beziehungen zu kennen, bevor man einen schwerstgestörten Patienten danach befragt.

8.1.3 Humor in der Therapie

Der Aphasiker befindet sich, besonders in der Phase der klinischen Rehabilitation, in einer schwierigen Lebenssituation, in der er zu depressiven oder aggressiven Stimmungen neigt. Der Therapeut leidet oft mit dem Patienten, er begleitet ihn durch die Trauer und hat oft genug selbst Probleme, die Situation des Patienten als sinnvoll zu erleben. Spaß und Humor scheinen daher wenig am Platz zu sein.

Dennoch ist es für mich ein wichtiges Ziel geworden, Humor und Spaß zu behalten und den Patienten durch die Trauer hindurch wieder zu Spaß und Lachen zu führen. Sigmund Freud nennt den Humor nicht nur befreiend, sondern auch großartig und erhebend: "Das Großartige liegt offenbar im Triumph des Narzißmus, in der siegreich behaupteten Unverletzlichkeit des Ichs. Das Ich verweigert es, sich durch die Veranlassungen aus der Realität kränken, zum Leiden nötigen zu lassen, es beharrt dabei, daß ihm die Traumen der Außenwelt nicht nahe gehen können, ja es zeigt, daß sie ihm nur Anlässe zu Lustgewinn sind" (Freud ^{5}1976, S.385). Der Zusammenhang von Tränen, Trauer und Humor ist keineswegs so absurd, wie es auf Anhieb scheinen mag. Fisher sagt über den Patienten, der unter seinem schweren Los leidet: "Gerade weil er so verletzt ist und so ein schreckliches Gefühl von dem hat, was falsch ist, muß er das Lachen mitten in den vertrauten Tränen finden und einen flüchtigen Blick auf seine eigene Absurdität erhaschen. Ohne eine gewisse Respektlosigkeit stecken er und sein Therapeut im Sumpf der Ernsthaftigkeit fest" (Fisher 1970, zit. nach: Farrelly/ Brandsma 1986, S.127). Juan Andres Bernhardt schreibt: " Wie die Freude des Humorvollen auf Traurigkeit gründet, so auch sein Optimismus auf seinem realistischen Blick. Er fühlt sich des Leidens und der Mißstände dieser Welt bewußt und fühlt sich von ihnen betroffen. Seine Betroffenheit wird jedoch durch die Erkenntnis ausgeglichen, daß es nie nur Übel gibt, sondern immer auch Gutes" (Bernhardt 1985, S. 45).
Weitere Merkmale des Humors sind:

    - Das humorvolle Lachen ist nie ein Auslachen (Bernhardt 1985; Farrelly/ Brandsma 1986). Da das Lachen als nonverbale analoge Kommunikation immer auch doppeldeutig ist (Watzlawik/ Beavin et. al. ^{8}1990), ist es umso wichtiger, daß das gesamte nonverbale Verhalten des Therapeuten sein Wohlwollen zum Ausdruck bringt. "Die Botschaft des Therapeuten muß einfühlsam sein, scharfsinnig und auf des Patienten eigenes Wertsystem ausgerichtet (…)" (Farrelly/ Brandsma 1986, S.89), dann kann auch der Humor und die humorvolle Provokation als wohlwollend erlebt werden.

    - Der Humorvolle sieht sich und die Welt in einem größeren Bezugsrahmen, er weiß um seine Begrenztheit, ohne zu resignieren. (Bernhardt 1985).

    - <u>Der Humor verhilft dazu, Abstand zu der bedrückenden Situation zu gewinnen. Der Abstand wiederum schafft Raum für neue kreative Reaktionsmöglichkeiten</u> (Farrelly/ Brandsma 1986). Solange ein Mensch eine bedrückende Situation assoziiert erlebt, d.h. solange er auch in seiner Vorstellung in ihr lebt, erlebt er auch die mit der Situation verbundenen Gefühle (Bandler ²1988). Gelingt es ihm, die Situation dissoziiert zu erleben, kann er sich selbst in der Situation zuschauen. Er sieht das Ganze von außen, mit Abstand und ist damit auch von den zugehörigen Gefühlen dissoziiert. Das dissoziierte Anschauen ohne die assoziierten Gefühle ermöglicht es, neue Lösungs- und Verhaltensmöglichkeiten zu finden.

- Lachen kann zwar bei einer spastischen Parese einen momentanen Anstieg bewirken, doch die neueren Methoden der Psychotherapie zeigen, daß Lachen rein physiologisch einen Spannungsabbau bewirkt (Farrelly/ Brandsma 1986). Von daher kann man davon ausgehen, daß trotz des spontanen Anstiegs der Spastik auf die Dauer eine Spannungsreduzierung bei dem Patienten eintreten wird, wenn er häufiger lacht.

Frank Farrelly, in dessen "Provokativer Therapie" der Humor eine zentrale Schlüsselrolle spielt, fordert, daß der Patient während einer Sitzung mindestens einmal lachen soll. Macht man sich diese Einstellung zu eigen, kann man feststellen, daß auch die Aphasietherapie lustiger sein kann, als man spontan bei der angetroffenen Problematik vermuten möchte. Es gibt wunderschöne Sitzungen, die mit von Herzen kommenden Tränen beginnen und mit einem herzlichen Lachen von Therapeut und Patient enden. Daß das immer häufiger passiert, scheint mir ein lohnendes Ziel der Therapie zu sein.

Die Arbeit mit NLP macht es leicht ein Lachen zu erreichen, durch die Anwendung des Meta-Modells, durch eingebettete Botschaften, Reframing usw. Es handelt sich dabei oft um eine Kombination mit Elementen der provokativen Therapie, die von den Patienten durchaus als positiv erlebt wird und sie provoziert, ihr Verhalten neu zu bedenken. Man kann z.B. die Generalisierung eines Aphasikers wörtlich nehmen, wenn er sagt: "Ich kann nichts mehr". Man bedauert ihn dann sehr, daß er nichts mehr essen kann, nicht mehr aufs Klo kann, nicht mehr seinen Rollstuhl bedienen kann, und stellt schließlich überrascht fest, daß es überaus erstaunlich ist, wie er die Mitteilung hat machen können, daß er nichts mehr kann, wenn er doch nichts mehr kann. Ein Patient, der in unbeobachteten Momenten recht stabil wirkte, fand seine Rolle im Leben und in der Familie darin, zu klagen und depressiv zu erscheinen. Auch in der Sprachtherapie versuchte er immer wieder, die Therapeutin in traurige Vergangenheitserinnerungen mitzunehmen. Ein erstes Lachen konnte durch die Bemerkung provoziert werden: "Passen Sie bloß gut auf, daß Sie nicht lachen!"

8.1.4 Aufbau einer vertrauensvollen Beziehung

Ein weiteres Ziel in der Therapie ist es, daß der Patient Vertrauen in das Wohlwollen des Therapeuten haben soll. Das wird parallel zu den genannten Zielen durch das Aufnehmen von Rapport erreicht (s. Kap.3). Der Therapeut nimmt von der Begrüßung an in einer Weise Kontakt mit dem Patienten auf, daß dieser sich verstanden fühlt. Das fängt an mit der Art der Begrüßung. Es vereinfacht den Kontakt, wenn man den Patienten so begrüßt, wie er es vor der Erkrankung gewohnt war. Auf jeden Fall sollte an der Körperhaltung und Stimmgebung des Therapeuten deutlich werden, daß er den Patienten als erwachsenen Gesprächspartner ernst nimmt. Dazu können sich aus dem Beruf des Patienten Hinweise für die Art des Umgangs ergeben. Professoren, Chefs, Pfarrer sind es gewöhnt, mit einiger Ehrerbietung begrüßt zu werden und wenig körperliche Berührung zu haben. Ein Mensch, der viel mit den Händen gearbeitet hat, braucht oft vor allem eine herzliche Begrüßung mit Händedruck. Ein Mensch, der immer sehr untergeordnet gearbeitet hat, braucht ähnliche Ehrerbietung wie der Chef, um ihm die Angst zu nehmen, nun gar nichts mehr zu sein, und ihm das Gefühl für seine Würde wiederzugeben. Wortwahl, Körperhaltung und Atmung sollten sich am Patienten ausrichten, um mit ihm Verbindung aufzunehmen und zu halten. (s. Kap.10)

8.2 Sprachliche Diagnostik

Sprachliche Diagnostik wird heute weitgehend mit standardisierten Tests durchgeführt. Am gebräuchlichsten ist der Aachener Aphasietest AAT (Huber et al. 1982). Es bedeutete eine Erleichterung für die Therapeuten, als dieses "objektive" Testinstrument auf den Markt kam. Seither sind diagnostische Angaben von verschiedenen Therapeuten vergleichbar, da beide dasselbe Meßinstrument benutzen. Was auch immer mit dem Test gemessen wird, unterschiedliche Untersucher werden zu immerhin ähnlichen Ergebnissen kommen. Um dieses Vorteils willen ist es schon günstig, den Test durchzuführen, da therapeutische Berichte sonst allzusehr dem subjektiven Empfinden unterliegen und eine Vergleichbarkeit ausschließen. Man muß allerdings auch davor warnen, sich bei der sprachtherapeutischen Untersuchung nur auf Tests zu verlassen (Krome 1989), da sie lediglich die linguistischen Defizite einer Aphasie erfassen. Eine angemessene Beurteilung von Patienten, die außer der Aphasie eine starke Dysarthrie haben, fällt schwer, da nicht immer beurteilbar ist, ob ihre Sprache "nur" dysarthrisch oder auch aphasisch entstellt ist. Gar nicht erfaßt werden Fähigkeiten des Reihensprechens, Namen der Angehörigen o.ä., sowie die Möglichkeiten der Verständigung im Kontext oder der mimischen und gestischen Verständigung (Davis 1983; Bauer/ Fresle/ Kaiser 1985; Krome 1989). Es bestehen auch Zweifel, inwieweit sprachliche Tests für das Vorgehen in der anschließenden Therapie relevant sind (Krome 1989). Trotz dieser Schwächen kann es wegen der genannten Vorteile für die Arbeit mit NLP durchaus sinnvoll sein, den AAT durchzuführen, solange man merkt, daß der Patient die Zeit des Testens psychisch gut überstehen kann. Die Durchführung des Tests hat dann allerdings sehr viel weitreichendere, für die Therapie relevante Bedeutung, als von den Verfassern geplant. Die geringen Abweichungen, vor allem bei der Prüfung der Spontansprache, könnten eventuell zu günstigeren Testergebnissen führen als bei strenger Durchführung, da die Patienten weniger unter Streß sind. Das Anfangsgespräch ist gewöhnlich viel länger als die vorgesehenen 10 Minuten, und es dient zu viel mehr Informationen als den Auskünften, die man zu einer sprachlichen Beurteilung braucht. Der Therapeut sitzt hier einem Menschen gegenüber, mit dem er im Begriff ist, ein Bündnis auf Zeit einzugehen. In dieser Situation zählen nicht primär Daten über sprachliche Defizite, sondern Auskünfte dieses Menschen über sich, seine Werte, Überzeugungen und Ziele. Die Daten über die sprachlichen Defizite sind quasi ein Nebenprodukt. Der Therapeut kann dieses Gespräch auch zu einer intensiven Beobachtung des nonverbalen Verhaltens nutzen, das der Patient bewußt oder unbewußt zur Verständigung oder sprachbegleitend einsetzt. Er kann eventuell schon in diesem Gespräch Strategien wahrnehmen, die der Patient mit oder ohne Erfolg benutzt, um sich zu verständigen. Damit hat er Anhaltspunkte für spätere therapeutische Interventionen. Auch bei den anderen Untertests ist neben dem zahlenmäßigen Testergebnis die genaue Beobachtung des Patienten wichtig. Das "Wie" des Vorgehens bei der Aufgabenlösung ist wichtiger als die festgestellte Fehlerzahl, denn es gibt Aufschluß über die inneren Strategien, die beim Patienten bei bestimmten Aufgaben ablaufen und die der Therapeut für die Arbeit brauchen wird.

Es ist daher unabdingbar notwendig, daß der Therapeut, der den Patienten behandelt, auch selbst die Diagnostik durchführt, da es nicht damit getan ist, Daten über Defizite zu sammeln. Entsprechend dem Verständnis von ganzheitlicher Therapie (s. Kap.2), sind qualitative Auskünfte ebenso wichtig wie quantitative. Was nonverbal und im persönlichen Austausch geschieht, ist bestimmender für die Therapie als die reinen Testergebnisse.

8.3 Patientenorientierte Ziel- und Methodenwahl

Nach Abschluß der Diagnostik hat der Therapeut Vorstellungen davon, was er selbst als erstes tun würde und wo für ihn die Schwerpunkte der Therapie sein würden. Dennoch richten sich die sprachlichen Ziele der Therapie in erster Linie nach den Wünschen und Zielen des Patienten. In einem Gespräch kann man dem Patienten erklären, wie man selbst die Störungen einschätzt und was man tun würde. Oft braucht der Patient Erläuterungen oder auch Erfahrungen, was für Möglichkeiten der Therapie es gibt. Er kann zu Beginn daher oft nur mitteilen, unter welchen Ausfällen er selbst am meisten leidet. Später kann er immer aktiver sagen, was er gern in der Therapie tun möchte. Wenn es dem Therapeuten scheint, daß die Störung, die den Patienten am meisten belastet, eine Folge von anderen Problemen oder Ausfällen ist, die logischerweise zuerst behandelt werden müßten, so kann er dem Patienten das mitteilen. Der Patient wird sich dann ernst genommen fühlen und in den meisten Fällen den Therapievorschlägen des Therapeuten zustimmen. Andernfalls ist die Kreativität des Therapeuten gefordert, um herauszufinden, wie man auf ganz anderen als den bekannten Wegen das gewünschte Ziel erreichen könnte.

Für Patienten ist es keineswegs selbstverständlich, daß sie die Richtung der Therapie bestimmen sollen. Teilweise wehren sie sich sogar dagegen, denn wenn man die Ziele und Inhalte der Therapie mitbestimmt, spürt man deutlicher, daß man selbst verantwortlich ist für die Rehabilitation. In vielen Patienten steckt noch die alte Rollenvorstellung von Arzt bzw. Therapeut und Patient, nach der der Patient einfach der gehorsame Ausführende von ärztlichen bzw. therapeutischen Anordnungen ist. Es wäre ja auch viel bequemer, eine Tablette zu nehmen, als selbst irgendwelche Aktivitäten zu ergreifen, um eine Besserung zu erreichen. Wenn man die Patienten fragt, welche Störung für sie vorrangig ist bzw. was sie jetzt tun möchten, reagieren sie z.T. überrascht, wenn nicht verärgert, und sagen: "Das müssen Sie doch wissen". Der Gedanke, selbst die Verantwortung zu übernehmen, ist manchen Patienten so fremd, daß dem Therapeuten nichts anderes übrig bleibt, als die Richtung zu bestimmen.

Man kann ganz grob zwei verschiedene Gruppen von Patienten mit unterschiedlichen Therapiewünschen antreffen, die in etwa mit der Dichotomie der Hirnhemisphären übereinstimmen. Es gibt die Patienten, die meist einen Beruf gewählt haben, in dem sie praktisch mit den Händen arbeiteten, von der Haushaltshilfe über den Elektriker bis zum Zahnarzt oder Maler. Diese Patienten lieben oft eine sehr praktische, handgreifliche Art der Therapie. Die andere Gruppe sind die Internisten, Pfarrer, Betriebswirte o.ä., die sich auch beruflich vor allem mit dem Kopf und der Sprache beschäftigt haben. Natürlich gehört nicht jeder aus den genannten Berufsgruppen in die angegebene "Schachtel", und natürlich sind die Übergänge zwischen den Gruppen fließend. Dennoch ist eine Tendenz in der angegebenen Richtung für mich erkennbar. Die Patienten der ersten Gruppe gehen meist lieber in die Krankengymnastik als in die Sprachtherapie, während die zweite Gruppe gewöhnlich die Sprachtherapie vorzieht. Die herkömmliche Sprachtherapie ist allein sprachlich ausgerichtet. Es ist die Frage, inwieweit es möglich ist, auch den eher kinästhetisch ausgerichteten Patienten in der Sprachtherapie entgegenzukommen, oder ob Sprachtherapie immer logisch und sprachlich ablaufen muß. Ansätze, die vor allem mit Globalaphasikern erarbeitet wurden (s. Kap.10), zeigen, daß auch über Körperarbeit und über handwerkliches Tun an der Sprache gearbeitet werden kann. Wenn man als Therapeut bereit ist, in dieser Art Sprachtherapie zu machen, dann mit dem Verständnis, daß auch die eher kinästhetisch ausgerichteten Patienten gern wieder sprechen lernen möchten, aber eben auf ihre Weise. Der Therapeut hat dann die Aufgabe, auch diesen Patienten zu ermöglichen, sich in der Therapie wohl und in ihrer Individualität so angenommen zu fühlen, daß sie sich den Möglichkeiten der Arbeit an der sprachlichen Besserung öffnen können.

Das übergeordnete sprachtherapeutische Ziel in der Behandlung mit NLP ist es, herauszufinden, wie bei dem einzelnen Patienten die Sprache organisiert ist und wo Blockierungen in seinem sprachlichen Netzwerk sind. Insofern ist die Arbeit mit NLP defizitorientiert. Dennoch ist der Schwerpunkt und die Einstellung zum Patienten und zur Störung nicht defizitorientiert. Man geht davon aus, daß die sprachlichen Fähigkeiten wie auch die psychischen Ressourcen im Patienten vorhanden sind. Der Therapeut ist nur der Helfer, der es dem Patienten erleichtert, den Zugang zu den eigenen Möglichkeiten wieder zu finden. In Zusammenhang mit dem, was man grundsätzlich über sprachliche

Organisation und Strategien bei gesunden Sprechern weiß, wird man dann das Netzwerk Sprache von möglichst vielen Punkten aus so anzuregen versuchen, daß die Blockierungen aufgehoben werden oder daß Umstrukturierungen im Netzwerk stattfinden und damit der Zugriff zu den blockierten Bereichen wieder ermöglicht wird. Wenn der günstigste Weg für den Patienten gefunden wurde, kann der Therapeut selbst erstaunt zuschauen, wie auf einmal Fähigkeiten im Patienten befreit werden. Strategien, die bei dem Patienten erfolgreich der Deblockierung dienen, können diesem dann so erklärt werden, daß er zunehmend sein eigener Therapeut werden kann. Teilweise wird das Unbewußte selbständig recht schnell die erfolgreichen Strategien weiter benutzen. Wieweit die angewandten Verfahren bei dem einzelnen Patienten erfolgreich sein werden, kann nur die Therapie selbst zeigen. Vorrangiges Ziel sind sicherlich immer verbesserte kommunikative Möglichkeiten, wie sie in der Kommunikativen Therapie oder der Methode mit PACE angestrebt werden. Es werden aber weniger einzelne Aspekte der Kommunikation geübt, wenngleich auch das nötig sein kann. In der Arbeit mit NLP findet sehr viel ganz normale Kommunikation statt zwischen Therapeut und Patient oder zwischen Therapeut, Patient und Angehörigen. Der Therapeut erwartet und fordert von dem Patienten, daß er sich verständigt. Der Partner soll nach Möglichkeit nicht als Dolmetscher fungieren, der Patient soll lernen, sich auf seine eigenen Fähigkeiten zu verlassen. Je mehr das Thema, über das man sich unterhält, emotional positiv besetzt ist, umso leichter wird es sein, den Patienten so in das Thema hineinzuführen, daß er "vergißt", daß er nicht sprechen kann, und einfach anfängt, sich irgendwie, mit Händen, Füßen, Malen oder auch Sprechen, auszudrücken. Eine Patientin mit einer Globalaphasie fing bei Erklärungen zu ihren Fotos von ihrer Chinareise, die sie vor der Erkrankung machte, zum ersten Mal an, "aus Versehen" in ganzen Sätzen zu sprechen. Dieses Erlebnis stärkte ihr eigenes Vertrauen in ihre Sprachfähigkeiten so, daß sich diese tatsächlich recht schnell besserten.

Wenn das Ziel, daß der Patient, wenn er will, an Kommunikation teilnehmen kann, erreicht ist, gehen die Ziele immer mehr in Richtung auf das Erreichen der linguistisch "richtigen" Sprache. Wenn auch hier an Defiziten gearbeitet wird, steckt doch das Vertrauen dahinter, daß der Patient "eigentlich" die deutsche Sprache beherrscht. Man setzt auf das auch bei Aphasie vorhandene Gefühl für die Muttersprache. Der Therapeut muß dem Patienten nicht die Strukturen der Sprache beibringen, er muß nur herausfinden, über welchen Weg der Patient am besten Zugang hat zu dem kinästhetischen Gefühl für die Richtigkeit von linguistischen Strukturen.

8.4 Methoden der NLP-Aphasietherapie

Es gibt die Möglichkeit, mit den bekannten Methoden zu arbeiten und diese in der Art der Anwendung an systemisches Arbeiten anzupassen, und es gibt Möglichkeiten, mit den Erkenntnissen des NLP Aphasien zu behandeln, die von den bekannten Behandlungsmöglichkeiten abweichen. Es geht nicht um ein Entweder - Oder, sondern ein Sowohl - Als auch, immer im Sinne des Patienten und mit Achtung vor dem Patienten angewandt.

8.4.1 *Bedeutung der Strategien für die Aphasiebehandlung mit NLP*

In allem, was wir tun, in all unserem Verhalten werden wir von inneren Strategien geleitet (Dilts, Bandler, Grinder u.a. [3]1989). Wie bringen wir uns selbst dazu, morgens aufzustehen oder abends den Fernseher auszuschalten und ins Bett zugehen? Wie weiß man beim Einkaufen, daß man etwas Bestimmtes wirklich braucht und haben will? Hinter all diesen Vorgängen stecken Strategien, die das Verhalten kontrollieren. Diese Strategien will das NLP herausfinden, explizit machen und damit erlernbar und veränderbar. Da auch Sprache Verhalten ist, kann man davon ausgehen, daß jedes sprachliche Verhalten von Strategien geleitet ist. Demnach genügt es nicht mehr, einfach festzustellen: Dieser Mensch kann nicht mehr nachsprechen und jener Mensch kann nur noch 50% der geforderten Wörter benennen. Wenn diese diagnostischen Werte nur dazu dienen Störungen aufzuzeigen, die dann abgestellt werden sollen, ist Sprachtherapie ein Kurieren von Symptomen. Interessant wird es, wenn man anfängt zu fragen: Wie geht denn Nachsprechen oder Benennen oder Schreiben überhaupt? Wie mache ich es? Wie machen es andere, die es gut können? Und wenn man dann glaubt zu wissen, wie es geht, bei jedem

Patienten wieder offen zu sein für noch ganz neue Möglichkeiten. Ich glaube, einiges herausgefunden zu haben über Strategien, die sprachliche Fähigkeiten leiten. Nicht alles davon ist völlig neu, da es bereits viele neuropsychologische und neurolinguistische Denkansätze gibt, die z.T. durch die Arbeit mit NLP bestätigt werden. Die Kollegen mögen sie korrigieren und erweitern. Wie alle Bereiche des NLP ist auch dieser Bereich erst im Anfang seiner Entwicklung, und man darf gespannt sein, was daraus werden mag. Richard Bandler legt großen Wert darauf, daß Denken und Handeln kreativ bleiben. Er "vergißt" daher eventuell Konzepte, die er selbst entwickelt hat, um die eigenen Weiterentwicklungen nicht zu bremsen. Thies Stahl sagt zu dieser Fähigkeit Bandlers: "Zeitweilig vergessen zu können, was man entdeckt und auch gemeistert hat, belebt immer wieder neu den Forscherdrang und die Entdeckerlust. Die kontinuierliche Bewußtheit um die bereits gefundenen erfolgreichen Wege und die damit potentiell verbundene Sicherheit würde diese wichtigsten Triebfedern seiner Arbeit wohl ruinieren" (Stahl, in Bandler/ MacDonald 1990, S.11). Dieses Denken kann auch für die Aphasietherapie nützlich sein, für alle, die kreativ arbeiten möchten: immer wieder die alten Weisheiten "vergessen" und bei jedem Patienten versuchen herauszufinden, wie er spricht oder nicht spricht, und ernst nehmen, was er selbst über die Störungen zu sagen hat. Ich stelle oft den Patienten die Frage: "Wie ist das denn bei Ihnen, wenn Sie nachsprechen wollen oder wenn Sie ein Wort sagen wollen? Was passiert denn da?" Die Patienten können oft verbal und nonverbal sehr aufschlußreiche Antworten geben, die zeigen können, wie man ihnen helfen könnte.

8.4.2 Darstellung einiger sprachsteuernder Strategien

8.4.2.1 Nachsprechen

"Nachsprechen - wie macht man das?" Diese Frage stellt man gewöhnlich weder sich selbst noch Patienten. Es erscheint einem wie eine einzelne feststehende sprachliche Fähigkeit, die intakt ist oder eben nicht. Versucht man diese Fähigkeit in Einzelschritte aufzuteilen, stellt man fest, daß es sich um eine komplexere Leistung des Gehirns handelt als vermutet. Sicher muß man in der Lage sein, ein vorgesprochenes Wort zu hören, d.h. auditiv wahrzunehmen. Die erste Instanz, die dazu in der Lage sein muß, sind die Ohren. Sie müssen die dargebotenen Frequenzen wahrnehmen können. Sodann muß das Wort so innerlich gespeichert werden, daß es wieder abrufbar ist. Um ein Wort dann äußerlich nachsprechen zu können, muß man in der Lage sein, es innerlich zu hören. Während ich in der Therapie auf Nachsprechleistungen von Patienten wartete, stellte ich bei mir immer wieder fest, daß ich selbst mir das geforderte Wort ständig innerlich anhörte. Wenn ich dann Patienten fragte, ob sie das Wort innen hören könnten, verneinten sie es. Das Nachsprechen hat also viel zu tun mit der Fähigkeit des inneren Hörens. Bei vielen Patienten, insbesondere bei Patienten mit Sprachverständnisstörungen, ist diese Leistung sehr eingeschränkt. Diese interne auditive Wahrnehmung läßt sich mit den Patienten schulen. Das ist eine sehr anstrengende Arbeit, die von dem Patienten viel Konzentration erfordert. Ich bin immer wieder erstaunt, wie engagiert viele Patienten diese Übungen mitmachen. Vermutlich sind sie daher so voll Eifer bei der Sache, weil sie spüren, daß sie damit an der Ursache und nicht am Symptom arbeiten. Bei Patienten mit einer Sprechapraxie ist außer der auditiven Repräsentation gewöhnlich auch die innere kinästhetische Repräsentation gestört. Eventuell fehlt auch eine visuelle Assoziation. Es muß also im Einzelfall geprüft werden, welche Repräsentation dem Patienten zugänglich ist und welche blockiert ist. Außerdem muß geprüft werden, in welcher Reihenfolge der Patient die inneren Repräsentationen abrufen können muß, um nachsprechen zu können. Vielleicht holt er sich zuerst eine visuelle Assoziation zu dem Wort, dann hört er sich innerlich das Wort an, dann fühlt er, was sein Mund tun wird, wenn er das Wort sprechen wird, und schließlich spricht er es aus. Die vom Patienten spontan benutzte Reihenfolge muß hier nicht die beste sein. Er benutzt diese eventuell nur deshalb, weil er sie im Verlauf seiner Rehabilitation irgendwann einmal als hilfreich erlebt hat. Es kann sich herausstellen, daß eine andere Reihenfolge viel erfolgreicher für ihn ist. Was der Patient tut, während er versucht nachzusprechen, läuft für ihn ebenso unbewußt ab wie für jeden normalen Sprecher. Der Therapeut muß an den nonverbalen Zugangssignalen erkennen, was der Patient gerade tut. Der praktische Vorgang des Übens wird in einem Beispiel in Kap. 9 geschildert.

8.4.2.2 Laut Lesen

In der Psycholinguistik gibt es zwei unterschiedliche Ansichten über die Zusammenhänge von graphischer und phonischer Sprache. Die erste Position, "Dependenz-Hypothese", die von de Saussure (1916), Bloomfield (1933) sowie später von Rubinstein (1971), Meyer, Schvaneveld und Ruddy (1974) vertreten wird, geht davon aus, daß die gelesene Sprache abhängig ist von der gesprochenen Sprache. Auch beim leisen Lesen laufen demnach phonologische Prozesse ab, die das Lesen ermöglichen. Die zweite Position plädiert für die Unabhängigkeit des lauten Lesens von der phonischen Sprache. Die visuellen Gestalten der Schrift sollen demnach direkt in Sprache umgesetzt werden. Friederici schließt sich der Meinung von Marshall (1978) und LaBerge & Samuels (1974) an, wonach man parallele Enkodierungsstrategien annehmen kann (Friederici 1984).

Bei der Arbeit mit NLP tue ich zu Beginn immer so, als ob noch nichts zu dem Problem erforscht sei. Das hilft, offen zu bleiben für neue Lösungsmöglichkeiten. Man kann den Patienten fragen, wie er es denn macht, wenn er laut lesen will. Das ist für den Verstand natürlich eine recht dumme Frage, weil man sie kaum bewußt beantworten kann. Während der Patient überlegt, was er antworten soll, zeigt das Unbewußte aber über den Körper, wie die innere Strategie des Patienten abläuft. Bei Patienten, die große Schwierigkeiten haben zu lesen, gehen die Signale, vor allem die Zugangssignale der Augen, sehr schnell hin und her durch alle Repräsentationssysteme. Sie suchen erfolglos den richtigen Zugang. Um weiterführende Antworten zu bekommen, ist es daher günstig, Menschen zu fragen, die diese Fähigkeit beherrschen. Bewußt werden auch sie die Frage nicht beantworten können, aber das Unbewußte kann eindeutiger zeigen, was der betreffende Mensch macht.

Eine parallele Speicherung, was das Lesen anbetrifft, halte ich für gut möglich, vor allem, wenn man das Modell der Sprachspeicherung vor Augen hat, in dem alle Punkte des Netzwerks eine ihnen gemäße Speicherung zu dem Begriff leisten können und alle Punkte gleichzeitig immer miteinander in Verbindung stehen. Die Arbeit mit Patienten zeigt allerdings, daß es im Fall einer Störung des lauten Lesens wichtig ist, zu dem visuell wahrgenommenen Wort eine innere auditive und kinästhetische Assoziation zu haben. Für die Therapie ist es daher wichtig, die drei Bereiche wieder miteinander zu verbinden. Das Trainieren des lauten Lesens läßt sich sehr gut mit dem Kettendeblockieren und dem Deblockieren des Nachsprechens verbinden. Man zeigt dem Patienten ein Wortkärtchen und spricht dazu das entsprechende Wort. Dann soll der Patient das gesprochene Wort noch einmal innerlich hören, bevor er es laut spricht. Bei den Erfahrungen, die mir vorliegen, genügte es - zumindest im Falle von relativ isolierten Dyslexien - diesen Prozeß auf Wortebene zu trainieren. Das Gehirn scheint nach relativ kurzer Zeit in der Lage zu sein, die geübte Strategie auf nicht geübte Wörter zu übertragen. Es handelt sich bei dem Vorgang weniger um einen Übungs- als um einen Deblockierungseffekt. Nachdem der Zugang zu dem blockierten Vorgang des lauten Lesens gezielt deblockiert wurde, kann die alte Strategie des lauten Lesens wieder zunehmend ungestört ablaufen. Tritt die Störung des lauten Lesens im Rahmen einer schweren Aphasie zusammen mit vielen anderen Störungen auf, muß man herausfinden, welche Störung zuerst behoben werden kann und in welcher Art die zugänglichen oder blockierten Fähigkeiten sich gegenseitig helfen können. Bei einer Kombination mit einer Sprechapraxie beispielsweise, kann eine Deblockierung des kinästhetischen Zugangs vorrangig wichtig sein.

Um sicher zu sein, daß der Patient sich bei den Übungen wirklich innerlich auditiv an das Gehörte erinnert, wird darauf geachtet, daß der Patient mit seinen Augen horizontal nach links schaut. Man kann versuchen, die Augenbewegungen des Patienten nonverbal, z.B. durch Handbewegungen, in die gewünschte Richtung zu lenken. Es kann aber auch wichtig sein, den Patienten darüber aufzuklären, was man mit ihm tun möchte. Zum einen ist er dann durch die Handbewegungen nicht so verwirrt, weil er glaubt, nun hätte er wieder etwas nicht verstanden oder man wolle ihn auf den Arm nehmen. Zum anderen kann der Patient, wenn er die Strategie kennt, diese Art, das Lesen zu lernen, selbst weiter üben und damit immer mehr sein eigener Therapeut werden. Manchen Patienten macht das viel Spaß, sie üben eifrig mit dem Ehepartner und machen dann sehr schnelle Fortschritte. Bevor man die Augenbewegungen des Patienten in eine bestimmte Richtung lenkt, muß man natürlich abklären, daß die inneren Repräsentationen in der "normalen" Art organisiert sind. Dazu kann man ein ganz alltägliches Gespräch nutzen, in dem man den Patienten fragt, wie genau die Ehefrau aussieht, welche Augenfarbe sie hat, welche Haarfarbe, wie ihre Stimme klingt, wenn sie seinen Namen sagt, und ob er am Klang der Stimme unterscheiden kann, ob sie böse mit ihm ist oder zärtlich und was für ein Gefühl es ist, wenn er sie in den Arm nimmt, usw. Man sollte solche Fragen stellen, bei denen die Antworten mit ziemlicher Sicherheit mit positiven Gefühlen besetzt sind. Dann kommt der Patient durch ein solches Gespräch ganz nebenbei in einen positiven inneren

Zustand. Die Patienten führen im allgemeinen gern solche Gespräche, werden sie doch etwas gefragt, was der Gesprächspartner wirklich nicht weiß, und wenn das Thema gut gewählt ist, spüren sie, wie sie sich mit jeder Frage ein Stück wohler fühlen. Ob der Therapeut die Antworten versteht, ist recht nebensächlich, daher wird der Patient auch nicht so von ihm unter Druck gesetzt, sich richtig auszudrücken. Oft wird er etwas verstehen, aber sonst kann er den Patienten darin bestärken, seine eigene innere Welt wieder wahrzunehmen und das wird meist als wohltuend empfunden, zumal der Therapeut den Patienten weiter in dem Gespräch begleiten und führen kann, auch wenn er den Inhalt der Worte des Patienten nicht versteht. Das ist der große Vorteil der "contentfree-consulting", der inhaltsfreien Beratung, die das NLP ermöglicht. Wichtig ist in dem Gespräch, daß der Therapeut mitbekommt, wie es dem Patienten geht, ob er tatsächlich in das gewünschte Repräsentationssystem geht und wie er das macht. Im Anschluß an ein solches Gespräch kann man dem Patienten klarmachen, daß er jetzt lauter Sachen gesehen, gehört und gefühlt hat, die im Augenblick gar nicht da sind. Damit wird dem Patienten deutlich, daß er sich alle inneren Repräsentationen holen kann, die er braucht. Damit wird er offen für die spätere Arbeit mit den inneren Repräsentationen.

8.4.2.3 Rechtschreibung

Auch für die linguistische Agraphie gibt es Wissenschaftler, die von einer Abhängigkeit der graphischen von der phonischen Performanz überzeugt sind, während andere für eine Autonomie eintreten (Friederici 1984). Im NLP-Netzwerk der Sprachspeicherung wird eine Parallelspeicherung entsprechend der Spezialisierung der verschiedenen Repräsentationsmöglichkeiten mit Verbindungen zwischen allen Repräsentationen angenommen. Wie für Kinder mit Lese-Rechtschreibproblemen ist es auch für Aphasiker wichtig, zu dem auditiv wahrgenommenen Wort eine visuelle Vorstellung des Wortes zu haben. Kinder mit L-R-Schwächen speichern die Schrift gewöhnlich auditiv (Kutschera 1988), womit ihre Bemühungen um korrekte Rechtschreibung zum Scheitern verurteilt sind, da die Rechtschreibung in vielen Fällen nicht dem auditiv wahrgenommenen Wort entspricht. Diese Erkenntnis spricht gegen die von Faulhammer vertretene Ansicht, das Erlernen der Schriftsprache erfordere bei Aphasikern das regelhafte Zuordnen der Schriftzeichen zu den entsprechenden Lauten (Faulhammer 1983). Das würde zu einer Umsetzung von auditiver

Wahrnehmung zu Buchstaben und damit zu vielen Rechtschreibfehlern führen. Gefordert ist vielmehr die Möglichkeit, zu einem auditiv wahrgenommenen Wort eine visuell abgespeicherte Buchstabenfolge abrufen zu können. Ist der Zugang zu den Wortbildern blockiert, muß dem Unbewußten und dem Gehirn erst wieder gezeigt werden, wie man an diese Wortbilder herankommen kann, indem man Wörter in den visuellen Speicher gibt. Der Vorgang läßt sich über die Augenbewegungen des Patienten kontrollieren. Es zeigt sich, daß nach einer Zeit der "Neu"-Einspeicherung zunehmend Wörter über diesen Zugang frei werden, die nicht geübt wurden, die also deblockiert wurden.

8.4.3 Arbeit mit den analogen Repräsentationssystemen

Typisch für die Aphasietherapie mit NLP ist die Arbeit mit den analogen Repräsentationssystemen von Sprache, insbesondere die deblockierende Arbeit an den inneren Anteilen. Sind diese Anteile der Sprache geklärt und zugänglich, werden häufig auch digitale Anteile der Sprache wieder frei. Es besteht offensichtlich ein sehr starker Zusammenhang zwischen den verschiedenen Kodierungen.

Patienten sind ebenso wie vermutlich viele der Leser nicht gewöhnt, mit den inneren Repräsentationen umzugehen. Diese sind im Normalleben meist so unbewußt, daß man sich über ihre Existenz keine Gedanken macht. Wenn man etwas von "inneren Stimmen", "inneren Bildern" und "Gefühlen" hört, ist man geneigt, an Phänomene zu denken, wie sie bei Schizophrenen vorkommen. Man hat daher eventuell Angst, sich darauf einzulassen, innere Stimmen hören zu lernen oder innerlich Dinge zu sehen, die nicht da sind, weil man Angst hat, verrückt zu werden, oder für verrückt gehalten zu werden. Da Aphasiker sowieso oft Angst haben, als verrückt angesehen zu werden, ist bei ihnen die Scheu besonders groß, sich auf derartige Experimente einzulassen. Es ist daher günstig, ihnen auf sehr alltägliche Weise zu demonstrieren, daß innere Stimmen und Bilder ganz normal sind, daß sie sie immer schon hatten und daher auch ruhig mit ihnen Freundschaft schließen können. Sie sollen merken, daß jeder Mensch sie sich machen und auch verändern kann und daß sie sehr hilfreich sein können, wenn man sie therapeutisch einsetzt. Als Beispiele kann man Erinnerungen an positive Situationen wählen, in die man die Patienten hineinführt, so daß sie in allen Repräsentationen wieder für sie lebendig werden.

Um ein solches Gespräch anschaulicher zu machen, sei hier das Transkript einer solchen Sitzung eingefügt.

Das Gespräch wurde mit einem etwa 60jährigen Patienten geführt, der eine Amnestische Aphasie hatte, verbunden mit starken sprechapraktischen Schwierigkeiten. Zu Beginn der Sitzung wurde mit ihm Rapport aufgenommen durch ein Gespräch über die mitlaufende Videokamera und seine eigenen Erfahrungen mit dieser Technik. Dabei konnte die Th. sich gleichzeitig auf die nonverbalen "ja/nein" - Signale des Patienten einstellen. Der weitere Ablauf des Gespräches wird ohne protokollarische Berücksichtigung der Sprechanstrengungen und Stockungen des Patienten wiedergegeben:

Th.: Können Sie sich an eine Situation in Ihrem Leben erinnern, die schön war?
P.: (denkt eine Weile nach, schaut in verschiedene Richtungen, vor allem defokussiert nach oben, strahlt dann) Urlaub! (Beide lachen herzlich.)
Th.: Gut, dann holen Sie sich mal eine Situation davon (P. schaut nach oben links), und erinnern Sie sich, wie das da aussah. (P. schaut ernst, defokussiert und schweigt.) Wo war das? War das in den Bergen oder an der See?
P.: (ernst) In den Bergen.
Th.: Sind Sie öfter in die Berge gefahren?
P.: (nickt ernst) Ja, - als Kind da war ich...
Th.: Ach ja, Sie waren ja da zur Kinderlandverschickung oder so was.
P.: (Lächelt und nickt) Ja, Ja genau. Mit der Familie sind wir auch ein paarmal in die Berge gefahren.
Th.: Immer an denselben Ort?
P.: Viermal (wird wieder ernster).
Th.: Und ist das was, wo sie sich gern dran erinnern?
P.: (nickt ernst) Doch, ja (blickt nach oben, fängt an zu lächeln).
Th.: Gut, wie sieht es da aus?
P.: Es ist am Dachstein.
Th.: Sind da hohe Berge?
P.: Ja, mit dreitausendvier - doch - dreitausendvierhundert Meter... (lächelt, scheint stolz, daß ihm diese Antwort gelungen ist).
Th.: Können Sie sich das vorstellen, wie es da aussieht, - hier so - (zeigt in den Raum)?
P.: (nickt) Doch, ja.
Th.: Ja? Gut, wie sieht es aus, farbig oder schwarz/ weiß?

P.: Farbig (nickt dazu und fängt an zu lächeln).
Th.: (bestätigend) Farbig (P. nickt noch einmal). Gut - was stellen Sie sich da vor, ist das mitten in der Stadt, oder auf der Wiese oder mitten in den Bergen, oder was für ein Bild haben Sie da?
P.: (legt den Kopf zurück, schaut nach oben) Is mitten in den Bergen, und vom Haus aus hatten wir auch noch einen schönen Blick auf (nickt begleitend und lächelt)...
Th.: Und welchen Blick haben Sie jetzt? Den aus dem Haus, oder... (P. nickt, lächelt) Den aus dem Haus.
Th.: Den aus dem Haus.
P.: Ja (nickt).
Th.: Und da haben Sie da irgendwo ein Bild ... (hält die Hand in die Richtung, in die der Patient schaut).
P.: Ja.
Th.: Sind da Menschen mit auf dem Bild (zeigt wieder in die Richtung)?
P.: Ja (nickt).
Th.: Sie auch?
P.: Ich bin auch mitgegangen.
Th.: Nee, aber auf dem Bild, was Sie jetzt vor sich sehen können (zeigt mit der Hand die Blickrichtung)...
P.: Ach nein, da sind keine Menschen.
Th.: (nickt) Da sind keine Menschen. Das ist nur die Gegend.
P.: (nickt) Das ist nur die Gegend.
Th.: (schnipst wieder mit dem Finger in die Bildrichtung) Die können Sie aber gut sehen?
P.: (nickt, scheint aber nicht mehr in der Situation drin zu sein) Ja.
Th.: Ja, gucken Sie es nochmal an (ruhiges Sprechtempo, weiche Stimmgebung, weist mit der Hand weiter nach oben).
P.: Wir sind mit ner Gruppe von vier Mann da hoch gegangen.
Th.: Sind Sie auch noch Berggestiegen?
P.: Ja (nickt heftig und lächelt).
Th.: (lächelt auch, macht eine Pause, fährt dann nach einem tiefen Atemzug mit festerer Stimme fort) Gut, wenn Sie das Bild da vom Urlaub so sehen, gibt es da auch noch Geräusche dazu?
P.: (bleibt mit den Augen horizontal, schweigt eine Weile, bevor er antwortet) Nein.
Th.: Da hört man gar nichts?!
P.: Nein, kein Geräusch (schüttelt den Kopf).
Th.: Da ist es ganz still.
P.: Ja (nickt).
Th.: Kein Vogel? Kein Wind?

P.: (geht noch einmal nach innen) Nein, ganz still.
Th.: Gut, dann müssen wir da vielleicht noch eine andere Situation nehmen. Vielleicht eine mit Menschen dabei. Sie waren da mit anderen Leuten, oder?
P.: Ja (nickt).
Th.: Kannten Sie die?
P.: Ja, das waren Bekannte, Erwachsene und Kinder.
Th.: Und die können Sie auch vor sich sehen (lächelt, weil sie sieht, daß er sie schon sieht)?
P.: (lächelt und nickt) Ja. (beide lachen.)
Th.: Und können Sie da auch hören, wie die reden? (deutet mit dem Kopf in die gewünschte Richtung.)
P.: (schaut, hört innerlich und sagt dann, wie es scheint erstaunt lächelnd) Ja.
Th.: Was sind das alles für Stimmen?
P.: (geht für eine Weile nach innen, dann) Kinderstimmen --, Lachen von Erwachsenen auch -
Th.: (nickt) Mhm. -- Sehen Sie sich da auf dem Bild? (P. schaut suchend nach oben) Oder sind Sie nicht dabei? Oder sind Sie so da drin, daß Sie sich nicht sehen können?
P.: (nach einer Weile des Schauens, zögernd) Ich seh mich nicht so.
Th.: Also das heißt, Sie sind so in der Gruppe drin und schauen sich die anderen an.
P.: (nickt bestätigend, während Th. spricht) Ja (beide lachen).
Th.: Ist das drinnen oder draußen?
P.: Drinnen.
Th.: (nickt) Das ist drinnen.
P.: Beim Spielen.
Th.: Sitzen Sie oder stehen Sie?
P.: Eh, - sitzen.
Th.: (mit tiefer Stimmlage, Hand weist für den Patienten nach rechts unten) Wie fühlt sich das an?
P.: (schaut halb nach unten) Och -
Th.: (Hand liegt so, daß sie weiterhin für den Patienten in die kinästhetische Richtung zeigt.) Sind das harte Stühle oder weiche Stühle? - Können Sie noch fühlen, wie man da sitzt?
P.: Ja, das war im Aufenthaltsraum - und wurde dann gesessen und alles...
Th.: (nickt) Mhm. - Wie fühlt sich da der Tisch an?
P.: (legt den Kopf zurück, schaut nach oben.)

Th.: (hebt die Hand in dieselbe Richtung und läßt sie dann nach unten in den kinästhetischen Bereich sinken. Patient kommt mit Kopf und Augen herunter.) Wie fühlt der Tisch sich an?
P.: (bleibt im kinästhetischen Bereich) - Tja, -.
Th.: Können Sie ihn fühlen oder nicht?
P.: Fühlen, könnt ich nicht sagen (schüttelt den Kopf).
Th.: Können Sie nicht, mhm.
P.: (bleibt weiter unten) Könnt ihn höchstens beschreiben.
Th.: Aha, dann beschreiben Sie ihn mal.
P.: Is ungefähr wie dieser hier (zeigt auf den Tisch) und waren dann fünf Plätze dran.

Da es für den Patienten schwierig war, in der vorgegebenen Situation das Gefühl zu erinnern, wurde übergegangen zu einer Situation aus seinem Berufsleben:

Th.: Brauchen Sie in Ihrem Beruf Werkzeug?
P.: (zögernd) Ja.
Th.: Und einen Schlüsselbund?
P.: (lacht und nickt lebhaft, beide lachen) ja, ja.
Th.: (lachend) Ist ein Schlüsselbund relativ wichtig für Sie?
P.: (lachend) Ja.
Th.: Ist das ein großer Schlüsselbund?
P.: (blickt nach oben, nach einer Weile) Jo!
Th.: Wieviel Schlüssel sind dadran?
P.: (recht spontan) Acht.
Th.: Acht, mhm. Und wissen Sie blind, wo welcher Schlüssel ist?
P.: (neigt leicht den Kopf, nickt dann) Ja.
Th.: Wie wissen Sie das, wenn Sie die Augen zumachen?
P.: Vom Fühlen her. Ist jeder etwas anders bei uns. Der Generalschlüssel ist eckig.
Th.: Und welche Schlüssel sind neben dem Generalschlüssel?
P.: Das ist unterschiedlich.
Th.: Nee, auch wenn der Schlüsselbund rund ist, hat der Generalschlüssel doch immer dieselben Nachbarn (macht begleitende Handbewegungen).
P.: (nickt erstaunt) Ja, das ist auch wahr. (schaut wieder nach unten rechts) Das sind zwei ganz normale Bartschlüssel.
Th.: Und das fühlen Sie auch jetzt?
P.: (nickt) Ja.

Anschließend wird dem Patienten erklärt, welche Bedeutung diese Übung für das Sprechen hat und daß man über solche Übungen Sprache besser zugänglich machen kann. In vielen Fällen zeigte sich, daß bereits dieses eine Gespräch mit der Klärung der unterschiedlichen Zugänge für das Gehirn so wichtig war, daß der Patient danach in vielen Fällen automatisch wieder den günstigsten Zugang suchte und die sprachlichen Leistungen damit schon erheblich besser waren. Das Gespräch zeigt auch, daß man getrost zwischendurch andere Situationen nehmen kann, wenn sich die zuerst erinnerte nicht für alle Repräsentationssysteme eignet. Da der Patient sich während des ganzen Gesprächs in seiner ureigenen Welt aufhält, und das am Beispiel von angenehmen, stärkenden Situationen, macht er einen Wechsel leicht und gerne mit.

8.4.3.1 Arbeit mit dem visuellen Repräsentationssystem

Das visuelle Repräsentationssystem scheint für das Gedächtnis und speziell für die verbale Erinnerung eine wichtige Rolle zu spielen (Wippich 1980; Paivio/ Begg 1981; Paivio 1986; Krome 1989). Wie bei der Erörterung des Sprachspeicherungsmodells erläutert, wird die visuelle Assoziation zu Sprache von den Griechen über Freud bis zu Paivio in der heutigen Zeit als bedeutungsvoll angesehen. Sowohl für die Planung von Verhalten (Blischke 1986; Daugs/ Blischke/ Olivier 1986) als auch für die verbale Erinnerung hat der Zugang zu den inneren Bildern eine wichtige Bedeutung (Paivio/ Begg 1981). In der Aphasietherapie wird seit jeher viel mit Bildmaterial gearbeitet. Krome hat diese Arbeit in seiner "Funktionalen Kommunikationstherapie" dahingehend ausgeweitet, daß die visuellen Stimuli, d.h. Bilder und Objekte, die bildhaften Vorstellungen anregen sollen. Es ist sein Ziel, damit nicht nur an den äußeren Bildern und den dazu gehörenden Wörtern zu arbeiten, sondern auch an der analogen Sprache (Krome 1989). Die Arbeit mit NLP geht noch weiter. Sie will, vielfach ohne äußerlich sichtbare Bilder, direkt an den inneren Bildern arbeiten in der Annahme, daß durch das Deblockieren der inneren Bilder die dazu gehörenden Wörter und Kontexte leichter zugänglich werden.

8.4.3.1.1 Fördern der visuellen Erinnerung

Eine Möglichkeit, an den inneren Bildern zu arbeiten, ist es, Bilder aus der Erinnerung abzurufen. Da selten nur an einem einzigen Ziel gearbeitet wird, ist es hier neben der Arbeit an den inneren Bildern das Ziel, dem Patienten innerlich Anschluß zu geben an die positiven Zeiten seines Lebens und diese damit als Kraftquelle für die schwierige Zeit der Rehabilitation zu nutzen. In der einzelnen Sitzung bietet sich außerdem die Möglichkeit, den Patienten über diese Arbeit in einen positiven inneren Zustand zu führen.

Als konkrete Übungen bieten sich viele Möglichkeiten an, aus denen, wie auch am Eingangsbeispiel gezeigt wurde, diejenigen auszuwählen sind, die für den Patienten besonders leicht zugänglich und positiv besetzt sind. Man kann beispielsweise nach den schönsten Zeiten im Leben fragen und dabei herauszufinden suchen, welche der angegebenen Situationen beim Patienten die positivste physiologische Reaktion auslösen. Oftmals bieten sich Situationen aus der Kindheit an, aus dem Elternhaus, Ferien, Hobbys usw. Wenn der Patient generalisierte Antworten gibt wie "Wir haben immer draußen gespielt", versucht man, ein möglichst genaues Bild einer Situation zu erfragen. Mögliche Fragen sind:

- Sehen Sie es vor sich? Ist es ein Bild oder ein Film? Hat es einen Rahmen oder nicht? Ist es farbig oder schwarz / weiß? Welche Jahreszeit ist es? Was kann man da sehen, wie ist die Landschaft? Gibt es Berge, oder ist es eben dort? Wie ist das Wetter? Sind außer Ihnen noch Menschen da, Erwachsene, Kinder? Gibt es noch Häuser oder Tiere dort? Sie sagen, Ihre Schwester ist auch dort, wie sieht sie aus? Was hat sie an?

Dies sind nur wenige Beispiele für mögliche Fragen. Sie lösen beim Patienten neben den inneren Bildern auch auditive und kinästhetische Assoziationen aus, die ebenfalls abgefragt werden.

Eine weitere Möglichkeit, an inneren Bildern aus der Erinnerung zu arbeiten, ist, insbesondere bei Patienten in Kliniken, das Visualisieren der eigenen Wohnung. Zumindest eignet sich das Thema dann, wenn feststeht, daß der Patient nach der Entlassung wieder nach Hause gehen wird. Man kann die Patienten an der Haustür klingeln lassen (Welche Farbe hat die Wohnungstür? Ist die Klingel rechts oder links von der Tür?), dann in den Flur gehen lassen (Hat Ihre Wohnung einen Flur? Wieviele Türen gehen von dem Flur ab? Welches Zimmer ist hinter welcher Tür?). Im Wohnzimmer kann man alle Möbel mit Farben beschreiben lassen und die Patienten im Lieblingssessel platznehmen lassen. Dort werden sie sich dann in vielen Fällen sichtbar wohl und selbstbewußt fühlen. Da diese Arbeit immer mit Situationen durchgeführt wird, die die Patienten als positiv erlebt haben, machen sie die Übungen gewöhnlich gerne mit. Durch die Verbindung mit allen inneren Repräsentationen in einer Situation, in der es dem Patienten gut geht und er nicht bewußt an der blockierten Sprache arbeitet, kann spontan Sprache deblockiert werden. Die Patienten fühlen sich durch diese Arbeit oft so angeregt, weiter an den Bildern zu arbeiten, daß sie es auch außerhalb der Therapie weiter tun mit dem Nebeneffekt, daß sie emotional stabiler werden. Eine Patientin mit Globaler Aphasie, einer begleitenden Krebserkrankung, vielen familiären Problemen und wenig Fortschritten in der herkömmlichen Therapie visualisierte auf diese Art ihr Wohnzimmer. Es machte ihr sichtbar Spaß, sie saß gerader in ihrem Rollstuhl als gewöhnlich, und sie schien das Gefühl zu haben, etwas zu können. Sie war in ihrer Welt, in der sie sich auskannte. Da sie der Therapeutin nicht klarmachen konnte, daß im Wohnzimmer ein Klavier stand, versuchte sie es zu malen, was dann immerhin so gelang, daß sie verstanden wurde:

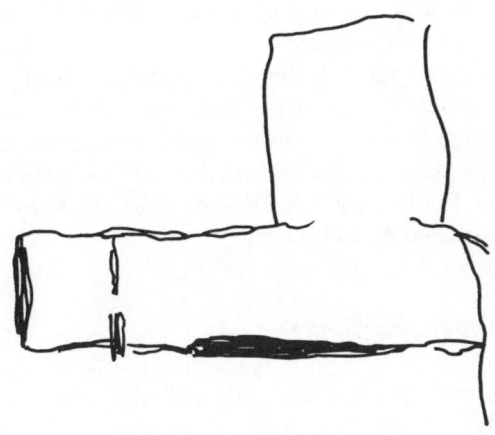

Abb. 9: Klavier

Sie hatte anschließend Schwierigkeiten, sich die Schrankwand farblich vorzustellen. Für mich war das nicht weiter tragisch, der Patientin ließ es aber keine Ruhe. Am nächsten Tag machte sie klar, daß sie sich nun wieder an die Farbe erinnern könne. Es dauerte lange, bis ich überhaupt verstand, was sie wollte, weil die fehlende Farbe des Regals für mich längst erledigt war. Sie machte aber deutlich, daß sie lange daran gearbeitet habe, um sich wieder daran zu erinnern.

Neueste Versuche zeigen Wege auf, wie durch das Verändern der inneren Bilder das Wiedergewinnen von Verben erleichtert werden kann. Mehrere Patienten hatten Schwierigkeiten, zu Berufen wie Gärtner, Arzt usw. die entsprechenden Tätigkeiten zu nennen. Um die Aufgabe zu erleichtern, wurden sie aufgefordert, sich den Gärtner oder den Arzt innerlich bei der Arbeit vorzustellen. In den anschließenden Beschreibungen machten sie aus Verben häufig Substantive. Die Sätze hießen z.B.: Der Gärtner hat die Pflanzung; Der Arzt macht die Untersuchung. Das Tun, die Bewegung, die in dem Verb enthalten ist, war in der Sprache der Patienten nur andeutungsweise vorhanden. Auf die Frage, ob die innere bildliche Vorstellung zu dem Satz ein Foto oder ein Film seien, sagten die Patienten, es sei ein unbewegtes Bild. Sie hatten zwar schon gelernt zu visualisieren, aber die inneren Bilder waren - zumindest bei den Lösungsversuchen dieser Aufgaben - unbewegt. Es wurde daher versucht, die inneren Bilder in Filme zu wandeln. Das war für die Patienten unterschiedlich schwer. Für eine Patientin reichte das gemeinsame Überlegen und die Aufforderung, innen einen bewegten Film laufen zu lassen, um eine Fülle von Verben zu deblockieren. Andere Patienten hatten z.T. mehr Mühe, Bewegung in die Bilder zu bringen und sie dann zu beschreiben. Immerhin könnte es eine wichtige Hilfe für die Erarbeitung von Verben sein, Bewegung in die dazu passende Visualisierung zu bringen.

8.4.3.1.2 Malen und Töpfern

Eine weitere Möglichkeit der Arbeit an den inneren Bildern ist das Malen und Töpfern (Becker 1990). Viele Menschen haben Scheu, sich durch Malen und Töpfern auszudrücken, weil sie glauben, künstlerisch unbegabt zu sein. Es geht bei dieser Arbeit aber nicht um möglichst perfekte Darstellungen, sondern darum, die typischen Merkmale eines Gegenstandes zu treffen. Es muß auch keineswegs von Anfang an alles "richtig" sein, worüber der Therapeut dann urteilt. Wichtig ist in erster Linie die annehmende Grundhaltung des Therapeuten. Die Arbeit an den inneren Bildern kann neugierig machen auf die innere Welt der Menschen, die vor ihm sitzen. Von Cramon (1988) vergleicht den Aphasiker mit jemandem, der in einem Turm eingemauert ist und fragt: "Wir, die wir 'den Gefangenen' rufen hören, was wissen wir von dem Leben im Turm?" Wir müssen uns sicher auch fragen und fragen lassen, ob wir denn wirklich etwas von dem Leben im Turm wissen wollen. Wenn ja, dann ist das Malen eine gute Möglichkeit, etwas mehr zu erfahren. Die äußeren Bilder zeigen, daß die inneren Bilder der Aphasiker manchmal anders sind als die der Sprechenden. Läßt man spontan zu Begriffen malen, zeigt sich häufiger, daß Patienten die Dinge aus einer anderen Perspektive sehen, als man es gewohnt ist. Auffallend häufig tritt dabei eine Sicht von oben auf den Gegenstand auf. Manchmal sind die gewünschten Begriffe dadurch für uns Sprechende schwer erkennbar. Bis auf eine Ausnahme sagten bisher alle "gesunden" Befragten, daß sie sich einen Fisch in der Seitenansicht vorstellen. Aphasiker malen ihn häufiger in der folgenden Art:

Abb. 10: Fisch, von oben gesehen.

Ich hatte oft Mühe, den Fisch als Fisch zu erkennen, bis ich darauf kam, daß er schlicht nicht aus der gewohnten Perspektive dargestellt war, die Patienten sahen ihn nämlich von oben. Schon seit den Tagen der Kinderbilderbücher sind wir gewohnt, viele Gegenstände "normalerweise" aus einer ganz bestimmten Perspektive dargestellt - und damit richtig - zu finden. Die bildnerische Arbeit mit den Aphasikern kann dazu verhelfen, die Welt einmal aus verschiedenen Perspektiven zu betrachten, ohne zu werten. Anhand der Bilder kann man zusammen mit dem Patienten die verschiedenen Möglichkeiten der Sicht- und Darstellungsweise erarbeiten. In dem Gespräch mit den Patienten über ihre Bilder male ich ihnen dann auch meine Version auf bzw. die Sicht, wie wir sie gewöhnt sind. Eventuell spielt ja auch das eine Rolle, bei dem Problem, eine gemeinsame Sprache zu finden, trotz unterschiedlicher innerer Welten. Wir haben uns nicht nur mit Worten auf ganz bestimmte Zeichen festgelegt, wir haben uns auch in der bildlichen und symbolischen Darstellung auf bestimmte Sichtweisen geeinigt. Diese Sichtweisen sind z.T. auch die, die am einfachsten zu malen sind und die am deutlichsten die typischen Merkmale des darzustellenden Objektes zeigen. Es kann daher für den Patienten eine Hilfe sein, sich wieder auf die Sichtweise der Gesunden umzustellen. Wichtig ist mir aber, die prinzipielle Gleichwertigkeit der Darstellungen anzuerkennen.

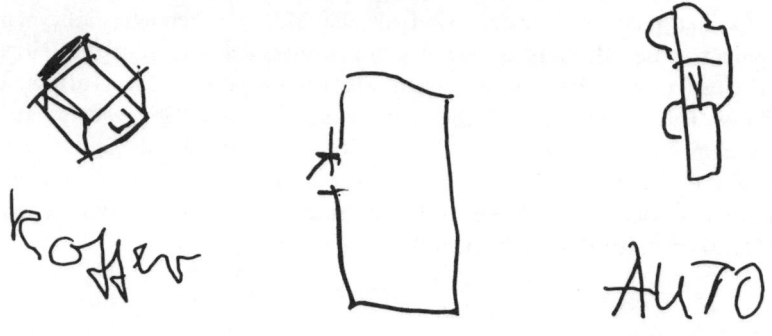

Abb. 11: Koffer, Tür, Auto

Die nächsten Beispiele (Abb. 11) sind Zeichnungen eines Globalaphasikers, der einen Koffer, eine Tür und ein Auto zeichnete. Die zeichnerischen Fähigkeiten dieses Patienten sind recht gut, zumal er sich nicht auf die ungewohnte linke Hand umstellen mußte. Wegen einer Verletzung der rechten Hand hatte er immer mit links geschrieben. Die Perspektive ist bei allen drei Begriffen ungewöhnlich. Der Koffer in der etwas schrägen Sicht ist noch relativ "normal", ich wäre aber nie darauf gekommen, den Grundriß eines Zimmers zu malen, wenn ich eine Tür malen möchte. Das auf dem Kopf stehende Auto ist auch eher ungewöhnlich. Die Beispiele zeigen sehr deutlich die auch von Paivio (1986) dargestellte Möglichkeit, das eigene Wohnzimmer von verschiedenen Standpunkten aus zu betrachten.

Eine Patientin mit Amnestischer Aphasie hatte sprachlich immer noch Probleme, etwas Gelesenes oder Erlebtes beim Erzählen "auf die Reihe" zu kriegen, genauso, wie sie Schwierigkeiten hatte, Dinge bildnerisch darzustellen. Sie konnte in ihrer Vorstellung einen Vogel von allen Seiten betrachten, und das quasi gleichzeitig. Sie wußte aber nicht, welche Perspektive sie davon wie für eine bildliche Darstellung auswählen sollte. Es war auch schwer für sie, dabei zu erkennen, welche Teile des Ganzen für die Darstellung wichtig wären und welche sie weglassen könnte. Dieselben Schwierigkeiten hatte sie auch im sprachlichen Bereich. Für das Verständnis wichtige Einzelheiten ließ sie weg, erzählte das Letzte zuerst und wußte nicht, wo sie anfangen und aufhören sollte. Während des stationären Aufenthaltes malte sie nach etwa zwei Monaten den folgenden Vogel, der in Kopie hier noch einmal in seinen Entstehungsphasen nachgezeichnet wurde:

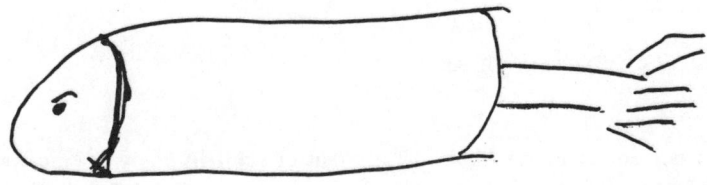

Abb. 12 a: Vogel - 1. Phase

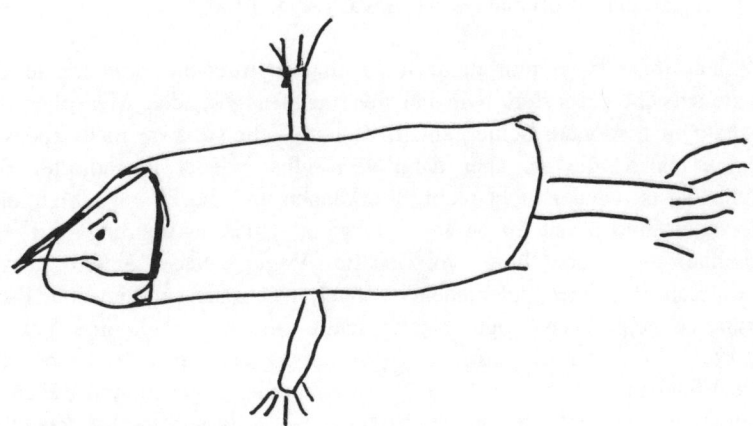

Abb. 12 b: Vogel - 2. Phase

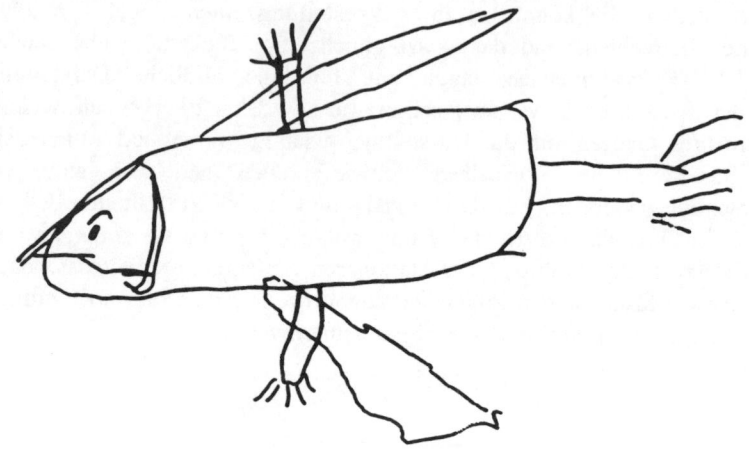

Abb. 12 c: Vogel - 3.Phase

In der ersten Phase (Abb. 12 a) sieht er schlicht aus wie eine Rakete mit Auge. Auf die Nachfrage hin, ob Vögel auch Beine haben und was für einen Mund sie haben, malte sie den "Schnabel" und die Füße, die dem Vogel das Aussehen geben, als wäre er platt gewalzt worden (Abb. 12 b). Als dann noch die Nachfrage nach eventuellen Flügeln kam, malte sie diese auch noch dazu (Abb. 12 c). Acht Monate später malte sie in der ambulanten Therapie noch einmal einen Vogel, ohne daß vorher darüber gesprochen worden war (Abb. 13 a).

Der Vogel wird nun nicht mehr in der Aufsicht, sondern in der Seitenansicht dargestellt wie bei den meisten gesunden Menschen. Er bekam auch spontan Beine gemalt. Zuerst wollte sie zwar mehr als zwei Beine malen, die sie aber dann von selbst wieder ausradierte. Der Schnabel ist wieder nicht recht zu erkennen und die Flügel fehlen auch noch. Dennoch ist er schon mehr in Übereinstimmung mit der landläufigen Vorstellung von einem Vogel. Nach einem kurzen Gespräch über ihre verschiedenen Vögel, wobei sie herzlich über ihren früheren geplätteten Vogel lachte, malte sie dann noch eine Version (Abb. 13 b), die noch zutreffender wurde. Anschließend wollte sie noch die Vögel im Tagesraum der Tagesstätte studieren gehen, um Zehen zu zählen, nachzuschauen, ob die Vögel einen Hals haben usw. Dadurch kann sie das unvollkommene innere Bild weiter vervollständigen und korrigieren.

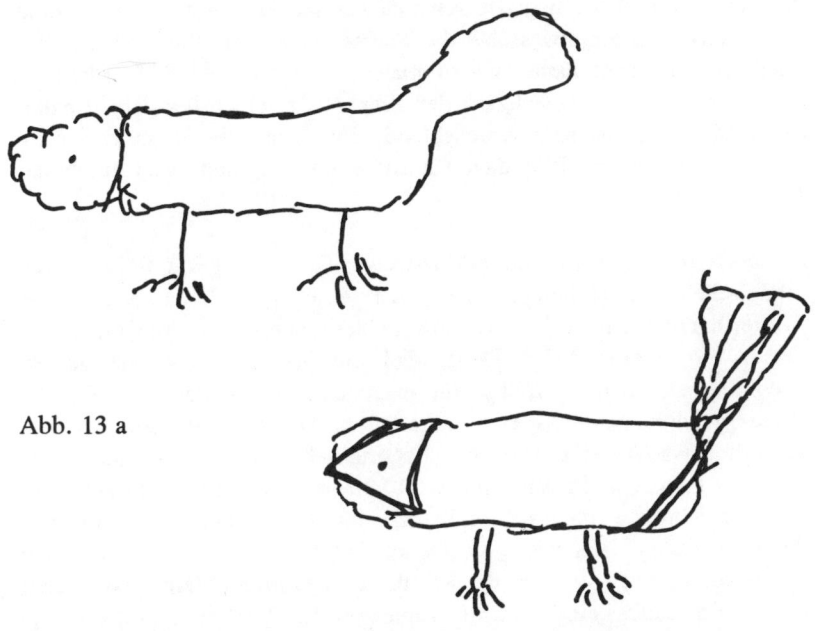

Abb. 13 a

Abb. 13 b: Vogel

Nach den positiven Erfahrungen mit Patienten, die viel malen, kann vermutet werden, daß diese Patientin auch ihre Schwierigkeiten im Erzählen durch Malen weiter bessern könnte, da sie für beides ähnliche Fähigkeiten braucht. Sie muß lernen, ihre mehrdimensionale innere Welt in einer für die Kommunikationspartner verständlichen Weise für die Wiedergabe zweidimensional oder linear zu reduzieren.

In der ganz normalen sprachtherapeutischen Sitzung kann das Malen immer wieder quasi nebenbei mit benutzt und dadurch geübt werden, wenn der Patient etwas mitteilen oder benennen möchte, ohne daß ihm das Wort einfällt. Es kann auch Therapiephasen geben, in denen es ratsam scheint, die Fähigkeit des Malens konzentriert zu üben. Das kann der Fall sein, wenn man merkt, daß der Patient große Schwierigkeiten hat, sich zu Wörtern Bilder zu machen, oder wenn er die Wörter zwar gut phonisch behält, aber nicht das Bild dazu assoziieren kann. Eine gute Einsatzmöglichkeit der begleitenden Maltherapie ist auch, wenn die Gestik des Patienten sehr schlecht und undifferenziert ist. In der NLP-Arbeit mit Aphasikern zeigte sich, daß Patienten, die nicht in der Lage waren, sich gestisch zu äußern, anfingen, dies adäquat zu tun, nachdem sie die gewünschten Begriffe schematisch malen konnten. Ein Patient wollte z.B. gestisch etwas über die Treppe sagen, schaffte es aber nicht. Nachdem er geübt hatte, sie zu malen, zeigte er plötzlich scheinbar selbstverständlich das Zickzack der Treppe, das er vorher gemalt hatte, in der Luft. Es ist sehr einleuchtend, daß man, um etwas zeigen zu können, ein inneres Bild davon abrufen können muß, was durch das Malen gefördert wird.

Neben dem Einsatz von bildnerischer Darstellung im Rahmen der alltäglichen Sprachtherapie ist auch eine zusätzliche Mal- oder Töpfertherapie eine sehr gute Möglichkeit sinnvoller Sprachtherapie. Dabei besteht die Möglichkeit, daß die Patienten als Nebeneffekt eventuell ein neues Hobby für sich entdecken, das sie bei der Wiedergewinnung der Sprache unterstützt. Der erste Patient, bei dem ich das anwandte, war Herr N.. Er fing sehr mühsam mit der linken Hand an zu malen. Er war damals 60 Jahre alt und hatte zu Beginn eine schwere Globale Aphasie, die sich im Laufe der Jahre in eine Transkortikale Aphasie wandelte. Nach seinem stationären Rehabilitationsaufenthalt in der Klinik, kam er in ein Heim, wo er über eineinhalb Jahre keine Sprachtherapie bekam. Er konnte lediglich in einer Gruppe seine malerischen Fähigkeiten regelmäßig weiter ausbauen. Als er dann wieder in ambulante Therapie kam, zeigte sich, daß er überdurchschnittlich gute weitere Fortschritte gemacht hatte. Inzwischen verkauft er seine Bilder für wohltätige Zwecke (s. Kap. 9, Abb. 23 und 24). Schwierig ist es für ihn, wie auch für viele andere Aphasiker, daß sie schlecht etwas "aus dem Kopf" malen können. Es fällt ihm nichts ein, er braucht immer Vorlagen zum Abmalen.

Beim Töpfern gibt es zusätzlich zur bildlichen Schwierigkeit das Problem, die inneren Bilder dreidimensional darzustellen. Man könnte auch denken, es sei vielleicht einfacher, da man die Mehrdimensionalität, die man im Kopf hat, dann leichter darstellen kann. Zum Teil stimmt das auch. Eine Schale ist leichter "richtig" zu töpfern als zu malen. Ansonsten fangen Patienten aber manchmal spontan an, Relief-Darstellungen zu töpfern, womit sie die Problematik der räumlichen Darstellung weitgehend umgehen können. Durch die Halbseitenlähmung, die die Patienten in den meisten Fällen außer der Aphasie haben, ist das Töpfern selbstverständlich zusätzlich sehr erschwert. Es wäre daher falsch, bei den Ergebnissen der Arbeit auf eine perfekte Wiedergabe zu achten. Mit einer Hand, und dann noch meist mit der ungewohnten Linken, hätte jeder Gesunde auch massive Probleme, schöne Kunstwerke zu schaffen. Es geht daher wie auch bei den Bildern nur darum, ob typische Merkmale erfaßt wurden. Hierbei zeigt sich immer wieder, daß die inneren Bilder entweder fehlerhaft sind oder daß sie nicht richtig gesehen oder wiedergegeben werden können.

Eine relativ leichte Aufgabe ist das Töpfern eines Eies. Schon dabei zeigen sich große Probleme. Keiner der Patienten hat bisher ein Ei ohne Standfläche getöpfert. Auch Patienten mit Amnestischer Aphasie bauten eine Standfläche, was zweifellos praktisch wäre, aber nicht realistisch ist (Abb. 14). Eine weitere Aufgabe war es, eine Ente zu töpfern. Die Ergebnisse waren sehr unterschiedlich. Bei einigen Globalaphasikern ist die Form einer Ente kaum zu erkennen (Abb. 15).

Die naturgetreueste Ente machte ein Patient mit amnestischer Aphasie, der vor der Erkrankung auch gemalt und gebildhauert hatte. Auch bei ihm war allerdings ein erheblicher Unterschied festzustellen zwischen der Darstellung aus dem Gedächtnis (Abb. 16 links) und der Darstellung, die nach einem Modell auf dem Tisch gemacht wurde (Abb. 16 rechts).

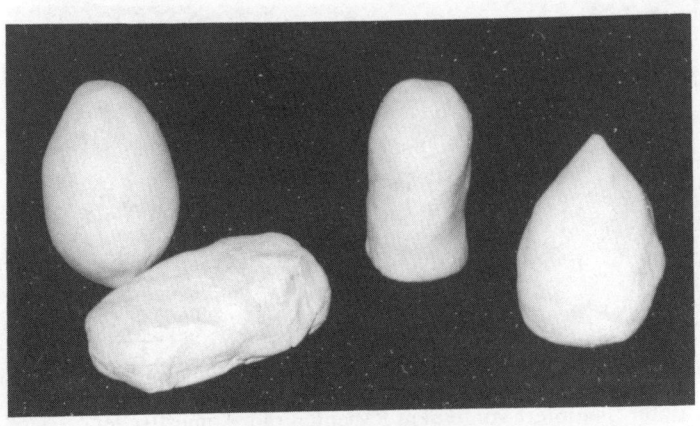

Abb. 14: Eier - getöpfert von Aphasikern

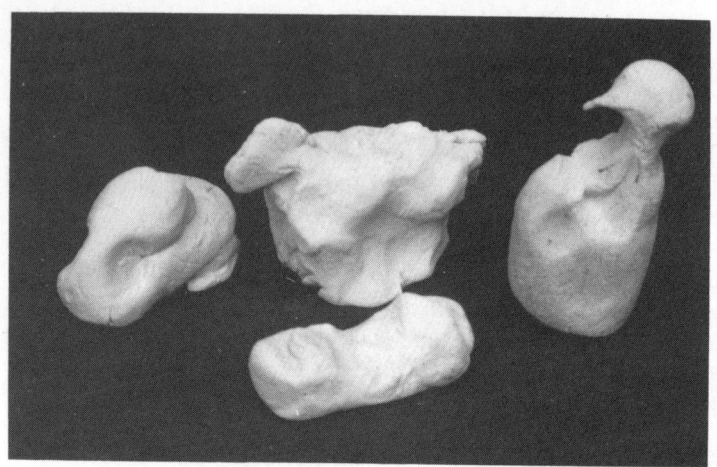

Abb. 15: Enten - getöpfert von Globalaphasikern

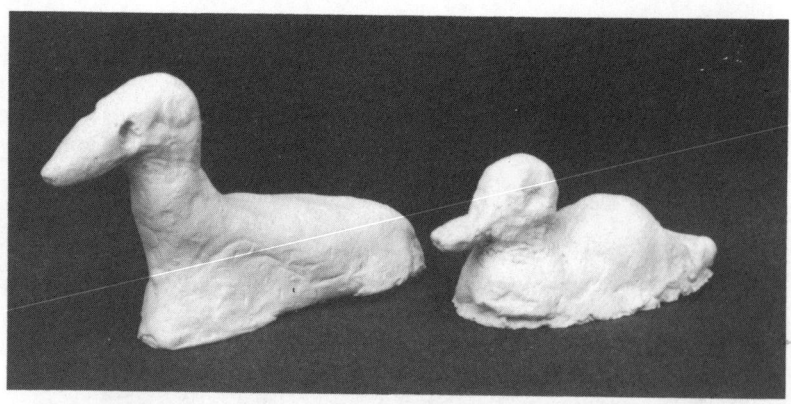

Abb. 16: Ente - getöpfert von einem Patienten mit Amnestischer Aphasie

Patienten mit sehr schwerer Globaler Aphasie neigen, wenn man sie einfach spontan töpfern läßt, zu urweltlichen Gebilden wie der abgebildeten Schlange. Es hat fast den Anschein, als ob sie sich wieder durch die Evolution arbeiten müssen (Abb. 17).

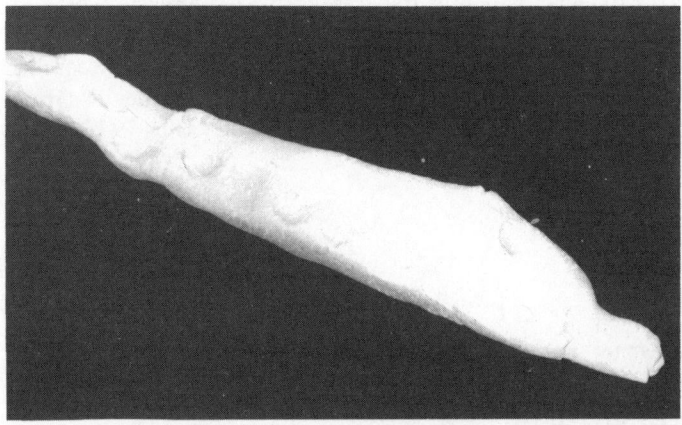

Abb. 17: "Reptil" - getöpfert von Pat. mit schwerer Globalaphasie

Ein mehrfach erlebtes Phänomen ist die Umkehrung von Perspektive. Sowohl das Haus als auch die Ente zeigen ein quasi nach innen gekehrtes Dach bzw. einen nach innen gewölbten Rücken:

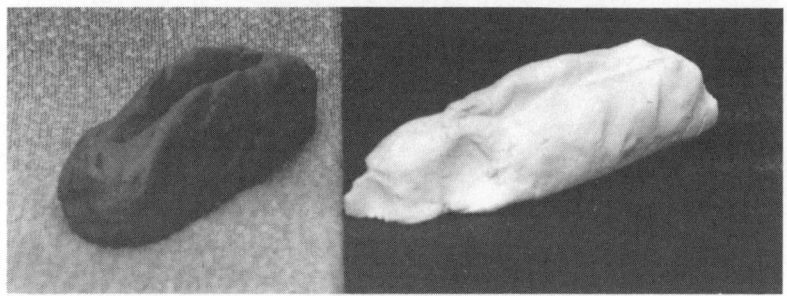

Abb. 18: Haus und Ente, getöpfert von Aphasikern

Sehr schwierig ist die Darstellung eines Menschen. Abgesehen von den technischen Problemen, wie man so etwas mit einer Hand anfertigen kann, besteht auch das Problem, daß die differenzierte Wahrnehmung bei vielen Patienten gestört ist und daß die Patienten z.T. auch Körperschemastörungen haben. Bei Patienten mit schweren Aphasien sehen die Menschen eher wie Kegelfiguren aus, ohne Extremitäten (Abb. 19 a). Mit einer Patientin mit transkortikaler Aphasie wurde an dieser Darstellung weiter gearbeitet. Die Therapeutin stellte sich vor die Patientin, und diese sollte genau hinschauen, was an einem Menschen alles dran ist. Danach machte sie eine zweite Figur, die der Wahrheit erheblich näher kam und mit der wir zufrieden waren (Abb. 19 b).

Abb. 19 a und 19 b: Mensch - getöpfert von einer Patientin mit Transkortikaler Aphasie

Abb. 20: Mensch und Hund - getöpfert von einer Patientin mit Globalaphasie

Eine Patientin mit Globalaphasie, Frau M., die kein Wort sprach, töpferte sehr schnell einen sehr gut getroffenen Menschen. Gleich danach gelang ihr ein recht guter Hund (Abb. 20). Diese Arbeiten paßten so gar nicht zu ihren sonstigen Leistungen in der Sprachtherapie. In der Singtherapie schien es, daß sie sich zum Teil bemühen mußte, den Mund weiterhin konsequent zu schließen. In einer Einzeltherapie malte sie ein ebenfalls gut gelungenes Haus. Es fehlte lediglich eine Tür. Die Therapeutin fragte sie, ob ihr Haus auch eine Tür habe. Die Patientin schüttelte den Kopf. Die Kollegin, die sie behandelte, unterhielt sich daraufhin eingehender mit ihr über ihre persönliche Situation. Es stellte sich heraus, daß die Patientin ihr ganzes Leben lang nur für andere Menschen gelebt hatte. Gekocht und gegessen hatte sie nur, weil andere etwas brauchten. Nun hatte sie durch die Krankheit entdeckt, daß es sehr schön sein konnte, wenn andere Menschen für sie sorgten. Sie genoß sehr die Zuwendung. Hätte sie schnell wieder sprechen gelernt, wäre diese schöne Zeit wieder zuende gewesen. Fenster waren - bildlich gesprochen - daher ganz gut, eine Tür, zu der man ein- und ausgeht, war nicht das, was sie wollte. Die bildnerischen Darstellungen gaben sehr deutliche Hinweise, was die Patientin eigentlich wollte. Sie wurde in der nächsten Zeit nicht zum Sprechen gedrängt, man gab ihr nur bewußt viele "Streicheleinheiten". Nach einigen Wochen begann sie dann auch deutliche sprachliche Fortschritte zu machen. Sie hatte offensichtlich genug genossen, so daß sie wieder sprechen lernen durfte. Leider war die Zeit der Rehabilitation dann aber bald abgelaufen. Für derartige ganzheitlich ablaufende Prozesse ist in unserem Gesundheitssystem eigentlich kein Raum.

Die Beispiele zeigen, daß das bildnerische Arbeiten unter vielen Gesichtspunkten die Sprachtherapie nicht nur unterstützen kann, sondern auch Teil der Sprachtherapie sein kann, um auf diesem Weg die Wortfindung, die Gestik und die Verständigung über das Medium Malen zu fördern. Unberücksichtigt bleibt in diesem Rahmen die Möglichkeit, diese Art der Behandlung auch zur psychischen Aufarbeitung der Situation zu nutzen (Franke 1989;Kaiser 1989).

8.4.3.1.3 Agraphiebehandlung

Aphasiker sind oft sehr fleißig, was Schreibübungen angeht. Sie haben gern schriftliche Hausaufgaben, weil sie dann das Gefühl haben, "richtig" zu arbeiten. Dieses Arbeiten besteht bei schwer gestörten Patienten oft in langen Abschreibübungen. Das Ergebnis sieht nach sehr viel Mühe aus, hat aber leider meist sehr wenig Effekt für das spontane Schreiben. Obwohl der Patient ein Wort zwanzig Mal abgeschrieben hat, ist es ihm in der nächsten Sitzung nicht möglich, sich an das Wort zu erinnern. Das Abschreiben hat Sinn, solange der Patient dabei ist, mit der linken Hand motorisch das Schreiben zu lernen. Er kann sich dann, während er motorische Übungen macht, schon an Wortbilder gewöhnen und einen kleinen Schritt in Richtung einer Beschäftigung mit Schriftbildern tun. Damit die Schrift wirklich gespeichert wird, ist es nötig, sie beim Patienten in den "visuellen Speicher" zu geben. Dieser Prozeß läuft bei den Patienten nicht mehr automatisch günstig ab. Wie in Kap.8.4.2 ausgeführt, muß der Patient in die Lage versetzt werden, zu auditiv wahrgenommenen Worten visuelle Assoziationen des Schriftbildes abrufen zu können.

Wenn man mit dem Patienten noch nicht mit den inneren Repräsentationen gearbeitet hat, ist es sinnvoll, vor der eigentlichen Agraphiebehandlung zu prüfen, wie die inneren Repräsentationen bei dem Patienten angelegt sind, d.h. ob die visuellen Erinnerungen wirklich von Augenbewegungen nach oben links begleitet werden und die visuellen Konstruktionen von Augenbewegungen nach oben rechts usw. Sind sie bei dem Patienten anders, als in dem Schema (s. Kap. 4) angegeben, muß der Therapeut sich in der weiteren Behandlung nach diesen Ergebnissen richten. Ein solches Gespräch ist gleichzeitig eine gute Gelegenheit, den Patienten in eine guten Zustand zu bringen und ihm dabei für sein Bewußtsein und für das Unbewußte zu zeigen, daß er in der Lage ist, Dinge zu sehen, die nicht da sind. Wenn er Dinge innerlich sieht, hört, fühlt, ist das kein weiteres Zeichen dafür, daß er doch vielleicht durch die Krankheit verrückt geworden sei, sondern es ist ein ganz normaler Vorgang, der nur normalerweise unbemerkt abläuft. Man kann den Patienten auch fragen, wann er die Stimme seiner Frau oder Tochter am leichtesten hören kann, wenn er nach oben, nach horizontal oder nach unten schaut. Die gewünschte Richtung kann man mit Handbewegungen begleiten. Gewöhnlich findet der Patient dann die im Muster vorgegebenen Richtungen als die leichteste Möglichkeit heraus.

Nachdem der Patient das verstanden hat, kann man ihm erklären, daß Menschen, die gut richtig schreiben können, die Schrift wie ein Bild gespeichert haben und daß es daher am günstigsten ist, zu lernen, die Schrift visuell zu speichern, d.h. wenn man nach oben schaut. Wenn die Patienten Hemmungen haben, so "öffentlich" in die gewünschte Richtung zu schauen, kann man ihnen Beispiele von Personen aus dem öffentlichen Leben erzählen: "Wenn der Bundeskanzler sich traut, bei einer Fernsehrede nach oben zu schauen, um seine Rede innerlich abzulesen, dann dürfen Sie das doch auch - oder?"

So vorbereitet kann man dann mit der eigentlichen Intervention beginnen. Am Anfang wählt man Wörter mit vier bis fünf Buchstaben, an denen der Einspeicherungsvorgang grundsätzlich eingeübt werden kann. Man kann dazu an einer Tafel oder mit losen Zetteln arbeiten. Ich werde hier die Zettel-Methode beschreiben. Auf einen DIN A5-Zettel wird in großen Buchstaben - so daß fast das ganze Blatt gebraucht wird - das Wort zu einem vorher gezeigten Bild geschrieben, z.B. "Hand". Je nachdem wieviel Platz man hat, kann man auch noch ein Bild von einer Hand dazu malen. Diesen Zettel hält man hoch, so daß der Patient das Wort von oben wahrnimmt. Das bereitet teilweise Probleme bei Patienten mit bifokalen Brillen, weil durch den oberen Teil schlecht gelesen werden kann. Man muß sich dann irgendwie arrangieren. Man bittet dann den Patienten, jeden Buchstaben des Wortes einzeln nach oben in seinen inneren Speicher zu schreiben. Er soll dabei wirklich Buchstabe für Buchstabe vorgehen. Um den Prozeß kontrollieren zu können, bitte ich die Patienten gewöhnlich, die Buchstaben jeweils oben in die Luft zu schreiben. Damit hat man gleichzeitig eine motorische Speicherung der Schrift. Wenn das Wort fertig ist, nimmt man den Zettel mit dem Wort weg und hält statt dessen das Bild oder ein leeres Blatt oben hin. Man fragt den Patienten, ob er das Wort noch sehen kann. Wenn das nicht der Fall ist, macht man den Vorgang des Einspeicherns noch einmal, wenn ja, läßt man den Patienten das Wort mit dem Finger in die Luft schreiben. Dabei stellt sich oft heraus, daß ein Buchstabe falsch ist, fehlt oder hinzukam. Manchmal ist der Patient auch erstaunt, daß er das Wort doch nicht so gut schreiben kann, wie er dachte. Als er oben auf das Blatt schaute, dachte er, es sei ganz klar, und beim Schreiben hakt es doch auf einmal mitten im Wort. Das ist ein ganz normaler Vorgang und wird von dem Therapeuten auch so genommen. Es ist lediglich ein Zeichen, daß die Speicherung noch nicht fest genug war. Der Vorgang wird also einfach noch einmal wiederholt. Erst wenn das Wort ganz richtig oben in die Luft geschrieben werden kann, soll der Patient es unten auf dem Tisch schreiben. Es ist wichtig, lange oben zu arbeiten, weil nur dann sichergestellt ist, daß der Patient im visuellen Bereich bleibt. Um den Patienten unbewußt in diesen Bereich zu lenken, kann man ihn fragen, wieviele Buchstaben das gewünschte Wort hat. Auf diese Frage hin schauen die meisten Patienten nach oben und fangen an zu zählen, auch wenn sie bis dahin behaupteten, nicht sehen zu können. Wenn die Zahl der Buchstaben dann auch noch richtig ist, was erstaunlich oft vorkommt, sind die Patienten ermutigt, die Übungen mit dem "komischen" inneren Sehen weiterzuführen.

Wenn der Patient nach unten schaut, kommt er in den kinästhetischen Bereich, und bei diesem Transfer können erneut Buchstaben verlorengehen. In der nächsten Sitzung kann sich herausstellen, daß die Hälfte des Wortes wieder verlorengegangen ist oder daß statt "Hand" "Hund" geschrieben wird, aber das ist immer noch ein besseres Ergebnis, als bei herkömmlichen Methoden. Die Wörter "Hand" und "Hund" sehen von weitem oder wenn man z.B. kurzsichtig ist, sehr ähnlich aus. An der Art der Fehler kann man oft erkennen, daß die Grundform des Wortes visuell noch da ist, daß aber noch eine Schwäche im Erkennen oder Speichern der Binnenstruktur besteht.

Erfolge stellen sich mit dieser Methode sehr schnell ein. Schon nach wenigen Sitzungen merkt man gewöhnlich, daß der Patient Schrift besser speichert. Das größte Hindernis ist dann die Zuversicht des Patienten selbst. Wenn er ein Wort sieht, erkennt er es sehr schnell als bekannt und glaubt, es auch schreiben zu können. Er hat daher keine Lust, den z.T. langwierigen Vorgang des Einspeicherns immer zu machen. Wenn man ihm dann aber einen Stift gibt, merkt er sehr schnell, daß er es doch wieder nicht schreiben kann. Macht er aber den Vorgang des Einspeicherns und Prüfens durch In-die-Luft-Schreiben mit, hat er anschließend Erfolg. Dadurch sieht er dann meist ein, daß die etwas lästige und schematische Anfangsarbeit erfolgreicher ist als das Drauflosschreiben. Wenn diese Übungen eine Zeitlang konsequent gemacht werden, merkt man als Therapeut, daß der Patient bei Schreibaufgaben unbewußt sofort in den visuellen Bereich geht und daß der Zugang zu den Schriftbildern zunehmend frei wird. Eventuell muß dann noch speziell das Schreiben langer Wörter geübt werden. In Anlehnung an die Vorschläge von Kutschera (1988), werden die Wörter dazu aufgeteilt in Teile von drei bis fünf Buchstaben. Man kann z.B. die Silbenteilung dazu benutzen. Die Buchstaben jedes Wortteiles werden nacheinander eingegeben und zum Schluß das ganze Wort in die Luft geschrieben, bevor es auf Papier geschrieben wird.

Die beschriebene Methode wurde bereits in vielen Fällen mit großem Erfolg praktiziert. Auch schwer gestörte Globalaphasiker, darunter ein Patient, der spontan nur "AAA" sagen konnte, lernten auf diese Art, sich schriftlich zu verständigen. Ein anderer schwer gestörter Globalaphasiker besserte sich über diese Arbeit so weit, daß er inzwischen Sätze schreibt und auch spricht. Der freie Zugang zu dem Wortbild deblockiert in vielen Fällen auch die phonische Assoziation zu dem Wort. Gerade während die Patienten ganz intensiv mit der visuellen Wortvorstellung beschäftigt sind, kann es passieren, daß sie "aus Versehen" das gesuchte Wort sprechen. Wenn das Sprechen auch nicht frei wird, merkt man doch bald, daß der Patient geringere Hilfe bei der phonischen Produktion braucht.

8.4.3.2 *Arbeit mit dem auditiven Repräsentationssystem*

Das visuelle Repräsentationssystem ist in Ansätzen schon erforscht worden. Man beschäftigt sich allerdings weitaus mehr mit dem Vorgang des äußeren Sehens und des Blickverhaltens als mit den Fähigkeiten und

Auswirkungen des inneren Sehens (Visualisierens). Die Bedeutung des inneren Hörens ist bisher völlig vernachlässigt worden. Paivio weist lediglich darauf hin, daß die von ihm angenommene duale Kodierung selbstverständlich nicht nur für Bilder, sondern für alle analogen Repräsentationsmöglichkeiten gilt (Paivio 1986). Auch im NLP ist die Arbeit mit dem visuellen Repräsentationssystem am meisten erforscht. Bandler beschäftigt sich in letzer Zeit verstärkt mit den Möglichkeiten der auditiven Interventionen. Die Arbeit mit dem auditiven Repräsentationssystem in der Aphasiebehandlung bietet noch viele bisher unerforschte Möglichkeiten. Man kennt bislang Ansätze wie die auditive Stimulation (Schuell 1964), die Melodische Intonationstherapie (Lugt-v.Wiechen/ Visch-Brink 1989; Helm 1979), die Arbeit mit dem Language Master (Ruge 1976). Diese Verfahren arbeiten alle mit von außen kommenden Wörtern, die die blockierten Wörter, z.T. verbunden mit Melodie, deblockieren sollen. Wie auch im Bereich der Arbeit mit visuellem Material wird nicht direkt mit dem inneren Repräsenationssystem gearbeitet. Bei der Arbeit mit NLP ist dies ein zusätzlicher wichtiger Ansatzpunkt. Dahinter steht der Gedanke, daß nur, wenn das von außen Gehörte innen eine Entsprechung findet, es auch wiedererkannt oder produktiv eingesetzt werden kann.

8.4.3.2.1 Fördern der auditiven Erinnerung

Ähnlich wie der Zugang zum visuellen System ist auch der Zugang zum auditiven Repräsentationssystem bei Aphasikern oftmals gestört, insbesondere der Zugang zum Hören innerer Sprache. Um mit dem inneren Hören arbeiten zu können, werden zuerst auditive Erinnerungen aus der Vergangenheit abgerufen. Es wird bevorzugt mit positiv besetzten Erinnerungen gearbeitet, um den Patienten gleichzeitig in einen positiven Zustand zu führen oder ihn darin zu halten. Man kann hier auf Kindheitserinnerungen zurückgreifen, auf Situationen in der Familie oder im Beruf, sofern diese Bereiche positiv besetzt sind. Man kann auch dieselben Situationen wie für die visuellen Erinnerungen benutzen und sie mit den dazu gehörenden Geräuschen und Worten verbinden. Will der Therapeut, daß der Patient sich an Gehörtes erinnert, muß er auf seine eigene Sprache achten. Nur wenn er selbst auditive Worte benutzt, hat er einigermaßen die Gewähr, daß der Patient innerlich in den auditiven Bereich gehen wird. Je genauer und detaillierter der Therapeut fragt, umso genauer muß der Patient innerlich hinhören. "Wie ist die Stimme Ihrer Frau?" ist eine recht unspezifische Frage. Zum genaueren Hören zwingt die Frage: "Wie klingt die Stimme

Ihrer Frau? Hören Sie sich ihre jetzt einmal an! Klingt die Stimme Ihrer Frau eher hoch oder eher tief? Spricht sie eher schnell oder eher langsam?" Wenn man einzelne Qualitäten anbietet, was bei Aphasikern oft ratsam ist, sollte man auf eine Auswahl in verschiedenste Richtungen achten, um die Antwort des Patienten nicht in eine bestimmte Richtung zu manipulieren. Die Alternativen dienen dazu, daß der Patient innerlich alle Möglichkeiten durchprobiert, um sich dann für die am meisten zutreffende zu entscheiden. Damit ihm das besser gelingt, kann man seine Bemühungen mit Handbewegungen in Richtung der auditiven Erinnerungen des Patienten begleiten, also im Normalfall nach horizontal links. Allein diese Förderung des inneren Hörens kann es dem Patienten schon ermöglichen, unbewußt leichter mit der auditiven Repräsentation zu arbeiten, weil der Zugang wieder frei geworden ist, und das Unbewußte sich wieder automatisch den Zugang zu dem System sucht, wenn er gebraucht wird.

8.4.3.2.2 Arbeiten mit Geräuschen

Die auditiven Erfahrungen der Vergangenheit und das Training des inneren Hörens von Wörtern, Geräuschen und Klängen werden in meiner bisherigen Arbeit berücksichtigt. Über die deblockierende Arbeit mit Geräuschen, Tönen, Worten, die von außen kommen, gibt es bisher wenig Erfahrungen und Material und nur ansatzweise eigene Erfahrungen. Es gibt zwar auf dem Markt inzwischen einige CD mit Geräuschen um praktikabel damit zu arbeiten, braucht man am Arbeitsplatz einen CD-Player und nach Möglichkeit begleitendes Bildmaterial, da die Aphasiepatienten gewöhnlich nicht verbal ausdrücken können, welchem Gegenstand sie ein Geräusch zuordnen möchten. Vorgefertigtes Material hierzu ist bisher nur in geringem Ausmaß aus der Kindertherapie vorhanden. Hier bleibt noch viel Arbeit für die Zukunft. Erste Versuche deuten dahin, daß eine Ausweitung in dieser Richtung, auch in der Kombination mit visuellem Material, weitere gute Möglichkeiten der Behandlung eröffnen kann.

8.4.3.2.3 Arbeiten mit dem inneren Hören von Sprache

Störungen des inneren Hörens von Sprache wirken sich vielfältig bei Aphasien aus. Patienten mit Sprachverständnisstörungen bei Wernicke-Aphasien leiden ebenso darunter wie Patienten mit rezeptivem

Agrammatismus bei Broca-Aphasie oder Patienten mit Leitungsaphasie. Wie schon erläutert, hängen Fähigkeiten wie das Nachsprechen und das laute Lesen ebenfalls damit zusammen.

Es ist uns Normalsprechern gewöhnlich nicht bewußt, daß wir ständig innerlich Sprache hören. Am ehesten können wir es uns bewußtmachen beim "inneren Dialog", wenn wir uns z.b. selbst beschimpfen, wenn wir etwas anders gemacht haben, als wir es eigentlich wollten. Wir können uns aber auch innerlich die Stimme und Sprache von uns bekannten Menschen holen und sie uns anhören. Das läßt sich besonders angenehm praktizieren, wenn man sich Liebeserklärungen oder Komplimente von lieben Menschen innerlich wieder holt, nachdem man von ihnen Abschied genommen hat. An solchen Beispielen kann man auch mit Patienten das innere Hören von Sprache erklären und erfahrbar machen. Ob sie wirklich innerlich hören oder ob sie sich den Menschen bildlich vorstellen und dadurch Schwierigkeiten haben, die Stimme zu hören, kann man an den horizontalen Augenbewegungen erkennen. Beim normal organisierten Rechtshänder gehen sie bei erinnerten Stimmen nach horizontal links, bei der Konstruktion von Stimmen nach horizontal rechts (s. Abb.5). Durch das Abfragen von Submodalitäten der Stimme wie Lautstärke, Tonhöhe, Stimmklang läßt sich das Hören meist noch optimieren. Wenn die Patienten angeben, die Stimmen sehr leise zu hören, kann man ihnen eventuell dadurch helfen, daß man sie einfach bittet, sie wie beim Radio lauter zu stellen. Wenn es den Patienten gelingt, innerlich Stimmen zu erinnern, kann gezielt am inneren Hören der Sprache gearbeitet werden.

Um das innere Hören der Sprache zu schulen und zu deblockieren, mache ich das, was z.B. bei der linguistischen Therapie verpönt ist, ich lasse einzelne Laute und Silben nachsprechen (Kotten [3]1986). Wenn das möglich ist, weil der Patient genügend Sprachverständnis hat und für solche Methoden kooperativ ist, bitte ich ihn, nach dem Hören des Lautes, der Silbe oder des Wortes eine Pause zu machen und das Gehörte innerlich noch einmal zu hören, bevor er es nachspricht. Zuerst bekommt der Patient oft die zusätzliche Hilfe der visuellen Kontrolle durch die Beobachtung des Mundbildes. Möglicherweise hilft auch die Speicherung des Mundbildes mit, die entsprechenden eigenen motorischen Muster frei zu bekommen. Wenn der Aphasiker auf diese Art recht sicher ist, dreht sich der Patient bei den Übungen um, so daß keine visuelle Kontrolle mehr möglich ist. Der Patient muß sich auf sein Hören verlassen. Diese Übungen sind kein stures Nachsprechen, sondern ein sehr kontrolliertes Üben des Nachsprechens der inneren

Stimme. Wenn der Patient bereit ist das mitzumachen, erlebt man häufig erstaunlich gute Fortschritte im Sprachverständnis und in der Folge in der Sprachproduktion. Auf Einsatzmöglichkeiten und Beispiele wird im folgenden Kapitel eingegangen.

8.4.3.2.4 Musik und Singtherapie

Ebenso wie das innere Hören von Sprache ist das innere Hören von Musik möglich und kann in der Therapie im Bedarfsfall mit eingesetzt werden. Ein "Bedarfsfall" in dieser Hinsicht besteht für mich in der Aphasietherapie dann, wenn Musik für das Leben des Patienten bedeutsam war und wenn durch die Erkrankung der Zugang zu diesen Fähigkeiten blockiert ist. Als Beispiel sei der Fall der 74jährigen Patientin Frau H. mit Amnestischer Aphasie beschrieben. Sie war von Beruf Musikerin und beklagte sich, daß ihr seit dem Schlaganfall "nichts einfällt". Sie hat das Gefühl, sie "weiß gar nichts mehr". Das Problem betreffe auch die Musik. Im Umgang mit der Patientin war deutlich, daß es sich bei dieser Klage um eine Generalisierung handelte, die so nicht zutraf, die die Patientin in ihrem Befinden aber sehr einschränkte. Es schien auch tatsächlich, daß sie sich schwer an Lieder oder Musikstücke erinnern konnte. Es wurde davon ausgegangen, daß die Musik im Unbewußten weiterhin repräsentiert, aber für den bewußten Zugriff blockiert war. Es wurde damit begonnen, der Patientin Musik vorzuspielen, die ihr Hauptinstrument und den von ihr geliebten Gesang betrafen. Seit der Erkrankung hatte sie solche Musik nicht mehr hören können, da klassische Musik in Krankenhäusern Mangelware ist. Die Patientin begann zu strahlen und erkannte sofort die Stücke und den Komponisten. Es wurde daraufhin für die Anschaffung eines Walkmans gesorgt, auf dem sie mitgebrachte Kassetten hören konnte, um durch das Hören Erinnerungen zu deblockieren. Im weiteren Verlauf befragte die Therapeutin sie nach musikalischen Zusammenhängen, von denen sie annahm, daß sie der Patientin vor der Erkrankung bis ins Unbewußte bekannt waren. Sie fragte sie, ob sie wisse wie Musik von Mozart klinge. Die Patientin reagierte fast entrüstet über eine so dumme Frage, natürlich wußte sie das (obwohl sie sich doch angeblich immer noch "an nichts" erinnern konnte). Die Therapeutin fragte dann, ob sie auch wisse wie Musik von Mahler klingt. Auch das wurde selbstverständlich bejaht. Es ging etwa wie folgt weiter:

Th.: Sie wissen also, wie Mozart klingt (P. lacht und nickt), und Sie wissen, wie Gustav Mahler klingt (nickt weiter). Klingen die beide gleich?
P.: (entrüstet) Nein! Die sind ganz verschieden.
Th.: Wie wissen Sie denn, was von Mozart ist und was von Mahler ist?
P.: Ja, das hört man doch!
Th.: Aber wie?
P.: (geht nach innen, um vergleichend zu hören) Weiß ich nicht, das hört man eben. Die sind doch ganz verschieden.
Th.: Wie hören Sie den Unterschied? Klingt beides gleich laut?
P.: (hört zuerst innen, dann) Nein, Mozart ist leiser.
Th.: Aha. - Und weiter: Wie ist die Besetzung?
P.: Bei Mahler ist eine viel größere Besetzung.
Th.: Es ist eine größere Besetzung, mhm. - Und der Klang, wie ist der?
P.: (hört wieder intensiv nach innen) Der Klang ist ganz anders.
Th.: Sie können den Unterschied aber genau hören?!
P.: Ja, ja natürlich!
Th.: Sie können also Mozart hören - (P. hört und nickt) und Sie können Mahler hören - (hört und nickt) und Sie hören, daß beide ganz unterschiedlich klingen.
P.: (lächelt und nickt) Ja.
Th.: Und Sie können sich "an nichts erinnern"?!
P.: (lacht laut und bemerkt dann ironisch) Nein.

Die Patientin hatte auch gerne Volkslieder gesungen. Aber auch diese fielen ihr nicht mehr ein. Es wurde daher versucht, ihr auch dabei zu helfen. Ein paar Stunden vor der hier beschriebenen Sitzung gab die Therapeutin ihr zwei Bücher mit Liedern und Madrigalen, in denen sie blättern sollte, um zu sehen, was ihr davon bekannt war. Sie kam wieder und hatte bei allen ihr bekannten Liedern Zettel hineingelegt. Es waren durchweg Volkslieder. Madrigale kannte sie nicht, da sie meist solo gesungen hatte.

Wenn sie das Buch vor sich hatte, konnte sie das entsprechende Lied mühelos singen. Das Notenbild mit dem Text verband sich demnach bei ihr mit innerem Hören, das sie dann in Gesang umsetzen konnte. Hörte sie nur die Melodie, konnte sie die Worte dazu nicht finden. An einem Beispiel wurde weiter mit ihr gearbeitet. Sie hatte das Lied markiert:
Im Frühtau zu Berge, wir ziehn, fallera
es leuchten die Berge, die Höhn, fallera
wir wandern ohne Sorgen, singend in den Morgen,
noch ehe im Tale die Hähne krähn.

Als die Therapeutin ihr das Lied vorsummte, fand sie dazu keine Worte, schaute vor sich auf den Tisch, schüttelte den Kopf und meinte: Ich weiß nichts, ich sag doch, ich weiß nichts!

Th.: Was stellen Sie sich denn zu dem Lied vor? Worum könnte es gehen?
Pat.: (schaut kurz hoch) Weiß ich nicht, ich weiß nichts.
Th.: (summt das Lied noch einmal) Wovon könnte es handeln? Phantasieren Sie mal.
Pat.: (schaut hoch, lacht, zögert etwas, dann): Wandern.
Th.: Aha, o.k. es ist ein Wanderlied. Ist doch schon mal toll. Schön - was für eine Tageszeit ist es?
Pat.: Weiß ich nicht. (schaut wieder runter).
Th.: Schauen sie noch mal hin, (lockt die Patientin mit Handbewegungen nach oben) ist es Morgen, Mittag, Abend?
Pat.: (schnell, mit fester Stimme) Früher Morgen.
Th.: Aha, na wunderbar, es ist früher Morgen. Ein Wanderlied am frühen Morgen. Und wo findet das Ganze statt? Schauen Sie noch mal hin. Was ist das für eine Landschaft?
P.: (zögernd) Weiß ich nicht.
Th.: Na, dann erzählen Sie irgendwas. Wo könnte das Ganze sein. Wandern früh am Morgen...
P.: (schaut hoch) Da sind Berge.
Th.: Na, phantastisch. Jetzt haben Sie es doch schon! In den Bergen - früh am Morgen - Wandern - Wie heißt das Lied also (summt die Melodie)?
P.: (hört zu, fängt an zu singen) Im Frühtau zu Berge wir ziehn, fallera.

Danach stockte der Text wieder, aber es wurde deutlich, daß das Visualisieren helfen konnte, das blockierte Lied wieder freizubekommen. In ähnlicher Weise wurde auch in der Gruppen-Singtherapie mit bis zu 15 Aphasikern aller Schweregrade gearbeitet. Diese Art der Singtherapie dient unter anderem der psychischen Unterstützung der Aphasiker. Über das Singen alter bekannter Volkslieder, die meist mit positiven Erinnerungen assoziiert sind, kommen die Patienten in einen positiven inneren Zustand. Durch die Musik und die Erinnerungen werden psychische Blockaden und Verkrampfungen gelöst. Das geschieht oft in Begleitung von Tränen, die lange unterdrückt wurden. Trotz dieser Tränen ist die Gruppenstunde meist eine recht fröhliche Angelegenheit, wenn es gelingt, die Stimmungen aufzufangen. Da die meisten Patienten bei den ersten

Sitzungen weinen, kann man für alle Mitglieder immer wieder klarmachen, daß das normal ist. Jeder darf weinen, wenn er das braucht. Er bekommt dafür ein Taschentuch, wenn er keines mithat. Wenn der Therapeut die Taschentücher vergessen hat, helfen sich die Patienten lachend gegenseitig dabei aus. Wenn das Weinen eines Patienten zu ansteckend wird, werden die anderen Patienten aufgefordert, zur Therapeutin zu schauen, die als "Animateur" bei dieser Therapie eine wichtige Rolle hat. Nach einigen Sitzungen legt sich das Wein-Problem gewöhnlich, und es treten die eher sprachtherapeutischen Aspekte in den Vordergrund. Bei Globalaphasikern, die kein richtiges Wort sprechen können, bekommt das Gehirn ständig die Rückmeldung von Nicht-Sprechen-Können. Bei der Singtherapie können auch Globalaphasiker oft mehrere Strophen von ihnen bekannten Volksliedern mit richtigem oder fast richtigem Text singen. Das bedeutet für den Patienten oft zum ersten Mal das Gefühl, daß sein Mund doch noch imstande ist, Wörter zu produzieren, was eine enorme Erleichterung bewirkt (v.Stockert 1984). Außer der Psyche des Patienten erfährt aber auch das Gehirn zum ersten Mal wieder vom Mund die Rückmeldung über die richtigen Artikulationen des Mundes. Wo bisher nur "ja, ja, ja" als Bewegungsmuster zurückgemeldet wurde, werden nun die ganz normalen Bewegungsmuster der Sprache an das Gehirn zurückgemeldet.

In begrenztem Umfang lassen sich Lieder oder Liedanfänge auch direkt als Deblockierungshilfe für Sprache benutzen. Die Melodie des Liedes "Auf Wiedersehn..." wird im Gehirn verbunden mit der inneren Repräsentation der Worte, so daß über die Melodie zuerst die gesungene, dann die gesprochene Abschiedsformel möglich wird.

Als weitere Möglichkeit bietet sich die schon beschriebene Kombination von auditiver und visueller Repräsentation an. Gerade in einer Gruppe kann es sehr lustig und für die Patienten anregend und sehr erstaunlich sein, bewußt zu Volksliedern zu visualisieren. Welche Vorstellung macht man sich zu dem Lied: "Sah ein Knab' ein Röslein stehn, Röslein auf der Heiden..."? Es gibt dazu sehr unterschiedliche Möglichkeiten, wobei man lernen kann, wie unterschiedlich die inneren Welten der Menschen sind. Der "Knabe" kann blond oder schwarzhaarig sein und im Alter lag er in der Phantasie der Patienten zwischen sieben und siebzig Jahren. Das Röslein kann ein Heckenröschen ein großer Rosenstrauch oder eine einsame Edelrose sein. Die umgebende Landschaft ist in den Köpfen der Menschen keineswegs immer die im Lied angesprochene Heide. Es kommen auch Gärten oder Berglandschaften vor.

Das Bewußtmachen kann helfen, den Zugang zu den Worten der Lieder zu festigen, wie es in dem obigen Beispiel gezeigt wurde, es kann aber auch die Visualisierungsarbeit der Sprachtherapie unterstützen, um allgemein den Zugang zu den inneren Bildern zu erleichtern.

8.4.3.3 Arbeit mit dem kinästhetischen Repräsentationssystem

Obwohl wir ständig über den Körper kinästhetische Informationen aufnehmen und im Gehirn verarbeiten und obwohl wir uns ständig emotional irgendwie gut oder schlecht fühlen, ist die bewußte Arbeit mit dem kinästhetischen Zugang auch bei gesunden Menschen in unserer Zivilisation oft schwierig, weil Gefühle häufig so verdrängt werden, daß der Zugang erst wieder deblockiert werden muß. Wir merken wohl, daß es uns sehr gut oder sehr schlecht geht, aber wie merken wir das? Und in welchen Zwischenstufen sind wir in der Lage, uns selbst und unsere Gefühle wahrzunehmen? In unserer Zivilisation ist es üblich, im wahrsten Sinne des Wortes, zu arbeiten, bis man umfällt. Das Umfallen ist das letzte und stärkste Warnsignal des Organismus. Wieviele kleine Signale "überfühlen" wir, bevor es dazu kommt? Man soll nicht so empfindlich sein, hart zu sich selbst sein - in unserer patriarchal bestimmten Umwelt sind solche Ideale bewußt oder unbewußt sehr verbreitet. Vielleicht sind im Unbewußten auch derart starke problembeladene Gefühle, daß man glaubt, sie nur verdrängen zu können, um sie kontrollieren zu können. Für die Therapie ist es wichtig, kinästhetische Rückmeldungen zu bekommen. Wie in der Legasthenie-Behandlung (Kutschera 1988) muß auch in der Therapie ein richtiges Ergebnis mit einer positiven kinästhetischen Rückkopplung verbunden werden können. Erst dann haben wir innerlich die Sicherheit, wirklich richtige Ergebnisse zu haben. Andernfalls ist ein Ergebnis so gut wie das andere. Da erlebt man es z.T. bei Patienten, die, nachdem sie eine Aufgabe gelöst haben, immer erwartungsvoll den Therapeuten anschauen, um von ihm die Rückmeldung zu bekommen, ob das Ergebnis richtig ist. Es fehlt ihnen die eigene innere Bestätigung dafür. Eine gute Möglichkeit der Arbeit mit den Gefühlen sind Übungen zur Körperwahrnehmung, die in den letzten Jahren immer stärkere Beachtung finden. Dazu gehören die Eutonie (Alexander 1974), die Feldenkrais-Methode (Feldenkrais 1974; 1978; 1981; Rywerant 1985) und die Haptonomie (Veldman 1987). Sie sind sehr gut mit dem NLP kombinierbar, da sie helfen, den gewünschten kinästhetischen Zugang zu erleichtern (s.auch Kap. 9.6).

8.4.3.3.1 Fördern der kinästhetischen Erinnerung

Um den Zugang zu den kinästhetischen Erinnerungen zu bekommen, kann man die Erinnerung von angenehmen Situationen nutzen, die für alle Repräsentationssysteme bewußt gemacht werden, wie in dem Beispiel unter 8.4.3 dargestellt. Bei Patienten, die Schwierigkeiten haben, innerlich in den kinästhetischen Bereich zu gehen, kann es sein, daß man länger suchen muß, bis etwas gefunden wird, was sie wirklich spüren können. Es ist hier besonders wichtig, Situationen auszusuchen, die für den Patienten eindeutig positiv sind. Wenn der Patient mit dem ganzen Gefühl in diese Situation zurückgeht, kann er sich dann gleichzeitig sehr wohlfühlen. Wählt der Patient eine negativ besetzte Situation, geht er auch mit der ganzen Wucht der Gefühle wieder in diese Situation hinein. Der Therapeut braucht dann gute positive Anker für den Patienten, die er vorher installiert haben sollte, sowie Fähigkeiten, den Patienten wieder in eine positive Stimmung zurückzuführen.

Das Führen und Kontrollieren im kinästhetischen Bereich geschieht über die Zugangssignale der Augen und des Körpers des Patienten (s. Kap. 3.3.2 und 4.4). Wenn ein guter Rapport besteht, kann der Therapeut durch die eigene Körperhaltung und durch begleitende Handbewegungen o.ä. den Patienten in den gewünschten Bereich führen.

8.4.3.3.2 Arbeiten mit Gefühlen und taktilen Assoziationen

Das Erinnern von Sprechbewegungsmustern ist eine Möglichkeit, die insbesondere Patienten mit Broca-Aphasie und mit Sprechapraxie helfen kann, leichter zu sprechen. Zum Einstieg ist es günstig, generell Erfahrungen mit dem kinästhetischen Bereich und den kinästhetischen Erinnerungen vorzuschalten. Man kann auch beispielsweise mit geschlossenen Augen verschiedene Materialien anfassen lassen, um zu helfen, die unterschiedlichen taktilen Qualitäten bewußt wahrzunehmen. Oder man kann Gegenstände mit geschlossenen Augen betasten lassen, um die kinästhetische Wahrnehmung zu fördern. Dann kann man dazu übergehen, den Mund spüren zu lassen, wahrzunehmen, wie er auf- und zugeht, mit geschlossenen Augen und geschlossenem Mund vorzufühlen, wie es sein wird, wenn der Mund aufgehen wird. Wie wird sich das anfühlen? Kann der Patient spüren, was er mit der Zunge im Mund tut? Kann er die Zähne spüren? In Fortsetzung davon soll er dann vorfühlen, was der Mund tun wird, wie er sich bewegen wird, wenn er ein bestimmtes Wort sprechen wird. Machen dem Patienten diese Dinge große Schwierigkeiten, obwohl er engagiert mitmacht, kann man ganzheitliche Körperwahrnehmungsübungen, z.B: Übungen in Anlehnung an die Haptonomie (Veldman 1987), Eutonie (Alexander 1974) oder Feldenkrais-Übungen zwischenschalten oder parallellaufen lassen (Feldenkrais 1978; 1981; Rywerant 1985). Sprechapraxien haben sich auch mit dieser Methode nicht beheben lassen, aber sie verminderten sich, und die Patienten bekamen mehr das Gefühl, daß der Mund das tat, was sie wollten, und nicht umgekehrt. Man kann im Verlauf dieser Therapie dann versuchen herauszufinden, in welcher Reihenfolge der Patient die inneren Repräsentationssysteme zur Verfügung haben sollte, um am besten sprechen zu können, da gewöhnlich das kinästhetische System nicht allein wichtig ist, sondern in Kombination mit den anderen Systemen eingesetzt wird.

8.5 Die Kompatibilität herkömmlicher Methoden mit der NLP-Therapie

Die Vorgehensweisen in der Aphasietherapie mit NLP sind nicht alle neu. Es wird teilweise mit den bekannten Verfahren gearbeitet, die nur anders akzentuiert oder erweitert eingesetzt werden.

8.5.1 Deblockierung unter dem Gesichtspunkt von NLP

Vom Grundansatz her geht die Arbeit mit NLP wie auch die meisten anderen Techniken der Aphasiebehandlung davon aus, daß in der Therapie vor allem blockierte Sprache deblockiert wird (Weigl/ Kreindler 1960; Weigl 1969) bzw. daß Umstrukturierungen im sprachlichen Netzwerk vonstatten gehen. Alle Arbeit mit NLP entspricht dem Prinzip der Deblockierung und Umstrukturierung im sprachlichen Netzwerk. Darüber hinaus läßt sich gezielt der Grundwortschatz von Substantiven und Verben deblockieren durch ein Verfahren von Kettendeblockierung, das an jede Aphasieform angepaßt angewendet werden kann. Dabei wird jeweils mit einer Serie von 20 Wörtern gearbeitet, zu denen Bildkarten und Wortkarten in doppelter Ausführung vorhanden sind. Zu Beginn der Behandlung wird mit einem Prüfbogen zur Deblockierung das Störungsausmaß der verschiedenen Modalitäten geprüft und protokolliert. Dieser Deblockierungsbogen kann für die anschließende Therapie aufschlußreicher sein als der AAT. Einem Patienten mit 0 Fehlern in der Kategorie "hörend verstehen", 5 Fehlern im Bereich "lesend verstehen", 15 Fehlern beim lauten Lesen, 18 Fehlern im schriftlichen Benennen und 20 Fehlern im mündlichen Benennen werden im ersten Durchgang jeweils 4 Bildkarten vorgelegt, bei denen das hörende Verstehen angeregt wird, also der Bereich, der am wenigsten gestört ist. Um mit den Wörtern im gewünschten Repräsentationssystem zu arbeiten, kann man diese Art der Deblockierung auch an einer Wandtafel durchführen, an der z.B. mit Magneten die Bilder in der Position angebracht werden, in der die Augenbewegungen des Patienten möglichst sein sollten, um die Wörter einzuspeichern bzw. frei zu bekommen.

Der Patient soll im ersten Durchgang nur auf das gefragte Bild zeigen. Er braucht noch gar nicht zu sprechen, kann es aber auch ruhig versuchen, wenn er möchte und sich nicht zu sehr anstrengt. Dann hat er gleich eine Komponente mehr angeregt. Die Leistung im Nachsprechen ist in diesem Fall allerdings keine echte Deblockierung, sondern eine Pseudodeblockierung, da sie ohne ablenkende Items auf das hörende Verstehen folgt. Es ist wichtig, das bei der Wertung der Leistung zu berücksichtigen. Eine doppelte Anregung des sprachlichen Netzwerkes findet dennoch statt. Wenn man drei Bilder abgefragt hat, sollte man, sofern der Patient nicht zu schwer gestört ist, diese Bilder wegnehmen und die nächsten dazulegen, damit beim Antworten nicht nur eine logische Leistung erbracht wird. Bei Patienten, die schon sicherer sind, kann jeweils nach dem geratenen Bild ein neues hingelegt werden. Das bedeutet dann für den Patienten eine zusätzliche Forderung, schnell umzuschalten. Aphasiker sind spontan geneigt, immer das zuletzt hingelegte Bild zu zeigen. Sie müssen nun lernen, zu sehen, wie ein Bild hingelegt wird, das aber meist nicht direkt abgefragt wird. Ein weiteres Problem ist unter den Gesichtspunkten von NLP zu berücksichtigen. Therapeuten schauen oft automatisch kurz auf das Bild oder Wort, das sie danach abfragen werden. Die Patienten reagieren sehr stark auf das nonverbale Verhalten und die Augenbewegungen des Therapeuten, da sie dadurch ihre Sprachverständnisstörungen ausgleichen können. Die Patienten zeigen dann manchmal schon das Wort, das gefragt werden sollte, aber noch gar nicht verbalisiert wurde, oder sie reagieren schneller, als es ihrem sprachlichen Leistungsstand entspricht.

Vermeintliches Gedankenlesen der Patienten bei solchen Aufgaben beruht meist auf nonverbalen Hinweisen, die der Therapeut gegeben hat.
 Im zweiten Durchgang soll der Patient jeweils vier Paare von Wortkärtchen einander zuordnen. Dieser Durchgang wird vor allem bei den Patienten durchgeführt, die außer Störungen im Lesesinnverständnis auch noch Störungen in der visuellen Differenzierungsfähigkeit haben. Sie brauchen hierbei noch gar nicht zu verstehen, was sie einander zuordnen, sondern nur nach visueller Ähnlichkeit vorzugehen. Gleichzeitig wird dabei schon das Schriftbild im Netzwerk zum ersten Mal mit angeregt.
 Im dritten Durchgang wird mit den Wortkärtchen das hörende Verstehen zusammen mit dem Schriftbild angeregt. Der Patient soll, wie vorher bei den Bildkarten, auf das gefragte Wort zeigen.
 Im folgenden Durchgang wird der Patient aufgefordert, jeweils vier Wörter zu vier entsprechenden Bildern zu sortieren. Auch wenn der Patient noch nicht "lesen" kann, setzt dieser Vorgang auf die noch vorhandene intuitive Kenntnis der Muttersprache. Der Patient wird aufgefordert, einfach zu raten, wo das Wortkärtchen wohl hinpassen könnte. Er soll ausprobieren, wo es am schönsten aussieht. Wenn der Patient dem schon gewachsen ist, wird er danach aufgefordert, laut zu lesen, danach alle Bilder schriftlich und abschließend mündlich zu benennen. Auch wenn die letzten Glieder der Deblockierungskette, die das eigentliche Ziel der Arbeit sind, noch gar nicht abgefragt werden, weil die schlechten Leistungen den Patienten zu sehr frustrieren würden, führt diese Arbeit zu einer guten Erweiterung des Wortschatzes, weit über die deblockierten Wörter hinaus. Es werden Serien zusammengestellt ohne Rücksicht auf semantische Felder, eher unter dem Gesichtspunkt des Schweregrades für die Patienten. Bei schwer gestörten Patienten werden daher vor allem zwei- und dreisilbige Wörter bevorzugt. Es wird davon ausgegangen, daß jedes einzelne Wort das ganze semantische Feld, zu dem es gehört, im sprachlichen Netzwerk anregt, weshalb es sogar wünschenswert ist, Wörter aus verschiedenen semantischen Feldern zu haben, es sein denn, das Erarbeiten von semantischen Feldern sei gerade ein Therapieziel.

Man kann zwischen die einzelnen Glieder der Kette beliebige Glieder ein- oder zufügen: Deblockieren über Assoziationen, Sprichwörter, Lieder, Nachsprechen, Malen, Zusammensetzen aus Buchstaben, Erkennen von Geräusche usw. Bei all dem kann man ausgehen von der Vorstellung des sprachlichen Netzwerkes, in dem alle Punkte mit allen Punkten verbunden sind. Diese Art Kettendeblockierung regt optimal das ganze sprachliche Netzwerk an, ohne den Patienten zu frustrieren, da das Deblockieren nicht in derselben Sitzung erfolgreich sein muß. Der Erfolg der Anregung des sprachlichen Netzwerks zeigt sich vielmehr oft außerhalb der Therapie, wenn der Patient auf einmal anfängt, spontan Wörter zu äußern oder besser zu verstehen. Die Deblockierung von Substantiven ist am leichtesten, da es dafür am meisten eindeutige Bilder gibt und da Verben meist schwerer zu deblockieren sind (Engl 1984). Wie auch Engl feststellt, sind Verben nicht so isoliert darstellbar wie Substantive. Bedenkt man zusätzlich die Bedeutung der *inneren* Bilder, heißt das, daß sehr viel komplexere Visualisierungsfähigkeiten gefordert sind als bei Substantiven. Bei Substantiven braucht man einfach die innere visuelle Repräsentation des Objektes, bei Verben muß gewöhnlich mindestens ein Subjekt visualisiert werden, das gerade etwas tut, d.h. das sich meist noch in einem gewissen Kontext auf eine gewisse Art verhält. Wenn das Visualisieren von Objekten schon schwierig ist, ist einleuchtend, daß die Komplexität der visuellen Assoziation zu Verben für viele Patienten zu groß ist, um sie intern abrufen zu können. Diese Art der Kettendeblockierung kann sehr gut individuell an das Störungsmaß des Patienten angepaßt werden. Bei Patienten mit Amnestischer Aphasie kann man 8 - 10 Bilder auslegen oder beim Zuordnen von Wort zu Bild aus 20 Wörtern zu 10 Bildern die passenden Wörter aussuchen lassen. Das Fragetempo des Therapeuten richtet sich nach den Fähigkeiten des Patienten und ist immer gerade an der Leistungsgrenze, so daß diese immer weiter hinausgeschoben wird. Am Ende ist die Übung eine Hirnleistungsübung für Patienten und Therapeuten.

Auf diese Art angewandt kann die Weiglsche Kettendeblockierung ungemein erfolgreich sein. Sie sollte allerdings immer individuell auf den einzelnen Patienten eingestellt werden. Diese Übungen sind für die meisten Patienten und für den Therapeuten nicht so sehr anstrengend, so daß sie immer leicht als Zusatzübung durchgeführt werden können, wenn noch Zeit ist oder aber auch bei Patienten, die gerade nicht so "gut drauf" sind. Wegen ihrer Effektivität sind sie aber auch bei der ganz normalen Arbeit sehr hilfreich, um den Wortschatz frei zu bekommen.

8.5.2 Auditive Stimulation und Melodische Intonationstherapie

In der herkömmlichen Aphasietherapie gibt es verschiedene Arten der Arbeit mit auditiven Repräsentationen. Sie werden weitgehend als von außen kommende Stimulation eingesetzt (Schuell 1964; Ruge 1976). Diese bewirkt sicherlich eine Anregung des sprachlichen Netzwerkes, insbesondere im Bereich des Wortklangs, und ist somit auch erfolgreich. Verbessern läßt sich diese Möglichkeit durch die beschriebene Verbindung mit dem inneren Hören der Wörter. Der Language Master eignet sich nach Aufbereitung des nur bedingt einsetzbaren Originalprogramms recht gut zur Anregung des inneren Hörens, da er die Möglichkeit der visuellen Kontrolle des Mundbildes beim Hören ausschließt. Der Patient sieht vielmehr auf der Tonkarte ein Bild, zu dem ein Wort oder ein Satz gesprochen werden. Es werden also Objekt- bzw. Situationsbild mit der zugehörigen auditiven Assoziation gekoppelt angeboten. Das Mundbild wird ausgeklammert. Die Patienten sind also gezwungen, sich wirklich auf das Hören zu verlassen, was sie sonst oft vermeiden. Dadurch kann unbewußt das innere Hören mit geschult und deblockiert werden. Hat man den Eindruck, daß der Patient nicht nach innen geht, bevor er das Wort zu sprechen versucht, kann man ihn gezielt dazu anhalten, vor der äußeren Verbalisierung das Wort innerlich zu hören. Dadurch kann der therapeutische Effekt der Arbeit mit dem Gerät gesteigert werden.

Auch die Melodische Intonationstherapie kann mit dem Sprachspeicherungsmodell erklärt werden und bei schweren Aphasien durchaus im Sinne des NLP angewandt werden. Über die Kombination mit dem noch zugänglichen melodischen Bereich werden die ersten Wortbildungen erreicht. Damit bekommt das Gehirn zum ersten Mal wieder Rückmeldung über Sprechbewegungen und Wortproduktion, was eine weitere Anregung des sprachlichen Systems bedeutet. Außerdem bekommt die Psyche des Patienten die Erfolgsmeldung, daß Sprache wieder möglich ist und damit weitere Erfolge auch möglich sein könnten. Eine gerade bei sehr schwer gestörten Patienten eventuell bereits eingetretene Entmutigung und Resignation kann damit aufgebrochen werden. Damit könnte verhindert werden, daß die resignative Haltung den sprachlichen Fähigkeiten gegenüber sich als sich selbst erfüllende Prophezeihung auswirkt.

8.5.3 Linguistische Therapie

Linguistische Therapie geht störungsspezifisch, defizitorientiert vor (Engl/ Kotten et. al. 1982; Kotten [3]1986; Springer 1986). Wird sie streng so eingesetzt, ist sie nicht systemisch zu verstehen und wäre von daher kontraindiziert. Sie läßt sich allerdings durchaus harmonisch in eine systemische Arbeit einbauen. Wenn systemische Arbeit an dem Sprachspeicherungsmodell orientiert arbeitet, heißt das auch, daß ein Störungsschwerpunkt in bestimmten Fällen oder in bestimmten Phasen der Therapie im Bereich digitaler, linguistischer Bereiche liegen kann. Die Konsequenz ist, daß an diesen Punkten gearbeitet werden muß, um weitere Deblockierungen im Netzwerk zu ermöglichen. Hat man einmal gelernt, in Kategorien von NLP zu denken, d.h. daß man auch immer digitale Sprache mit den analogen Repräsentationen verbindet, läßt sich die linguistische Therapie, die sich vor allem im Bereich des digitalen Repräsentationssystems abspielt, gut durch Verbindungen zu den inneren analogen Systemen anreichern. Dadurch wird die Therapie für den Patienten deutlich erleichtert. Bei Vergleichsübungen z.B., bei denen der Patient falsche Sätze korrigieren soll, wie bei: "Die Maus ist größer als der Elefant", liegt es nahe, auf das visuelle System zurückzugreifen. Patienten haben oft Schwierigkeiten mit solchen Übungen, weil sie im digitalen System bleiben. Sie machen sich nicht unbewußt automatisch Bilder zu den gelesenen Sätzen, was ihnen sehr schnell helfen würde, die Aufgaben zu lösen. Fragt man die Patienten zuerst einmal, ob sie sich eine Maus und einen Elefanten vorstellen können, und läßt mit Handbewegungen die Größe zeigen, wird deutlich, wie unklar die innere Vorstellung oft ist. Wieso muß ein Therapeut lachen, wenn er in dem Material die folgenden Sätze liest, während die Patienten ganz ernst bleiben: "Der Schwan schwimmt auf dem Tee" (Engl/ Kotten et. al. 1982, S.63). Oder: "Der Missionar frißt den Löwen" (Engl/ Kotten et. al. 1982, S.122)? Wir machen uns automatisch innere Bilder zu den Sätzen und merken damit sofort, ob etwas nicht stimmt. Wenn man den Satz nur digital als Satz hört ohne Verbindung zum visuellen System, macht er einen ganz vernünftigen Eindruck.

Ist die innere Repräsentation klar oder korrigiert worden, ist auch die Übung der linguistischen Aufgabe deutlich leichter. Fast alle Übungen des Materials von Engl/ Kotten/ Ohlendorf/ Poser (1982) lassen sich auf diese Art mit inneren Repräsentationen verbinden und dadurch für die Patienten leichter durchführbar, lebensnaher und damit interessanter gestalten.

8.5.4 Kommunikative Therapie

Die Arbeit mit NLP ist in sehr vielen Fällen eine kommunikative Therapie, ohne festgelegte Strukturen zu haben, wie die Therapieformen, die von Pulvermüller oder bei der Arbeit mit PACE entwickelt wurden. Es geht im therapeutischen Miteinander immer wieder darum, sich miteinander zu verständigen. Verbindung schafft das ehrliche Interesse des Therapeuten an dem Leben, den Gedanken - kurz - an der oft so unbekannten Welt des Aphasikers. Der Therapeut hat dabei das Vertrauen, daß der Patient Möglichkeiten finden wird, sich auszudrücken. Er versucht dem Patienten zu helfen, den für ihn im konkreten Fall einfachsten Weg der Mitteilung zu finden. Hat er verstanden, was der Patient will, kann man gemeinsam überlegen, wie man die Botschaft noch anders hätte übermitteln können. Dabei kann sich zum Beispiel herausstellen, daß das Aufmalen für den Patienten eine gute Verständigungsmöglichkeit wäre. Also wird in der nächsten Zeit konkret an den inneren Bildern, am Zeigen und Malen gearbeitet. In der Kommunikation wird der Patient in dieser Zeit immer wieder aufgefordert, doch zu versuchen zu malen, wenn man ihn nicht versteht. Wenn das nicht geht, versucht man, im konkreten Fall wieder andere Möglichkeiten zu finden. Dadurch, daß die verschiedenen Verständigungsmöglichkeiten konkret wichtig sind, weil der Therapeut sonst nicht verstehen kann, was der Patient ihm mitteilen will, sieht der Patient leichter ein, daß ein Verständigen mit allen zur Verfügung stehenden Möglichkeiten für ihn positiv sein kann und ein Erarbeiten der phonischen Sprache nicht aus-, sondern einschließt. Es besteht dadurch auch kaum ein Problem des Transfers des Gelernten in die Spontansprache, da die Kommunikation in der Therapie so weit als möglich Spontansprache ist. Diese Art der Arbeit hat den Vorteil, daß der Patient merkt, daß sein Gegenüber wirklich an ihm, seinem Leben, seinen Problemen, seinen Gedanken und Beschäftigungen interessiert ist. Dadurch entsteht zum einen eine recht stabile Vertrauensbeziehung, zum anderen eine Stärkung des durch die Krankheit stark geschädigten Selbstwertgefühls des Patienten. Außer zum Teil in seiner Familie erlebt der Aphasiker nach seiner Erkrankung nur wenige Menschen, denen wirklich an ihm als Person gelegen ist. Er ist entweder Objekt von Untersuchungen, Pflege oder von Therapien. Von Interesse sind seine Defizite, nicht seine Fähigkeiten und Werte. Dadurch, daß er spürt, daß der Sprachtherapeut seine Fähigkeiten und Werte kennenlernen möchte, ist er oft auch bereit, sich seinerseits intensiver auf den Therapeuten und die Therapie einzulassen. Ist er nicht dazu bereit, hat er auch jederzeit die Wahl, die Therapie zu beenden. Wenn der Patient das weiß, weiß er auch, daß er selbst verantwortlich ist für den Fortgang der Behandlung, was wiederum sein Engagement fördert.

Die systemische Arbeit mit NLP, wie ich sie verstehe, ist u.a. eine Art der kommunikativen Therapie mit einem Minimum an strukturierten Kommunikationsübungen und mit der alternativen Möglichkeit, ganz andere Therapiearten gleichberechtigt einzusetzen, wenn sie angezeigt sind.

9. Möglichkeiten der Behandlung der verschiedenen Aphasiesyndrome mit NLP

sprachlos sein und dennoch
schon ein schwaches Licht
sprachlos sein und dennoch
aus der Tiefe der Finsternis
sprachlos sein und dennoch
kann bewirken
sprachlos sein und dennoch
beharrlich
sprachlos sein und dennoch
zu suchen zu suchen
sprachlos sein und dennoch
nach dem Ausgang
sprachlos sein und dennoch
zu suchen

Alwin Michael Rueffer

Neben den Möglichkeiten der Therapie mit herkömmlichen Therapiemethoden, die dem Verständnis des NLP entsprechend eingesetzt werden, bietet das NLP auch eigene Therapieansätze, die syndromspezifisch besonders geeignet sind. Das heißt allerdings nicht, daß sie nur bei dem Syndrom anwendbar sind, für das sie hier beschrieben sind. Für die einzelnen Syndrome werden hier Therapiemöglichkeiten dargestellt, die speziell auf die Behandlung der Leitsymptome ausgerichtet sind. Da die Grenzen zwischen den Aphasietypen immer fließend sind und "reine" Aphasieformen dem Leben kaum entsprechen, gelten auch die hier dargelegten Anwendungsmöglichkeiten des NLP für alle Aphasiker, die Schwierigkeiten in den erwähnten Bereichen haben. Bei Patienten mit

Amnestischer Aphasie können beispielsweise, je nach individueller Ausprägung der Aphasie, praktisch alle genannten Therapiemöglichkeiten hilfreich sein, ohne daß sie bei dem Unterpunkt Amnestische Aphasie (s. Kap.9.5) noch einmal alle beschrieben werden könnten. Entsprechendes gilt für die anderen Aphasieformen.

9.1 Leitungsaphasie

Die Leitungsaphasie gehört zu den Sonderformen der Aphasie, die nur selten vorkommen. Im Bereich der Geriatrie, aus dem meine Erfahrungen vor allem stammen, trifft man sie extrem selten an, weshalb die beschriebene Art der Therapie nur mit wenigen Patienten erprobt werden konnte. Nach Huber, Poeck, Weniger (1982) ist bei der herkömmlichen Therapie "die Prognose hinsichtlich der Nachsprechleistungen schlecht" (Huber, Poeck, Weniger 1982, S.102). Seit der Arbeit mit NLP war es möglich, diese Methode bei einer Patientin mit reiner Leitungsaphasie sowie bei einem Patienten mit Broca-Aphasie und starker Tendenz zu Leitungsaphasie anzuwenden; außerdem bei einer Patientin mit Leitungsaphasie, bei der aber durch einen vermutlich wachsenden Hirntumor eine konstante gezielte Behandlung unmöglich war. Diese Erfahrungen reichen nicht aus, um statistische Aussagen zu machen, aber es zeigte sich eine Tendenz zu außerordentlich guten Fortschritten. Die Patientin mit eindeutiger Leitungsaphasie, Frau R., hatte außer den Schwierigkeiten im Nachsprechen und im lauten Lesen nur geringe Wortfindungsstörungen und hätte ohne die genannten Ausfälle wohl eine leichte Amnestische Aphasie gehabt. Bei der Durchführung des AAT hatte sie beim Nachsprechen schon enorme Schwierigkeiten bei den einsilbigen Wörtern. Beim lauten Lesen des Wortes "Wahl" las sie: "W- W- W- Wa- Wahl". Längere Wörter oder Sätze konnte sie weder nachsprechen noch laut lesen. Mit ihr wurde intensiv am inneren Hören gearbeitet, wie es im vorigen Kapitel beschrieben wurde. Nachdem sie erlebt hatte, was mit innerem Hören gemeint ist, sollte sie ein gesprochenes Wort innerlich hören, bevor sie versuchte, es laut nachzusprechen. Wenn sie dann laut sprach, sprach sie eigentlich nicht mehr dem Therapeuten, sondern der inneren Stimme nach. Bei dieser Arbeit zeigte sich, daß die innere Stimme manchmal zu leise ist, um sie gut hören zu können. Durch mehrfaches Vorsprechen wird versucht, sie zu verstärken, wenn es dem Patienten nicht gelingt, sie einfach innerlich lauter zu stellen. Bei Wörtern, bei denen die Patienten noch sehr unsicher sind, hören sie innerlich oft die Stimme des

Therapeuten und sprechen dieser Stimme nach. Wenn sie dann sicherer werden, hören sie innen zunehmend die eigene Stimme. Die Frage danach, was für eine Stimme sie innerlich hören, kann den Patienten helfen, noch genauer auf die innere Stimme zu hören.

Für das Üben des lauten Lesens wird dem Patienten ein geschriebenes Wort gezeigt, und er wird aufgefordert, dieses Wort zuerst innerlich zu hören, bevor er es laut spricht. Kann der Patient es nicht hören, spricht der Therapeut es zuerst vor, bis der Patient es innerlich hören kann. Das Üben des lauten Lesens eignet sich also sehr gut als Fortsetzung des Nachsprechens.

Die Patientin Fr. R. konnte bereits in der ersten Sitzung ein- und zweisilbige Wörter recht gut nachsprechen und laut lesen. In der dritten Sitzung las sie bereits langsam und richtig aus der Zeitung vor. Nach zwei Wochen, in denen zusätzlich an der Wortfindung gearbeitet wurde, beendete sie die Therapie, weil sie fand, daß sie wieder gut genug sprechen könne. In einem normalen Gespräch fielen keine Störungen mehr auf, sie konnte gut nachsprechen und laut lesen, so daß man von einer praktischen Heilung sprechen konnte. Leichte Reststörungen befand sie für ihr Leben als irrelevant.

9.2 Transkortikale Aphasie

Ebenfalls zu den Sonderformen der Aphasie gehört die Transkortikale Aphasie, die mir vor allem als Transkortikal-sensorische Aphasie begegnet ist. Im Gegensatz zur Leitungsaphasie trifft man sie im Rahmen der Geriatrie häufiger an. In der Literatur gibt es - wie für die Leitungsaphasie - kaum relevante Hinweise für die Therapie. Da mit NLP erst seit etwa vier Jahren gearbeitet wird, können auch für diese Form noch keine statistisch auswertbaren Ergebnisse aufgezeigt werden. Aber es scheint Richtungen zu geben, in die man gehen kann, um den Patienten bestmöglich zu helfen. Typisch für die Transkortikale Aphasie sind Schwierigkeiten, Verbindungen herzustellen. Die Patienten können sehr gut nachsprechen, wiederholen oft echolalisch, was zu ihnen gesagt wurde, aber verstehen den Sinn häufig nicht. Beim Kettendeblockieren haben sie oft große Schwierigkeiten, Wörter den Bildern zuzuordnen, obwohl sie eventuell die Wörter lesen und die Bilder benennen können. Auch der eigene Lebenslauf macht ihnen große Probleme, obgleich sie nicht eigentlich verwirrt sind. Wenn sie diese Schwierigkeiten mitbekommen, neigen sie z.T. zu suizidalen Wünschen. Ein Patient, der nach einigen Wochen Therapie seine Ausfälle immer deutlicher merkte, bat mich dann, ihm doch eine Spritze zu machen, damit dann alles vorbei sei, denn er sei ja sowieso verrückt. Diese klare Sicht der Dinge zeigt schon, wie wenig verrückt der Patient war. Diese Patienten sind aber sicherlich gefährdet, irrtümlich in Psychiatrien zu landen.

Anliegen der Sprachtherapie ist es, diesen Menschen zu helfen, ihre Welt wieder zu ordnen und Beziehungen herzustellen. Das kann auf sehr vielfältige Art geschehen. Als Beispiel für eine Möglichkeit stelle ich Sitzungsprotokolle vor mit einem Patienten, Herrn F., der zwar eine Amnestische Aphasie hatte, die aber stark zu einer Transkortikalen Aphasie tendierte. Im Nachsprechen erreichte er Prozentrang 92, im Benennen Prozentrang 77, im Token Test PR 72, in der Schriftsprache PR 65 und im Sprachverständnis PR 64. H. F. war 65 Jahre alt und von Beruf Busfahrer. Die Spontansprache war beim ersten Hören fast unauffällig, der Patient fiel auf der Station aber auf, weil er irgendwie konfus wirkte, seltsam daherredete und teilweise örtlich und zeitlich nicht orientiert schien. In der Sprachtherapie war der Patient sehr gesprächig, zum Teil in Richtung Loggorrhoe. Nach außen wirkte er sehr fröhlich, hatte aber ein starkes Störungsbewußtsein. Auf die Frage, was ihn an seiner Sprache am meisten störe, sagte er: "Ich weiß ja nichts mehr, ich habe alles vergessen".

Da eine Agraphie, Störung des lauten Lesens, Fehlbenennungen von Bildern und Tendenz zu Transkortikaler Aphasie vorlagen, lag die Vermutung nahe, daß der Patient Schwierigkeiten haben könnte, Zugang zu finden zu den Repräsentationssystemen und sie in Beziehung zueinander zu setzen. Bei Versuchen zu visualisieren zeigten sich in diesem Bereich gravierende Probleme, die sich auf die mangelnde Fähigkeit der visuellen Erinnerung auswirkten. Das gab ihm das Gefühl, alles vergessen zu haben. Tatsächlich konnte er außer einigen beruflichen Dingen kaum konkrete Erinnerungen aus seinem Leben erzählen. Es wurde daher begonnen, an den inneren Bildern zu arbeiten. Um ihm die Erfahrung zu vermitteln, daß er innerlich Dinge sehen, hören und fühlen könne, die nicht im Raum gegenwärtig sind, sollte er sich in der ersten Sitzung visuell, auditiv und kinästhetisch an seine von ihm sehr geliebte Ehefrau erinnern. Visuell und auditiv gelang ihm das sehr gut, die kinästhetische Erinnerung war am wenigsten deutlich zu erkennen. Anschließend sollte er den Marktplatz seines Stadtteils visualisieren. Dabei hatte er große Schwierigkeiten, antwortete ganz allgemein wie: "Der ist schön, so ein richtiger Marktplatz" oder gab ausweichende Erklärungen, warum er das nicht könne: "Ich wohne da noch nicht lange, das habe ich noch nicht gesehen." Auf die Aufforderung hin, sich das doch noch einmal anzusehen, denn da sei doch auch die Bushaltestelle, wo er früher immer gehalten habe, kam er aus dieser Perspektive ein bißchen weiter, hatte aber immer noch große Schwierigkeiten, wirklich markante und typische Dinge zu finden. Nachdem er sie dann von mir aufgemalt sah, erinnerte er sich wieder.

Die zweite Sitzung in dieser Art verlief sehr eindrucksvoll und lustig. Die Atmosphäre war sehr entspannt und heiter, Therapeutin und Patient lachten sehr viel, was hier nur ungenügend wiedergegeben werden kann:

Th.: Sie erinnern sich noch, was wir gestern gemacht haben? (P. nickt) Sie haben sich daran erinnert, wie Ihre Frau aussieht, wie sie sich anhört und wie sie sich anfühlt (Th. begleitet die Worte mit Handbewegungen in Richtung der entsprechenden Zugangssignale).
P.: "Ja" (lacht und nickt).
Th.: Das ging ganz gut, oder?
P.: "Ja" (lacht und nickt).
Th.: Sie haben ja sonst oft Schwierigkeiten, sich etwas vorzustellen (P. nickt), sollen wir das weiter etwas üben?
P.: Ja (lächelt und nickt).
Th.: O.K. - Wie sieht eigentlich ein Flugzeug aus?
P.: Ach du liebe Zeit - ja so (macht mit dem gesunden Arm "Flügelbewegungen", lacht).
Th.: (lacht) Ja, wie sieht es aus?
P.: Flügel, Rumpf, da kann man so mit fliegen ("fliegt" wieder und lacht).
Th.: Und wie sieht ein Hubschrauber aus?
P.: Ach, nää, - (lacht, fuchtelt herum), hab ich noch nicht gesehen.
Th.: Glaub' ich Ihnen nicht. Mindestens im Fernsehen, im Krimi oder so.
P.: Na ja, aber nicht so genau.
Th.: Ja, wie sieht er aus?
P.: Ja, so - (zeichnet etwas Undefinierbares in die Luft) und vorne und hinten 'ne Schraube.
Th.: Wie?
P.: (macht unverständliche Gesten) Vorn und hinten 'ne Schraube.
Th.: (zeichnet auch etwas Längliches in die Luft und an den Enden etwas Drehendes) Vorn und hinten? (erstaunt)
P.: Ja (sehr sicher und nickt).
Th.: Kapier ich nicht. Malen Sie mir das mal auf (reicht ihm Papier und Bleistift).

P.: Ich hab doch schon gesagt, mit links kann ich nicht schreiben (greift nach dem Block)
Th.: Ja, ich weiß, aber malen Sie mal auf, ich kann mir das sonst nicht vorstellen (schiebt den Block weiter rüber).
P.: Aber ich konnte noch nie malen (lacht).
Th.: Ja, malen Sie mal, wie Ihr Hubschrauber aussieht.
(Der Patient malt den "Hubschrauber" der Abb. 21a, ohne die Schrauben.)

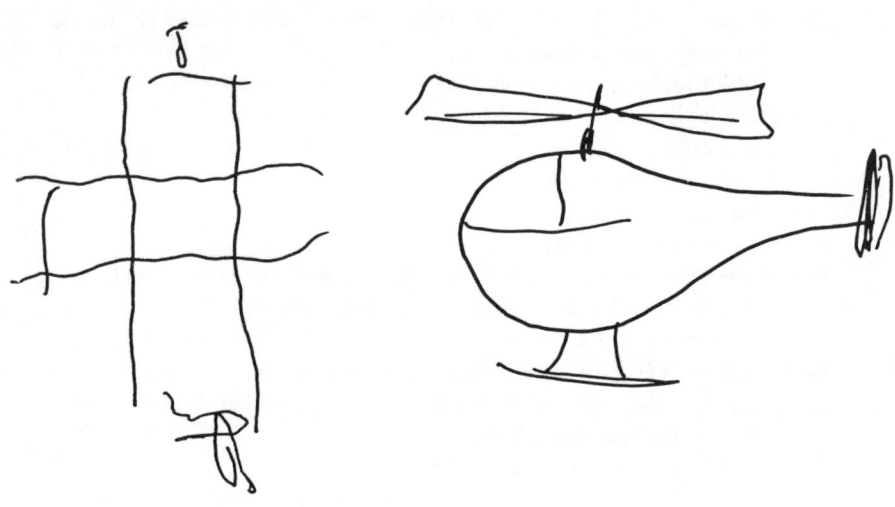

Abb. 21a und b: Hubschrauber (a von Patient; b von Therapeutin gemalt)

Th.: Ist das von vorn, von hinten, von oben, unten, von der Seite?
P.: (sehr sicher) Von oben!
Th.: Aha, o.k. Aber Sie haben doch was von Schrauben gesagt, wo sind die denn?
P.: Vorne und hinten (malt die Schrauben an den Enden in das Bild).
Th.: Und was ist das? (zeigt auf den "Querbalken")
P.: Weiß ich auch nicht (lacht).
Th.: Ja, aber Sie haben das doch dahin gemalt, was ist das denn?
P.: Weiß ich nicht! Ich hab doch gesagt, ich kann nicht malen. - Jetzt malen *Sie* mal einen Hubschrauber. (Th. zögert etwas) Ja, jetzt malen *Sie* mal einen Hubschrauber, das will ich jetzt sehen! (lacht)

Th.: (lacht und malt einen Hubschrauber. - Abb. 21 b - Als sie fertig ist, ist sie stolz) Das ist mein erster Hubschrauber!
P.: Da vorn muß aber noch eine Schraube, da muß vorne und hinten eine Schraube.
Th.: Vor allem muß aber da oben eine Schraube sein (zeigt auf den Rotor), sonst kann das Ding nämlich nicht fliegen.
P.: Aber das weiß ich genau, das habe ich im Fernsehen gesehen, diese großen Hubschrauber, die haben vorne und hinten eine Schraube.
Th.: Aha, sie haben also doch schon mal einen gesehen.
P.: Ja, und die haben vorne und hinten eine Schraube.
Th.: Das mag sein, daß die großen Kampfhubschrauber vorne und hinten eine Schraube haben, um sie zu stabilisieren (Patient nickt stark), aber vor allem haben sie oben den Rotor (zeigt auf dem Bild, was sie meint).
P.: Ja, den Rotor (nickt).
Th.: Ja, den brauchen sie nämlich, sonst heben sie nicht ab.
P.: Ja, aber die haben auch vorn und hinten eine Schraube.
Th.: Das kann schon sein, aber sie brauchen die Schraube oben (zeigt auf dem Bild), die ist typisch für den Hubschrauber, sonst kann er nicht fliegen. Sonst könnte man an Ihren Bus ja auch vorn und hinten eine Schraube machen (beide lachen), der würde aber trotzdem nicht abheben (beide lachen wieder, er nickt leicht).
Th.: O.K. - Was anderes, wie sieht ein Fisch aus?

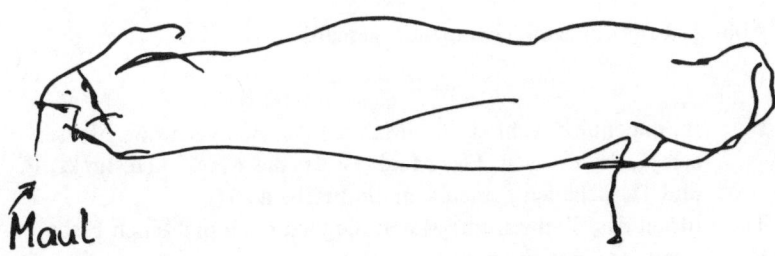

Abb. 22 a: Fisch (von Patient gemalt)

P.: Ein Fisch? Weiß ich nicht (lacht).
Th.: Ach kommen Sie! Malen Sie mal einen Fisch.

P.: Ich kann doch nicht malen. Ich konnte noch nie malen (lacht, nimmt den Bleistift).
Th.: Malen Sie mal einen Fisch. (Patient malt einen Fisch Abb. 22a, aber am Schwanz einfach offen, ohne Ende.)
Th.: Aha, - und wo hört der auf? Überhaupt nicht?
P.: (etwas unwillig) Ja, ja (macht den Fisch "zu", lacht dann). Das is ein großer Fisch, ein Wal oder ein Haifisch oder so.
Th.: Mhm - (studiert den Fisch). Von wo ist das? Von oben, von unten, von der Seite, von vorn, von hinten?
P.: (in selbstverständlichem Ton) Von der Seite. - Jetzt malen *Sie* mal einen Fisch. Sie können das bestimmt.
Th.: Ich kann auch nicht gut malen, aber einen Fisch mache ich mir ganz leicht (malt einen Fisch):

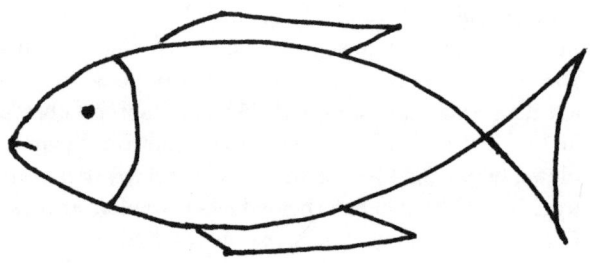

Abb. 22 b: Fisch (von Therapeutin gemalt)

P.: (kommentiert während des Malens) Der Schwanz, die Flossen - ach ja, die Flossen. Das Maul, ist das das Maul? (Th. nickt, P. und Th. schauen gemeinsam die Fische an.)
Th.: (dreht das Blatt herum) Malen Sie jetzt noch mal einen Fisch.
P.: (malt, anfänglich etwas vor sich hinmurrend, dann kommentierend) ... Und der Schwanz und die Flosse und das Maul...

Abb. 22 c: Fisch (von Patient gemalt)

Th.: (zeigt ihm zum Vergleich das erste Bild) Ist doch schon anders, oder? (P. nickt) Ich würde Ihnen vorschlagen: Fahren Sie doch nachher nochmal (mit dem Rollstuhl) ins Foyer zum Aquarium und schauen sich die Fische an. Wie groß die Schwanzflosse ist, die ist nämlich oft ziemlich groß, weil sie sonst nicht steuern können. Und wie groß die anderen Flossen sind. Bei Ihnen ist die Rückenflosse größer als die Schwanzflosse, gucken Sie mal nach, wie das bei den Fischen im Aquarium ist.
P.: (lacht) Ja, mach ich mal.
Th.: Haben Fische eigentlich Beine?
P.: Fische? Beine? (Th. nickt und lacht, P. schaut nach oben) Nein, Fische haben doch keine Beine!
Th.: Na gut. Haben Vögel Beine?
P.: (lacht) Vögel? (schaut nach oben) Ja.
Th.: Mhm,- Wie sieht ein Vogel aus?
P.: So, na, so ganz natürlich (fängt an, mit den Fingern auf dem Tisch zu malen).
Th.: Ja, wie denn? Malen Sie mal einen.
P.: So (macht mit zwei Fingern auf den Tisch die Figur eines fliegenden Vogels). Die Beine sind so rangeklappt, wie sich das gehört beim Fliegen (lacht).
Th.: Mhm (nickt, lacht). Und wenn er landet und sich irgendwo hinsetzt, wie sieht er dann aus?
P.: Dann sind die Beine da (macht diffuse Gesten).
Th.: Wieviel Beine haben Vögel?

P.: Ja, vier! Alle Tiere haben vier Beine, oder?!
Th.: Schlangen?
P.: (lacht, schüttelt den Kopf) Nä, Schlangen haben keine!
Th.: Und Tausendfüßler?
P.: Tausend (lacht).
Th.: Und Menschen? (lacht)
P.: Zwei (lacht).
Th.: Und Vögel?
P.: Fünf,- oder?
Th.: (zuckt mit dem Schultern) - Wo sind die?
P.: Vier vorne (zeigt je zwei) und eins hinten in der Mitte.
Th.: Ein Spatz - sie haben schon einmal einen Spatz gesehen?
P.: (nickt, lacht) Der hat zwei.
TH.: Aha, und eine Amsel?
P.: Zwei.
TH.: Und ein Adler?
P.: Zwei.
Th.: Aha, also Vögel haben zwei Beine, ja?
P.: (lacht) Ja.
Th.: Aber wenn jetzt so ein Spatz bei Ihnen oben auf dem Balkongeländer sitzt, wie wissen Sie, daß das ein Vogel ist? Ein Mensch hat ja auch zwei Beine. Wie wissen Sie, daß das ein Vogel ist? (P. lacht, weiß nicht weiter) Je nun, es könnte ja auch eine Krankenschwester sein. Wie kann man das unterscheiden?
P.: (lacht, schaut umher) Die ist nicht draußen.
Th.: Och, wenn es warm genug ist, ist die auch draußen. Wie weiß man, ob es ein Vogel oder eine Krankenschwester ist? (P. lacht)
P.: Die hat andere Beine.
Th.: Aha, - und was ist daran anders?
P.: (windet sich ratlos und lacht) Na ja, die sind anders.
Th.: Ja, o.k., die sind anders, aber wie anders?
P.: Ein Vogel hat ja auch drei Beine.
Th.: Drei?
P.: Ja, drei.
Th.: Wo hat er die?
P.: Zwei vorne und eins hinten in der Mitte.
Th.: (muß furchtbar lachen, P. schaut etwas erstaunt, weil er nicht weiß, warum) Entschuldigung, die Vorstellung von dem Vogel mit den drei Beinen ist für mich genauso komisch wie für Sie die Krankenschwester auf dem Balkongeländer (beide lachen). Wir hatten vorhin eigentlich mal gesagt, daß Vögel zwei Beine haben

P.:   (P. nickt), ja? Aber gut, worin unterscheidet sich der Vogel denn sonst noch von der Krankenschwester (beide lachen)?
P.:   (denkt nach, schaut suchend umher und dann nach oben links) Der Schnabel!
Th.: (lacht) Aha, der Vogel hat einen anderen Schnabel.
P.:   Ja (lacht).
Th.: Wie ist denn der Schnabel von dem Vogel? Malen Sie mal auf den Tisch.
P.:   So spitz (malt mit zwei Fingern so auf den Tisch, als sei der Kopf des Vogels senkrecht nach oben gerichtet).
Th.: O.K. - Wir müssen für heute Schluß machen, schauen Sie sich doch bis morgen mal die Fische und die Vögel an, dann wird es Ihnen vielleicht noch etwas klarer (beide lachen).

Am nächsten Tag fragte die Therapeutin den Patienten, ob er sich an die gestrige Sitzung erinnere.
P.:   (schaut umher, lacht) Nein.
Th.: Wir haben uns z.B. über Fische unterhalten. Haben Sie die noch einmal im Aquarium angeguckt?
P.:   Nää - (lacht), wir haben darüber gesprochen?
Th.: Ja, und über Vögel und wieviel Beine die haben und so.
P.:   Nää, die kenn' ich doch.
Th.: Und wieviel Beine haben die?
P.:   (spontan und selbstverständlich) Zwei! Was denn sonst?
Th.: Gestern haben Sie gesagt: fünf.
P.:   (lacht laut und ist ganz entrüstet) Nää, das hab' ich doch nicht gesagt.
Th.: Doch - mal sollten es fünf Beine sein und mal drei Beine.
P.:   (kriegt sich kaum ein vor Lachen) Ich soll das gesagt haben? Vögel, die kenne ich doch. Ich habe immer welche gehabt. Das waren ja meine Lieblinge. Nur meine Frau wollte die nicht. Die machten ihr zu viel Dreck.
Th.: Was für Vögel waren das?
P.:   Wellensittiche.

Der Patient war dann kaum zu bremsen. Er erinnerte bis ins Detail sein Leben mit den Wellensittichen, konnte genau beschreiben, wie sie aussehen, was für einen Schnabel sie haben im Gegensatz zu anderen Vögeln usw. Obwohl der Patient sich bewußt gar nicht an unser Gespräch entsann, hatte es doch den gesamten Bereich seines Lebens mit den Vögeln in all seinen Zusammenhängen deblockiert.

Eine andere Patientin mit Transkortikaler Aphasie, Frau P. war nicht so erfolgreich, da sie die Therapie oft abblockte. Sie war so davon überzeugt, daß sie jetzt eine andere Person sei als vor der Krankheit und daß sie jetzt nichts mehr könne, daß sie entweder die Mitarbeit verweigerte oder nach drei Tagen Erfolg ernsthaft krank wurde. Schon als Kind hatte sie sich durch demonstrierte Unfähigkeit Zuwendung verschafft. Nach der Erkrankung war dieses Muster sehr hinderlich und nicht zu überwinden. Während einer Gruppentherapie mit Töpferarbeiten zeigte sie die für Patienten mit Transkortikaler Aphasie typischen Reaktionen. Auch hier ging es um die Vögel. Dieses Mal war es die Aufgabe, den Vogel zu töpfern. Fr. P. fing nach der Aufgabenstellung noch nicht gleich an zu töpfern. Sie sagte eine ganze Weile das Wort "Vogel" immer wieder vor sich hin, fragend und mit den Augen oben im visuellen Bereich suchend. Schließlich strahlten ihre Augen, sie hatte etwas gefunden: "Ei!" Sie hatte herausgefunden, daß der Vogel etwas mit einem Ei zu tun hat. Das war ein großer Erfolg, sie hatte einen Zusammenhang entdeckt. Ein daran anknüpfendes Gespräch half ihr, zu versuchen, einen Vogel aus Ton zu gestalten.

Mit dem schon erwähnten Patienten Herrn N. (Kap.8.4.3.1.2) entspannen sich wichtige Gespräche durch seine malerischen Aktivitäten. Seine ersten Malversuche waren sehr vorsichtig und in vielen Dingen noch nicht stimmig. Das Boot auf einem seiner frühen Bilder (Abb. 23) ist zu groß für den gemalten Fluß, der Fluß hat noch keinen logischen Verlauf. Mit der Zeit wurden die Bilder immer besser und der Realität angemessener. Zufällig kam die Therapeutin im Gespräch auf das Mischen von Farben zu sprechen. Dabei stellte sich heraus, daß er nicht mehr wußte, daß und wie man Farben mischen kann. Da er ein sehr gebildeter Mann war, kann man davon ausgehen, daß ihm vor seinem Schlaganfall solche Zusammenhänge bekannt waren. An einem der späteren, schon sehr guten Bilder (Abb. 24) entzündete sich ein weiteres Gespräch über Zusammenhänge. Den Baum hatte er wunderschön gemalt, mit vielen kleinen Blättern. Er wußte aber nicht, wie diese Blätter mit dem Baum zusammenhingen. Er hatte die Vorstellung, daß sie alle untereinander festgemacht seien. Wir haben das zum Anlaß genommen, um über den Zusammenhang von Knospen, Blüten, Blättern, Früchten zu sprechen. Als Material dienten uns die Pflanzen in seinem Zimmer, die er selbst pflegte.

Abb. 23: Herr N.: Das Boot

Abb. 24: Herr N.: Das Haus

Dies sind einige Beispiele der vielfältigen Möglichkeiten der Therapie auf der Basis des Sprachspeicherungsmodells und des NLP. Sie werden sicher in der nächsten Zeit noch um viele Bereiche erweitert werden, insbesondere durch mehr Arbeit mit dem auditiven System.

9.3 Broca-Aphasie

Ein Leitsymptom der Broca-Aphasie ist der Telegrammstil in der Spontansprache der Patienten. Die Patienten sprechen nur die wichtigsten sinntragenden Wörter der Sätze. Funktionswörter werden einfach weggelassen. Wenn es stimmt, daß Sprache automatisch verbunden ist - bzw. wird - mit den inneren Repräsentationen zu den Wörtern, ist es einleuchtend, daß diese "kleinen" Wörter besonders schwierig sind. Welches innere Bild soll man sich machen zu den Worten: welches, soll, man, sich, zu, den - um nur die Wörter dieses Satzes zu nehmen. Diese Wörter liefern keine Möglichkeit der inneren visuellen, auditiven oder kinästhetischen Repräsentation. Sie können allenfalls über Zusammenhänge analog gespeichert werden. Wenn eine direkte analoge Speicherung nicht möglich ist, ist die digitale Speicherung umso wichtiger und ihre Verknüpfung mit den inneren Repräsentationen dazu. Man braucht den Zugang zur inneren Repräsentation des graphischen und motorischen Wortbildes, des Wortklangs und des motorischen (kinästhetischen) Programms. Die linguistische Therapie befaßt sich mit der digitalen Speicherung und ihrer Deblockierung, das NLP bemüht sich zusätzlich um den Zugang zu den anderen inneren Repräsentationen. Innerhalb des Syndroms kann der Zugang zu den inneren Repräsentationen in sehr unterschiedlicher Form gestört sein. Bei Patienten mit starker sprechapraktischer Komponente ist meist der Zugang zu dem motorischen Programm stark gestört. Bei anderen Patienten steht der Anteil der auditiven Speicherung im Vordergrund. Oft gibt es eine Rangfolge der Schwierigkeiten bzw. der Möglichkeiten, den gewünschten Zugang zu deblockieren. Zuerst braucht man eventuell die Deblockierung des Wortklangs, dazu dann das Wortbild und das Mundbild und schließlich die kinästhetische Erinnerung an die Mundbewegungen beim Sprechen. Die für den einzelnen Patienten günstigste Strategie gilt es in der Therapie herauszufinden.

Patienten mit Broca-Aphasie haben bekanntermaßen ein relativ gutes Sprachverständnis. Dennoch kommt es auch bei ihnen zu

Sprachverständnisstörungen, insbesondere zu einem rezeptiven Aggrammatismus (Kotten 1982). Sie nehmen, wie gesagt, die kleinen Wörter im Satz nicht auf, sie "hören" sie gar nicht. Das Hören dieser Wörter läßt sich in vielen Fällen über das Nachsprechen erarbeiten. Natürlich geht es nicht um ein papageienhaftes Nachsprechen um des Nachsprechens willen sondern darum, die kleinen Wörter wieder innen hören zu lernen. Es wird also in derselben Art geübt wie das in Kap.8.4 beschriebene Erarbeiten des Nachsprechens. Erste Erfahrungen zeigen, daß diese Wörter auch in der Spontansprache öfter wieder eingesetzt werden, wenn sie erst einmal wieder innen frei geworden sind.

Als Beispiel sei Herr A. angeführt, Rentner, 64 Jahre alt, der nach einem Schlaganfall eine schwere Globale Aphasie hatte mit Sprechapraxie und einer leichteren Dysarthrie. Er ist ein sehr stolzer Mann, der sich nicht gern helfen läßt. Daher verweigerte er während der Rehabilitation vielfach die Mitarbeit (siehe Kap.9.6). Am Ende der Rehabilitationszeit - mit täglicher Therapie - bestand weiterhin eine schwere Globale Aphasie mit einer Besserung im gesamten kommunikativen Verhalten und im situativen Sprachverständnis. Wenn der Patient es zuließ, konnten einzelne Wörter am Ende von vorgesprochenen Lückensätzen deblockiert werden. Spontanes Sprechen war nicht möglich. Ich übernahm den Patienten kurz vor der Entlassung, um später ambulant zweimal in der Woche mit ihm zu arbeiten. Nach einem Jahr ambulanter Therapie hatte er eine schwere Broca-Aphasie und konnte ab und zu einzelne Wörter sprechen. Das Sprachverständnis war immer noch relativ stark gestört. Nach einem weiteren Jahr spricht der Patient heute Sätze, bevorzugt im Telegramm-Stil, mit der Entwicklung hin zu vollständigen Sätzen. Das Sprachverständnis ist situativ so gut, daß es nur noch selten zu Mißverständnissen kommt. Der Patient liest täglich die Zeitung, versteht zumindest den groben Inhalt von dem, was er liest. Der Patient ergreift wieder Eigeninitiative, geht allein spazieren oder zum Friseur, unterhält sich mit Leuten auf der Straße oder in der Nachbarschaft. Er macht weiterhin ständig Fortschritte, auch mit Verminderung des Telegrammstils.

Diese enormen Fortschritte, die weder meiner Erfahrung noch der Erwartung entsprechen, wurden vor allem durch die Arbeit mit den inneren Repräsentationen der Sprache erreicht. Da dem Patienten viel an der Schriftsprache gelegen war, wurde zuerst eine Agraphie-Behandlung mit NLP durchgeführt. Nachdem der Patient gemerkt hatte, daß die Methode wirklich mehr brachte als ein stupides "Schreiben-Üben", machte er es gut mit und arbeitete auch zwischen den Sitzungen mit seiner Frau weiter daran. Die Ehefrau, mit der H. A. eng verbunden ist, war bei der Therapie meist anwesend. Sie konnte dadurch selbst viel über die Störung und den Umgang mit ihrem Mann lernen und die Arbeit auch zwischen den Sitzungen optimal unterstützen. Es zeigte sich bald, daß die Agraphiebehandlung weit mehr Auswirkungen hatte, als die Rechtschreibung der geübten Wörter zu deblockieren. Es wurden auch zunehmend die Wörter deblockiert, die der Patient aus der Zeit vor der Erkrankung gespeichert hatte. Außerdem konnte er die Wörter, die er so schreiben gelernt hatte, recht mühelos sprechen. Es wurde Wert darauf gelegt, daß diese Übungen immer wieder in das Leben eingebaut waren. Es wurden relevante Wörter aus dem konkreten Leben des Patienten genommen, die er dann auch in der Kommunikation benutzen mußte. Er wurde immer so ernst genommen, daß sowohl seine Frau als auch die Therapeutin von ihm verlangten, daß er die Wörter, die er konnte, auch benutzte. Wenn die gesamte Therapie sehr lebensnah ist, kann man dem Patienten auch sehr deutlich und provozierend die Meinung sagen, wenn er das Geübte nicht anwendet: "Wo bin ich denn? Sind Sie ein Baby? Sie können doch reden, also tun Sie es auch! Ich gebe mir doch auch Mühe, auf Sie einzugehen, dann können Sie sich auch Mühe geben, mit mir zu reden. Wenn Sie wirklich nicht weiterkommen, versuche ich Ihnen zu helfen, aber ansonsten können Sie sich selbst verständigen. Wenn Ihnen das Wort nicht einfällt, können Sie es schreiben oder malen oder mit Händen und Füßen zeigen. Sie können jedenfalls versuchen, sich zu verständigen. Und wenn Sie dazu zu faul sind, dann bin ich auch zu faul, mich dauernd zu bemühen, Sie zu verstehen. Ich weiß, Sie sind in einer schwierigen Situation. Aber Ihre Frau oder ich sind auch in einer schwierigen Situation. Also müssen wir uns alle Mühe geben, wenn wir weiterkommen wollen." Eine solche Rede mag dem einen oder anderen hart und provozierend erscheinen. Im Sinne der provokativen Therapie ist sie angebracht und hilfreich. Natürlich ist die Voraussetzung für einen angemessenen Einsatz einer solchen Kommunikation, daß der Therapeut den Patienten als Menschen akzeptiert und daß der Patient dieses Wohlwollen verbal und nonverbal glaubhaft erlebt. Dann kann ein solches Gespräch für beide Seiten hilfreich sein. Der Therapeut staut nicht ständig Wut in sich auf über Patienten, die das Geübte nicht anwenden und damit sein Tun "entwerten". Der Patient spürt, daß der Therapeut, der ja schließlich der Fachmann ist, ihm zutraut, sich verständigen zu können, was er selbst sich ja oft nicht zutraut. Für eine solche Rede ist aber die Voraussetzung - wenn das Gesagte stimmig sein soll -, daß der Therapeut an die kommunikativen Fähigkeiten des Patienten glaubt. Vielleicht wehrt sich der Patient auch und beklagt sich, daß er nicht malen kann. Dann kann das zu einem Anlaß werden, es zu üben.

Wichtig ist es für mich, hart zu bleiben in dem Verlangen, daß der Patient sich entsprechend seiner Fähigkeiten verständigt.
Bei Herrn A. gelang das recht gut. Er sprach auf solche Appelle an, da sie seinem Wunsch entgegenkamen, ohne Hilfestellung von außen zu leben. Was er wirklich nicht konnte und was daher auch nur begrenzt von ihm erwartet wurde, waren Ja/nein-Antworten. Erst nach zwei Jahren ist er so weit, daß er allmählich Alternativ-Fragen beantworten kann. Sobald klar war, daß Ja/nein-Antworten wieder möglich wären, wurde erwartet, daß er diese Fähigkeit auch einsetzte. Besonders schwierig ist bis heute das Wegkommen vom Telegrammstil. Zu Beginn der Therapie schien es das höchste Ziel der Therapie, daß er überhaupt einige Brocken sprechen könnte. Inzwischen mußte das Ziel weiter gesteckt werden und es erhob sich die Frage, wie man von den Brocken den Übergang zu vollständigen Sätzen schaffen könnte. In diesem Fall war der Schlüssel zu dem Problem das Üben des inneren Hörens von Funktionswörtern. Der Patient hatte sie bisher nicht wahrgenommen. Er mußte also lernen zu hören, daß sie existierten und wie sie sich anhörten. Nachdem das relativ gut klappte, bekam er die Aufgabe, bei seiner täglichen Zeitungslektüre immer einen Teil laut zu lesen - unter besonderer Berücksichtigung der "kleinen" Wörter. Seine Frau half ihm anfangs dabei. Zum gegenwärtigen Zeitpunkt ist er soweit, daß er spontan unbewußt z.T. schon vollständige Sätze spricht. Wenn er sehr bewußt etwas sagen will, sind die Sätze halb vollständig. Wenn er dringend eine Mitteilung machen will, kommen meist nur einzelne Brocken. Er hat aber die Wichtigkeit und den Sinn der lästigen kleinen Wörter verstanden und ist bemüht, auch diese Klippe zu schaffen.

Nicht nur die Funktionswörter sind für Broca-Patienten schwierig. Auch Substantive und Verben werden schwer gefunden oder sind schwer zu sprechen. Als Beispiel sei hier eine Sitzung mit dem Patienten Herrn B. aufgeführt. Herr B. hatte kaum Paresen und war nach dem Aufenthalt im Akutkrankenhaus nach Hause entlassen worden, wo er auf den Rehabilitationsaufenthalt in der teilstationären Einrichtung wartete. Er hatte keine Sprachtherapie und zeigte nur eine geringe sprachliche Besserung in dieser Zeit. Der Patient hatte eine Broca-Aphasie mit auffallend schweren Ausfällen im Bereich des Nachsprechens, so daß eine Tendenz zur Leitungsaphasie bestand. Die Spontansprache war stockend, er versuchte, während er sprach, sich selbst über das Schreiben mit dem Finger auf den Tisch zu deblockieren. Da die Rechtschreibung ebenfalls stark beeinträchtigt war, gelang ihm das nur selten. Das Sprachverständnis war situativ praktisch ungestört, im Test zeigten sich syndromspezifisch leichte Ausfälle. Bei den eigenen sprachlichen Übungen hatten sich seit der Erkrankung kaum Besserungen eingestellt.

In einer ersten Sitzung wurde er eingeführt in das bewußte Erleben der inneren Repräsentationen seiner Welt. Er erlebte, wie er durch das Hören auf die innere Stimme viel leichter sprechen konnte als bisher. Die Therapeutin hatte ihm auch erklärt, daß er das durch horizontale Augenbewegungen unterstützen könne. Bisher hatte er immer im visuellen Bereich gesucht, was aber im Moment nicht so erfolgreich war. Diese Arbeit war für ihn sehr anstrengend gewesen, zumal er ein Perfektionist war und alles gleich beim ersten Mal perfekt machen wollte. Die nächste Sitzung verlief folgendermaßen:

Th.: Es war anstrengend gestern, oder?

P.: Ja, ich wollte das auch noch sagen, - vom - e- nicht, (schreibt mit dem Finger etwas Unleserliches auf den Tisch) die - die an, die - e - Worte so zu sagen, e war am Anfang noch si so leicht. Aber mußte mich nachher doch ziemlich anstrengen, - um e- alles richtig aus- aus-zu-drü drücken.

Th.: Ja, und ich denke, es war für Sie eine sehr neue Erfahrung, daß ich Sie so quasi gezwungen habe, jetzt innerlich zu hören (Handbewegung in Richtung auditiver Erinnerung), was für Sie sehr ungewohnt war.

P.: Ja, das war nämlich so gut, daß ich meiner Frau gestern abend gestern abend richtig sagen könne, könnte, um das wieder aufzunehmen, zu (Handbewegung in die auditive Richtung)- hören, wie - eigentlich gar nicht war.

Th.: Was man eigentlich gar nicht hören kann (P. stimmt zu), was man nur innerlich hören kann.

P.: (Zeigefinger an seinem linken Ohr) Ja.

Th.: Haben Sie es ihr erklären können?

P.: Ja, und - e das Gleiche kommt wieder, wenn Sie aus dem Urlaub zurück sind, meine Frau dann doch gern mal bei einer Set- le Lesung, das mal hören möchte.

Th.: Möchte sie mal dabei sein? Da machen wir mal einen Termin. - Gut, dann fangen wir noch einmal an, wie wir es gestern gemacht haben. (P. stimmt zu) Sie sehen ein Wort und lesen es noch nicht sofort laut, Sie hören es sich zuerst innerlich an (P. spricht fast synchron bestätigend mit). Wenn Sie es innen gehört haben, dann sprechen Sie es.

P.: (nickt) Ja.

Th.: Wenn's noch nicht deutlich war, dann sagen Sie mir einfach, daß ich es noch mal sage (begleitet immer mit Handbewegungen nach horizontal links / von P. aus).
P.: (nickt) Ja.
Th.: (weiterhin mit begleitenden Handbewegungen nach horizontal links, P. nickt die ganze Zeit zustimmend) Und Sie achten auch noch mal darauf, wessen Stimme Sie jetzt hören.
P.: Ja.
Th.: Das ist völlig wertfrei, es würd' mich nur interessieren.
P.: Ja.
Th.: (legt kurz ein Wortkärtchen so auf den Tisch, daß der P. sich mit den Augenbewegungen in der Richtung des inneren Dialogs befindet)
P.: (sehr schnell, so daß die Th. nicht sicher war, ob er innerlich gehört hatte) Hut.
Th.: Was für eine Stimme war's?
P.: Das war ein Männer - -
Th.: Eine Männerstimme. Kennen Sie diese Stimme?
P.: Ja, ich meinte, - sie selbst - an mir - (horizontale Handbewegungen zu seinem rechten Ohr).
Th.: Es war ihre eigene Stimme?
P.: Ja.
Th.: Ja, gut, super (zeigt ein neues Wortkärtchen).
P.: (auch wieder recht schnell) Deck- Deck- Decke.
Th.: (macht abwehrende Handbewegungen) Woran lag das jetzt, daß es hakte? Hatten Sie es schon bis zuende gehört?
P.: Nein, hatte ich noch nicht zu Ende.
Th.: Ja, genau; und Sie merken, da ist es wieder wichtig sich Zeit zu lassen - ich weiß Sie sind einer von der schnellen Truppe - aber versuchen Sie, sich zu bremsen.
P.: Ja (nickt)
Th.: Sie haben mehr davon.
P.: (nickt heftig) Ja.
Th.: Denn Sie wollen es ja wieder richtig sprechen. Und da müssen Sie sich erst einmal die Zeit lassen, das Wort zu Ende zu hören. Sonst werden Sie an der Stelle, wo Sie es nicht mehr hören, stocken.
P. (fällt der Th. ins Wort) Das ist meine, das ist, weil ich immer meine, ich müßte immer bestens fertig kriegen.
Th.: Ja, aber Sie können es besser, wenn Sie sich Zeit lassen.
P.: (nickt und gestikuliert bestätigend) Ja, das ist mir auch klar.
Th.: (beide lachen) Das müssen wir einfach üben, das Zeit lassen. - Dürfen Sie sich Zeit lassen?

P.: Sie hatten mir das gut er - be - (fängt an auf den Tisch zu schreiben).
Th.: Erklärt?
P.: Nein, (kommt mit dem Kopf in die Horizontale) empf, empfoh - empfohlen.
Th.: Und, meinen Sie, es würd' sich lohnen, sich Zeit zu lassen?
P.: (nickt deutlich) Ja, ich meine auch. (Th. legt ein neues Wortkärtchen hin, P. schnell und sicher, ohne in den visuellen Bereich zu gehen) Ball. (Th. zeigt neues Kärtchen, P. wieder sehr sicher) Haus. (Th. zeigt neues Kärtchen, P. schaut nach oben, dann:) Ta - Ka- Kalle. (Th: abwehrende Handbewegung.)
P.: Ich hatt' es schon da, aber es war weg.
Th.: Sie haben es gesehen.
P.: (ist weiter damit beschäftigt) Tasse.
Th.: Ich würde Sie bitten, niemals raufgucken, bleiben Sie auf dieser Höhe (Handbewegung in die gewünschte Richtung).
P.: Ja, ist gut.
Th.: Ist in dem Fall vielleicht auch gut, wenn Sie mich angucken, dann sind Sie sicher, daß Sie nicht weiter hochgehen.
P.: (mehrfach bestätigend) Ja, ja.
Th.: Sonst sind Sie gleich im anderen Bereich, und ich möchte, daß Sie erst einmal hier bleiben.
P.: Ist auch schwierig!! - - (horizontale Handbewegungen).
Th.: Sie sind es gewöhnt, immer gleich nach oben zu gehen (legt ein neues Wort auf den Tisch).
P.: (schaut erst lange geradeaus, geht dann nach oben, wird von der Th. durch Handbewegung und Kommando "hierbleiben" zurückgeholt) Apfel (beide lachen).
P.: (Nachdem er auf das Wort auf dem Tisch geschaut hat, geht er kurz nach oben, will gleich sprechen.)
Th.: (versucht ihn zu bremsen) Zuhören! (entsprechende horizontale Handbewegung).
P.: (spricht dennoch, ohne noch einmal zu hören) Monn.
Th.: Stop!! Zuhören!!
P.: (hört sichtbar auf die innere Stimme, dann) Mund.
Th.: Ja (beide lachen).
P.: (zeigt bestätigend auf die Th., schaut etwas ungläubig über seinen Erfolg) Komisch! (Th. zeigt ein neues Wort, P. liest, hört kurz innen, dann mit stolzer Miene) Ei.
Th.: Wer hat's gesprochen?
P.: (sicher, setzt sich gerade hin und lächelt) Das habe ich gesagt.
Th.: Mhm (zeigt ein neues Wort).

P.: (geht nach dem Lesen spontan mit den Augen nach oben, wird von der Th. mit einer Handbewegung auf die Horizontale geholt, versucht innerlich zu hören, wirkt aber unsicher, Th. versucht daher das Aussprechen noch durch eine Handbewegung zu verhindern. P. spricht dennoch, etwas unsicher) Cousch.
Th.: Ich hatte den Eindruck, es war noch nicht sicher gehört. Sie haben eine bißchen zu früh angefangen.
P.: Ja (nickt).
Th.: Hören Sie es noch mal!
P.: (hört erst noch einmal innerlich, dann mit fester Stimme) Couch.
Th.: Hören Sie es wirklich!
P.: Ich hatte es gehört. Aber das erste Mal, da hatte ich nicht ausge-, ausgesprochen, also nicht ausge - wartet.
Th.: Ja genau. Und sofort hakt es wieder.
P.: Ja.
Th.: Deshalb lassen Sie die Stimme ausreden. (in anderer Tonlage weiter) Wissen Sie, daß ich ja dasselbe Problem beim Test mit Ihnen hatte? Ich mußte immer sagen: Lassen Sie mich zu Ende reden.
P.: (nickt) Ja.
Th.: Mich ließen Sie auch nicht zu Ende reden. Ihre eigene Stimme lassen Sie auch nicht zu Ende reden (beide lachen, P. stimmt zu). Versuchen Sie, sich selber die Zeit zu geben.
P.: Ja, ja.
Th.: (lachend) Sie haben mehr davon, wirklich (zeigt ein neues Wort).
P.: (gibt sich Zeit zum Hören, spricht dann sicher und mit sichtbarem Stolz auf sich) Kamm. (Th. lächelt zustimmend, zeigt ein neues Wort, P. gibt sich wieder Zeit zum Hören, will sprechen, wartet aber noch einmal, spricht dann sicher) Auto.
Th.: Sehr gut war das. Da haben Sie es auch gut gehört!
P.: Ich - hätte's selbst gemerkt, daß ich verkehrt gesprochen hätte.
Th.: Und da haben Sie nochmal hingehört -
P.: Ja.
Th.: Ja, das habe ich gesehen.
P.: Ja? (lacht)
Th.: (lacht auch) Ja, und das Hinhören hat sich gelohnt. - Jetzt wird's ein bißchen schwieriger. Jetzt wird es länger. Da ist es noch wichtiger, daß Sie sich ganz lange Zeit lassen, bis wirklich das Wort zu Ende ist. Denn das Wort braucht jetzt mehr Zeit.
P.: Ja.

Th.: (zeigt ein Wort, der Patient liest, geht als erstes wieder ins innere Sehen. Die Th. holt ihn mit Handbewegung zurück ins innerliche Hören) Hierlang!
P.: (hört lange innerlich, dann unsicher) Ke - fon.
Th.: Aha, gut, da hat es die innere Stimme noch nicht ganz kapiert gehabt, die müssen wir nochmal füttern. Ach, ich hatte es gestern nachher auch über mein Sprechen gemacht, richtig.
P.: (versucht es immer noch) Teson. Nee, das war - jetzt ist es weg.
Th.: Genau. - Ich hatte es nachher gestern anders gemacht, und das machen wir jetzt mal; - daß Sie es nicht über's Lesen kriegen, sondern über das Sprechen, und Sie hören es hinterher noch einmal innerlich (P. stimmt zu), bevor Sie es sprechen (P. stimmt wieder zu). - Telefon.
P.: (gibt sich Zeit zum inneren Hören, dann sehr sicher) Telefon. (Er schaut sehr erstaunt, lehnt sich zurück und lacht.) Können Sie zaubern?
Th.: (lachend) Ja.
P.: (lachend) Ja, is wirklich.
Th.: (spricht das nächste Wort vor) Besteck.
P.: (hört innerlich, dann sicher) Besteck (lehnt sich wieder erstaunt zurück).
Th.: Richtig, ja?
P.: Jaa.

Beim nächsten Wort wurde deutlich, daß der Patient mit seinen Kräften am Ende war. Diese Arbeit ist für die Patienten sehr intensiv, so daß der Patient eventuell nach zehn Minuten erschöpft ist. In dieser Zeit hat er aber auch gewöhnlich enorm viel gelernt. Dieser Patient zeigte am Anfang der Sitzung in seiner Spontansprache viel mehr Stockungen und Paraphasien als am Ende der Sequenz. Es wurde in den nächsten Sitzungen in ähnlicher Art gearbeitet wie in der protokollierten Sequenz. Nachdem der Patient relativ sicheren Zugang hatte zu dem inneren Hören, konnte auch der Bereich des inneren Sehens mit hinzugenommen werden. Es stellte sich heraus, daß sich während der Übungen im auditiven Bereich auch die Rechtschreibung gebessert hatte, ohne daß direkt daran gearbeitet worden war. Die Erinnerung des Schriftbildes wurde nun als zusätzliche Hilfe für den Patienten einbezogen. Dann lernte der Patient, das zu sprechende Wort auch innerlich zu fühlen, bevor er es sprach. Wie das erarbeitet wird, wird im Transkript einer Sitzung mit der Patientin Frau W., die eine Globale-Aphasie hatte, in diesem Kapitel unter Punkt 9.6 dargestellt. Bei Herrn B. konnte ich den Patienten schließlich recht leicht mit Handbewegungen durch alle inneren Repräsentationen führen, so wie es am günstigsten schien. Die Ehefrau kam öfter zu der Therapie hinzu, um mit ihm abends weiter üben zu können. Sie wollte die Therapie auch unbedingt kennenlernen, da sie sich nach den Erzählungen ihres Mannes nur schwer vorstellen konnte, was wir taten. Bereits nach drei Wochen mit täglicher Therapie von einer halben Stunde waren deutliche Fortschritte in allen sprachlichen Bereichen festzustellen, vor allem auch in der Spontansprache. Der Patient mußte dann wegen akuter gesundheitlicher Probleme verlegt werden und wurde vom Akutkrankenhaus nach Hause entlassen, da er relativ schwach war und nach mehreren langen Krankenhausaufenthalten Heimweh hatte. Er kam noch einmal zu einem Gespräch und berichtete stolz, daß er selbst mit seiner Frau weiter an der Sprache gearbeitet habe. Er hatte in der kurzen Zeit der Behandlung gelernt, wie er sich selbst am günstigsten helfen konnte, und war zu seinem eigenen Therapeuten geworden. Er hätte zwar gern zu Hause weiter diese Art Therapie gehabt, da das nicht ging, wollte er selbst weitermachen. Die sprachlichen Fähigkeiten waren trotz Therapiepause und schlechteren allgemeinen Gesundheitszustandes weiter leicht gebessert.

Das Transkript der Behandlung zeigt keineswegs eine Idealsitzung. Die Therapeutin hat durch nicht eindeutige Anweisungen, z.B. durch Anweisungen mit Verneinungen, den Patienten verleitet, immer wieder in den visuellen Bereich zu gehen, was sie eigentlich hatte vermeiden wollen. Man kann insofern an Videoaufzeichnungen viel lernen über das eigene unbewußte Tun und verstehen lernen, warum man bei einer bestimmten Art der Kommunikation zu bestimmten Ergebnissen kommt. Je geübter und kongruenter man als Therapeut ist, umso eindeutiger wird auch die eigene Sprache sein, so daß mit größerer Wahrscheinlichkeit eine erfolgreiche Kommunikation entsteht.

9.4 Wernicke-Aphasie

Bei Patienten mit Wernicke-Aphasie sind die Sprachverständnisstörungen das hervorstechende Merkmal. Entweder es wird vor allem der Gesprächspartner nicht verstanden und es kommt zu Mißverständnissen, oder der Patient kann schwerpunktmäßig die eigene Sprachproduktion nicht kontrollieren. Für die Aphasietherapie mit NLP sind diese Patienten die schwierigste Patientengruppe. Es gäbe zwar viele Möglichkeiten der Therapie, aber da die Methoden des NLP eher ungewöhnlich sind, werden sie von diesen Patienten oft abgelehnt, insbesondere wenn das Störungsbild sehr ausgeprägt ist und wenn der Patient die Sprache des Therapeuten kaum entschlüsseln kann. Daher läßt sich mit diesen Patienten nur über das Unbewußte arbeiten. Das bedeutet, daß der Therapeut versucht, den Patienten über Signale der Körpersprache wie Handbewegungen o.ä. in den Bereich zu lenken, den er braucht, um ihm zu helfen, Zugang zu den Bereichen seines Gehirns zu bekommen, die er vermutlich im Augenblick benötigt. Bestimmte Bewegungen, Geräusche oder Berührungen können als Anker benutzt werden, die man einsetzen kann, um den Patienten zu leiten.

Bei einem geringeren Störungsausmaß, wenn man dem Patienten erläutern kann, wie man ihm helfen möchte, liegt ein Schwerpunkt der Arbeit bei dem Deblockieren des inneren auditiven Hörens, wie es bereits beschrieben wurde. Auch für die Besserung der Eigenkontrolle der Sprache hat sich diese Arbeit als sehr wirkungsvoll herausgestellt, denn es ist hilfreich für die Patienten, wenn sie das, was sie sagen, wieder in Verbindung bringen können mit einem inneren Referenzsignal. Auch bei einer Patientin, die nicht über das Bewußtsein bereit war, an dieser Schwierigkeit zu arbeiten, halfen Nachsprechübungen, bei denen ihr die visuelle Kontrolle zunehmend entzogen wurde, so daß sie zur Lösung der Aufgabe auf die auditive Information angewiesen war. Da bei ihr die Schriftsprache relativ gut erhalten war, kombinierte sie diese Übungen mit dem Aufschreiben und dem lauten Lesen des Gehörten. Dies waren Übungen, die eigentlich weitaus "stupider" schienen als die komplizierten linguistischen Aufgaben, die sie in der Rehabilitationsklinik zu lösen hatte. Dennoch war sie sehr zufrieden damit, weil sie nach kurzer Zeit merkte, daß ihre Sprache sich besserte. In schlaflosen Nächten stand sie auf, las etwas in der Zeitung, versuchte, einen Satz im Kopf zu behalten und ihn dann aufzuschreiben und laut zu lesen. Sie benutzte für diese Arbeit alle Repräsentationssysteme. Sie brauchte das innere Schriftbild, das gute Gefühl, das ihr mitteilte, wenn ein Wort richtig geschrieben war, und die auditive Speicherung, die den zu schreibenden und zu lesenden Wörtern entsprach. Dieser Patientin wurde zu Beginn der Behandlung nur der Zusammenhang von Augenbewegungen und Repräsentationssystemen erklärt. Wieviel sie davon verstanden hatte, war nicht recht klar, sie schien über solche Erklärungen aber etwas unwillig. Daher wurde auf weitere Erklärungen und explizite Arbeit mit NLP verzichtet. Es zeigte sich aber, daß sie unbewußt seit dem Gespräch sehr oft innerlich in den für die jeweilige Aufgabe günstigsten Bereich ging. Wenn sie es nicht von selbst tat, konnte sie in vielen

Fällen durch eine Bewegung oder ein Fingerschnipsen in den gewünschten Bereich geführt werden. Bei dieser Patientin schien der Bereich der visuellen Speicherung recht gut intakt, sie war auch nicht bereit, daran zu arbeiten oder auch nur zur Überprüfung etwas zu malen. Bei anderen Patienten mit Wernicke-Aphasie kann es auch wichtig sein, an diesem Bereich zu arbeiten, eine Agraphiebehandlung durchzuführen usw. Die Art und Kombination der Übungen muß im Einzelfall mit dem Patienten entwickelt werden.

Je schwerer die Sprachverständnisstörungen sind, umso wichtiger sind die Sprache des Therapeuten und die Kongruenz von verbalen und nonverbalen Mitteilungen. Wie auch bei Patienten mit Globalen Aphasien sollten Sätze mit Verneinungen vermieden werden, da Verneinugen nur in der digitalen Sprache vorkommen (Watzlawik [8]1990). Da der Patient in diesem Bereich aber große Ausfälle hat, ist für ihn eine verneinte Botschaft noch schwerer zu entschlüsseln als für gesunde Menschen. Der Therapeut kann durch eine lebhafte und kongruente Mimik und Gestik dem Patienten helfen, seine Worte zu verstehen, und ihm durch einen guten Rapport zeigen, daß er gewillt ist, auf ihn einzugehen. Damit hat er günstige Voraussetzungen, um auch für Patienten mit starken Sprachverständnisstörungen eine Vertrauensbeziehung aufzubauen.

9.5 Amnestische Aphasie

Für die Behandlung der Amnestischen Aphasie bieten sich sehr viele Möglichkeiten an, von denen bereits mehrere in Beispielen erwähnt wurden. Da bei diesen Patienten das Störungsausmaß relativ gering ist, gilt es herauszufinden, an welcher Stelle es bei diesen Patienten im Netzwerk noch hakt. Um das herauszubekommen, sind die Auskünfte der Patienten selbst von größter Bedeutung. Sie können meist ganz gut beschreiben, wie das bei ihnen ist, wenn sie nicht sprechen können, oder was sie an ihrer Sprache noch stört. Sie drücken das nicht in einer wissenschaftlichen Sprache aus, sondern oft in Beschreibungen der analogen Vorgänge im Kopf.

Es kommt öfter vor, daß diese Patienten über einen "Gedächtnisverlust" klagen. Obwohl sie im täglichen Umgang nicht unbedingt vergeßlich wirken, haben sie doch den Eindruck, sie könnten sich "an nichts" erinnern. Das war bei der Patientin Frau H. (s. Kap.

8.4.3.2.4) so, die Musikerin war und sich auch nicht mehr an Musik erinnern konnte. Mit ihr wurde am inneren Hören von Musik gearbeitet und am Visualisieren zu Volksliedern.

Der Patient Herr S., 73 Jahre alt und ehemaliger Straßenbahnfahrer (s. auch Kap. 11.2), kam vier Monate nach seinem Schlaganfall mit einer Broca-Aphasie zur stationären Behandlung. Der AAT ergab eine Broca-Aphasie mit - syndromspezifisch - leichten Ausfällen im Nachsprechen und in der Schriftsprache sowie schweren Ausfällen im Token Test, im Benennen und im Sprachverständnis. Der Patient wirkte im Gespräch geistig abwesend und war schlecht orientiert. Fragen, die auf bildliche Vorstellungen abzielten, konnte er nicht beantworten. Er konnte kaum Auskünfte über sein Leben geben und sagte, er könne sich an nichts erinnern. Seine Ausfälle versuchte er zu vertuschen und antwortete fast nur mit allgemeinen Floskeln wie "ja, entsprechend", "wie das so ist" usw. Die Therapeutin versuchte, diese Verallgemeinerungen mit Fragen des Metamodells zu hinterfragen, worauf der Patient recht unwillig wurde. Er konnte die Fragen nicht beantworten und wollte seine Ausfälle verbergen. Die Fragen der Therapeutin empfand er als unangebrachte persönliche Neugier. Es wurde daher in den nächsten Sitzungen mit standardmäßiger Kettenblockierung von Substantiven gearbeitet, wobei versucht wurde, möglichst viel zum Visualisieren anzuregen. Er wurde deutlich interessiert und wach, als bei dieser Arbeit ein Bild mit Briefmarken dabei war. Als die Therapeutin ihn fragte, ob er Briefmarken gesammelt habe, bejahte er das ganz selbstverständlich. Auf nähere Fragen über Briefmarken ging er bereitwillig ein. Am nächsten Tag brachte die Therapeutin ihre eigenen Briefmarken mit, die sie früher gesammelt hatte, ohne viel davon zu verstehen. Der Patient war ganz glücklich. Er war der Experte, der Auskunft geben konnte, - und er konnte es! Durch dieses Gespräch war bei ihm endlich Vertrauen zur Therapeutin entstanden und Interesse an seinem Leben und daran, davon etwas mitzuteilen. Er fing an, spontan aus seinem Leben zu erzählen, tolerierte Nachfragen und fand auf einmal weitgehend die Wörter, die er brauchte. Es konnten immer mehr gezielte Visualisierungsübungen in die Therapie eingebaut werden. So malte er beispielsweise eine Straßenbahn. Seine Sicht war wieder einmal - wie bei vielen Patienten - die Draufsicht (Abb. 25).

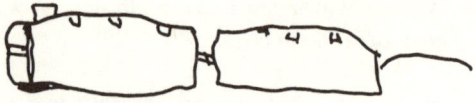

Abb 25: Straßenbahn (von oben gesehen)

Von der Sitzung mit den Briefmarken an waren seine sprachlichen Fortschritte rapide. Er wurde orientiert, wirkte anwesend und sprach von Tag zu Tag mehr. Schon nach kurzer Zeit handelte es sich eher um eine Amnestische Aphasie. Es wurde weiterhin der Wortschatz mit Kettendeblockierung erarbeitet, über Visualisierungen aus der Vergangenheit wurden gleichzeitig die inneren Bilder gefördert und die psychische Stabilisierung unterstützt. Nach zwei Monaten hatte der Patient nur noch eine Amnestische Aphasie mit leichten Ausfällen im Nachsprechen, mittleren Ausfällen im Sprachverständnis, in der Schriftsprache und im Token Test (statt 25 nur noch 8 Fehlerpunkte) sowie schweren Ausfällen im Benennen.

Da Patienten mit Amnestischer Aphasie schon recht gut sprechen können, kann man in der Therapie mit ihnen gewöhnlich auch mit dem Metamodell des NLP arbeiten, um damit die auftretenden Generalisierungen und Tilgungen zu hinterfragen. Um das tun zu können, ist es allerdings eine Voraussetzung, daß schon eine Vertrauensbeziehung zwischen Patient und Therapeut besteht. Die Fragen des Therapeuten führen den Patienten ständig an die Grenzen seiner inneren Welt. Das Ziel ist die Erweiterung dieser Grenzen. Das dazu nötige Hinterfragen wird vom Patienten nur dann toleriert, wenn er vom Wohlwollen des Therapeuten überzeugt ist. Sonst geht es wie bei Herrn S., der die Therapeutin lediglich als neugierig empfand und ablehnte, bis er über die Briefmarken entdeckte, daß sie ihm wirklich wohlgesonnen war.

9.6 Globale Aphasie

Das Spektrum, das im AAT als "Global-Aphasie " ertestet wird, ist breit. Es fallen Patienten darunter, die situativ ein recht gutes Sprachverständnis haben und schon einige Wörter sagen können, ebenso

Patienten, deren Sprachverständnis auch situativ schwer gestört ist, die sich auch mimisch und gestisch nicht verständigen können. Sie können nicht zeigen, was sie haben oder sagen möchten oder wo es ihnen wehtut, wenn sie Schmerzen haben. Sie können nicht selber ihren Rollstuhl fahren und finden sich in ihrer Umgebung nicht zurecht. Von Sprache kann schon gar keine Rede sein. Die Spontansprache besteht aus einzelnen Lauten oder aus Automatismen.

Patienten mit diesen schwersten Globalaphasien, von mir scherzhaft als globale Globalaphasien bezeichnet, um sie von den weniger schweren Globalen-Aphasien besser abgrenzen zu können, werden z.T. gar nicht behandelt, da sie als nicht therapiefähig gelten. Eine Therapie ist selbstverständlich außerordentlich schwer und auch für den Therapeuten sehr belastend. Für einen ausschließlich linguistisch ausgerichteten Therapeuten muß sie unmöglich sein, da keine linguistischen Grundlagen mehr vorhanden sind, an die man in der Therapie anknüpfen könnte.

Für einen Therapeuten, der NLP nicht einfach als Einzeltechnik, sondern systemisch - mit seinem ganzen Sein und in Hinblick auf die ganze Person des Patienten - ausübt, bieten sich auch hier in den meisten Fällen Möglichkeiten einer Behandlung. Sie stützen sich auf die verschiedensten Ansätze systemischer Therapieverfahren wie Feldenkrais, Kinesiologie, Affolter und NLP selbst. Die genannten Verfahren versuchen alle, über den Körper, über Bewegung und Fühlen an der Organisation des Gehirns zu arbeiten. Sie stehen nicht in Konkurrenz zueinander, sondern ergänzen sich gegenseitig.

Ich werde in diesem Abschnitt vor allem Therapiemöglichkeiten für diese Patienten mit schwerster Globaler-Aphasie aufzeigen. Sobald der Störungsgrad geringer ist, bieten sich die Behandlungsmöglichkeiten an, die für die anderen Aphasiesyndrome bereits beschrieben wurden. Ich möchte zwei verschiedene Arten beschreiben, wie man mit einem Patienten auf seinen Wegen die notwendigen Ziele des Therapeuten verfolgen kann: einmal Therapiemöglichkeiten für Patienten, die vorwiegend motorisch interessiert sind und zum anderen Behandlungsmöglichkeiten für eher intellektuell motivierte Patienten.

Wenn ein solch schwer gestörter Mensch vor mir sitzt oder liegt, ist meine erste Frage: "Was braucht dieser Mensch als erstes? Was fehlt ihm am dringendsten?" Aus der Sicht des Sprachtherapeuten fehlt ihm in diesem Stadium der Krankheit die Einsicht in die Welt und ihre Zusammenhänge ebenso wie der Bezug zur eigenen Person. Er ist irgendwie entwurzelt in einer für ihn unüberschaubar gewordenen Welt. Um im individuellen Fall eine Antwort aus der Sicht des Patienten auf diese Frage zu bekommen, braucht man außer einer geschulten Intuition und Fachwissen, Auskünfte der Angehörigen und des Pflegepersonals. Ein Patient, der bis zu seinem Schlaganfall motorisch sehr aktiv war, vielleicht auch einen handwerklichen Beruf hatte, wird wahrscheinlich sehr darunter leiden, so unbeweglich in seinem Bett liegen zu müssen. Ein Patient, der vor allem geistig tätig war, wird das Gefühl brauchen, für voll genommen zu werden und mit jemandem "vernünftig" über seine Interessen zu reden. Beide brauchen vermutlich eine Schulung der Wahrnehmung, vor allem ein Training der visuellen Wahrnehmung, um sich zurechtzufinden und als Grundlage, um mit Bild- und Schriftmaterial an der Sprache arbeiten zu können. Meiner Erfahrung nach wird dieser Aspekt der Sprachtherapie von vielen Sprachtherapeuten unterschätzt. Man wundert sich dann, warum ein Patient nach langer Zeit immer noch nicht lesen kann oder warum es immer wieder aussieht, als ob er Bilder errät, wenn er bestimmte Bilder zeigen soll. Das Raten steht dann in einem Gegensatz zu einem zumindest situativ recht guten Sprachverständnis.

Das Gespräch mit den Angehörigen hilft dem Therapeuten, etwas aus dem Lebens- und Interessenhintergrund des Patienten zu erfahren. Der Patient kann in diesem Stadium seiner Erkrankung nur sehr begrenzt selbst seine Interessen oder gar Therapieziele klarmachen, da meist nicht einmal Ja-/nein-Antworten möglich sind. Der Therapeut ist also darauf angewiesen, im Sinne des Patienten möglichst zutreffend Gedanken zu lesen. Außer durch die Auskünfte der Angehörigen wird ihm das erleichtert durch einen guten Rapport. Da ja auch das Sprachverständnis dieser Patienten schwer gestört ist, ist ein gelungener Rapport für eine solche Therapie noch unerläßlicher als für jede andere Behandlung. Um sich auf den sehr schweren Weg der Therapie einlassen zu können, braucht der Patient das Gefühl, daß da jemand ist, der sich auf ihn einläßt, der ihn ernst nimmt und ihn verstehen will. Rapport aufnehmen kann in einem solchen Fall heißen, zuerst einmal nur dazusein und dieselbe Körperhaltung einzunehmen wie der Patient oder zumindest Anteile davon zu spiegeln. Eine wichtige Möglichkeit, Nähe zu zeigen, ist das Aufnehmen des Atemrhythmus des Patienten. Bei schwerst gestörten Patienten kann es für den Therapeuten allerdings schädlich sein, in demselben Rhythmus zu atmen wie der Patient. Er hat zwar dabei eine optimale Möglichkeit zu fühlen, wie es dem Patienten geht, und für ihn auszudrücken, was er braucht, aber er wird auch selbst sehr schnell in denselben psychischen und z.T. auch physischen Zustand kommen wie der Patient. Das kann sich kein Therapeut auf Dauer leisten, und er will es vermutlich auch nicht. Daher sollte er dieses direkte Mittel der Spiegelung sehr bewußt und dosiert einsetzen. Etwas schonender ist es, im umgekehrten Rhythmus zu atmen, d.h. auszuatmen, wenn der Patient einatmet, und einzuatmen, wenn der Patient ausatmet. Eine weitere Möglichkeit ist es, den Atemrhythmus mit einer Bewegung zu begleiten. Man kann leicht, fast unbemerkt auf den Tisch oder die Bettdecke klopfen, einen Bleistift im Rhythmus bewegen o.ä. Ist der Rapport hergestellt, kann man dem Patienten Vorschläge machen, was man tun könnte, und ihn auffordern, zu bejahen oder zu verneinen. Ich finde es sehr wichtig, auch in diesem sehr frühen Stadium den Patienten nach seiner eigenen Meinung zu fragen, damit er sich so schnell wie möglich wieder daran gewöhnt, daß seine Meinung wichtig ist, und damit er wieder anfängt, Verantwortung für sich zu übernehmen. Die Patienten haben die Verantwortung meist völlig abgegeben, lagen lange nur fast bewegungslos im Bett und starrten an die Decke. Wenn jemand etwas mit ihnen tun mußte, ließen sie es über sich ergehen und entwickelten eventuell noch den Automatismus "ja, ja, ja". Ich bitte also auch die schwerst gestörten Patienten um ihre Zustimmung. Sie können meist nicht gezielt ja oder nein sagen oder zeigen, aber z.T. kann man an einer leichten Veränderung der Mimik erkennen, was sie möchten. Wenn das so ist, sage ich ihnen, daß ich glaube, sie so verstanden zu haben. Dann kommt evtl. dasselbe mimische Zeichen noch einmal. Wenn nicht, sage ich etwa: "Na gut, ich kann es nicht verstehen, dann nehme ich mal an, Sie möchten ein bißchen das Haus kennenlernen." Das wäre eine Möglichkeit, die ich mit einem vor allem motorisch ausgerichteten Patienten ergreifen würde. Man erkennt diese Patienten manchmal auch an ihrer motorischen Unruhe. Die Konsequenz dieser Unruhe ist in Kliniken evtl. eine Fixierung der Patienten, was zu ihrem eigenen Schutz auch nötig sein kann. Wenn ich das Signal des Patienten aber ernstnehme, heißt es, daß er sich bewegen möchte. Ich kann also versuchen, den Bewegungsdrang für die therapeutischen Ziele zu nutzen. Als Vorbereitung für ein Wahrnehmungstraining im Haus versuche ich nach Möglichkeit zuerst, den Patienten dazu zu bringen, den Kopf zu drehen. Das hat den Vorteil, daß er auch bei seiner Rundfahrt mehr wahrnehmen wird, gleichzeitig ist es ein Training für das Gehirn. Moshe Feldenkrais weist auf die wichtigen Zusammenhänge von Kopfbewegung und menschlichem Handeln hin: "Der Kopf trägt alle «Fernempfänger», die Telerezeptoren; und die Art, wie wir Handlungen ausführen, die mit unseren Sinnen verbunden sind, wirkt sich daher auf die Art unserer Kopfbewegungen aus. Das kann man spüren, wenn man jemandes Kopf mit den Händen zu bewegen versucht. Die Kopfbewegungen können dann ruckartig oder einfach ungleichmäßig sein, statt gleitend und fließend von einem Ende zum anderen" (Feldenkrais 1981, S.13). Die Kopfbewegungen von schwer gestörten Aphasikern sind meist sehr eingeschränkt. Sie schauen nur geradeaus, so wie sie es wochenlang, steif im Bett liegend, getan haben. Sie machen keine orientierende Kopfbewegung zu einem Sprecher oder zu einem Geräusch hin. Sie drehen nicht den Kopf hin und her, um sich umzuschauen, wenn man sie im Rollstuhl herumfährt. Genau diese Dinge sind das erste Ziel der Therapie. Was soll ein Patient an einem Tisch mit Material, wenn er die Welt um sich herum nicht wahrnimmt? Um eine Kopfdrehung zu erreichen, erkläre ich dem Patienten, was ich von ihm möchte und warum ich es möchte. Er versteht die Erklärung vielleicht inhaltlich nicht, aber er spürt, daß man nicht einfach etwas über seinen Kopf hinweg mit ihm veranstaltet. Wenn man allein mit dem Patienten ist, kann man dann z.B. vor dem Patienten herumgehen mit der Aufforderung, daß er immer auf die Hand schauen soll. Um das zu erleichtern, kann man einen roten Gegenstand in die Hand nehmen oder zwischendurch immer mit dem Finger schnipsen und den Patienten mit Namen ansprechen. Hat man einen zweiten Therapeuten oder einen Praktikanten dabei, kann man sich zu beiden Seiten des Patienten hinstellen und ihn wechselseitig mit Namen ansprechen mit der Aufforderung herzuschauen. Nach einigen Tagen zeigen sich meist Besserungen, der Kopf wird beweglicher. Dann kann man anfangen, mit dem Patienten Rollstuhl zu fahren, sofern er medizinisch so weit ist, daß er im Rollstuhl sein darf. Bei einer halbseitigen Lähmung ist Rollstuhlfahren nicht so leicht. Um richtig steuern zu können, muß man Hand- und Fußbewegung miteinander koordinieren. Verbale Anweisungen sind für die schwer gestörten Patienten unmöglich zu verstehen. Man kann ihnen aber meist durch ein Führen der Hand und des Fußes erfahrbar machen, wie das Fahren geht. Bei Erwachsenen kann man, anders als beim Kind, davon ausgehen, daß sie solche Bewegungen früher schon ausführen konnten. Es kann also auch hier durch das Tun oder Führen eine Deblockierung der Handlung stattfinden. Dieser Effekt läßt sich auch oft beobachten, und es ist faszinierend zu sehen, wenn ein schwer gestörter, bis dahin inaktiver Patient auf einmal anfängt, die geführte Bewegung allein fortzuführen. Spätestens dann beginnt er auch gewöhnlich, sich mehr umzuschauen. Man merkt, daß er wieder anfängt, Initiative zu ergreifen und Verantwortung für sich und seinen Aufenthaltsort zu übernehmen, was sich auch an einem veränderten Gesichtsausdruck zeigt. Es kommt wieder mehr "Individualität" in die Gesichtszüge. Die Körperhaltung wird ebenfalls meist aufrechter. Der Mensch bekommt wieder Rückgrat. Diese Art der Behandlung geht in Richtung der von Affolter eingesetzten Art der Therapie durch Führen: "Dies ist unsere Aufgabe: dem wahrnehmungsgestörten Kind/ Erwachsenen angemessenere Spürinformation zu vermitteln, wann immer wir mit ihnen alltägliche Probleme lösen. Das Gelingen unserer Arbeit hängt vom Gelingen der Informationsvermittlung ab" (Affolter 1987, S.189). Für das Pflegepersonal ist diese Phase der Therapie oft gar nicht so angenehm. Bis dahin hatten sie einen relativ einfach zu handhabenden Patienten. Sie stellten ihn irgendwo hin, und dort blieb er dann brav, bis sie ihn woanders hinschoben. Nun fängt er an, seinen Platz zu wählen. Wenn er nicht mehr essen mag, fährt er vom Tisch weg oder fährt auf einmal über den Flur und ist verschwunden. Was für die Wiederentdeckung seiner Persönlichkeit für den Patienten wünschenswert ist, bringt dem Personal deutliche Erschwernis und Mehrarbeit, da die Patienten zu diesem Zeitpunkt oft noch nicht den "großen Überblick" über ihr Handeln und seine eventuell auch gefährlichen Konsequenzen haben. Dennoch scheint diese Phase für den Patienten sehr wichtig. Man kann dann anfangen, mit ihm kleine Ausflüge durch das Krankenhaus oder seine sonstige Umgebung zu machen, wobei der Patient selbst die Richtung angeben sollte. Es kann dabei sein, daß er gegen eine Wand fährt oder im Zimmer des Chefarztes landet. Wenn man ihn zu früh vor Hindernissen oder erstaunlichen Zielen bewahrt, spürt er die Konsequenzen seines Tuns nicht und wird daher keine Notwendigkeit sehen, die Konsequenzen seine Tuns in die Planung seiner Handlungen einzubeziehen. Günstiger ist es, den Patienten zu begleiten, um ihn nur vor wirklichen Gefahren zu bewahren und die Fahrt zu benutzen, ihm bewußt zu machen, was er tut. Man kann ihn auf seine Umgebung und seinen jeweiligen Aufenthaltsort sprachlich und gestisch hinweisen und so viel wie möglich auch durch Betasten oder Handhabung erleben lassen, von den Blumen auf der Fensterbank bis zu dem Aufzug. Man kann ihn fragen, in welchem Stockwerk man wohl jetzt ist, und ihn bitten, aus dem Fenster zu schauen um herauszufinden, ob man sich wohl im Parterre oder im zweiten Stock befindet. Er kann Stück für Stück seine Umgebung durch eigene Erkundung kennenlernen, um sich möglichst bald selbst wieder zurecht- zufinden. Wenn die Wahrnehmung so weit gebessert ist, daß der Patient diese Aufgaben zum Teil ausführen kann, ist er meist auch in der Lage, in begrenztem Ausmaß von einer Therapie mit Wahrnehmungsmaterial im Therapieraum zu profitieren.

Das gemeinsame Erkunden der Umgebung wird gewöhnlich von allen Patienten akzeptiert, den vorwiegend motorischen und den eher intellektuell Interessierten. Jeder möchte normalerweise gern wissen, wo er eigentlich ist. Manche Patienten möchten nicht unbedingt selbst den Rollstuhl fahren lernen, weil das anstrengend ist und sie sich gern bedienen lassen und lieber mit "Chauffeur" fahren. Dann kann der Therapeut zu Beginn getrost die Rolle des Chauffeurs übernehmen, wenn das einem guten Rapport dient. Frauen fällt es vielleicht leichter, diese dienende Rolle zu übernehmen, da sie es traditionell gewohnt sind, dem Mann das Gefühl der Überlegenheit zu lassen, wenn er das braucht. Manchmal spreche ich die Patienten auch an mit "Exzellenz" oder "Herr Direktor". Nonverbal übermittle ich ihnen meine tatsächliche Hochachtung vor ihrer Person, die benutzte Anrede tut ihnen einerseits gut, weil sie sich genau das wünschen zu sein, andererseits merken sie an der Art, wie ich die Anrede benutze, daß ich auch eine Würde habe und daß wir uns vielleicht auf einer Ebene treffen könnten. Wenn beide Seiten genug Achtung voreinander haben, kann man dann versuchen, dem Patienten klarzumachen, daß der Chef eigentlich schon in der Lage sein sollte, notfalls die Aufgaben des Personals selbst auszuführen. Wenn man dazu in der Lage ist, kann man sich ja immer noch einen Chauffeur nehmen, aber den Führerschein sollte man doch haben, sonst macht das Personal eventuell mit einem, was es will. So etwas sehen viele Menschen doch ein und fangen an, Verantwortung zu übernehmen.

Bei der Arbeit mit Material bei schwerstgestörten Aphasikern kann es insbesondere für Intellektuelle schwierig werden. Sie wissen nur zu gut, daß solche Aufgaben für sie früher völlig unter Niveau waren. Sie möchten wieder sprechen lernen, möglichst sofort, aber mit "anspruchsvollem" Material. Solange sie kein 5 cm-großes Dreieck von einem Kreis unterscheiden können, ist das aber sehr schwierig. Für diese Patienten ist es daher wichtig, sich zuerst mit ihnen über ihre Fähigkeiten zu unterhalten. Man versucht, so gut das eben möglich ist, mit ihnen über ihren Beruf, ihre Hobbys und ihre Werte zu sprechen, und das in einer Art, daß sie spüren, daß man ihnen, was ihr Wissen und Fachwissen angeht, den Vortritt läßt. Der Therapeut braucht die Größe, sich klein machen zu können und er braucht Neugier, um bereit zu sein, von dem Patienten Dinge lernen zu wollen, von denen er keine Ahnung hat. Als Ergebnis wird er selbst feststellen, wieviele interessante Dinge es doch in der Welt gibt, und der Patient spürt, daß sich da wirklich jemand für ihn interessiert und ihn auch nach seinem Schlaganfall noch als Experten akzeptiert. Das macht ihn selbst bereit, sich auf die "primitiven" Aufgaben des Therapeuten einzulassen und sich selbst dabei einzugestehen, daß er die vermeintlich einfachen Dinge nicht kann.

Das bisher geschilderte Vorgehen gilt generell für Patienten mit schwerer Globaler Aphasie. Es muß in der Art der Durchführung natürlich ganz auf den einzelnen Patienten zugeschnitten werden. Die weitere Behandlung verläuft individuell sehr verschieden. Es seien daher im Folgenden einige Fallbeispiele mit unterschiedlicher Vorgehensweise dargestellt.

Herr H., 64 Jahre alt, kurz vor der Pensionierung, hatte nach mehreren Herzinfarkten einen Schlaganfall mit einer sehr schweren Aphasie erlitten. Er hatte bis zu seinem Schlaganfall eine eigene Praxis im Bereich des Gesundheitswesens gehabt und sich in diesem Rahmen auch mit Problemen der Artikulation beschäftigt. Nun konnte er keinen Laut mehr bewußt artikulieren. Er hatte nur eine relativ leichte Parese des rechten Armes, konnte das Bein gut bewegen und gut laufen. In der gesamten betroffenen Seite - einschließlich Gesicht und Mund - hatte er starke Sensibilitätsstörungen. Er hatte eine Apraxie, die besonders im Mund- und Gesichtsbereich sehr ausgeprägt war. Spontan konnte er nur etwas Unverständliches vor sich hinnuscheln, bewußte Ja/nein-Antworten waren nicht möglich, ab und zu wurde ein Kopfnicken oder -schütteln spontan deblockiert. Mimik und Gestik konnten nicht zur Verständigung eingesetzt werden. Der Umfang der Sprachverständisstörungen war daher auch nicht abschätzbar. Da außerdem starke Wahrnehmungsstörungen vorhanden waren, war der AAT nicht durchführbar. Die Kommunikationsmöglichkeiten waren äußerst eingeschränkt. Für die Umwelt wirkte er z.T. beängstigend, weil er eventuell plötzlich groß vor einem stand, nichts sagte und nur stereotyp lächelte oder weinte. Man hatte keine Ahnung, was in ihm vorging. Nach dem Aufenthalt im Akutkrankenhaus war er einige Zeit zu Hause, bevor er einen Platz zur Rehabilitation bekam. Diese Zeit war für die Ehefrau sehr schwierig. Ihr Mann war sehr entschieden in dem, was er tat, aber seine Handlungen machten für sie nicht unbedingt einen Sinn, und sie wußte nicht, was in ihm vorging. Therapeuten lehnte er weitgehend ab.

Da er selbst quasi "vom Fach" war, war auch in der Rehabilitationszeit die Therapie mit ihm außerordentlich heikel. Die Verständigung war derart schwierig, daß es nicht ausblieb, daß auch die Therapeutin ihn mißverstand. Er wurde dann furchtbar wütend, so daß man Angst bekam, er würde tätlich aggressiv werden. Er verließ aber nur wütend den Raum, und es brauchte einige Tage der Werbung um ihn, bis er wieder kam. Erste Gespräche mit ihm und seiner Frau machten deutlich, daß er ein hochgebildeter Mann war. Er hatte mehrere Sprachen gesprochen, spielte mehrere Instrumente, hatte gemalt und oft Ausstellungen besucht, war politisch interessiert und bildete sich fort für seinen Beruf. Die Gespräche über diese Themen taten ihm sichtlich gut, auch wenn sie zu Anfang mehr ein Monolog der Therapeutin waren. Sie wollte daher zuerst funktionell etwas weiterkommen, um ihm irgendwelche Möglichkeiten zu geben, sich auszudrücken und "mitreden" zu können. Die Wahrnehmung und die sprachlichen Fähigkeiten waren so eingeschränkt, daß nach der Erfahrung der Therapeutin mit sehr einfachem Material begonnen werden mußte. Das wollte er aber nicht, weil es ihm zu banal war. Er verließ unter Protest den Raum. Da die sehr ausgeprägte Sprechapraxie mit starken Sensibilitätsstörungen in der betroffenen Seite und im Mundbereich bestand, wurde daher versucht, zuerst über den Körper des Patienten zu arbeiten. Es wurden Übungen zur Körperwahrnehmung in Anlehunung an das Feldenkrais-Konzept (Feldenkrais 1978) durchgeführt, die Kopf und Hand betrafen. Um eine Stärkung des Ich-Gefühls und eine Entspannung im Nackenbereich als Vorbereitung für die orofaziale Therapie nach Bobath (Davies [5]1991), Castillo Morales (Castillo Morales 1991), und Bunzel-Hinrichsen (Bunzel-Hinrichsen 1992) zu erreichen, wurde mit einer selbstentwickelten Übung in Anlehnung an das Konzept der Haptonomie nach Veldman (1987) gearbeitet. Veldman möchte nicht über Bücher, sondern über lebendiges Lernen wirken, da sein Ansatz auf einer bestimmten Lebenshaltung des Therapeuten beruht und nicht auf einem Bücherwissen. Bei ihm wird viel mit den Berührungen der Hände gearbeitet. Der Therapeut legt seine Hand auf bestimmte Körperteile des Patienten und fühlt sich in den Patienten ein, während dieser sich in die Hand, den Arm oder den ganzen Therapeuten einfühlt. Bei dieser Arbeit schwinden die Abwehrspannungen im Körper des Patienten, er beginnt sich selbst wahrzunehmen, und er erfährt eine "affektive Seinsbestärkung" (Veldman 1987). Ob Veldman sich mit meiner Übung verstanden fühlen würde, weiß ich nicht, aber die Übung hat sich in vielfältiger Weise als hilfreich erwiesen. Bei der Arbeit mit Aphasikern läßt sie sich sehr einfach im Sitzen durchführen, so daß sie auch mit Rollstuhlfahrern anwendbar ist, die man nicht einfach bitten kann, sich mal eben auf eine Behandlungsliege zu legen. Man legt die rechte Hand auf den M.Trapezius mit dem Handballen an der Wirbelsäule, die Finger zeigen in Richtung Schultern. Hier beginnt das gegenseitige Einfühlen. Wenn man merkt, daß der Patient "da" ist - die Arbeit mit Kollegen und Studentengruppen, die diese Übung zum ersten Mal durchführten, zeigt, daß man es merkt -, rutscht man mit der Hand um eine Handlänge weiter Richtung Schulter, und wenn der Patient wieder "da" ist, geht man wieder weiter, bis man die Hand auf dem Schultergelenk liegen hat. Dann legt man die linke Hand an die linke Seite der Wirbelsäule auf den M.Trapezius, die Fingerspitzen in Richtung Schulter. Die rechte Hand nimmt man langsam weg. Mit der linken Hand geht man genauso vor wie vorher mit der rechten Hand. Wenn man an der Schulter angekommen ist, legt man zusätzlich die rechte Hand auf die rechte Schulter und streicht dann langsam mit beiden Händen zur Mitte, zur Wirbelsäule. Dort angekommen, legt sich eine Hand über die andere, die untere Hand wird weggezogen. Alles geschieht so langsam, daß man spürt, daß der Patient immer noch mit seinem Gefühl in den Händen bleiben kann. Mit der verbliebenen Hand streicht man langsam die Wirbelsäule herunter, so weit man entsprechend der Sitzhaltung des Patienten kommen kann. Der Therapeut sollte dabei selbst in einer stabilen Körperhaltung sein, mit beiden Beinen auf der Erde. Seine innere Grundhaltung zum Patienten sollte wohlwollend sein. Hat man starke Aversionen gegen den Patienten, sollte man die Übung nicht machen, da eine intensive Verbindung entsteht. Da diese auf einer starken Wechselbeziehung beruht, sollte man auch vorsichtig sein, wenn man selbst nicht in einem einigermaßen guten gesundheitlichen Zustand ist. Das Ganze braucht maximal 5 Minuten und hat unvergleichlich große Auswirkungen. Der Patient wird nicht nur im Nacken entspannt - was das ursprüngliche Ziel war -, er wird im Ganzen ruhiger und ausgeglichener. Diese Übung scheint ihn zu sich selbst zu führen. Dadurch wiederum wird er offener für Informationen von außen. Daneben beginnt er seine paretische Seite zu spüren. Am ersten Tag fühlt er seinen Arm evtl. bis zum Ellbogen, am zweiten Tag bis zum Handgelenk, dann bis zu den Fingerspitzen und schließlich spürt er oft auch sein paretisches Bein. Das klingt sicherlich recht ungewohnt, leider kann ich außer der Erfahrung und den Grundlagen von Veldman keine Erklärungen anführen. Da diese Übung zu einem wichtigen Bestandteil der Arbeit im kinästhetischen Bereich und am Selbstwertgefühl der Patienten geworden ist, möchte ich sie dennoch nicht unerwähnt lassen. Vielleicht trägt das dazu bei, sich im deutschen Sprachraum auch wissenschaftlich mehr mit solchen "Außenseitermethoden" zu befassen. Im Bereich der Gynäkologie und Geburtshilfe findet die Haptonomie bereits an der Universitätsklinik Düsseldorf erfolgreiche Anwendung.

Herr H. hätte diese Übung am liebsten stundenlang gemacht. Anschließend war er wacher und ausgeglichener. Später noch, während der ambulanten Therapie, wenn ich zur "Krisenintervention" zu ihm nach Hause geholt wurde, machten wir vor allen weiteren Diskussionen und Auseinandersetzungen diese Übung. Danach konnte man sehr ruhig mit ihm verhandeln und zu Ergebnissen kommen, die für alle Beteiligten akzeptabel waren.

Nach dieser Übung wurde die orofaziale Behandlung durchgeführt, die er gern akzeptierte. Daneben wurden Gespräche geführt über seine Interessengebiete und seinen Beruf. Eine traditionelle "Sprachtherapie" fand kaum statt, weil er es nicht wollte. Dennoch machte der Patient deutliche Fortschritte. Das situative Sprachverständis, die Wahrnehmung und das Lesesinnverständnis besserten sich, außerdem die nonverbalen Möglichkeiten der Kommunikation durch eine Erweiterung der Mimik und Gestik. Das Leben mit seiner Ehefrau und den Kindern war dadurch schon sehr viel einfacher geworden. Nach fünf Monaten war er soweit, daß er bereit war, gezielter an der Sprache zu arbeiten. Wir machten Wahrnehmungsübungen mit Buchstabenmaterial, begannen mit dem Schreibtraining und konnten mit Kettendeblockierung anfangen. Die Übungen zur Körperwahrnehmung liefen dabei weiter, da der Patient ihnen den Vorzug gab. Bei der ambulanten Therapie nach der stationären Entlassung wurden zunehmend die künstlerischen Fähigkeiten des Patienten zu nutzen versucht. Der Patient fing an, auf seiner Heimorgel zu spielen und zu malen. Seiner Psyche entsprechend war er nicht damit zufrieden, einfache Gegenstände zeichnen zu lernen. Er suchte sich Bilder und Aquarelle aus Büchern, die er abmalte. Da das Gesamtkonzept der Arbeit mit NLP noch nicht weit genug entwickelt war, wurde z.B. noch keine Agraphiebehandlung mit NLP durchgeführt. Der Patient hätte damit sicherlich in der Schriftsprache weitere Erfolge haben können. Ohne das kam er über ein Abschreiben nicht hinaus.

Er war einer von den Patienten, die nicht wieder sprechen lernten, die aber durch den Einsatz aller Therapiemöglichkeiten, vor allem auch durch die nonverbale Therapie, wieder Interessen und Spaß am Leben bekamen. Die kommunikativen Möglichkeiten wurden so, daß er im alltäglichen Leben recht gut zurechtkam. Seine Frau konnte wieder etwas mit ihm unternehmen, in die Stadt fahren oder auch mit ihm verreisen.

Ein ganz anderes Beispiel ist das von Herrn A., Rentner, 64 Jahre alt, der nach einem Schlaganfall eine schwere Globale Aphasie hatte. Obwohl er zu Beginn der Behandlung schwerst gestört war, so daß der Erfahrung nach anzunehmen gewesen wäre, daß er nie wieder sprechen würde, hat er inzwischen nur noch eine Broca-Aphasie. Über einen Teil seines Therapieverlaufs wurde daher bereits in Kap.9.3 berichtet. Er ist ein sehr stolzer Mann, der sich nicht gern helfen läßt. Daher verweigerte er während der Rehabilitation vielfach die Mitarbeit. Es konnte weder das Bobath-Konzept konsequent angewandt werden, noch konnte man sprachtherapeutisch so mit ihm arbeiten, wie es "objektiv" sinnvoll schien. Mit körperlicher Berührung mußte man sehr vorsichtig sein, weil man damit seinen Sicherheits- und Intimbereich überschreiten würde. Er hätte den Sinn von Entspannungsübungen nicht eingesehen und wäre auch nicht bereit gewesen, sich dabei in die Hände einer anderen Person zu geben und selbst die Kontrolle abzugeben. Er fuhr immer mit seinem Rollstuhl durchs Krankenhaus und hatte den "Spiegel" dabei, obwohl sein Lesesinnverständnis sehr eingeschränkt war. Die Zeitung war aber wohl ein Anker, der ihn mit seiner Würde von früher verband. Während des Krankenhausaufenthaltes arbeitete eine Kollegin mit ihm an der Wahrnehmung, machte Kettendeblockierung und führte orofaziale Therapie durch zur Beeinflussung der Sensibilitätsstörungen und der Sprechapraxie. Letzteres war bei diesem Patienten nicht sehr erfolgreich. Kurz vor der Entlassung wurde der Patient von mir übernommen, um ihn ambulant weiter zu begleiten. Zu diesem Zeitpunkt sprach der Patient nichts spontan. Nur mit starker Deblockierungshilfe gelangen einzelne Wörter. Diese Hilfen wollte er aber nicht annehmen. Ja/nein-Antworten waren noch nicht möglich. Die Wahrnehmung war so weit gebessert, daß man mit Bild- und Schriftmaterial arbeiten konnte. Nach einer schwierigen Phase der Umstellung auf eine andere Therapeutin wurde seine Bevorzugung der Schrift genutzt, um über diesen Zugang weiterzukommen. Die Behandlung der Sprechapraxie wurde zurückgestellt, da sie für ihn frustrierend schien und kaum Erfolg gebracht hatte. Es gelang, ihm die Agraphiebehandlung mit NLP schmackhaft zu machen. Es war ihm zuerst sehr lästig, immer nach oben schauen zu sollen und den Prozeß des Einspeicherns genau mitzumachen. Da er aber sehr schnell merkte, daß er auf diese Art Wörter behalten konnte, und da seine Frau und ich in der Durchführung recht konsequent waren, machte er schnell Fortschritte. Nach einigen Wochen Therapie mit einer 45minütigen Sitzung zwei Mal pro Woche fing er an, sich auch an Wörter und ihre Rechtschreibung zu erinnern, die wir nicht geübt hatten. Der motorische Schreibvorgang sah dabei recht abenteuerlich aus, da er ein motorisches Schreibtraining abgelehnt hatte. Er setzte die Buchstaben aus mehreren Einzelteilen zusammen, was ihn aber nicht störte. Zu diesem Zeitpunkt begannen wir zum ersten Mal mit dem Lösen von Kreuzworträtseln aus der Zeitung. Mit etwas Hilfe verstand er wieder das System der Kreuzworträtsel und konnte mehrere Wörter selbständig benennen, darunter auch einige Wörter, die wir nie geübt hatten und die fast nur in Kreuzworträtseln vorkommen, wie Ara, Leumund o.ä. Da die Erklärungen oft sehr klein gedruckt waren, wurden sie ihm vorgelesen, was aber bald auch nicht mehr immer nötig war. Während er nach oben schaute und versuchte, ein Wort aus dem visuellen Speicher abzuschreiben, sprach er oft das Wort immer wieder leise vor sich hin, so daß auch die Spontansprache sich entwickelte. Nachdem der Patient über diesen Weg schon einen relativ großen aktiven Wortschatz, vor allem an Substantiven, hatte, wurde deutlich, daß das Sprachverständnis sich nicht entsprechend mit gebessert hatte. Daher wurden verstärkt Übungen des inneren Hörens durchgeführt, verbunden mit Kettendeblockierungen, die das Ziel des besseren Sprachverständnisses hatten. Da auch dieser Teil erfolgreich war, war der Patient aus dem Bereich der Globalen Aphasie heraus und hat heute eine Broca-Aphasie und macht weiter Fortschritte. Außer an der deutschen Sprache wird inzwischen auch am Italienischen gearbeitet, weil der Patient gern Italienisch spricht und wieder an seinen alten Ferienort nach Italien fahren will. Die Sprechapraxie und der kinästhetische Bereich wurden bei ihm in der Therapie bisher vernachlässigt, da der Patient dafür nicht offen schien. Es stellte sich heraus, daß er über die von ihm bevorzugten Kanäle mindestens genauso gute Erfolge hatte, wie über die Wege, die die Therapeutin von sich aus eingeschlagen hätte.

Als drittes Beispiel sei Frau S. erwähnt, mit der die Therapeutin eine "Kurztherapie" von einer Woche durchführte, in der schwerpunktmäßig an der Strategie zum Nachsprechen gearbeitet wurde. Eine Kurztherapie in Vertretung der eigentlichen Therapeutin ist normalerweise bei Globalaphasikern kaum vorstellbar. Mit NLP gibt es oft Möglichkeiten, einen begrenzten sprachlichen Bereich innerhalb kurzer Zeit erfolgreich zu behandeln. Wenn es gut geht, nimmt das Gehirn die Hilfen auf, die man ihm anbietet, um an blockierte Bereiche heranzukommen. Dann läuft der angebahnte Prozeß auch weiter bei einem anderen Therapeuten, der mit herkömmlicher Art behandelt. Mehr oder weniger unbewußt sucht der Patient sich innerlich weiterhin den günstigsten Zugang zum Speicher im Gehirn.

Frau S. war 67 Jahre alt und hatte bei einem Schlaganfall eine mittelschwere Global-Aphasie erlitten, die zum Zeitpunkt der beschriebenen Therapiephase, vier Monate nach dem Insult, in Rückbildung war. Zu Beginn des stationären Aufenthaltes war die Patientin im Umgang sehr schwierig gewesen. Inzwischen war sie sehr kooperativ und einsichtig. Die Patientin sprach schon relativ viel spontan, wobei allerdings die sinntragenden Wörter häufig fehlten. Ergänzte die Therapeutin das fehlende Wort, sagte sie nur "ja" und sprach weiter, sie konnte es nicht nachsprechen. Auch einzelne Laute konnten noch nicht nachgesprochen werden. Der Patientin war es sichtlich unangenehm, daß sie das nicht konnte. Ich fragte daher, ob wir in den verbleibenden drei Tagen die Zeit nutzen sollten, um am Nachsprechen zu arbeiten. Sie war einverstanden. Ich sprach der Patientin das Wort "Ball" vor und bat sie, es nachzusprechen. Es war ihr nicht möglich. Ich fragte sie, ob sie wüßte, wie ein Ball aussieht. Sie schaute nach oben, sagte: "Ja", und malte mit dem Finger etwas Rundes auf den Tisch. Damit war klar, daß sie Zugang zu der visuellen Vorstellung zum Wort hatte. Es ging dann etwa folgendermaßen weiter:

Th.: Und können Sie das Wort innendrin hören? (zeigt auf ihr linkes Ohr).
P.: (schaut nach links, geht nach innen, schüttelt dann den Kopf.)
Th.: Ich spreche es noch einmal, und dann hören Sie noch einmal, ob Sie es dann hören können: Ball - - Ball - - Ball.
P.: (hört, macht stumm Mundbewegungen, schüttelt dann den Kopf.)
Th.: Können Sie es hören, innen im Ohr?
P.: Ja, aber...(macht Mundbewegungen, zuckt mit den Schultern).
Th.: Ja, ist gut, passen Sie auf: Sie haben das Wort 'Ball' früher öfter gesprochen, oder?
P.: Ja, ja.
Th.: Dann erinnern Sie sich jetzt, wie Sie es früher gemacht haben. Welche Bewegungen muß ihr Mund machen, wenn Sie das Wort Ball sprechen?
P.: (lehnt sich zurück, schaut nach oben und macht etwas hilflos scheinende Mundbewegungen.)
Th.: Fühlen Sie, wie ihr Mund sich dabei anfühlt, - wie Sie die Bewegungen machen, - - und am besten schauen Sie dabei hier nach unten rechts (hilft ihr mit Kopfkontrolle wie bei Bobath-Therapie, nach unten rechts zu gehen).
P.: (macht wieder Mundbewegungen, dieses Mal zielgerichteter) B - b- (schaut dann zur Therapeutin).
Th.: Hören Sie jetzt noch einmal das Wort 'Ball'.
P.: (ganz spontan und locker, fällt der Therapeutin fast ins Wort) Ball.
Th.: (sehr erfreut und überrascht) Oh!
P.: (lächelt, scheint aber nicht zu wissen, was die Therapeutin so besonders findet.)

Th.: Haben Sie gemerkt, Sie haben es richtig gesprochen?!
P.: (lächelt, nickt, findet es wohl ganz normal.)
Th.: Können Sie es noch einmal sagen? 'Ball'?
P.: (geht mit den Augen nach oben, nach unten, nach horizontal links) Ball.
Th.: (lachend) Und noch einmal bitte.
P.: (spontan und selbstverständlich) Ball.

Es ist typisch für die Arbeit mit NLP, daß die Patienten den Erfolg als so natürlich und selbstverständlich erleben, daß sie ihn nicht als besonders großartig empfinden. Nur der Therapeut, der die Mühe mit anderen Methoden kennt, weiß, wie unglaublich schnell sich die Erfolge zum Teil einstellen.

Zum Abschluß der Sitzung sagte die Therapeutin zu der Patientin:

Th.: Jetzt haben wir herausgefunden, wie das in Ihrem Gehirn geht, wenn Sie nachsprechen wollen: es ist wichtig, daß Sie wissen, wie ein Ding aussieht (geht mit der Hand nach oben in den visuellen Bereich der Patientin), Sie müssen fühlen können, wie das Wort gesprochen wird, wie Sie es früher gesprochen haben (geht mit der Hand nach unten rechts von der Patientin aus), und Sie müssen das Wort innen hören können (geht mit der Hand auf Ohrenhöhe links von der Patientin). Dann können Sie das Wort auch nachsprechen (macht noch einmal die Bewegung durch die drei Bereiche). Und wenn das Gehirn das einmal weiß, dann fällt es ihm auch leichter, von selber den Weg dahin zu finden (macht noch einmal die Bewegung durch die drei Bereiche).

Am nächsten Tag erinnerte die Therapeutin noch einmal an den Ablauf vom Vortag, begleitet durch dieselben Handbewegungen. Dann bat sie die Patientin, ihr nachzusprechen. Sie sprach spontan die ersten sechs ein- und zweisilbigen Wörter richtig nach: Kamm, Sonne, Regen, Tisch, Fenster. Bei dem Wort 'Baum' blieb sie stecken und machte klar, daß es bestimmte Laute gebe, die ihr sehr schwerfielen. Dazu gehörte auch das 'B'. Daraufhin ebneten wir ihr über das innere Fühlen den Zugang zu dem Laut 'B'. Nachdem das gelungen war, visualisierte sie zuerst einen Baum, fühlte dann das Wort, hörte es noch einmal und sprach es dann richtig. Einen entsprechenden Prozeß brauchte der Laut 'L'.

Am dritten Tag stabilisierten wir den Prozeß weiter und fingen an, zusammengesetzte Wörter zu üben. Das Wort 'Schwiegertochter' (zu der sie nach ihrer bevorstehenden Entlassung ging) zerlegten wir in zwei

Hälften, die wir einzeln übten. Vorher versicherte ich mich, daß sie ihre Schwiegertochter gern mochte. Sonst hätte es eventuell Sprechblockaden aus psychischen Gründen gegeben. Das Wort 'Tochter' klappte recht gut, 'Schwieger' war - wie erwartet - schwierig. Das Wort ist recht abstrakt, es gibt kaum eine spontane visuelle Vorstellung dazu. Dennoch gelang das Nachsprechen nach einer Weile. Lediglich das Zusammensetzen der beiden Wortteile war ihr in dieser Sitzung noch nicht möglich. Da aber für das Unbewußte der Prozeß deutlich geworden war, wie sie den Zugang zu den Wörtern bekommen konnte, bestand die Hoffnung, daß dieser Prozeß auch bei einer Weiterbehandlung mit anderen Methoden weitergehen würde.

10. Möglichkeiten der Behandlung psychischer Begleitstörungen von Aphasie durch NLP

> *Es winkt zur Fühlung fast aus allen Dingen,*
> *aus jeder Wendung weht es her: Gedenk!*
> *Ein Tag, an dem wir fremd vorübergingen,*
> *entschließt im künftigen sich zum Geschenk.*
>
> Rainer Maria Rilke

Aphasietherapie mit NLP und die Behandlung von Begleitstörungen greifen in der Praxis so ineinander, daß sie kaum zu trennen sind. Das wurde in den bisherigen Ausführungen bereits deutlich. Depressive Verstimmungen oder mangelndes Selbsbewußtsein werden in der Aphasietherapie mit NLP "so nebenbei" mitbehandelt. Dadurch, daß der Patient immer wieder in Situationen aus seinem Leben zurückgeführt wird, die für ihn mit angenehmen und stärkenden Gefühlen verbunden sind, trägt diese Art der Behandlung schon zur Stärkung und psychischen Festigung des Patienten bei. Der Blick wird gelenkt, weg von den negativen und traumatischen Erlebnissen, hin zu den für das Leben der Patienten ebenso entscheidenden, aber "vergessenen" stärkenden Erfahrungen. Mit der Kraft, die das Gegenwärtigmachen dieser Erfahrungen dem Patienten zur Verfügung stellt, kann er dann leichter die Probleme der Gegenwart meistern. Das oft durch die Erkrankung verlorengegangene Gefühl, "Jemand" zu sein und zu wissen, wer man ist, wird wieder gestärkt, wodurch die Bewältigung der anstehenden Trauerarbeit erleichtert wird.

Das NLP bietet darüber hinaus Chancen, mit Aphasikern, sogar mit Globalaphasikern in höherem Lebensalter, an psychischen Problemen zu arbeiten, was meiner Einschätzung nach mit keiner anderen Methode so intensiv möglich ist. Gesprächstherapie, Verhaltens- oder Gestalttherapie und erst recht die Psychoanalyse sind in hohem Maß auf die Verfügbarkeit von Sprache angewiesen. Die Arbeit an den psychischen Problemen der Patienten mit NLP erfordert auf Seiten des Therapeuten eine gute Ausbildung. Das Absolvieren eines Wochenendkurses in Einübung der Agraphiebehandlung o.ä. ist sicher nicht ausreichend. Auf Seiten des Patienten ist als Voraussetzung ein gewisses Maß an Sprachverständnis nötig sowie sein Wunsch die gegenwärtige Situation zu ändern. Das Sprachverständnis des Patienten muß zumindest so gut sein, daß man sich situativ einigermaßen mit ihm verständigen kann. Ein richtiges Verbalisieren von Ja/nein ist nicht nötig, da bei einer guten Beobachtung die Antwort an der physiologischen Reaktion erkennbar ist.

10.1 Rapport aufnehmen

Grundvoraussetzung ist wie bei aller NLP-Arbeit ein guter Rapport. Der Patient muß das Gefühl haben, daß der Therapeut wirklich bei ihm ist, ihn versteht und bemüht ist, ihm zu helfen. Allein das Aufnehmen und Halten des Rapport kann eine Änderung im Verhalten des Patienten bewirken. Er fühlt sich nicht mehr so allein und verlassen in seiner Situation. Da ist zumindest *ein* Mensch, der sich auf ihn einläßt, der eventuell bereit ist, 10 Minuten nur dazusitzen und zu schweigen. Ein Patient, Herr K., kam stationär in die Sprachtherapie zur Abklärung, ob eine Aphasie vorläge. Der Patient hatte ein langjähriges Anfallsleiden, das einen Heimaufenthalt nötig gemacht hatte. Zusätzlich hatte er einen Apoplex mit leichter Hemiparese rechts erlitten. Auf der Station sprach er praktisch gar nicht. Bei den wenigen Bemerkungen, die ihm entschlüpften, hatte man den Eindruck, daß er eventuell keine Aphasie habe, sondern eher eine Störung in Richtung Mutismus. Als er zu der Therapeutin gebracht wurde, sprach er auch kein Wort. Zuerst versuchte sie, ihn mit allen möglichen Methoden zum Reden zu überlisten, aber so gut wie erfolglos. Vereinzelte kurze Sätze und seine nonverbalen Reaktionen stützten den Verdacht, daß er zumindest einiges sprechen könne. Er saß nur da, schaute aus dem Fenster und ignorierte jedes angebotene Material. In der dritten derartigen Sitzung beschloß die Therapeutin, sich ganz auf das Aufnehmen von Rapport zu beschränken. Sie setzte sich in etwa so hin wie er, schaute aus dem Fenster und schwieg. Zwischendurch spielten beide mal mit den Fingern, juckten sich an der Nase, wobei die Therapeutin dem Patienten folgte. Ansonsten nur Schweigen. Für die Therapeutin war es die erste derartige Sitzung, und die 10 Minuten wurden sehr lang. Am Ende verabschiedete sie sich freundlich von ihm bis zum nächsten Tag. Am folgenden Tag ging es ungefähr genauso weiter, nur daß der Patient im Laufe der Sitzung immer offener wirkte. Er bewegte sich mehr, schaute die Therapeutin an, die ihn daraufhin anlächelte. Schließlich gab er auch knappe Antworten auf Fragen zu seiner Person. Am dritten Tag wurde immer deutlicher, daß er aufgrund der schon länger bestehenden Hirnschädigung wohl auch eine Sprachstörung hatte, daß er aber in der Lage sein könnte, mehr zu sprechen, als er es gewöhnlich tat. Er schien massive psychische und familiäre Probleme zu haben. Da die Therapeutin in Urlaub ging und der Patient vielmehr eine psychische Unterstützung als eine Sprachtherapie gebraucht hätte, erklärte sie ihm, daß er in Zukunft nicht mehr zu kommen brauche, weil er doch ganz gut sprechen könne und weil sie in Urlaub führe. Später erfuhr sie, daß er in der nächsten Zeit täglich vor der Tür erschien. Wann auch immer er irgendwelche Probleme im Haus hatte, kam er mit dem Rollstuhl angefahren. Seine räumliche Orientierung war sehr mangelhaft, aber der Raum, in dem man so viel mit ihm geschwiegen hatte, zog ihn immer wieder an.

Das Beispiel zeigt die tiefe Bedeutung des Rapports. 10 Minuten miteinander Schweigen können mehr Therapieerfolg bringen als viele versuchte Gespräche. Das Schweigen ist natürlich nur der Extremfall von Rapport, kann aber gerade bei sprachbehinderten Patienten angebracht sein. Es ist wichtig und stützt Veränderungen, bzw. es schafft die Grundlage, daß der Patient sich traut, sich zu verändern.

10.2 Ressourcen finden und nutzen

Bei vielen Patienten ist es ein Ziel der Therapie, Hobbys oder Beschäftigungen zu finden, die das Leben der Patienten in Zukunft angenehmer oder lebenswerter machen könnten. Hierbei gilt es anzuknüpfen an Fähigkeiten oder Wünsche aus früherer Zeit, die nach der Erkrankung vielleicht ausgeweitet oder neu in die Tat umgesetzt werden könnten. Ein Patient kann z.B. mitteilen, daß er früher gerne gesungen hat und daß er Mundharmonika spielte oder daß er immer gern malen wollte. Das kann man als Aufhänger nehmen, um mit ihm seine musischen Fähigkeiten zu entwickeln. So kann der Schlaganfall zu einer Chance werden, Fähigkeiten, die schon immer dawaren, die aber im harten Berufsalltag untergingen, zum Zuge kommen zu lassen. Wichtige Ressourcen sind die religiösen Kraftquellen, die durch die Krankheit neu- oder wiederentdeckt werden können und durch die das Leben nach der Krankheit für manche Patienten so anders und sinnvoll wird, daß sie dankbar werden für die Erkrankung. Eine 63jährige Patientin hielt eine solche Deutung zu Beginn der Behandlung für eine Zumutung. Nach einem Jahr bekannte sie fast schüchtern und als müsse sie sich dafür entschuldigen, daß sie doch jetzt ein bißchen froh sei, daß es so gekommen sei. Sie hatte ihren Gott gefunden, und die Mitmenschen hatten festgestellt, daß sie sich "durch die Krankheit" sehr zu ihrem Vorteil geändert habe. Sie sei viel weicher und fraulicher geworden.

Auf die Möglichkeiten, "nebenbei" in der Sprachbehandlung die Erlebnisse und Erfahrungen aus der Zeit vor der Erkrankung als Kraftquellen zu nutzen, wurde bereits in den vorigen Kapiteln hingewiesen. Der Patient braucht seine alten Fähigkeiten, um die neuen Schwierigkeiten zu meistern.

Als Beispiel, wie das gezielt geschehen kann, sei hier die Therapie der Patientin Frau B. dargestellt. Die Patientin war 79 Jahre alt und kam mit einer Wernicke-Aphasie zum halbstationären Rehabilitationsaufenthalt in die Klinik. Syndromspezifisch lagen leichte Ausfälle im Token Test und im Nachsprechen vor, mittlere Ausfälle im Benennen und in der Schriftsprache sowie schwere Ausfälle im Sprachverständnis. In der alltäglichen Unterhaltung sprach sie recht flüssig und angemessen, was in gewissem Gegensatz zu den Testergebnissen stand. Sie selbst litt vor allem unter der sehr starken Alexie. Bei der Durchführung des AAT buchstabierte sie die Wörter richtig, konnte aber kein Wort zusammenhängend lesen. Im Schreiben nach Diktat erreichte sie dagegen 25 von 30 möglichen Punkten.

Im Umgang war sie sehr freundlich, aber verschüchtert und überhöflich. Sie bedankte und entschuldigte sich für jede Kleinigkeit nach dem Motto: "Entschuldigung, daß ich geboren bin". Sie war motiviert zu lernen, gab aber die Verantwortung für Therapie und Erfolg an die Therapeutin ab: "Ganz wie Sie meinen".

Es entstand der Eindruck, daß die Patientin sich durch ihre starke Verunsicherung selbst blockierte und daher schlechtere Leistungen zeigte, als es nötig gewesen wäre. Das Ziel für die psychische Begleitung war es daher, ihr Zugang zu verschaffen zu ihren selbstbewußten und kämpferischen Anteilen. Das folgende Gedächtnisprotokoll gibt den Ablauf der sehr erfolgreichen Intervention wieder. Die Sitzung fand zu Beginn der Behandlung, nach Abschluß des AAT statt. Wegen des schönen Sommerwetters arbeiteten wir auf dem Balkon :

Th.: Haben Sie früher einmal für etwas gekämpft?
P.: (nach kurzem Überlegen und Suchen im visuellen Bereich) Ja, im Krieg, als meine Tochter gerade geboren war. Da bin ich mit ihr auf die Flucht gegangen. Meinen Sohn hatte ich ja schon vorher weggeschickt, falls mir etwas passiert. Damit mein Mann dann nicht ganz alleine wär'.
Th.: Und als Sie mit Ihrer Tochter auf die Flucht gegangen sind, da haben Sie richtig gekämpft?! (begleitet die Worte mit kämpferischer Handbewegung)
P.: Ja, das mußte ich ja. Da waren ja gerade die Russen gekommen.
Th.: Und wie war das damals? Wie sahen Sie aus? Sie waren noch jünger, nicht? (P.: Sucht nach Bildern.) Können Sie sehen, wie es aussah?
P.: Ja (nickt, aber ein wenig unsicher, schaut nach oben)
Th.: Sehen Sie es in Farbe -- oder in Schwarz/weiß? (P. ist unsicher.) Was haben Sie dort für ein Kleid an?
P.: Mein Schwangerschaftskleid, das hatte ich selbst aus zwei verschiedenen Decken zusammengenäht. Man hatte ja nichts sonst.
Th.: Das können Sie jetzt sehen, ja?
P.: Ja.
Th.: Und was hatten Sie für eine Frisur?
P.: (schaut ihr inneres Bild an und zeigt auf Ohrhöhe) So ungefähr bis hier.
Th.: (steht auf und geht zur P.) Stehen Sie mal bitte auf.
P.: (steht auf und wendet sich dem Balkongeländer mit den Blumenkästen zu) Ja?!
Th.: Jetzt schaun Sie sich das Bild noch einmal an, - sehen Sie die Frau, wie sie um ihr Kind kämpft?
P.: Ja (leise, etwas erstaunt). Das bin ich ja.
Th.: Und schauen Sie, wie diese Frau (leise in ihr Ohr)- das sind Sie - dasteht. Welche Körperhaltung hat sie?
P.: (Schaut, geht entschlossen auf die blühenden rosa Geranien zu, nimmt sie in beide Arme, um sie heftig an sich zu reißen.)
Th.: (entwindet ihr etwas mühsam, aber möglichst behutsam die Geranien, macht dann eine pantomimische Geste, als wenn man ein Kind an sich drückt) Schauen Sie, Sie können auch so ihr Kind ganz fest halten. (P. tut es sehr engagiert.)
P.: (mit entschlossenem Ton) Das ist *mein* Kind! (drückt wieder das "Kind" an sich).
Th.: Schauen Sie mal, was für eine Körperhaltung die Frau dabei hat. (P. richtet sich spontan ganz gerade auf, ihr krummer Rücken

verschwindet fast völlig. Th. lächelt bestätigend und streicht ihr leicht mit dem Finger die Wirbelsäule herunter, worauf die Patientin sich noch weiter aufrichtet. Das Streichen über die Wirbelsäule kann in der nächsten Zeit als Anker für diese Situation genutzt werden.)

Th.: Und wie ist der Kopf?
P.: (richtet den Kopf ganz auf und schaut die Th. stolz an) So!
Th.: Was ist das für ein Gefühl, so dazustehen und zu kämpfen?
P.: (bleibt in ihrer Haltung, spricht sehr bestimmt und lächelnd) Stolz!
Th.: Ist das ein schönes Gefühl? (streicht ihr noch einmal über den Rücken, um den Anker zu verstärken).
P.: Ja, sehr schön. - (Lächelt nach innen) Mein Vater hat auch schon immer gesagt, ich soll mich gerade halten.
Th.: Aha. - (Bringt die Patientin wieder zu ihrem Stuhl). Merken Sie, wie gut Sie das können, das Kämpfen?!
P.: (sitzt und strahlt) Ja, das muß ich wieder tun, danke, danke!
Th.: Das haben *Sie* doch gemacht! Sie *müssen* nicht kämpfen, aber Sie *können* es.
P.: Doch, ich will es, ich will es, danke, danke.

Von dieser Intervention an war die Patientin deutlich selbstbewußter. Manchmal wurde sie rückfällig, dann brauchte man ihr nur über den Rücken zu streichen, und sie nahm wieder ihre stolze Körperhaltung ein. Sie war auch in der nächsten Zeit noch höflich, setzte ihre Höflichkeit aber gerichteter ein, um ihre Ziele zu erreichen, andere für sich einzuspannen. Damit kam sie ihrer Familie wieder sehr vertraut vor, was in diesem Fall nicht nur angenehm war. Auch die Therapeutin mußte sich mit der Zeit deutlich abgrenzen.

10.3 Abklärung von Zielen

Ein häufiges Problem in der Arbeit mit Aphasikern ist die Ziellosigkeit der Patienten. Ein Mensch, der nicht weiß, worauf er zugehen soll, hat Schwierigkeiten bei der Bewältigung der Probleme der Gegenwart. Die Krankheit mit der anschließenden Rehabilitation stellt die Patienten vor ganz erhebliche Probleme. Ziele, die der Patient vor der Erkrankung verfolgte, wie Erfolg im Beruf, Sorgen für die Familie sind nicht mehr in der früheren Form lebbar. War durch die Pensionierung oder durch das Erwachsen-Werden der Kinder schon vor der Krankheit das Lebensziel scheinbar erreicht und ein neues Ziel nicht gefunden, wird das Problem durch die Erkrankung noch schwieriger lösbar.

Mit Hilfe der Methoden des NLP ist es für den Therapeuten leichter, die Tragfähigkeit von Zielen zu prüfen und mit dem Patienten herauszufinden, welche Ziele für ihn so anziehend werden könnten, daß er dafür an seiner Rehabilitation arbeiten möchte. Das Abklären des Zielrahmens kann eine Befreiung der inneren Kräfte des Patienten bedeuten. Wenn er wieder weiß, wozu er die ganze Mühe des behinderten Lebens auf sich nimmt, kann die Kraft gebündelt eingesetzt werden, um das Ziel zu erreichen. Andernfalls werden viele Energien verschlissen in dem inneren Hin und Her zwischen verschiedenen Zielen und der Resignation. Die Art, wie mit den Methoden des NLP der Zielrahmen abgeklärt werden kann, wurde bereits in Kap.3 beschrieben. Bei Patienten mit schweren Aphasien kann der Therapeut den Patienten natürlich nicht einfach spontan verschiedene Kontexte o.ä. zu seinem erstrebten neuen Ziel angeben lassen. In diesen Fällen muß er notgedrungen dem Patienten von sich aus eine Auswahl an Angeboten machen. Wenn er vorher für sich selbst die Art der nonverbalen Ja/nein-Signale des Patienten abgeklärt hat, kann er in vielen Fällen an physiologischen Reaktionen des Patienten die Antwort erkennen. Außerdem kann man die Methoden der "inhaltsfreien Beratung" nutzen, indem man dem Patienten z.B. den Auftrag gibt, still für sich drei Kontexte für ein erwünschtes Verhalten in der Zukunft herauszusuchen (Stahl 1988). Der Therapeut muß die Inhalte der gefundenen Kontexte nicht kennen, um weiter mit dem Patienten arbeiten zu können. Er gibt dem Patienten nur Hinweise, was er mit den inneren Bildern, Tönen und Gefühlen machen kann, so lange, bis er beim Patienten die gewünschte physiologische Reaktion wahrnimmt. Diese Methoden sind keine spezifisch für Aphasiker entwickelte Verfahren, sondern die allgemein angewandten Methoden des NLP, die auch für Aphasiker anwendbar sind. Sie brauchen daher in diesem Rahmen nicht eingehend beschrieben zu werden.

10.4 Interventionen zur Veränderung

10.4.1 Phobiearbeit

Einige Patienten erleben die Ereignisse, die mit dem Schlaganfall verbunden sind, wie ein Trauma, das eine Phobie hinterläßt. Phobiebehandlungen sind eine Spezialität des NLP und auch bei Aphasikern anwendbar. Als Beispiel dafür soll noch eine Sitzung mit Frau B. dargestellt werden, die zwei Tage nach der oben beschriebenen stattfand:

Th.: Ich habe Ihren Test angesehen, und ich versteh' das nicht ganz. Manches können Sie so gut, und dann fällt anderes so schwer. Das paßt z.T. für mich nicht zusammen. Ich hatte Ihnen ja auch schon gesagt, sie sollten beim Lesen nicht so auf die einzelnen Buchstaben gucken, sondern mehr das ganze Wort sehen - wie ein Bild. Ich glaube, Sie blockieren sich irgendwie selbst, ich glaube, Sie könnten viel besser lesen.

P.: Das war schlimm. Zuerst im Krankenhaus (im Akutkrankenhaus, Anm. d. Autorin) haben die mir gar nichts zu lesen gegeben. Und dann bin ich nach Hause gekommen, und dann wollte ich beim Frühstück die Zeitung lesen. Und dann ... (macht eine hilflose, wegwischende Geste auf dem Tisch).

Th.: (erstaunt) Ach, da haben Sie erst gemerkt, daß Sie nicht lesen konnten?

P.: Ja (sieht sehr traurig, erschrocken und hilflos aus).

Th.: Ach, das haben Sie vorher gar nicht gewußt? Und dann merkten Sie es auf einmal?

P.: Nein, das wußte ich nicht.

Th.: War das dann ein Schock für Sie? Haben Sie gern gelesen?

P.: O ja, das war ein großer Schock (macht wieder die Bewegung und schaut nach unten). Ich habe jeden Morgen beim Frühstück gemütlich die Zeitung gelesen (lächelt glücklich).

Th.: Sollen wir den Schock wegmachen (lächelt die P. fragend an)?

P.: (ungläubig schauend) Ja, wenn das geht?

Th.: Ja, das geht schon, - wenn Sie wollen. -- Wollen Sie?

P.: (offensichtlich sehr zweifelnd) Ja, ich will schon -.

Th.: O.K. (Setzt sich neben die Patientin, damit diese sich geradeaus Bilder machen kann) Sie wissen ja schon, wie man das macht, sich innerlich Bilder holen.

P.: Ja.

Th.: Gut. Dann holen Sie sich mal das Bild, wie Sie früher, vor Ihrer Krankheit am Frühstückstisch sitzen und Zeitung lesen. --
P.: Ja (lächelt glücklich, geht in einen positiven Zustand).
Th.: Können Sie es gut sehen? (P. nickt, lächelt und nimmt die "Zeitung" in die Hände) Können Sie den Kaffee riechen?
P.: (riecht zusätzlich) Ja.
Th.: (mit langsamer, tiefer Stimme) Ist das ein schönes Gefühl, so beim Frühstück sitzen -- und Zeitung lesen?
P.: (ist ganz in der positiven Situation) Ja!
Th.: (ankert diesen Zustand, dann in anderem Tonfall) o.k. - - (wendet sich der Patientin ganz zu und holt sie zurück in die Gegenwart. P. schaut sie erwartend an.)
Th.: Gehen Sie eigentlich gern ins Kino?
P.: (fröhlich) Ja, sehr gern. Mit meinem Mann bin ich immer ins Kino gegangen.
Th.: Ah, dann wissen Sie ja gut, wie es da ist (P. nickt). Gut, dann setzen Sie sich mal in ein Kino.
P.: (weiß nicht recht was sie tun soll, schaut fragend) Wie?
Th.: (zeigt nach vorn) Hier ist das Kino, da vorn ist die Leinwand, und jetzt stellen Sie sich vor, Sie sitzen da unten im Kino und schauen sich einen Film an.
P.: Ach so, ja.
Th.: Das geht?
P.: Ja, das geht (nickt).
Th.: Und dann gibt es ja im Kino auch den Vorführraum. Kennen Sie den? Da, wo die Filme abgespielt werden? (P. schaut nach vorn und nickt).
Th.: O.K., dann schweben Sie jetzt mal hoch in den Vorführraum. Da können Sie den Film an- und abstellen. Und von da oben sehen Sie jetzt zu, wie die Frau da unten im Kino sich einen Film anschaut. Geht das?
P.: (nickt, schaut nach vorn) Ja.
Th.: (langsam, mit tiefer Stimme) Und die schaut sich jetzt an, wie das war, als Sie damals aus dem Krankenhaus kommen, - - und beim Frühstück sitzen (P. sieht jetzt recht ernst aus) - das ist nur ein Film, und Sie schauen nur zu, wie die Frau sich das ansieht (P. nickt), - und dann merkt sie auf einmal, daß sie die Zeitung nicht lesen kann - - und dann geht der Film weiter, wie sie dann hierher kommt - und wie es ihr hier dann schon recht gut geht - - (am Ende mit schneller und bestimmter Stimme, so daß die P. wieder zurückkommt und sie anschaut).

Th.: (begleitet im Folgenden ihre Worte durch Gesten) Gut, und nun machen wir was ganz Tolles. Gleich, wenn ich es Ihnen sage, nicht jetzt, schweben Sie runter in den Zuschauerraum und von dort hinauf auf die Leinwand. (P. schaut erstaunt auf die "Leinwand" und nickt). Und dann steigen Sie am Ende in den Film ein, an der Stelle, wo es Ihnen hier schon recht gut geht. (P. nickt). und dann lassen Sie schnell den ganzen Film rückwärts laufen , brrrrrrr (macht Handbewegung von rechts nach links) mit allen Geräuschen und Gefühlen, bis ganz zurück, vor Ihrer Krankheit, als Sie da so glücklich am Frühstückstisch sitzen und die Zeitung lesen (P. nickt und lächelt, hat den Vorgang bereits mitgemacht). Ja? Verstanden?
P.: Ja.
Th.: (begleitet wieder durch Handbewegungen) Gut, dann machen Sie es jetzt. Steigen Sie am Ende in den Film ein, und dann lassen Sie den ganzen Film rückwärts laufen, bis dahin, wo Sie vor Ihrer Krankheit am Frühstückstisch sitzen und Zeitung lesen (P. geht innerlich mit). Gut, alles klar? (wendet sich der P. zu, um zu unterbrechen).
P.: (etwas irritiert und erstaunt, aber gehorsam) Ja.
Th.: (wiederholt den Vorgang noch zweimal, um die Wirkung zu verstärken, dann führt sie die Patientin noch einmal in die kritische Situation, um zu sehen, ob das zugehörige Gefühl sich verändert hat.) So, und nun gehen Sie noch mal in die Situation, als Sie merkten, daß Sie nicht mehr lesen können (P. nickt, sieht sehr gelassen aus). Wie ist das jetzt? Ist das Gefühl noch so schlimm?
P.: (schüttelt den Kopf, lächelt) Nein, ich kann es ja wieder lernen!

Eine solche Arbeit ist eine Alternative zu einer Trauerarbeit, bei der mit viel Tränen die verlorene Lesefähigkeit betrauert wird. Es gibt Menschen, denen eine so schnelle Änderung eines Problems, wie es hier beschrieben wurde, unheimlich ist. Sie sind es gewöhnt, daß die Bewältigung von Problemen lange dauert, und daher soll es so bleiben. Dann werden sie natürlich zu einer solchen Arbeit nicht bereit sein, und das muß man unbedingt respektieren. Das Beispiel zeigt aber, daß es auch anders und schneller gehen kann, ohne daß ein Problem "verdrängt" würde.

10.4.2 Versöhnung von Anteilen der Persönlichkeit

Ein Grund, weshalb Patienten in der Therapie nicht mitmachen, kann der sein, daß verschiedene Anteile der Persönlichkeit unterschiedliche Ziele verfolgen. Nach dem Motto: Mein Herz möchte dieses, mein Verstand möchte das; oder: Zwei Seelen hab' ich in meiner Brust. In dem Fall wäre es eine Möglichkeit, die verschiedenen Anteile der Persönlichkeit miteinander in Kontakt zu bringen, um möglicherweise eine Verständigung zwischen ihnen zu erreichen.

Die Patientin Frau N. hatte ein solches Problem. Sie war 68 Jahre alt und hatte nach einem Schlaganfall eine schwere Globale Aphasie mit Agraphie, Alexie und starken visuellen Wahrnehmungsstörungen. Die Spontansprache bestand weitgehend aus Automatismen mit ganz vereinzelten anderen Wörtern dazwischen, bei denen nicht immer klar war, ob es die Wörter waren, die sie meinte. Der AAT war nicht durchführbar, da die Patientin sehr starke Sehstörungen hatte, so daß nicht sicher war, wieviel sie von dem Material erkennen konnte. Die rechtsseitigen Lähmungen waren so, daß sie - etwas unsicher und mit Stock - laufen konnte. Die rechte Hand konnte sie als Hilfshand benutzen. Sie war Witwe, hatte ihren Mann bis zu seinem Tod gepflegt und war als Putzfrau ihr Leben lang sehr fleißig gewesen, um die Familie mit zu ernähren. Sie hatte einen Sohn, der sie aber nicht bei sich aufnehmen konnte, so daß sie nach der Krankheit in ein Heim gekommen war. Sie hatte dort ambulante Sprachtherapie bekommen, die aber nicht sehr erfolgreich war, außer daß sie eine Aktivierung in der reizarmen Umgebung bedeutete.

Bei ihrem stationären Aufenthalt war ihr Gesamtverhalten sehr passiv. Obwohl sie etwas gehen konnte, saß sie nur in ihrem Zimmer und war auch bei der Pflege nicht bereit, irgendetwas mitzuhelfen. Sie ließ sich willig zu den Therapien führen, ergriff aber von sich aus nicht die Spur einer Initiative. In der Sprachtherapie wollte sie sich gern unterhalten. Wenn gezielt gearbeitet werden sollte, fing sie an zu stöhnen und war angeblich so müde, daß aufgehört werden mußte. Jede Übung, die mehr als einmal gemacht werden sollte, wie Reihensprechen, Namen üben, sagen, welcher Wochentag gerade ist o.ä., lehnte sie ab. Ihr Verhalten erinnerte dabei in Mimik und Gestik an die Haltung eines kleinen Kindes. Die Therapeutin fragte sie deshalb schließlich, wie alt sie eigentlich sei. Sie zuckte lächelnd mit den Schultern. Es ging etwa so weiter:

Th.: Ja, sind Sie erwachsen oder sind Sie ein Kind? (hält bei dem Wort "erwachsen" ihre linke Hand ausgebreitet nach vorn - für diesen Anteil, bei dem Wort "Kind" die andere Hand - für den vermuteten kindlichen Anteil).
P.: (macht wieder lachend eine Geste, als wisse sie es nicht) Weiß nich, weiß nich.
Th.: Vielleicht sind Sie beides? (hält beide Hände offen, aber voneinander getrennt hin)
P.: (lacht und nickt) Weiß nich jo jo, weiß nich.
Th.: Die kleine Anna, wie alt ist die denn? (Th. begleitet das Reden von der Anna immer im weiteren Gespräch mit Bewegungen der linken Hand. P. denkt nach) Vier Jahre alt? (Th. wählt die Zahl, die sie zu der Haltung der Patientin assoziiert.)
P.: Jo, jo! Weiß nich (lacht und bestätigt heftig).
Th.: Aha, und was möchte die kleine Anna? (P. lacht und windet sich auf ihrem Stuhl.) Möchte die, daß alle nett sind zu ihr? (P. bestätigt wieder deutlich.) Möchte die arbeiten?
P.: (Der ganze Körper der P. sagt nein.) Ja, weiß nich, - zu viel.
Th.: Oder möchte die kleine Anna lieber faul sein?
P.: (lacht wieder und bestätigt.)
Th.: Die anderen sollen sie waschen ...
P.: Ja (lacht).
Th.: ...und füttern...(P. lacht wieder, aber ein wenig mit Trauer gemischt.)... Und sie möchte sich ausruhen?
P.: (zwischen Lachen und Weinen) Jo, jo, zu viel, weiß nich.
Th.: Und die erwachsene Frau N.? (hält die andere Hand offen auf die andere Seite, als sei Frau N. darin.)
P.: (zuckt ratlos mit den Schultern) Weiß nich, jo, weiß nich.
Th.: Will die sich selbst waschen? (bewegt zu dem folgenden Gespräch über Frau N. ihre rechte Hand.)
P.: (weiter zwischen Lachen und Weinen, mehr Lachen. bestätigt) Jo, jo.
Th.: Und sich anziehen? (P. bestätigt wieder) Und richtig erwachsen sein? (P. bestätigt) Möchte die auch daran arbeiten, daß das Sprechen besser wird?
P.: (bestätigt lachend etwas zögernd, aber eher mit Bedeutung von Ja.)

Th.: Und was machen wir jetzt? (bewegt hilflos beide Hände getrennt voneinander.) Die kleine Anna möchte sich versorgen lassen, alle sollen lieb zu ihr sein, sie möchte sich ausruhen, und die erwachsene Frau N. möchte selbständig werden, erwachsen sein und vielleicht auch daran arbeiten, sprechen zu können. (Th. bewegt wieder jeweils die entsprechende Hand, P. bestätigt noch einmal alles)

Während die Therapeutin die Hände noch abwechselnd bewegte und wirklich selbst nicht wußte, wie man die beiden Anteile miteinander aussöhnen könnte, nahm die Patientin die beiden Hände der Therapeutin und führte sie unter Tränen zusammen. Das war wirklich sehr eindrucksvoll. Die Schwestern der Station, die nichts von dem Vorgang wußten, erzählten mittags, daß die Patientin nach der Therapie zum erstenmal von selbst aus ihrem Zimmer gekommen sei, über den Flur gegangen sei und in die anderen Zimmer geschaut habe, wo die Türen offen standen. Am nächsten Morgen nahm sie zum erstenmal selbst den Waschlappen in die Hand, um beim Waschen zu helfen. Ein weiteres Gespräch mit der Patientin ergab, daß sie ein bißchen Sprechen lernen wollte. Nicht zu viel. Vor allem wollte sie etwas besser verstehen lernen. Sie war zu müde von der Arbeit des Lebens, um noch einmal viel arbeiten zu wollen. Leider mußte die Patientin zu diesem Zeitpunkt an eine Kollegin abgegeben werden, weil die Therapeutin in Urlaub ging. Da Frau N. sich gerade an sie gewöhnt hatte, war der Wechsel zu diesem Zeitpunkt für sie sehr ungünstig (obwohl die Kollegin sehr qualifiziert arbeitete). Sie bekam einen Krampfanfall, große Schmerzen und fiel damit in ihre Resignation zurück, so daß sie entlassen werden mußte. Das winzige Pflänzchen Hoffnung und Initiative war noch nicht stark genug, um den Sturm des Wechsels zu ertragen. Eventuell wäre es ohne Therapeutenwechsel aber auch genauso gegangen. Denn manchmal zeigt sich erst nach einigen Tagen, wenn der Patient mit dem neuen Ziel Erfahrungen gesammelt hat, ob das Ziel wirklich stimmig für ihn ist. Mit sprechenden Patienten läßt sich schon bei der Zielfindung abklären, ob das Ziel von allen Anteilen der Persönlichkeit unterstützt wird. Wenn nicht, müssen diese zuerst zufriedengestellt werden, denn sonst sucht der Organismus eine Möglichkeit, um das Ziel wieder zu ändern. Erneute Krankheiten bieten sich dafür an. Da Frau N. so eindeutig selbst den Ausweg für ihr Problem gefunden hatte - durch Zusammenführen der Hände als Symbole für ihre verschiedenen Persönlichkeitsanteile -, konnte davon ausgegangen werden, daß sie wirklich auf ihrem eigenen Weg war.

Wenn auch in diesem Fall kein langfristiger Erfolg zu verbuchen war, kann das Beispiel, wie ich glaube, zeigen, daß auch mit Patienten mit schwerer Globaler Aphasie Interventionen zur psychischen Veränderung wirkungsvoll durchführbar sind.

Die Möglichkeiten der Intervention sind so zahlreich wie die Zahl der Patienten und die Therapiemöglichkeiten des NLP, die ständig erweitert werden. Es ist zu hoffen, daß immer mehr Aphasiker von diesen Möglichkeiten profitieren werden.

11. Indikationen und Hindernisse für den Einsatz von NLP-Methoden

Was ich schlafe; was ich wache;
Was mir träumet für und für;
was mir Angst macht; was Begier;
was ich lasse; was ich mache;
Was ich weine; was ich lache;
was ich nähm'an Kost zu mir;
schreibe; lese; dencke hier/
Die/ und die/ und diese Sache/
was ich nicht thu/ was ich thu;
nichts und alles; reis'und ruh';
Angst und Freuden; Lust und Schmerzen;
Dieses alles/ alles das/
thu ich hier ohn Unterlaß
Auff Gesundheit meines Hertzen.

Paul Fleming (1609-1640)

Die Aphasieforschung hat in den letzten Jahrzehnten bedeutende Entwicklungen durchgemacht. Die linguistische Therapie wurde verfeinert, neue Therapiemethoden wie PACE und Kommunikative Therapie wurden entwickelt. Gemeinsam ist diesen Ansätzen und Verfahren, daß sie sich mit dem äußeren Geschehen der Sprache und ihren Störungen beschäftigen. Mit Hilfe der Methoden des NLP ist es möglich, zusätzlich an *den* Anteilen der Sprache zu arbeiten, die dem eigentlichen Sprechakt vorausgehen oder die parallel dazu im Gehirn ablaufen. Das betrifft vor allem auch die analogen Speicherungen der Sprache, die innere Welt der Bilder, Klänge und Gefühle. Die hier geschilderten Ansätze einer solchen Therapie erweisen sich bislang in der Praxis als sehr erfolgversprechend. Es sei zum Abschluß noch einmal kurz zusammengestellt, wo und wann sich ihr Einsatz besonders eignet, bzw. welche Gegebenheiten erforderlich oder hinderlich sein können.

11.1 Voraussetzungen beim Therapeuten

Ein Therapeut, der eine vollständige Ausbildung in NLP gemacht hat, wird gar nicht anders können, als das NLP ständig zu benutzen, ohne daß der Patient oder auch er selbst sich dessen bewußt wären. Jeder Mensch wendet Teile des NLP an, ohne es zu wissen, oder besser ausgedrückt, da das NLP nur explizit macht, was alle Menschen im Verlauf von Verhalten und Kommunikation unbewußt tun, finden sich erfolgreiche Anteile von "normaler" Kommunikation im Modell des NLP wieder. Der im NLP ausgebildete Therapeut hat die wesentlichen Komponenten des NLP, wie Rapport aufnehmen und halten, Anwendung des Metamodells, Reframing, Ankern o.ä. ebenso wie die Grundannahmen des Menschenbildes so im Unbewußten verankert, daß er damit ständig umgehen wird, ohne es bei der Arbeit immer reflektieren zu müssen. Der Patient wird gar nicht empfinden, daß da etwas "Besonderes" geschieht, denn gute Kommunikation sollte ja "normal" sein und auch so empfunden werden. Insofern ist das NLP ständig und unproblematisch einsetzbar. Es wird für den Patienten, seine Angehörigen und den Therapeuten eine Erleichterung im Umgang miteinander bedeuten.

Zu hinterfragen wäre allenfalls, inwieweit bestimmte "Techniken" des NLP immer und überall *bewußt* einsetzbar sind. Wenn mit dem notwendigen Respekt vor der Freiheit und dem Willen des Kommunikationspartners gearbeitet wird, können die oben genannten Grundtechniken des NLP auch bewußt ständig benutzt werden, ohne daß mit Widerstand oder Schaden eines Beteiligten gerechnet werden müßte. Voraussetzung ist allerdings, daß man weiß, was man tut. Es erhebt sich an diesem Punkt bereits die Frage der Ausbildung des Aphasietherapeuten in NLP. Da die Methoden sich für die Praktiker als sehr wirksam erwiesen haben , plädieren sowohl Hilarion Petzold und Thies Stahl, als auch Virginia Satir für eine fundierte Ausbildung derer, die damit umgehen (Petzold/ Stahl; Satir in: Bandler/ Grinder [6]1987). Einige Teile von Techniken oder Modellen können sicher auch für Therapeuten hilfreich sein, die keine vollständige NLP-Ausbildung machen wollen. Genannt seien hier Möglichkeiten der Agraphie-/

Alexiebehandlung oder Anwendung von Anteilen des Metamodells im Bereich der Kommunikation. Es hat sich allerdings für mich in der Praxis gezeigt, daß Therapeuten, die wenig Eigenerfahrung und Hintergrundwissen von NLP haben, sich schwertun in der Anwendung dieser Techniken, auch wenn sie sehr einfach aussehen. Allein die Formulierung der richtigen Fragen, um das gewünschte Repräsentationssystem zu erreichen, fordert sehr viel Übung. Wäre das nicht so, hätten sich Wissenschaftler wie Bliemeister (1988) leichter getan in der Formulierung adäquater Fragen zur Untersuchung der Augenbewegungsmuster. Abgesehen davon, daß das Menschenbild des Therapeuten und dessen gelebte Umsetzung für den Erfolg und die Vertretbarkeit des NLP entscheidend sind, braucht der Aphasietherapeut, der mit NLP arbeiten will, viel Erfahrung in systemischer Wahrnehmung, in Wahrnehmung von simultaner verbaler und nonverbaler Sprache, und er braucht die geschulte Intuition und Fähigkeit, die richtige Intervention zum richtigen Zeitpunkt einzusetzen.

Wieviel spezielle Aus- und Fortbildung in NLP nötig ist, um Aphasietherapeuten dazu in die Lage zu versetzen, wird die Zukunft erweisen müssen.

11.2 Voraussetzungen beim Patienten

Auf das wohlwollende Aufnehmen von Rapport reagieren gewöhnlich alle Patienten positiv. Jeder Mensch freut sich, wenn er spürt, daß sein Gegenüber sich auf ihn einlassen will. Aphasiker erleben häufig, daß man keine Zeit für sie hat, daß man froh ist, ihnen ausweichen zu können. Umso erfreulicher ist es für sie, wenn sich jemand wirklich auf sie einläßt. Entsprechend können alle "Grundtechniken" des NLP, sofern sie kongruent und mit Respekt vor dem Patienten angewandt werden, bei Patienten mit allen Aphasiesyndromen durchgeführt werden.

Abgelehnt wird die Anwendung von NLP allenfalls, wenn spezielle Methoden zur Aphasiebehandlung angewandt werden, wie sie in den letzten Kapiteln genannt wurden. Der Widerstand tritt vor allem bei Patienten mit starken Sprachverständnisstörungen auf. Aufgrund dieser Störungen kann man ihnen nicht so gut einsichtig machen, was man jetzt mit ihnen tun möchte. Wozu sollen sie sich Bilder vorstellen oder gar anfangen zu malen? Das haben sie doch noch nie getan, oder sie haben es viel perfekter getan, als es ihnen jetzt möglich ist. Wieso sollen sie nach oben schauen, wenn sie schreiben wollen? Das Blatt liegt doch auf dem Tisch, und sie fühlen sich vielleicht besonders eifrig, wenn sie unten rechts nach dem Schriftbild suchen. Natürlich kann der Therapeut versuchen, ihre Augenbewegungen unbewußt nach oben zu lenken. Das ist bei diesen Patienten aber teilweise recht schwierig. Gerade die Patienten mit starken Sprachverständnisstörungen haben im täglichen Leben das Problem, leicht für "doof" gehalten zu werden, bzw. sie haben die Angst, nicht für voll genommen zu werden. Aus dem, was sie verstehen, und aus den nonverbalen Signalen des Kommunikationspartners versuchen sie, sich einen logischen Reim zu machen, um den Sinn des Gesagten zu erfassen. Das, was der NLP-Therapeut von ihnen zu tun verlangt, ist für sie so ungewohnt und scheint so unlogisch, daß sie z.T. die Gefolgschaft verweigern. Solch verrückte Dinge werden sie doch nicht tun, um damit noch den sichtbaren Beweis für ihre Unzurechnungsfähigkeit zu erbringen! In diesen Fällen kann der Therapeut nur ganz behutsam die Teile des NLP anwenden, die er - für den Patienten unbewußt - einsetzen kann. Wenn das Vertrauen des Patienten stark genug geworden ist, wird er eventuell irgendwann auch vom Bewußtsein her bereit sein mitzumachen.

Es gibt andere Patienten, die gern in der Therapie möglichst oberflächlich arbeiten. Sie machen gern Übungen, die sie schon können, oder recht schematische sprachstrukturelle Übungen, die sie fleißig ausführen können, ohne zu sehr nachzudenken. Nach außen hin erscheinen sie eifrig, aber sie arbeiten vor allem am Symptom und besonders an den Symptomen, die schon fast nicht mehr da sind. Es sind meist Menschen, die sich auch vor der Erkrankung nicht viel mit sich selbst beschäftigt haben, die sehr nach außen gewandt gelebt haben ohne Selbstreflexion. In der Situation der Krankheit werden sie nicht gern mit ihren tatsächlichen Störungen konfrontiert. Sie haben oft Ausreden für ihre sprachlichen Fehler und Ausfälle, sei es das Wetter, die Müdigkeit o.ä. Da das NLP versucht, an den Ursachen der Störungen anzusetzen, soll der Patient sich in der Therapie mit den inneren Repräsentationen der Sprache und mit seiner inneren Welt beschäftigen, die die äußere Sprache beeinflussen. Das ist für diese Patienten sehr schwer. Ihre innere Welt ist ihnen sehr fremd und daher etwas unheimlich. Außerdem müßten sie dann deutlich feststellen, daß sie vielleicht tatsächlich Probleme haben, die sie bisher so gut vor sich und den anderen zu verstecken suchten. Diese Patienten brauchen viel Geduld und Einfühlung des Therapeuten. Der Patient Herr S. (s. Kap.9.5) mit Amnestischer Aphasie, der kaum Zugang zu inneren Bildern hatte, war ein solcher Patient. Er hatte u.a. Schwierigkeiten, seinen Lebenslauf zu erinnern, und reagierte auf insistierende Fragen nach Begebenheiten aus seinem Leben nach einer Weile aggressiv und abweisend. Er empfand die Fragen des Metamodells, mit dem die Therapeutin seine Generalisierungen und Tilgungen zu hinterfragen suchte, als Zumutung. Solche Aggressionen sind im Rahmen des NLP völlig normal. Sie geben Auskunft darüber, wo der Patient gerade steht. Wenn er in dieser Art aggressiv reagiert, ist er oft gerade an die Grenzen seiner Welt gestoßen, und es besteht die Chance, daß er diese Welt erweitert. Man kann ihn aber nicht dazu zwingen. Man kann versuchen, ihm das Überwinden der Grenzen attraktiv zu machen, aber den Schritt über die Grenzen muß er selbst tun. Im Gespräch mit Herrn S. wurde akzeptiert, daß er zu Beginn nicht bereit war, sich seinen Grenzen zu stellen. In der weiteren Arbeit - durch Bilder beim Kettendeblockieren - wurden die Erinnerungen an seine Briefmarkensammlung wieder frei. Durch die folgenden Gespräche über Briefmarken, in denen der Patient der anerkannte Fachmann war, wurde er bereit, sich auch seinen Defiziten zu stellen und an deren Überwindung zu arbeiten. Er fing an, sich an sein Leben zu erinnern. Fragen, die er zuvor abgelehnt hatte, beantwortete er nun willig und gern. Er hatte über die Briefmarken so viel Vertrauen sowohl zur Therapeutin als auch zu sich selbst gefunden, daß nach kurzer Zeit auch ganz offen an seinen sprachlichen Ausfällen gearbeitet werden konnte, und er machte sehr gute sprachliche Fortschritte. Die Grenzüberschreitung war gelungen: nicht zu dem Zeitpunkt, an dem die Therapeutin ihn an seine Grenzen führte, sondern als er selbst sich stark genug fühlte, den entscheidenden Schritt zu tun.

Nicht immer gelingt es, die Widerstände der Patienten abzubauen. Es muß dann immer wieder gefragt werden, was der Patient möchte, was sein Ziel ist. Vielleicht hat die Aphasie eine so wichtige Rolle im psychosozialen System des Patienten, daß er eine Besserung zu vermeiden trachtet. Der Perfektionismus im Wertesystem des Patienten kann so stark sein, daß der Patient lieber für den Rest des Lebens schweigt, als daß er halbrichtige Sprachproduktion bei sich duldet. Das kann in manchen Fällen nur respektiert werden. Der Therapeut muß sich allerdings immer fragen, ob der Patient Widerstand zeigt, weil er letztlich keine Besserung wünscht, oder ob der Widerstand ein Zeichen für die mangelnde Flexibilität des Therapeuten ist (Müller 1990).

Zusammenfassend kann gesagt werden, daß Teile des NLP bei allen Patienten angewandt werden können. Welche speziellen Interventionen gemacht werden, hängt von der Situation, der Persönlichkeit und dem Störungsbild des Patienten ab. Der Einsatz von NLP in der

Aphasiebehandlung bietet ungeheuer viele Möglichkeiten kreativer, erfolgreicher Arbeit. Der Anspruch an den Therapeuten ist sicherlich sehr hoch, ist doch ein souveräner Umgang mit Grundtechniken der Aphasietherapie im Lichte systemischer Arbeit erforderlich, ebenso wie die Anwendung individuell abgestimmter NLP-Techniken, die sowohl auf eine sprachliche Besserung wie auf eine psychische Krisenbewältigung abzielen. Aphasietherapeuten arbeiten auch ohne NLP bisher mit hohem persönlichen Einsatz und oftmals ohne Rücksicht auf die eigene Gesundheit. Der weitere Ausbau dieser Arbeit scheint lohnend und gerechtfertigt, da das NLP dem Therapeuten die Diagnostik, die Zielfindung, das Arbeiten und das Verarbeiten der Arbeit erleichtert und für den Patienten leichtere Krisenverarbeitung, mehr Spaß und neue sprachliche Erfolgsmöglichkeiten bringt.

Glossar

Agraphie: Das Wort Agraphie steht für die Unfähigkeit zu schreiben. Bei den Aphasien ist gewöhnlich nicht nur die phonische Sprache gestört, sondern auch der graphische Ausdruck. Gemeint ist nicht die motorische Schwierigkeit zu schreiben, wenn durch Lähmungen ein Schreiben mit der rechten Hand erschwert oder unmöglich ist. Man unterscheidet die konstruktive und die linguistische Agraphie (Leischner 1979).

- Konstruktive Agraphie: Sie tritt vor allem im Rahmen anderer konstruktiver Störungen auf, insbesondere im Zusammenhang mit Globalaphasien. Es geht hier nicht um eine linguistische Störung - die bei Globalaphasikern noch hinzukommt -, sondern um die Unfähigkeit, Buchstaben zu "konstruieren". Die Formen der Buchstaben können nicht dargestellt werden. Als "Schrift" bleibt häufig nur ein "Gekrakel" übrig.
- Linguistische Agraphie: Hierbei sind die Rechtschreibung sowie der schriftliche Ausdruck von Gedanken betroffen. Inwieweit der graphische Ausdruck von der phonischen Sprache abhängig ist, darüber gehen die Meinungen auseinander (Peuser 1978; van Eys 1982). Ausgehend von dem Netzwerkmodell der Sprachspeicherung (Kap. 5), scheint es mir wahrscheinlich, daß die einzelnen Systeme relativ unabhängig voneinander gestört sein können. "Relativ" heißt, daß schon gewöhnlich eine gewisse Entsprechung von Schreibfehlern und Aphasieform erkennbar ist. So treten Überproduktionen in der Schrift vor allem bei Wernicke-Patienten auf, während Patienten mit Broca-Aphasie eher zu Elisionen von Wörtern und Buchstaben neigen.

Wernicke und alle im Gefolge, die für die "Phonem-Graphem-Korrespondenzregeln" plädieren (s. Peuser 1978, S.241), sehen eine Abhängigkeit zwischen Hören und Schreiben: "Das Schreiben ist eine bewußte Bewegung, welche mit innigster Anlehnung an den Klang gelernt und immer unter Leitung desselben executirt wird" (Wernicke, zit. nach Peuser 1978, S.236). Da ein Phonem keineswegs immer einem Graphem entspricht, leiden viele Menschen, die auditiv schreiben lernen, unter Rechtschreibstörungen. Das NLP hat diese Schwierigkeit erkannt und aufgegriffen, indem es hilft, eine visuelle Speicherung zu erlernen (s. Kap. 8.4.2.3). Auf diese Art kann auch bei vielen schwer gestörten Aphasikern eine relativ gute Rechtschreibung erreicht werden.

Alexie: Eine Alexie bedeutet die Unfähigkeit, die Bedeutung von Schriftzeichen zu entschlüsseln. Der Ausdruck betrifft also das Lesesinnverständnis, nicht die Fähigkeit des lauten Lesens (Leischner 1979). Die Störung kann alle Arten von Schrift, also Druck- und Schreibschrift, betreffen, sie kann aber auch für einzelne Schriftarten unterschiedlich stark sein.

Amnestische Aphasie: Die Amnestische Aphasie ist die leichteste Form der Aphasien. Die Patienten sind in der Lage, recht flüssig zu sprechen, Artikulation und Prosodie sind weitgehend ungestört. Auch die Grammatik ist großenteils erhalten, allerdings kann es durch die vorhandenen Wortfindungsstörungen öfter zu Satzabbrüchen kommen. Bei Wortfindungsstörungen versuchen die Patienten, nach Möglichkeit Ersatzwörter zu finden oder den Sachverhalt anders auszudrücken. Dadurch fallen dem ungeübten Zuhörer leichtere Störungen nicht mehr auf, nur der Patient merkt den höheren konzentrativen Aufwand beim Sprechen. Häufig findet sich die Amnestische Form auch als Rückbildung anfänglich schwererer Aphasien.

Aphasie: Das medizinische Wörterbuch Pschyrembel (^{256}1990)definiert eine Aphasie als "zentrale Sprachstörung nach (weitgehend) abgeschlossener Sprachentwicklung." Klaus Poeck (1987) bezeichnet sie als "Störung im kommunikativen Gebrauch der Sprache, die in verschiedenen Formen auftreten kann." Ursache ist immer eine Hirnschädigung. Die Aphasie kann alle Funktionsebenen der Sprache betreffen, die Sprachproduktion, das Sprachverständnis, das Lesen und das Schreiben. Es handelt sich bei der Aphasie nicht, wie man früher annahm, um einen Sprach*verlust*, so daß die Sprache wie bei einem Ausländer oder einem Kind neu gelernt werden muß, sondern um Blockierungen und Zerstörungen im Netzwerk des Gehirns. Damit ist der Zugang zu der gespeicherten Sprache gestört.

Apraxie: Eine Apraxie ist die Unfähigkeit, praktische Handlungen auszuführen trotz erhaltener Bewegungsfähigkeit. Man unterscheidet verschiedene Formen der Apraxie:

- ideatorische Apraxie: Sie betrifft die praktische Ausführung von Handlungsfolgen bei Benutzung verschiedener Objekte. Nach Poeck

(1982) kommt sie regelmäßig bei Patienten mit Wernicke - oder Globaler Aphasie vor. Betroffene Patienten können z.B. einfache Haushaltsaufgaben wie Kartoffeln kochen nicht in einer sinnvollen Reihenfolge erledigen, obwohl sie die benötigten Gegenstände und deren Handhabung evtl. verbal benennen können. Es besteht eine "Beeinträchtigung in der assoziativen Verarbeitung verschiedener Afferenzen mit motorischen Programmen" (Poeck 1982, S.119).

- ideomotorische Apraxie: Einzelne Bewegungen können nicht gezielt ausgeführt werden. Gewünschte Bewegungen wie beispielsweise das Schließen der Augen werden ersetzt (z.B. durch Mund-Schließen), es treten Überschußbewegungen auf (z.B. zusätzliches Grimassieren), Zusatzbewegungen o.ä.

- konstruktive Apraxie: Sie zeigt sich vor allem beim Kopieren und Zeichnen von Gegenständen und geometrischen Figuren. Diese können nicht adäquat wiedergegeben werden. Häufig ist die konstruktive Apraxie mit einer konstruktiven Agraphie verbunden (Leischner 1979; Hartje/ Sturm 1982).

Auditive Stimulation: Zu den Methoden der auditiven Stimulation kann man sowohl die von Hildred Schuell entwickelte Methode als auch die "melodische Intonationstherapie" nach Helms zählen (Kotten [3]1986). Die Arbeit mit dem Sprachlehrgerät "Language Master" ist ebenfalls hier einzuordnen.

- Auditive Stimulation nach Schuell: Die amerikanische Therapeutin Hildred Schuell geht davon aus, daß Sprache primär über das Hören gelernt wird. Auch die Aphasietherapie sollte daher vor allem über auditive Stimulation erfolgen (Schuell/ Jenkins/ Jiminez-Pabon 1964; Kotten [3]1986). Es sollen möglichst keine Einzellaute geübt werden, sondern immer Wörter. Neben Nachsprechübungen empfiehlt Schuell Übungen zur Phonation und zum Nachahmen von Zungen- und Mundbewegungen ebenso wie Singen und Reihensprechen.

Als Therapiematerial werden Bild- und Wortkarten benutzt, wie sie auch im Rahmen anderer Methoden wie z.B. dem Deblockieren üblich sind. Der Patient bekommt die Anweisung: "Schauen Sie das Bild an - dann sehen Sie das geschriebene Wort an während ich es lese! Hören Sie genau zu, versuchen Sie es zu denken! Wenn Sie das Wort haben, lassen Sie es herauskommen aber erzwingen Sie es nicht!" (Schuell 1964,

S.352, zit. nach v.Stockert 1984, S.152). Die Therapeutin zeigt dazu zuerst auf das Bild und dann auf das Wort und spricht es laut und deutlich. Dieser Vorgang soll zwanzigmal wiederholt werden. Für diese Arbeit kann auch der "Language Master" eingesetzt werden, um dem Patienten die Selbstkontrolle zu erleichtern. Nach den Übungen mit einfachen Wörtern werden auf dieselbe Art Phrasen und Sätze geübt. Die Sprachproduktionen des Patienten sollen dabei sehr leicht und ohne Anstrengung sein.

Eine weitere Technik von Schuell, das "eliciting response", kann man auch als einfache Deblockierung bezeichnen. Es werden dabei Teile von Phrasen oder Sätzen vorgegeben, die der Patient ergänzen soll. Z.B.: Kaffee mit Zucker und: M i l c h; oder Stock und: H u t. Im weiteren Verlauf der Behandlung bittet Schuell den Patienten, zu dem genannten Wort ein weiteres, passendes Wort zu sagen. Später geht sie zu Nacherzählungen und Bildbeschreibungen über. Damit bewegt sich ihre Therapie keineswegs nur im Rahmen der auditiven Stimulation, was ihr von ihren Kritikern angekreidet wurde. Dennoch bleibt es, wie v.Stockert anmerkt, ihr Verdienst, die Aphasietherapie mit zu einer eigenständigen Disziplin geführt zu haben (v.Stockert 1984).

- "Melodische Intonationstherapie" nach Helm:
Bei der auditiven Stimulation nach Schuell wird vorausgesetzt, daß der Patient nachsprechen kann. Die "melodische Intonationstherapie", wie sie von Helm 1979 veröffentlicht wurde und wie sie auch in Variationen von Lugt v. Wiechen und Visch-Brink (1989) angewandt wird, wendet sich auch an Patienten, die nicht nachsprechen können. Sie versucht, die Bereiche der rechten Hirnhemisphäre zu nutzen, die der Sprache dienen, wie Rhythmik und Intonationsmuster. Begonnen wird mit rhythmisch-musikalischen Übungen.
Der Therapieaufbau hat vier Stufen (v.Stockert 1984):
1. Der Therapeut summt drei bis vier Töne und führt dazu die Hand des Patienten, der den Rhythmus dazu klopft. Danach soll der Patient die Melodie mitsingen.
2. Der Therapeut singt Melodie und Text, der Patient hört zu und klopft mit dem Therapeuten den Rhythmus dazu. Anschließend singen beide gemeinsam. Ist der Patient damit sicherer geworden, schleicht der Therapeut sich langsam aus dem Gesang aus. Ist der Patient auch damit sicher, fragt der Therapeut anschließend an die Übung: "Was haben Sie gesagt?" Damit will er eine sprachliche Wiederholung des Geübten erreichen.

3. Zuerst wie in Punkt 2., aber die Wiederholung wird mit zeitlicher Verzögerung abgefragt. Anschließend werden Fragen zu der Phrase gestellt.
4. Zusätzlich wird jetzt die Melodie abgeflacht zu einem Sprechgesang und immer mehr der normalen Sprache angeglichen.

Bei expressiv schwer gestörten Patienten, die auf andere Art kein Wort herausbringen, kann diese Methode gute Ergebnisse erzielen unter der Voraussetzung, daß das Sprachverständnis des Patienten recht gut erhalten ist.

- Auditive Stimulation mit dem Language Master:
Die sprachtherapeutische Arbeit mit dem Language Master ist meiner Erfahrung nach recht unbekannt, wenn nicht gar verpönt. Dennoch scheint mir, daß bei entsprechender Aufbereitung des Materials bei bestimmten Patienten gute Erfolge damit zu erzielen sind. In Deutschland wurde der "Language Master" vor allem durch Helmut Ruge bekannt gemacht, der in seinem Buch "Der Aphasiker und seine fachpädagogische Rehabilitation" (1976) das Gerät und das von ihm entwickelte Sprachübungsprogramm vorstellt. Der Language Master ist eine Art Tonbandgerät. Auf Karten von etwa 10 cm x 20 cm bzw. 30 cm Größe ist im unteren Teil ein Tonbandstreifen mit zwei Tonspuren aufgebracht. Der obere Teil ist entweder frei (Blanko-Karten), oder es sind Wörter oder Sätze in relativ großer Schrift zu lesen. Dazu ist ein entsprechendes Bild gezeichnet. Auf der einen Spur des Tonstreifens sind die angegebenen Wörter oder Sätze vorgesprochen, auf der zweiten Spur wird die entsprechende Sprachproduktion des Aphasikers aufgenommen. Er kann dann selbst die beiden Spuren vergleichen und entscheiden, ob seine Sprache seinen Vorstellungen entspricht.

Der Gedanke, der hinter der Arbeit mit diesem Gerät steht, ist, daß die Sprache des Aphasikers durch Üben wiedergewonnen wird, und zwar - wie bei Schuell - vor allem durch auditive Stimulation in Form von Nachsprechübungen. Ruge sagt über sein Übungsprogramm: "Für die Aphasietherapie habe ich eine Programmierung des Alltagssprachbedarfes zur Restituierung Schwerstsprach-geschädigter in meinem Sprachübungskurs zum Language Master entwickelt. (...) Meine kombinierte Sprachheilmethode zum Language Master betätigt drei Kommunikationsbahnen, die visuelle, die akustische und die taktile; dadurch werden die Impulse zum normalen Sprechen entfacht, die Sprachmotorik gekräftigt und das syntaktische Sprachgefühl gefestigt"

(Ruge 1976, S.157). Ruge ist weiterhin der Ansicht, daß die Sprachmuster, die er für "lebendige Sprachmuster des täglichen Lebens" hält (Ruge 1976, S.158), zum Einprägen der Begriffe in der Hörbahn und zur Einspeicherung im Begriffszentrum dienen und damit den Wortschatz vergrößern.

Sowohl an dem theoretischen Hintergrund als auch an dem Inhalt und der Darbietung des Übungsprogramms kann man berechtigte Zweifel anmelden. Im Rahmen eines Denkens in Systemen scheint es problematisch, die Sprache durch ein bloßes Einüben trainieren zu wollen. Das mag zwar durchaus einige Erfolge bringen, entspricht aber kaum dem heutigen Stand der Wissenschaften. Der Inhalt des Programms ist in weiten Teilen nicht aus dem täglichen Leben gegriffen. Sowohl eine umfangreiche Serie zum Thema "Es brennt" als auch die Serie zum Thema "Autounfall" sind weder alltäglich, noch sind sie meines Erachtens das, womit sich ein Patient beschäftigen möchte, wenn er gerade versucht, sich von dem schlimmsten Schlag seines Lebens zu erholen. Die Sprache ist zum Teil auf bayerische Patienten abgestimmt, und sowohl Bild als auch Wort sind teilweise gestaltet, als sei das Material für Kinder gemacht. Die Sprache auf der Therapeutenspur ist so schnell gesprochen, daß Aphasiker, insbesondere wenn sie schwer gestört sind, das Gehörte nicht genau entschlüsseln und damit auch nicht nachsprechen können. Meiner Erfahrung nach gelingt es ihnen auch häufig nicht, das Gerät selber zu bedienen, womit der von Ruge erwähnte taktile Reiz wegfällt.

Was macht den Language Master bei aller Kritik noch empfehlenswert? Das Programm läßt sich aufbereiten und für die individuellen Bedürfnisse ergänzen. Dann eignet sich das Gerät für das Erarbeiten des Nachsprechens ohne Kontrolle des Mundbildes (s. Kap. 8.4.2.1) sowie für die Schulung der sprachlichen Selbstkontrolle, also bei sensorischen Störungen. Es fällt den Patienten oft schwer, die eigene Sprache zu kontrollieren, während sie Fehler bei fremden Sprechern durchaus wahrnehmen. Durch das Gerät kann die eigene Sprache leichter gehört werden wie die einer anderen Person, so daß die Korrektur leichter fällt. Für etliche Patienten ist es außerdem sehr viel angenehmer, selbst die Fehler zu hören und zu korrigieren, als sich immer von der Therapeutin verbessern zu lassen. Es kann auch durchaus das Selbstbewußtsein stärken, wenn der Aphasiker seine eigene Sprachproduktion hört und merkt, daß seine Sprache sich ganz gut anhört, evtl. viel besser, als er dachte. Der erste Versuch mit dem Gerät sollte allerdings gut vorbereitet werden, da es auch einen Schock bedeuten kann, die eigene fehlerhafte Sprachproduktion zu hören.

Die Erfahrung zeigt, daß es Patienten gibt, die die Arbeit mit dem Gerät sehr lieben und die über die damit gewonnene Selbstkontrolle der Sprache Besserungen auch in der Spontansprache erreichen wie mit keiner anderen Methode.

Broca-Aphasie: Was hier als Broca-Aphasie definiert wird, ist in der Geschichte sehr verschieden benannt worden. Die Palette reicht von "Expressiver Aphasie" bei Weisenburg und McBride (1935), wobei die Sprachverständnisstörungen der Broca-Aphasiker vernachlässigt werden, über die Bezeichnung "Cortikale Dysarthrie" bei Bay (1967), was doch mehr nach einer Sprechstörung denn nach einer Sprachstörung klingt, über "Motorische Aphasie" bei sehr vielen Autoren, was auch bis heute weithin üblich ist in ärztlichen Verordnungen, bis zur Broca-Aphasie bei Poeck et al.(vergl. Peuser 1987).

Die Symptome sind: stockende, langsame Sprache mit gestörter Prosodie, das Sprechen bereitet dem Patienten große Mühe. Der Patient hat das Gefühl, "die Wörter 'liegen ihm auf der Zunge'. Er holt Luft, um das Wort zu sprechen, aber im Moment des Aussprechen-Wollens ist das Wort weg. Er stockt -, da ist das Wort wieder, er holt noch einmal Luft-, wieder ist das Wort weg. So entsteht ein starker Druck, häufig mit einem Luftstau verbunden" (Becker 1991, S.222). Übrig bleiben in der Spontansprache der Broca-Aphasiker die Wörter, die unbedingt zur Übermittlung einer Botschaft wichtig sind. Es entsteht der sogenannte "Telegrammstil". "Mann -- Urlaub", soll dann heißen: "Mein Mann ist in Urlaub gefahren" oder: "Mein Mann fährt in Urlaub". Auf Fragen antworten die Patienten möglichst nur mit ein oder zwei Worten. Auf die Frage: "Wie geht es Ihnen?" kommt oft nur die Antwort: "Ja", "Gut" oder ein Achselzucken. Die Frage: "Was haben Sie am Wochenende gemacht?" beantworten sie meist mit: "Nichts" (Becker 1991). Das Sprachverständnis ist bei dem Broca-Aphasiker relativ gut erhalten. Angehörige und auch Hausärzte sagen immer wieder: "Der Patient versteht alles." Das ist nur sehr selten richtig. Denn die Funktionswörter, die der Aphasiker bei der Sprachproduktion wegläßt, entgehen ihm auch oft, wenn er zuhört. Er hat nicht nur in der Sprachproduktion einen Agrammatismus, sondern auch rezeptiv (Kotten 1982). Sätze wie: "Die Katze wird von dem Vogel gefressen" hören sich für ihn oftmals korrekt an, denn er nimmt nur wahr: 'Katze - - Vogel -- gefressen`, was durchaus sinnvoll wäre. Durch Sprachverständnisstörungen dieser Art kann es auch im Umgang mit Broca-Aphasikern immer wieder zu Mißverständnissen kommen. Semantische Paraphasien finden sich nur selten, dagegen häufig phonematische Paraphasien.

Broca-Patienten haben gewöhnlich ein recht ausgeprägtes Störungsbewußtsein. Daher ist ihre karge Sprache auch ein Ausdruck für das Bemühen, sich nicht zu blamieren. Da sie ihre sprachlichen Ausfälle realisieren, reagieren sie psychisch häufig mit Depressionen.
Die Broca-Aphasie ist häufig mit einer Dysarthrie verbunden.

Deblockierung: Der Deblockierungseffekt wurde erstmals von Egon Weigl (Weigl/ Kreindler 1960; Weigl/ Bierwisch 1972) nachgewiesen. Er besagt, daß Wörter oder Sprachstrukturen, die dem Aphasiker nicht mehr zugänglich sind, nicht verloren sind, sondern dem Zugriff entzogen sind. Sie sind blockiert. Durch Anregung des sprachlichen Netzwerkes von den Punkten aus, die weniger oder gar nicht gestört sind, können die Blockierungen aufgehoben werden. Der Deblockierungseffekt kann für einige Sekunden oder für dauernd anhalten. Die meisten Therapeuten gehen heute davon aus, daß die Erfolge der Aphasietherapie auf Deblockierung beruhen.

Dysarthrie: Eine Dysarthrie ist eine Sprechstörung aufgrund von Lähmungen und/ oder Koordinationsstörungen der am Sprechen beteiligten Muskeln und Nerven. Der Wortschatz ist vorhanden, die Aussprache klingt verwaschen oder abgehackt. Die Behandlung ist grundsätzlich anders als bei einer Aphasie. Ähnlich wie in der Krankengymnastik werden die betroffenen Nerven und Muskeln direkt behandelt. Die Behandlung gehört grundsätzlich in die Hand von Sprachtherapeuten. Es haben sich bewährt die Konzepte von Bobath (Davies ^{5}1991), Castillo Morales (1991), Bunzel-Hinrichsen (in Vorbereitung), PNF (Sullivan/ Markos/ Minor 1985). Mit einer Dysarthrie sind häufig eine Dysphonie (Stimmstörung) und eine Dysphagie (Schluckstörung) verbunden.

Globale Aphasie: Die schwerste Ausprägung einer Aphasie ist die Globale Aphasie, bei der alle Modalitäten der Sprache stark betroffen sind. Die Spannbreite, die mit dieser Bezeichnung umfaßt wird, ist recht groß, zwischen einer leichten und einer schweren Globalen Aphasie können für den Therapeuten Welten liegen. Die Spontansprache besteht aus vereinzelten Wörtern, aus sehr vielen semantischen und phonematischen Paraphasien, Sprachautomatismen wie "Ja ja ja", "gute Nacht, gute Nacht", "wo wo wo" u.ä., oder sie ist völlig aufgehoben.

Die Patienten bringen nur noch ein unartikuliertes 'Aaa' oder ein Gurren heraus. Das Sprachverständnis ist ebenfalls schwer gestört. Die Aussprache ist häufig dysarthrisch oder apraktisch. Die Schriftsprache ist gewöhnlich schwerst gestört.

Zu den rein sprachlichen treten erschwerend gravierende andere neuropsychologische Störungen hinzu, so daß eine Verständigung oft kaum noch möglich ist. Mimik und Gestik sind ebenfalls betroffen, der Patient kann also nicht zeigen, was er möchte oder ob und wo er Schmerzen hat. Auch die Mitteilung von "Ja/nein" ist meist gestört. Die meisten Globalaphasiker haben zu Beginn starke visuelle Wahrnehmungsstörungen, weshalb es unmöglich ist, mit Bild- oder Schriftmaterial zu arbeiten. Allein aus diesem Grund scheitern sie an der Durchführung des AAT. Auch das Körperschema, die Planung von Reihenfolgen, Raumorientierung und Rechts-/Linksunterscheidung sind meist betroffen. Ausfälle in diesen Bereichen sind allerdings häufig die Auswirkung der bestehenden Aphasie (Becker 1991; Orgass 1982).

Hemianopsie: Bei einer Hemianopsie handelt es sich um eine Einschränkung des Gesichtsfeldes, die häufig bei Aphasikern vorkommt. Meistens handelt es sich um rechtsseitige Hemianopsien (Leischner 1979), d.h. Dinge, die rechts von der Mittellinie zu sehen sind, können nur durch eine Kopfdrehung nach rechts gesehen werden.

Kettendeblockierung: Bei der Kettendeblockierung werden mehrere nicht- oder leicht gestörte sprachliche Modalitäten nacheinander angeregt, um eine gestörte Funktion zu deblockieren. Insbesondere bei schweren Aphasien ist diese Methode erfolgreicher als eine Einfachdeblockierung.

Kommunikative Therapie: Nachdem sowohl in der Forschung als auch in der Therapie der Aphasien die linguistische Therapie vorherrschend war und es auch weitgehend noch ist, zeichnet sich in den letzten Jahren ein Wandel ab. Steiner fordert 1989 einen Wandel vom vorherrschenden medizinisch ausgerichteten Denken hin zu einer ganzheitlich ausgerichteten Therapie. Er gab die deutsche Ausgabe des ursprünglich englischsprachigen Materials zur PACE-Therapie heraus (Steiner 1988). Pulvermüller und Roth erarbeiteten eigene Methoden zur Kommunikativen Aphasietherapie (Pulvermüller 1987; Pulvermüller 1989a; Pulvermüller 1989b; Roth 1988).

Es geht Pulvermüller darum, die Aphasietherapie möglichst der alltäglichen Kommunikation anzugleichen. Dahinter steht die Erkenntnis, daß die sprachstrukturellen Übungen der linguistischen Therapie oftmals nicht in das normale Leben übertragen werden (Pulvermüller 1987). Es soll daher versucht werden, mit dem Aphasiker in der Therapie mehr zu reden "wie im täglichen Leben" (Pulvermüller 1987, S.115), d.h. der Aphasiker soll in der Kommunikation wie der Normalsprecher handeln:

"I mit ähnlichen Voraussetzungen und Annahmen
II mit ähnlichen Intentionen
III in ähnlichen Handlungszusammenhängen
IV durch die Äußerung ähnlicher Sätze"(Pulvermüller 1987, S.115).

Bei Pulvermüller wird in Form von "Sprachübungsspielen" versucht, dem Aphasiker die sprachlichen Handlungen zu vermitteln, die er in Anbetracht seines Aphasiesyndroms am dringendsten braucht, um sich an normaler Kommunikation zu beteiligen. Einem Broca-Aphasiker wird z.B. vor allem etwas erzählt, und er muß zuhören, oder er muß Fragen beantworten oder das Gesagte kommentieren. Dazu ist er aber oft nicht in der Lage. In Form von "Spielen" soll er z.B. üben zu kommentieren. D.h. er lernt, auf das Gesagte durch Kopfschütteln oder -nicken zu reagieren, durch Handbewegungen oder Nachfragen. Wenn er diese Ebene beherrscht, lernt er, Verständnisfragen zu stellen, zu umschreiben, zu wiederholen oder zu bewerten. Zu jeder Form des Kommentierens gibt Pulvermüller Listen von möglichen Reaktionen.

Steiner (1989) plädiert für eine ganzheitlich orientierte Aphasietherapie mit den Teilaspekten: Verbesserung der kommunikativen Situation und Krisenbewältigung.

Die Verbesserung der kommunikativen Situation soll erreicht werden durch:

"- Training sprachlicher Strukturen im Kontext einer themenbezogenen Interaktion"(Steiner 1989, S.82), wobei spezifisch strukturelle und ganzheitlich-pragmatische Elemente sich gegenseitig steuernde und regulierende Anteile der Therapie sind.

"- Training kommunikativer Strategien im Dialog mit der Therapeutin" (Steiner 1989, S.82), wobei die Ziele weitgehend den Zielen der PACE-Therapie entsprechen.

"- Verbesserung der Kommunikationsstruktur zwischen Patient und Partner" (Steiner 1989, S.82) entsprechend der PAKT-Therapie und der kommunikativen Therapie Pulvermüllers.

Die Krisenbewältigung sieht Steiner innerhalb der Kliniken als Aufgabe des psychologischen Fachpersonals an, im Rahmen der ambulanten Therapie "bleibt die Sprachtherapeutin auf sich allein gestellt" (Steiner 1989, S.84). Auf die Frage, wie sie diese Situation bewältigen kann und soll, geht Steiner nicht ein. Er verweist lediglich zusätzlich auf die Selbsthilfe-gruppen für Aphasiker.

Leitungsaphasie: Die Leitungsaphasie gehört zu den Sonderformen der Aphasien. Im Test fallen die Patienten dadurch auf, daß sie entgegen der übrigen Leistungen sehr schlecht nachsprechen können. Sowohl beim Nachsprechen als auch beim Benennen treten viele phonematische Paraphasien auf. Die Patienten haben ein starkes Störungsbewußtsein und versuchen, sich selbst zu korrigieren. Poeck et al. geben an, daß die Prognose für die Nachsprechleistungen schlecht sei (Huber/ Poeck/ Weniger 1982).

Linguistische Therapie: Entsprechend der linguistisch-medizinischen Ausrichtung der heutigen Aphasiologie (Steiner 1989) ist die linguistische Therapieform derzeit vermutlich die am weitesten verbreitete Therapiemethode. Sie ist symptom- und defizitorientiert. Sie führte die Aphasiebehandlung heraus aus einem mehr gefühlsmäßigen Umgang mit den sprachgestörten Patienten zu einer wissenschaftlich begründeten Therapie mit weitreichenden Forschungen über die verschiedenen Arten linguistischer Ausfälle bei Aphasie (Peuser 1978; Kotten [3]1986). Auf der Basis der linguistischen und neuropsychologischen Forschung wurde 1982 der erste standardisierte Aphasietest, der AAT (Aachener Aphasie Test), herausgegeben (Huber/ Poeck/ Weniger/ Willmes 1982), der die linguistischen Ausfälle in der Kommunikation erfassen und das sich daraus ergebende Aphasiesyndrom ermitteln soll. Testergebnisse verschiedener Therapeuten oder Institutionen wurden damit vergleichbarer als bei der bis dahin üblichen hirnpathologischen Untersuchung nach Leischner (Leischner 1979). Bei der hirnpathologischen Untersuchung wurde allerdings ein sehr viel breiteres Spektrum an Fähigkeiten sowohl verbal als auch nonverbal abgetestet als beim AAT. Der AAT ergibt aufgrund seiner streng linguistischen und defizitorientierten Ausrichtung insbesondere bei schwer gestörten Globalaphasikern keine Aussagen über verbliebene Fähigkeiten, da linguistisch keine Leistungen erbracht werden können. Ein ausschließlich linguistisch arbeitender Therapeut muß daher auch Schwierigkeiten haben, mit diesen Patienten etwas anzufangen, denn die verbliebenen Fähigkeiten betreffen nicht die Linguistik. Bei leichteren Störungsbildern bietet die linguistische Sprachtherapie sehr viele Möglichkeiten, sehr differenziert und störungsspezifisch einzelne Ausfallserscheinungen zu behandeln. Entsprechend den Ergebnissen der sprachlichen Diagnostik werden in der Therapie die linguistischen Ausfälle symptomspezifisch behandelt. Zu berücksichtigen sind dabei Struktur, Funktion und Prozeß der Sprache (Kotten [3]1986).

Die Struktur umfaßt:
1. das Lautsystem der Sprache, - die Phonologie,
2. die Bedeutung und den bedeutungsmäßigen Zusammenhang, - die Semantik,
3. die verschiedenen Möglichkeiten, Wörter und Sätze zu verbinden, - die Syntax.

"Der Aspekt der Funktion weist darauf hin, daß der Mensch, der die Sprache im Sinne eines Kommunikationsmittels verwendet, etwas mit der Sprache 'tut'" (Kotten [3]1986, S.39).

Im Prozeß geht es darum, wie der Sprecher interne Vorstellungen und Intentionen umsetzt in Sprache bzw. wie der Hörer das Gesprochene versteht (Kotten [3]1986).

Die Elemente der linguistischen Sprachtherapie sind:
"1. Training des Sprachverständnisses. Hierdurch sollen wichtige alltägliche Zusammenhänge wieder verstehbar gemacht werden und zwar sowohl hinsichtlich der verwendeten Wörter und ihrer bedeutungsmäßigen Beziehung zueinander als auch hinsichtlich der wichtigsten Satzstrukturen (...).
2. Training der expressiven Sprache auf den Ebenen 'Wort', 'Satz' und 'Text' und zwar unter dem Einschluß von möglichen Umwegleistungen" (Engl/ Kotten/ Ohlendorf/ Poser 1982, S.6-7) wie Umschreibungen, Ersatz von Präpositionen durch Adverbien oder Darstellung des gesuchten Satzes oder Wortes durch Gestik oder Pantomime. Kotten (1983) begründet die linguistische, störungsspezifische Übungstherapie damit, daß durch Funktionsausfall oder Funktionsstörungen im Gehirn beim Aphasiker andere Lernbedingungen anzutreffen sind als bei

Kindern, die das Sprechen "nebenbei" lernen. Eingeschränkt oder aufgehoben sind danach beim Aphasiker:
- verbales Lernen
- Merkfähigkeitsspanne für Sprachmaterial
- Fähigkeit zur Analyse von Objekten und Konzepten
- Fähigkeit zur Generalisierung von Regeln (Kotten 1983).

Kotten zieht daraus die Konsequenz: "Da das verbale Lernen und die Merkfähigkeitsspanne für Sprachmaterial eingeschränkt sind, muß ein Weg gefunden werden, der ein indirektes Lernen ermöglicht, damit diejenigen Elemente, die in den Übungen erarbeitet werden, sich im Laufe der Therapie stabilisieren" (Kotten 1981, S.364 zit. nach Kotten 1983). Die erarbeiteten Elemente oder Regeln werden dabei immer wieder in einem anderen Kontext angeboten und über verschiedene Modalitäten geübt. Die linguistische Sprachtherapie geht wie die explizite Arbeit mit der "Deblockierung" davon aus, daß die Sprache eines Aphasikers nicht total verlorengegangen ist, sondern blockiert ist und durch die Therapie deblockiert werden kann (Weigl 1961, Peuser 1978, Kotten 1983). Daher muß - nach Kotten (1983) - nicht jedes Wort oder Muster geübt werden, es genügt ein "exemplarisches Lernen". Das dabei verwendete Material sollte folgende Kriterien berücksichtigen:

"1. Häufigkeiten von Lautkombinationen, Wörtern, grammatischen Formen, Satzmustern und Sprechakten,
2. Schwierigkeitshierarchie für phonematische, semantische und syntaktische Merkmale sowie für semantische, syntaktische und textuelle Relationen,
3. Anwendbarkeit in Alltagskommunikation" (Kotten 1983, S.115).

Für das "exemplarische Lernen", das Engl/ Kotten et al. empfehlen, gelten folgende Regeln (Engl/ Kotten/ Ohlendorf/ Poser 1982; Kotten [3]1986):

1. In jedem Lernschritt soll nur <u>ein</u> neues Element oder eine Regel eingeübt werden.
2. Jeder Lernschritt soll an die Bedürfnisse und sprachlichen Fertigkeiten des Patienten angepaßt sein, um ihn weder zu unternoch zu überfordern.
3. Ausgangspunkt soll die am wenigsten gestörte Leistung oder Modalität sein. Diese Übungen können schwerer gestaltet sein als in den anderen Bereichen.
4. In jedem Bereich sollte in verschiedenen Modalitäten gearbeitet werden, und zwar so lange auf derselben Stufe, bis die wichtigsten Elemente und Regeln verfügbar sind.

5. Elemente oder Regeln sollen nicht isoliert geübt werden, da sie nur in Zusammenhängen einen Sinn haben. Ein isoliertes Üben von Kasus oder Verbform z.B. ist daher nicht vorgesehen.
6. Die Tatsache, daß erwachsene Patienten andere Erfahrungshintergründe und andere Verhaltensweisen haben als Kinder, muß in der Therapie berücksichtigt werden.

Wegen der eingeschränkten Lernbedingungen sollte das Material im Bereich der Semantik und der Syntax in jeder Übungseinheit gleich strukturiert sein. Diese Art der Therapie stellt für Kotten eine notwendige Form des "pattern drill" dar, die aber nicht dazu führen soll, daß sich die ganze Aphasietherapie zum "pattern drill" degradiert (Kotten 1983). Die Aufgaben müssen ständig an den individuellen Leistungsstand des Patienten angepaßt werden, was bedeutet, daß eine ständige Analyse der Schwierigkeiten stattfinden muß. Die individuelle Schwierigkeitshierarchie umfaßt folgende Aspekte (Kotten 1983):
1. Schwierigkeitsgrad der Einheiten und Regeln für den einzelnen Patienten. Es geht nicht darum, wie schwierig die Therapeutin die Übung findet, sondern wie schwer sie für den Patienten ist. Für einige Patienten ist es z.B. leichter, einen Satz zu verstehen, als einzelne Wörter.
2. Verschiedene Modalitäten können unterschiedlich stark gestört sein. Eventuell kann ein Patient leichter spontan einen Satz zu einem Bild aufschreiben, als daß er diesen Satz als Diktat schreiben könnte. Der Patient sollte lernen, diese Unterschiede für sich zur Verständigung auszunutzen.
3. Verschiedene sprachliche Operationen können für den Patienten unterschiedlich schwer sein. Es kann evtl. leichter für ihn sein, semantische oder syntaktische Relationen zwischen Wörtern herzustellen, als Objekte zu benennen.

Therapiematerial, das auf dieser Grundlage erarbeitet worden ist und in Deutschland weit verbreitet ist, ist das von Engl, Kotten, Ohlendorf und Poser erarbeitete Buch: "Sprachübungen zur Aphasiebehandlung" (1982), das Sprachübungen zusammen mit Bildmaterial enthält.

Die Aufgabe des Therapeuten in der linguistischen Therapie ist es, dem Patienten Feedback zu geben, ihm zu helfen, sich zu entspannen und zu konzentrieren. "Das therapeutische Gerüst bzw. der Kernbereich der Therapie besteht jedoch darin, anhand geeigneter Aufgaben, die zunächst einen nicht-kommunikativen Umgang mit Sprache beinhalten, Strategien wieder verfügbar zu machen, welche der Aphasiker gezielt in alltäglicher Kommunikation einsetzen kann. Da sich aber in sehr vielen Fällen gezeigt hat, daß nur ein sehr begrenzter Transfer von sprachlichen Leistungen in Übungsaufgaben zur Anwendung sprachlicher Strategien in alltäglicher Kommunikation stattfindet, müssen Aufgaben entwickelt werden, die sprachliches Kommunizieren in Übungen abbilden, und zwar jeweils mit Hilfe des Materials, das in sprachlich-strukturellen Aufgaben (Drill) erarbeitet worden ist" (Kotten 1983, S.118).

Neologismen: Gewünschte Wörter werden durch Neuschöpfungen ersetzt, die im Wortschatz der Muttersprache nicht vorhanden sind.

P.A.C.E.-Therapie: Die Abkürzung PACE bedeutet "Promoting Aphasics' Communicative Effectiveness" und steht für die Therapiemethode, die von Davis und Wilcox 1981 zum ersten Mal veröffentlicht und von Steiner für den deutschen Sprachraum editiert wurde (Steiner 1988). Wie die Bezeichnung bereits sagt, liegt der Schwerpunkt bei der PACE-Therapie nicht bei der linguistischen Besserung um jeden Preis, sondern vielmehr bei der effektiveren Kommunikation mit allen zur Verfügung stehenden verbalen und nonverbalen Mitteln. Anders als die linguistische Therapie ist die Arbeit mit PACE nicht defizitorientiert. Sie stützt sich auf erhalten gebliebene verbale oder nonverbale Fähigkeiten, oder sie versucht die Fähigkeiten zu aktivieren, die dem Patienten am leichtesten zugänglich sind. Ziel ist es, daß der Patient überhaupt die Möglichkeit bekommt, sich wieder mitzuteilen.

Ein Grundsatz der PACE-Therapie ist, daß Therapeut und Patient auch während der Behandlung gleichberechtigte Dialogpartner sind. Sie sind wechselseitig Sprecher und Hörer (Huber 1982; Steiner 1988, Steiner/ Worms 1988). Als Therapiematerial werden Objekte oder Bilder benutzt, die Objekte oder Tätigkeiten darstellen. Das von Steiner herausgegebene Material der englischen Fassung von Gill Edelman (Edelman 1987) umfaßt Bilder zu Tätigkeiten wie blasen, schreiben, schneiden, lecken, putzen usw. Edelman weist darauf hin, daß, vor allem bei Patienten mit visuellen Wahrnehmungsstörungen, auch reale Gegenstände benutzt werden können, bei anderen Patienten können Zeichnungen oder Wortkarten eingesetzt werden. Bei der Arbeit mit PACE sitzen sich Patient und Therapeut so gegenüber, daß das Material des Kommunikationspartners nicht eingesehen werden kann. Patient und

Therapeut haben nun abwechselnd die Aufgabe, auf irgendeine Art mitzuteilen, was auf dem vor ihm liegenden Bild dargestellt ist. Es kann verbalisiert werden, geschrieben werden, gemalt oder gestisch gezeigt werden. Die Wahl der Mitteilungsmodalität ist freigestellt.

In der linguistischen Therapie muß der Patient meist Aufgaben lösen, die vom Therapeuten in einer ganz bestimmten Form "vorgedacht" wurden. Findet er nicht die unausgesprochen vorgegebene Lösung des Therapeuten, hat er einen "Fehler" gemacht. Ein wirklicher Informationsaustausch findet nicht statt. In der PACE-Therapie ist die genaue Zielform der Aufgabenlösung nicht vorgegeben. Es geht um echten Informationsaustausch, bei dem auch der Therapeut nicht schon vorher weiß, was der Patient versuchen wird, ihm mitzuteilen. Auch die Rückmeldungen an den Patienten sind authentisch. Der Therapeut teilt dem Patienten mit, was er bisher verstanden hat. Dabei ist darauf zu achten, daß nicht interpretiert wird, was der Kommunikationspartner vielleicht gemeint haben könnte, sondern nur sachliche Rückmeldung über das Verstandene gegeben wird. Der Patient kann daher selbst merken, ob seine Art der Informationsübermittlung effektiv ist. "PACE nimmt Abschied von der «Ein-Weg-Kommunikation», in der der «Lehrer» alles, der Patient kaum etwas weiß, der «Lehrer» vorgibt, der Patient ausführt" (Steiner/ Worms 1988).

Ein wichtiges Stichwort bei der Arbeit mit PACE ist das "modelling". Davis und Wilcox gehen davon aus, daß der Therapeut mit seinem Reden und Handeln für den Patienten eine Art Vorbild ist, das er nachahmt. Es wird also vorausgesetzt, daß ein Modell-Lernen stattfindet. Der Therapeut sollte daher solche Kommunikationskanäle wählen, die der Patient nicht benutzt, die ihm aber zur Verständigung helfen würden. Ob dieses Modell-Lernen wirklich stattfindet und effektiv ist, wird in der Aphasiologie z.T. bezweifelt (Glindemann 1989, Springer 1989). Edelman weist darauf hin, daß durch das "modelling" eine künstliche Situation entstehen kann, die bei PACE ja ursprünglich vermieden werden sollte: "This technique of modelling may, to some clinicians, appear rather artificial since it involves the use of utterances or behaviours which are not wholly spontaneous....Some might consider this unacceptable, feeling that it is like 'pretending to be aphasic'" (Edelman 1987, S.29).

Das Ergebnis und der Verlauf der PACE-Therapie können auf einem Protokollbogen notiert werden, so daß auch eine Kontrolle der Therapie möglich ist. Die Kommunikationskanäle, die der Patient benutzt hat, werden dafür notiert und je nach ihrer Effektivität mit einer Note zwischen 0 und 5 bewertet.

In der ursprünglichen Fassung von PACE soll der Patient selbst die effektivste Möglichkeit der Kommunikation herausfinden. Steiner merkt an, daß es sinnvoll sein kann, "zunächst für einzelne Kommunikationskanäle vorbereitende rezeptive und produktive Übungen durchzuführen, um die Verwendbarkeit bestimmter Mitteilungswege genau zu prüfen" (Steiner 1988, S.2).

PACE kann auch als Gruppentherapie und als Angehörigen-training eingesetzt werden.

Die wichtigsten Aspekte der Therapie mit PACE sind nach Steiner (1988, S.1)):

"- Mut zur sprachlichen Initiative,
- Wege der Mitteilung (Kommunikationskanäle) suchen und kombinieren,
- Kennzeichnung neuer und bereits gegebener Information,
- Unterbrechungen vornehmen,
- Mißverständnisse klären,
- Verstehen signalisieren,
- Nachfrage von Informationen,
- sich versichern, daß der Gesprächspartner versteht (Selbstkontrolle),
- Sprecher-Hörer-Rolle wechseln,
- mit Mißerfolgen umgehen, Loslösen von eingefahrenen, verkrampften, erfolglosen (meist verbalen) Versuchen."

Frankenstein bewertet die Möglichkeit der Arbeit mit PACE sehr positiv: "Dieser Ansatz beinhaltet m.E. eine Möglichkeit, sich verstärkt dem Menschen zuzuwenden, der sich durch seinen `Sprachverlust` in einer ungeheuren Isolation befindet, welche es sobald wie möglich zu durchbrechen gilt, auch wenn dies für die Kommunikationspartner einen wesentlichen Mehraufwand bedeutet und ein Verlagern auf weniger "elegante" Kommunikationskanäle als Sprache impliziert" (Frankenstein 1989).

Paraphasie: Ein gewünschtes Wort wird durch ein anderes ersetzt. Statt "Speicher" sagt der Patient "Keller" (semantische Paraphasie) oder "Speichel" (phonematische Paraphasie).

Transkortikale Aphasie: Die Transkortikale Aphasie gehört neben der Leitungsaphasie zu den zwei selten vorkommenden Sonderformen der

Aphasie. Bei der transkortikal-motorischen Aphasie haben die Patienten ein relativ gutes Sprachverständnis, sie sprechen spontan nur sehr wenig, können aber artikulatorisch und syntaktisch unverhältnismäßig gut nachsprechen (Huber/ Poeck/ Weniger 1982). Bei der transkortikal-sensorischen Aphasie haben die Patienten starke Sprachverständnisstörungen. Sie wiederholen echolalisch die Fragen ihrer Kommunikationspartner, wobei sie die Fragen z.T. auch in Antworten umformen. Der Inhalt des Gesagten wird dabei von ihnen meist nicht erfaßt.

Wernicke-Aphasie: Patienten mit Wernicke- Aphasie, auch Sensorische Aphasie genannt, bieten meist das entgegengesetzte Bild des Broca-Patienten. Sie gehören zu den fluent (flüssig) sprechenden Aphasikern. Die schlichte Frage nach dem Wohlbefinden, auf die der Broca-Patient mit höchstens einem Wort antwortet, kann eine Rede von zwanzig Minuten Dauer auslösen. Die Sprache kann durch semantische und phonematische Paraphasien und Neologismen - bis hin zu semantischem oder phonematischem Jargon - so entstellt sein, daß der Zuhörer keine Chance hat, den Sinn der langen Rede zu verstehen, zumal gerade die sinntragenden Wörter häufig fehlen oder entstellt sind. Prosodie (Sprachmelodie und -rhythmus) sind dabei meist gut erhalten. In der grammatischen Struktur der Sprache zeigt sich ein Paragrammatismus. Ein Patient, der auf die Frage, ob er allein lebe, sagen wollte: "Ich habe noch einen Hund", sagte stattdessen: "Wenn ich hätte hier, dann würde ich sagen, das wäre ein Hund von mir."
 Ein Leitsymptom der Wernicke-Aphasie sind die Sprachverständnisstörungen bei intaktem Gehör. Sie können unterschiedliche Schwerpunkte haben. Entweder der Patient versteht den Gesprächspartner nicht, d.h. er lebt, als sei er in einem Land, dessen Sprache er zwar hört, aber nicht entschlüsseln kann. Wenn er selbst falsche Wörter benutzt, bemerkt er es relativ häufig und versucht, sich zu korrigieren. Im anderen Fall versteht der Patient relativ gut die Fragen und Aussagen seiner Gesprächspartner, aber er kann seine eigene Sprachproduktion nicht auf Korrektheit hin kontrollieren. Er hat das Gefühl, zu sprechen wie immer, und wundert sich, daß man ihn nicht versteht. Manche Patienten suchen dann die Schuld für fehlerhafte Kommunikation bei den Gesprächspartnern.
 Solange sich die Patienten der eigenen fehlerhaften Sprache nicht bewußt sind, ist ihre Stimmung oft recht gut, bzw. aggressiv der Umwelt gegenüber. Das kann sich schlagartig ändern, wenn ihnen der eigene Mangel bewußt wird.

Literatur:

Abbott, E.A.: Flächenland. Barbara Franzbecker, Bad Salzdetfurth 1982

Affolter, F.: Wahrnehmung, Wirklichkeit und Sprache. Neckar-Verlag, Villingen-Schwenningen 1987

Alexander, G.: Eutonie als Verfahren somato-psychologoscher Pädagogik, Rehabilitation und Therapie. In Petzoldt (Hrsg.): Psychotherapie und Körperdynamik. Junfermann, Paderborn 1974

Andreas, C.; Andreas, S.: Gewußt wie. Arbeit mit Submodalitäten und weitere NLP-Interventionen nach Maß. Junfermann, Paderborn [2]1990

Andreas, C. u. S. in: Bandler, R.; Grinder, J.: Reframing. Ein ökologischer Ansatz in der Psychotherapie (NLP). Junfermann, Paderborn [4]1990

Ansbacher, H.L.; Ansbacher, R.R. (Hrsg.): Alfred Adlers Individualpsychologie. Ernst Reinhardt Verlag, München/ Basel [2]1975

Bahill, A.T.; Stark, L.: Sakkadische Augenbewegungen. In: Wahrnehmung und visuelles System. Spektrum der Wissenschaft, Heidelberg 1986, S.68-77

Balint, M.: Der Arzt, sein Patient und die Krankheit. Klett, Stuttgart 1965

Ballet, G.: Die innerliche Sprache und die verschiednenen Formen der Aphasie. Leipzig-Wien 1890, zit. nach Kämmerer 1982

Bandler, R.: Veränderungen des subjektiven Erlebens. Fortgeschrittene Methoden des NLP. Junfermann, Paderborn [2]1988

Bandler, R.; Grinder, J.: Metasprache und Psychotherapie. Die Struktur der Magie I. Junfermann, Paderborn [5]1988

Bandler, R.; Grinder, J.: Neue Wege der Kurzzeit-Therapie. Neurolinguistische Programme. Junfermann, Paderborn [6]1987

Bandler, R.; Grinder, J.: Reframing. Ein ökologischer Ansatz in der Psychotherapie (NLP). Junfermann, Paderborn [4]1990

Bandler, R.; MacDonald, W.: Der feine Unterschied. NLP-Übungsbuch zu den Submodalitäten. Junfermann, Paderborn 1990

Bateson, G.: Ökologie des Geistes. Suhrkamp, Frankfurt 1981

Bateson, G.: Die Zeit ist aus den Fugen. Memorandum an das Aufsichtskommitee der University of California, 1978. In: Bateson, G.: Geist und Natur. Frankfurt 1987

Bateson, G.: Geist und Natur. Suhrkamp, Frankfurt 1987

Bateson, G. in: Bandler; R.; Grinder, J.: Metasprache und Psychotherapie. Junfermann, Paderborn [5]1988

Bauer, A.; Fresle, B.; Kaiser, G.: Die Erhebung therapierelevanter Informationen bei Aphasie. In: Andresen, Redder (Hrsg.): Aphasie. Kommunikation von Aphatikern in Therapiesituationen, S.145-157. Osnabrücker Beiträge zur Sprachtheorie 32, 1985

Becker, E.: Durch bildnerisches Gestalten zur Sprache? Neue Wege in der
Aphasiebehandlung. In: Geriatrie & Rehabilitation 2(1990), S.67-75)
Becker, E.: Aphasie. In: praxis ergotherapie 4(1991), S.222 - 227
Berendt, J.-E.: Das dritte Ohr. Vom Hören der Welt. Rowohlt Taschenbuch
Verlag, Reinbek 1988
Bergener, M.; Kark, B.(Hrsg): Zerebrale Gefäßkrankheiten im Alter.
Diagnostik, Therapie, Rehabilitation. Steinkopf, Darmstadt 1985
Bernard, W.: Bewegungstherapie bei betagten Hemiplegikern. In: Bergener/
Kark (Hrsg) 1985, S.141-147
Bernhardt, J.A.: Humor in der Psychotherapie. Beltz, Weinheim/ Basel 1985
Beyer, W.: Stichwort therapeuo. In: Kittel, G.: Theol. Wörterbuch zum NT.
3.Bd. Stuttgart 1983, S.128-132
Bierbaum, G.; Marwitz, K.; May, H.: Happy Selling. Der geniale Verkäufer.
Junfermann, Paderborn, 1990
Birchmeier, A.K.: Aphasie. Therapie und Rehabilitation im
kulturgeschichtlichen Zusammenhang. Berlin 1984
Bliemeister, J.: Empirische Überprüfung zentraler theoretischer Konstrukte des
Neurolinguistischen Programmierens (NLP). In: Zeitschr .f. Klinische
Psychologie, Band XVIII, Heft 1, S.21-30, 1988
Blischke, K.: Ergebnisse d. Blickbewegungsregistrierung bei d. Untersuchung
sportmotorischer Lernprozesse unter Verwendung bildhafter u. verbaler
Information bei statischen Präsentationen. In: Issing/ Mikasch/ Haack
(Hrsg) 1986
Bobath, B.: Die Hemiplegie Erwachsener: Befundaufnahme, Beurteilung und
Behandlung. Thieme, Stuttgart ^{2}1980
Bohm, D.: Die implizite Ordnung - Grundlagen eines dynamischen Holismus.
Dianus-Trikont, München 1985. Zit. nach Berendt 1988, S.202
Bourdillon, J.: Manuskript zum Seminar "Legasthenie" beim Kongress der
INNLP, Moers, 1991
Brockhaus-Enzyklopädie. Mannheim ^{19}1991
Buber, M.: Die Erzählungen der Chassidim. Manesse, Zürich 1949
Bultmann, R.: Kerygma und Mythos I. Hamburg ^{4}1960
Bunzel-Hinrichsen, U.: Orofaciale Therapie. Das Gesicht in der
Sprachtherapie. In Vorbereitung 1992
Capra, F.: Wendezeit. Bausteine für ein neues Weltbild. Knaur, München 1988
Castillo Morales, R.: Orofaziale Regulationstherapie. Pflaum, München 1991
Cohn, R.: Von der Psychoanalyse zur Themenzentrierten-Interaktion. Klett-
Cotta, Stuttgart 1975
Colorama: Ravensburger Spiel Nr. 007073, Otto Maier, Ravensburg
Coombes, K.: unveröff. Skript zur Fortbildung "Orofaziale Therapie" 1989
Correll, W.: Lernen und Verhalten. Grundlagen der Optimierung von Lernen
und Lehren. Fischer Taschenbuch, Frankfurt 1971

Cramon von, D.Y.: Mit jedem Wort steige ich über ein Gebirge.In: Aphasie. Sprachverlust. Zeitschr. des Bundeverbandes f.d. Rehabilitation der Aphasiker 4(1988), S.3-6

Daugs, R.; Blischke, K.; Olivier, N.: Bildverarbeitung und Bildgestaltung bei sportmotorischen Lernprozessen. In: Issing/ Mikasch/ Haack (Hrsg.) 1986

Davies, P.M.: Hemiplegie. Springer, Berlin/ Heidelberg/ New York/ Tokio ^{5}1991

Davis, G.A.: A Survey of Adult Aphasia. Prentice Hall, Englewood Cliffs 1983

De Roeck, B.P.: Dein eigener Freund werden. Wege aus der Lauernuss. Burckharthaus-Laetare, Hamburg 1983

Dennison, P.E.: Befreite Bahnen. Verlag f. angewandte Kinesiologie, Freiburg ^{5}1990

Dennison, P.E.; Dennison, G.: Brain Gym. Verlag f. angewandte Kinesiologie, Freiburg 1990

Der Neue Brockhaus. Lexikon und Wörterbuch in 5 Bänden. Wiesbaden 1985

Der Papalagi, Die Reden des Südsee-Häuptlings Tuiavii aus Tiavea, Adliswil-Zürich 1979

Descartes zitiert nach Capra: Wendezeit, München 1988

Dethlefsen, Th.; Dahlke, R.: Krankheit als Weg. Goldmann, München ^{5}1990

Die Bibel: Deutsche Ausgabe mit den Erläuterungen der Jerusalmer Bibel. Herder, Freiburg 1968

Dilts, R.; Bandler, R.; Grinder, J.; Bandler, L.C.; DeLozier, J.: Strukturen subjektiver Erfahrung. Ihre Erforschung und Veränderung durch NLP. Junfermann, Paderborn ^{3}1989

Dilts, R.B.; Hallbom, T.; Smith, S.: Identität, Glaubenssysteme und Gesundheit. NLP-Veränderungsarbeit. Junfermann, Paderborn 1991

Drewermann, E.; Neuhaus, I.: Voller Erbarmen rettet er uns. Die Tobit-Legende tiefenpsychologisch gedeutet. Herder, Freiburg 1985

Eccles, J.C.: Das Gehirn des Menschen. Piper, München ^{6}1990

Eccles, J.: Die Psyche des Menschen. Das Gehirn-Geist-Problem in neurologischer Sicht. Piper, München 1990

Edelman, G.: P.A.C.E. Bicester 1987

Eggers, O.: Ergotherapie bei Hemiplegie. Anregungen f. Ergotherapeuten z. funktionellen Behandlung Erwachsener Hemiplegiker. Basel 1979

Engl, E.; Kotten, A.; Ohlendorf, I.; Poser, E.: Sprachübungen zur Aphasiebehandlung. Marhold, Berlin 1982

Engl, E.M.: Die Deblockierungsmethode bei Substantiven und Verben. In: Roth, V.M.(Hrsg.): Sprachtherapie. Gunter Narr Verlag, Tübingen 1984

Erickson, M.: Deep hypnosis and its induction. In E.Rossi (Ed), The collected papers of Milton Erickson on hypnosis. Vol.I The nature of hypnosis and suggestion (pp 139-167) New York, Irvington. 1948/1980

Erickson, M.: Healing in Hypnosis. The seminars workshops, and lectures of Milton, H. Erickson; v.1. Ed.: Rossi, E.L. Irvington Publishers, New York 1983

Falk, K.: Die aphasischen Störungen aus der Sicht des Logopäden. In: Die Sonderschule, 2.Jahrgang 1973, 2.Beiheft, S.1-64

Faller, A.: Der Körper des Menschen. Thieme, Stuttgart ^{8}1978

Farben und Formen: Ravensburger Spiel Nr.008223, Otto Maier, Ravensburg

Farrelly, F.; Brandsma, J.M.: Provokative Therapie. Springer, Berlin/ Heidelberg/ New York 1986

Faulhammer, H.: Aphasische Störungen bei der Verarbeitung von Phonemen, Graphemen, Zahlwörtern und Ziffern. Diss. an der Medizinischen Fakultät der RWTH Aachen 1983

Feldenkrais, M.: Bewegungserziehung zur Verbindung von Körper und Geist. In: Petzold, H. (Hrsg): Psychotherapie und Körperdynamik. Junfermann 1974

Feldenkrais, M.: Bewußtheit durch Bewegung. Der aufrechte Gang. suhrkamp-tb, Frankfurt/ M. 1978

Feldenkrais, M.: Abenteuer im Dschungel des Gehirns. Der Fall Doris. suhrkamp tb, Frankfurt 1981

Ferguson, M.: Die sanfte Verschwörung. Knaur, München 1982

Festinger, L.: Theorie der kognitiven Dissonanz. (Hrsg.: M.Irle, V.Möntmann) Huber, Bern 1978

Finke, R.A.: Bildhaftes Vorstellen und visuelle Wahrnehmung. in Wahrnehmung und visuelles System. Spektrum der Wissenschaft, Heidelberg 1986, S.178-214

Fleming, P.: Auff Ihre Gesundheit. In: Epochen der deutschen Lyrik - 1600-1700. dtv, München 1969

Franke, U.: Musik und Malen in einer Aphasiegruppe. In: Aphasie. Sprachverlust. 34(1989), S. 30-33

Frankenstein, A.: Die Globale Aphasie und ihre spezielle Problematik in der therapeutischen Situation. unveröffentlichte Diplomarbeit an der Heilpäd.Fakultät der Universität Köln 1989

Freud, S.: Der Humor. In: Anna Freud (Hrsg.): Studienausgabe: Werke aus den Jahren 1925-1931, S.383-389. Fischer, Frankfurt ^{5}1976

Freud, S.: Traum und Telepathie. 1921 zitiert nach Capra 1988, S.194

Freud, S.: Zur Auffassung der Aphasien. Leipzig & Wien 1891, zit. nach Peuser 1978, S.123

Friederici, A.D.: Neuropsychologie der Sprache. Kohlhammer, Stuttgart 1984

Fritsch, H.: Eine Formel verändert die Welt. Neuausgabe, Piper, München 1990
Gazzaniga, M.S.: Das erkennende Gehirn. Entdeckungen in den Netzwerken des Geistes. Junfermann, Paderborn 1989
Geschwind, N.: The apraxias. In: Strauss, E.W.; Griffith, R.M.: Phenomenology of Will and Action. Duquesne University Press Pittsburg 1967, S. 91-102, zit. nach Leischner 1979
Geschwind, N.: Aufgabenteilung in der Großhirnrinde. In: Wahrnehmung und visuelles System. Spektrum der Wissenschaft, Heidelberg 1986, S.26-35
Gibran, K: Der Prophet. Olten, Freiburg ^{15}1983
Glindemann, R.: Benennen und Beschreiben in der PACE-Therapie. Vortrag bei der 16.Jahrestagung der Arbeitsgemeinschaft für Aphasieforschung und -behandlung. Köln 1989
Global 2000 -Der Bericht an den Präsidenten. Verlag Zweitausendeins, Frankfurt 1980
Goodglass, H.; Barton, M.; Kaplan, E.: Sensory modality and object naming in aphasia. Journal of Speech and Hearing Res. 11(1968), S.488-496
Grinder, J. in: Dilts/ Bandler/ Grinder u.a.: Strukturen subjektiver Erfahrung. Junfermann, Paderborn ^{3}1989
Grinder, J.; Bandler, R.: Kommunikation und Veränderung. Die Struktur der Magie II. Junfermann, Paderborn ^{4}1989a
Grinder, J.; Bandler, R.: Therapie in Trance. Hypnose: Kommunikation mit dem Unbewußten. Klett-Cotta, Stuttgart ^{4}1989b
Grinder, M.: NLP für Lehrer. Ein praxisorientiertes Arbeitsbuch. Verlag für Angewandte Kinesiologie, Freiburg 1991
Grohnfeldt, M.: Menschenbilder in der Sprachbehindertenpädagogik. Die Sprachheilarbeit 32(1987) 1, S.1-9
Grohnfeldt, M.: Das Studium der Sprachheilpädagogik zwischen Theorie und Praxis. In: Die Sprachheilarbeit 33(1988a), S.265-271
Grohnfeldt, M.: Sprachtherapie auf systemtheoretischer Grundlage. In: Sprache-Stimme-Gehör 12(1988b), S.14-17
Grohnfeldt, M.: Merkmale der pädagogischen Sprachtherapie. In: Grohnfeldt, M. (Hrsg.): Handbuch der Sprachtherapie. Band 1. Marhold, Berlin 1989
Groner, R.; Groner, M.: A Stochastic Hypothesis Testing Model for Multi-term Series Problems, Based on Eye Fixations. In: Groner R., Menz C., Fisher D.F., Monty R.A.(Hrsg.): Eye movements and psychological functions. New York 1983, S.257-274
Hahnemann, S.: Organon der Heilkunst. Aude Sapere. Haug, Heidelberg ^{6}1987
Hartje, W.; Sturm, W.: Räumliche Orientierungsstörung und konstruktive Apraxie. In: Poeck (Hrsg.) 1982, S.150-167

Heeschen, C.: Aphasieforschung und theoretische Linguistik. Ling.Berichte 25(1973), S.22-38, zit. nach Peuser 1978, S.14

Heisenberg, W.: Der Begriff "abgeschlossene Theorie" in der modernen Naturwissenschaft 1948. In: Heisenberg, W.: Schritte über Grenzen, Piper, München ^{7}1989, S.73-80

Heisenberg, W.: Erinnerungen an Niels Bohr aus den Jahren 1922 - 1927. (1964). In Heisenberg, W.: Schritte über Grenzen. München ^{7}1989, S.52-70

Heisenberg, W.: Naturwissenschaft in der heutigen Hochschule. (1972). In W.Heisenberg: Schritte über Grenzen. München ^{7}1989, S.278-298

Heller, D.; Müller, H.: On the Relationship Saccade Size and Fixation Duration in Reading. In: Groner R.; Menz C.; Fisher D.F.; Monty R.A.(Hrsg.): Eye movements and psychological functions. New York 1983, S.287-302

Helm, N.: Melodische Intonationstherapie. In: Peuser (Hrsg):Studien zur Sprachtherapie. München 1979, S.428-441

Herrmann, M.; Wallesch, C.W.: Depressive Veränderungen bei akuter und chronischer Aphasie. Vortrag bei der 18.Jahrestagung der Arbeitsgemeinschaft für Aphasieforschung und -behandlung, Amsterdam 1991

Hildegard von Bingen: Heilkunde. Das Buch von dem Grund u. Wesen u. der Heilung von Krankheiten. Otto Müller Verlag, Salzburg ^{4}1957

Hubel, D.: Das Gehirn. In: Wahrnehmung und visuelles System. Spektrum der Wissenschaft, Heidelberg 1986, S.16-25

Huber, W.: Einführung in die PACE-Therapie. Vortrag bei der 16.Jahrestagung der Arbeitsgemeinschaft für Aphasieforschung und -behandlung. Köln 1989

Huber, W.; Lüer, G.; Lass, U.: Processing of Sentences in Conditions of Aphasia as Assessed by Recording Eye Movements. In: Groner, R.; Menz, C.; Fisher, D.F.; Monty, R.A.(Hrsg): Eye movements and psychological functions. New York 1983, S.315-344

Huber, W.; Poeck, K.: Weniger, D.; Willmes, K.: Der Aachener Aphasie Test. Hogreve, Göttingen 1982

Huber, W.; Poeck, K.; Weniger, D.: Aphasie. In: Poeck, K. (Hrsg): Klinische Neuropschologie. Thieme, Stuttgart/ New York 1982

Illich, I.: Die Nemesis der Medizin. Rowohlt, Reinbek 1981

Irmey, G.: Erfahrungsheilkunde und Ganzheitsmedizin. In: Deutsche Zeitschrift für Biologische Zahnmedizin 6(1990), S.139-147

Issing, L.J.; Mikasch, H.D.; Haack, J.(Hrsg): Blickbewegung und Bildverarbeitung. Peter Lang, Frankfurt 1986

Jaffe, D.T.: Kräfte der Selbstheilung. Klett-Cotta, Stuttgart ^{2}1988

Jantzen, W.: Allgemeine Behindertenpädagogik, Bd.2 Beltz, Weinheim/Basel 1990

Juchli, L.: Heilen durch Wiederentdecken der Ganzheit. Kreuz Verlag, Stuttgart 1985

Kaiser, G.: Gestaltemde Therapie mit Aphasikern. In: APHASIE und verwandte Gebiete. 2(1989), S.17-22

Kämmerer, G.: Untersuchungen zur inneren Sprache bei Aphasikern: Dissoziation zwischen Wortgestalt und Wortbedeutung. Dissertation an der Med. Fakultät der Universität Bonn 1982

Karrach, B.: Aphasie und Familie - einige Beratungs- und Therapieansätze für Angehörige von Aphasikern aus den USA und Großbritannien. Vortrag auf der 9.Jahrestagung der Arbeitsgemeinschaft für Aphasieforschung und -behandlung, Köln 1982

Kast, V.: Trauern. Phasen und Chancen des psychischen Prozesses. Kreuz Verlag, Stuttgart [13]1992

Kawohl, M.: Ich gestatte mir zu weinen. Pattloch, Augsburg 1992

Kinzl, J.: Langjährige Balint-Gruppe mit Logopädinnen - Erfahrungen und Veränderungen. In: Sprache-Stimme-Gehör 14(1990), S.120 - 123

Kirckhoff, M.: Mind Mapping. Die Synthese von sprachlichem und bildhaftem Denken. Synchron Verlag, Berlin [4]1990

Knura, G.: Sprachbehinderte und ihre sonderpädagogische Rehabilitation. In: Deutscher Bildungsrat: Gutachten und Studien der Bildungskommission. Bd. 35, Sonderpädagogik 4. Klett, Stuttgart 1974

Knura, G.: Grundfragen der Sprachbehindertenpädagogik. In: Knura & Neumann (Hrsg.): Handbuch der Sonderpädagogik. Päd. d. Sprachbehinderte, S.161 - 173. Marhold, Berlin 1980

Kossak, H.-C.: Hypnose. Ein Lehrbuch. Psychologie Verlags Union, München 1989

Kotten, A.: Die Behandlung des "rezeptiven Agrammatismus". Vortrag bei der 9. Jahrestagung der Arbeitsgemeinschaft für Aphasieforschung und -behandlung, Bonn 1982

Kotten, A.: Aphasietherapie: Kommunikation oder Drill? In: Allhoff, D.-W.(Hrsg.): Mündliche Kommunikation: Störungen und Therapie. Frankfurt 1983

Kotten, A.: Aphasietherapie unter linguistischen Gesichtspunkten. In: Kommunikation zwischen Partnern. Düsseldorf [3]1986

Kreuzer, F. im Gespräch mit Frankl, V.E.: Im Anfang war der Sinn. Von der Psychoanalyse zur Logotherapie. Franz Deuticke Verlagsges., Wien 1982

Krome, P.: Funktionale Kommunikationstherapie (FKT) bei globaler Aphasie: Ein päd. Handlungskonzept zur Therapie von schweren zentral bedingten Sprachstörungen. Centaurus, Pfaffenweiler 1989

Kübler-Ross, E.: Interviews mit Sterbenden. Mohn, Gütersloh ⁴1975
Kübler-Ross, E.: Verstehen, was Sterbende sagen wollen. Stuttgart 1982
Kumke, S.: Die psychosoziale Lage einer Gruppe von sprachtherapierten Aphasikern. Vortrag bei der 18.Jahrestagung der Arbeitsgemeinschaft für Aphasieforschung und -behandlung, Amsterdam 1991
Küng, H.: Projekt Weltethos. Piper, München 1990
Kutschera, G.: Video: Legasthenie. NLP-Trainings-GmbH, Dossenheim 1988
Laborde, G.Z.: Kompetenz und Integrität. Die Kommunikationskunst des NLP. Junfermann, Paderborn 1991
Lefrancois, G.R.: Psychologie des Lernens. Springer, Berlin/ Heidelberg/ New York 1976
Leischner, A.: Aphasien und Sprachentwicklungsstörungen. Klinik und Behandlung. Thieme, Stuttgart 1979
Logische Blöcke: Verlag Herder (vergriffen)
Lonczewski, M.: Der Therapieerfolg bei älteren Aphasikern. Peter Lang, Frankfurt/ M. 1990
Lüer, G.; Hübner, R.; Lass, U.: Sequences of Eye-Movements in a Problem Solving Situation. In (Ed.): Groner/ McConkie/ Menz: Eye movements and human information processing. Amsterdam, New York 1985, S.299-307
Lugt v. Wiechen, K.v.d.; Visch-Brink, E.G.: Die Melodic Intonation Therapy bei Patienten mit einer globalen Aphasie; das Hemmen von Recurrig Utterances. In: Sprache-Stimme-Gehör 13(1989), S.142-145
Luria, A.R.: Die höheren kortikalen Funktionen des Menschen und ihre Störungen bei örtlichen Hirnschädigungen. VEB Deutscher Verlag der Wissenschaften, Berlin 1970
Maturana, H.; Varela, F.: Der Baum der Erkenntnis. Scherz, Bern/ München/ Wien ³1987
McConkie, G.W.; Hogaboam, G.W.: Eye position and Word Identification during reading. In: Groner, R.; McConkie, G.W.; Menz, C.(Ed): Eye movements and human information processing. Amsterdam/ New York 1985, S.159-172
Meister Eckhart: Einheit im Sein und Wirken. Hrsg.: Dietmar Mieth. Piper, München/ Zürich ²1989
Meister Vitale, B.: Lernen kann phantastisch sein. Kinderleichtes Lernen durch optimalen Einsatz beider Gehirnhälften. Sychron, Berlin 1988
Menge, H.: Langenscheidts Großwörterbuch Griechisch - unter Berücksichtigung der Etymologie. Berlin/ München/ Zürich ²¹1970
Mickeleit, B.: Ein Aphasiker erlebt seine Rehabilitation: Erfahrungen nach einer Hirntumoroperation. Reha-Verlag, Bonn ²1987
Müller, H.: Manuskript zur NLP-Practitioner-Ausbildung. Unveröffentlicht, Büderich 1990

Nagel, C.van; Siudzinski, R.; Reese, E.J.; Reese, M.: Megateaching.
Neurolinguistisches Programmieren in Unterricht und Erziehung.
Verlag f. angewandte Kinesiologie, Freiburg 1989
Orgass, B.: Agnosie. In: Poeck, K. (Hrsg): Klinische Neuropschologie.
Thieme, Stuttgart/ New York 1982
Ornstein, R.: Die Psychologie des Bewußtseins. Kiepenheuer & Witsch, Köln 1974
Ornstein, R.: Multimind. Ein neues Modell des menschlichen Geistes.
Junfermann, Paderborn 1989
Paivio, A.: Imagery in recall and recognition. In: Brown, J.(Ed.): Recall and Recognition. John Wiley, London/ New York/ Sidney/ Toronto 1976
Paivio, A.: Mental Representations. A Dual Coding Approach. Oxford University Press, New York 1986
Paivio, A.; Begg, I.: Psychologiy of Language. Prentice Hall, New Jersey 1981
Perls, F.; Hefferline, R.F.; Goodman, P.: Gestalt-Therapie. Klett-Cotta, Stuttgart 1981
Petzold, H.(Hrsg.): Die Rolle des Therapeuten und die therapeutische Beziehung. Junfermann, Paderborn ^{2}1987
Petzold, H.: Die "vier Wege der Heilung" in der "Integrativen Therapie". Teil I: Anthropologische und konzeptuelle Grundlagen. In: Integrative Therapie 4(1988), S.325-361
Petzold, H.: Die "vier Wege der Heilung" in der Integrativen Therapie: -Teil II: Praxeologische Grundkonzepte. In: Integrative Therapie 1(1989), S.42-96
Petzold, H.G.; Stahl,Th. in: Bandler, R.; Grinder, J.: Neue Wege der Kurzzeittherapie. Neurolinguistische Programme. Junfermann, Paderborn ^{6}1987
Peuser, G.: Aphasie. Fink, München 1978
Piaget, J.: Psychologie der Intelligenz. Kindler, München ^{2}1976
Poeck, K.(Hrsg.): Klinische Neuropsychologie. Thieme, Stuttgart/ New York 1982
Poeck, K.: Apraxie. In: Poeck, K. (Hrsg.): Klinische Neuropsychologie.
Thieme, Stuttgart/ New York 1982
Poeck, K.: Neurologie. Springer, Berlin/ Heidelberg/ New York ^{7}1987
Prigogine, I.; Stengers, I.: Dialog mit der Natur. Neue Wege naturwissenschaftlichen Denkens. Piper, München ^{6}1990
Pschyrembel: Klinisches Wörterbuch. Berlin/ New York ^{256}1990
Pulvermüller, F.: Kommunikative Therapie der Broca-Aphasie. In:Sprache-Stimme-Gehör 11(1987), S.115-118
Pulvermüller, F.: Kommunikative Therapie der amnestischen Aphasie. In: Sprache-Stimme-Gehör 13(1989)a

Pulvermüller, F.: Aphasische Kommunikation. Grundfragen ihrer Analyse und Therapie. Tübingen 1989b
Reichelt, M.: Wegweiser Psychotherapie. Methoden, Kosten und Adressen. Econ Taschenbuch Verlag, Düsseldorf 1989
Revenstorf, D.: Kritik der "Struktur der Magie". In: Peter, B. (Hrsg.): Hypnose und Hypnotherapie nach Milton H.Erickson. S.238-271. Pfeiffer, München 1985
Richards,J.; v. Glaserfeld, E.: D. Kontrolle v. Wahrnehmung u. d. Konstruktion v. Realität. Erkenntnistheoret. Aspekte d. Rückkoppelungs-Kontroll-Systems. In: Schmidt, S.J. (Hrsg): Der Diskurs d. radikalen Konstruktivismus. Suhrkamp, FfM [4]1991
Riedel, H.: Möglichkeiten und Grenzen der Übertragbarkeit des Neurolinguistischen Programmierens (NLP) in den berufsbildenden Bereich. Diplomarbeit an der Wirtschafts- und Sozialwissenschaftl. Fakultät der Univ. Köln 1990
Rogers, C.R.: Therapeut und Klient. Grundlagen der Gesprächspsychotherapie. Fischer TB Frankfurt/M. 1983
Rosenberg, A.: Christliche Bildmeditation. Kösel, München 1975
Rossi, E.L.: Neue Aspekte der molekularen Grundlagendes psychosomatischen Heilungsprozesses in der therapeutischen Hypnose. in: Hypnose und Kognition, Bd.5, Heft 1, Apr.1988, S.11-23
Roth, G. in: "Wissenschaft extra": Erkennen-Wahrnehmen-Verstehen. Hessischer Rundfunk Kassel 1991
Roth, J.K.: Hilfe für Helfer: Balint-Gruppen. Konflikte im Beruf verstehen lernen und wirksam helfen können. Piper, München/ Zürich [2]1985
Roth, V.M. (Hrsg.): Sprachtherapie. Gunter Narr Verlag, Tübingen 1984
Roth, V.M.: PACT, PACE & CO. In: Aphasie. 32,1988, S.25-30
Rother, Th.: Das plötzliche Verstummen des Wilhelm W. Scherz, München [2]1981
Rueffer, A.M.: Herr, ich kann schweigen. Texte einer Genesung. Patmos, Düsseldorf 1987
Ruge, H.: Der Aphasiker und seine fachpädagogische Rehabilitation. Klett, Stuttgart 1976
Ruge, H.: Übe besser sprechen. Verlag Bell & Howell, Friedberg
Ruthe, R.: Krankheit muß kein Schicksal sein. Brockhaus, Wuppertal 1975
Rywerant, Y.: Die Feldenkrais-Methode. Lehren durch Behandeln. Kübler & Akselrad, Heidelberg 1985

Satir, V.: Familienbehandlung, Kommunikation und Beziehung in Theorie, Erleben und Therapie. Lambertus, Freiburg [4]1979
Satir, V.: Familientherapie in Aktion. Junfermann, Paderborn [3]1991

Schmidbauer, W.: Die hilflosen Helfer. Über die seelische Problematik der helfenden Berufe. Rowohlt, Reinbek 1977

Schmidbauer, W.: Helfen als Beruf. Die Ware Nächstenliebe. Rowohlt, Reinbek 1983

Schmidt, S.J.: in "Wissenschaft extra": Erkennen-Wahrnehmen-Verstehen. Hessischer Rundfunk Kassel 1991a

Schmidt, S.J. (Hrsg): Der Diskurs des radikalen Konstruktivismus. Suhrkamp, Frankfurt ^{4}1991b

Schmitt, F.: Chemical information processing in the brain: Prospect from retroprospect. In L.Iversen & E.Goodman (Eds.), Fast and slow signalling in the nervous system (pp 239-243). New York: Oxford University Press, 1986, zitiert nach Rossi E.L. 1988

Scholz, R.: Psychische Folgen von Hirnverletzungen und ihre Bedeutung für den Berufseinsatz. In: Probleme und Ergebnisse der Psychologie 23 (1968), 53-72

Schreyögg, A.: Supervision. Ein integratives Modell. Junfermann, Paderborn 1991

Schuell, H., Jenkins, J., Jiminez-Pabon, J.: Aphasia in Adults. New York 1964

Schwartz, G.E.; Davidson, R.J.; Maer, F.: Right Hemisphere Lateralization for Emotion in the Human Brain: Interactions with Cognition. In Science 190 (1975) S.286-288. Zitiert nach Springer/ Deutsch 1988

Seiderer-Hartig, M.: Die Rolle des Therapeuten und die therapeutische Beziehung in der Verhaltenstherapie. In: Petzold (Hrsg.): Die Rolle des Therapeuten und die therapeutische Beziehung. Junfermann, Paderborn ^{2}1987

Simonides, 500 v.Chr., nach Kirckhoff, M.: Mind Mapping. Synchron, Berlin ^{4}1990

Simonton, C.O. u. S.M.; Creighton, J.: Wieder gesund werden. Rowohlt, Reinbek 1982

Sölle, D.: Atheistisch an Gott glauben. Walter, Olten 1968

Sonderegger, H.: Am Beispiel Oliver. Gedanken zur Aphasiebehandlung. In: Roth, V.M. (Hrsg.): Sprachtherapie. Gunter Narr, Tübingen 1984

Sperry, R.W.: Perception in the Absence of the Neocortical Commissures. in: Perception and Its Disorders, Res.Publ.A.R.N.M.D.,Bd.48, The Association for Research in Nervous and Mental Disease. 1970, zitiert nach Eccles 1990a

Springer, L.: Behandlungsphasen einer syndromorientierten Aphasietherapie. In: Sprache-Stimme-Gehör 10(1986), S.22-29

Springer, L.: Kann und soll sprachsystematisches Üben in der PACE-Therapie stattfinden? Vortrag bei der 16.Jahrestagung der Arbeitsgemeinschaft für Aphasieforschung und -behandlung. Köln 1989

Springer, S.; Deutsch, G.: Linkes Rechtes Gehirn. Spektrum der Wissenschaft, Heidelberg ²1988
Stachowiak, F.J.: Störungen der semantischen Organisation des Lexikons bei Aphasie. In: Viehten u. Mitarb. (Hrsg.): Grammatik und interdisziplinäre Bereiche. S.377-387
Stahl, Th.: Triffst du'nen Frosch unterwegs...: NLP für die Praxis. (Hrsg.- u.bearb. von Kirchner, I.; Weiß, J.) Junfermann, Paderborn 1988
Stark, J.R.: Alltagsaktivitäten in Fotos - zur Konstruktion und Anwendung eines neuen Test- und Therapiematerials. Vortrag bei der 18.Jahrestagung der Arbeitsgemeinschaft für Aphasieforschung und -behandlung, Amsterdam 1991
Steiner, J.: PACE. Deutsche Fassung. Leverkusen 1988
Steiner, J.: Der kommunikative Ansatz in der Aphasietherapie. In: Die Sprachheilarbeit 2(1989a), S.80-85
Steiner, J.: Phonematisch-Rezeptive Störungen bei Aphasie in Forschung und Sprachbehindertenpädagogischer Praxis. Diss. an der Heilpäd. Fakultät der Univ. Köln 1989b
Steiner, J.; Worms, U.: Struktur und Kommunikation als komplementäre Elemente der Aphasietherapie. In: Die Sprachheilarbeit 33(1988), S.297-300
Stockert v., Th.R.: Kann man mit Aphasikern Psychotherapie machen? Vortrag bei der 18.Jahrestagung der Arbeitsgemeinschaft für Aphasieforschung und -behandlung, Amsterdam 1991
Stockert v., Th.R.: Theorie und Praxis der Aphasietherapie. Patholinguistica Bd.12, München 1984
Sullivan, P.E.; Markos, P.D.; Minor, M.A.D.: PNF - Ein Weg zum therapeutischen Üben. Propriozeptive neuromuskuläre Fazilitation: Therapie und klinische Anwendung. Fischer, Stuttgart/ New York 1985
Teegen, F.: Ganzheitliche Gesundheit. Der sanfte Umgang mit uns selbst. Rowohlt, Reinbek 1987
Tropp Erblad, I.: Katze fängt mit S an. Aphasie oder der Verlust der Wörter. Fischer Tb-Verlag, Frankfurt/M. 1985
Uchtomski 1945, zit. nach Luria, A.R.: Die höheren kortikalen Funktionen des Menschen und ihre Störungen bei örtlichen Hirnschädigungen. Berlin 1970, S.45
Ungeheuer, M.: Macht Aphasie die Familie krank? Bericht über ein Familienseminar mit Aphasikern und Angehörigen. Vortrag auf der 9.Jahrestagung der Arbeitsgemeinschaft für Aphasieforschung und -behandlung, Köln 1982
Van Eys, Chr.: Zur Struktur phonematischer und graphematischer Leistungen bei Aphasie. Diss. RWTH-Aachen 1982

Veldman, F.: Haptonomie - eine neue "Behandlungsweise". Vortrag u. Demonstration beim Internat. Symposium: Bio-psycho-soziale Aspekte d. Frühgeburt, Düsseldorf 1987

Verschaeve, M.A.W.: Das Gesprächsbuch: ein Hilfsmittel zur Kommunikation. Vortrag bei der 18.Jahrestagung der Arbeitsgemeinschaft für Aphasieforschung und -behandlung, Amsterdam 1991

Vester, F.: Denken, Lernen, Vergessen. dtv, München 1978a

Vester, F.: Phänomen Streß. dtv, München 1978b

Vester, F.: Unsere Welt - ein vernetztes System. dtv, München [4]1987

Vithoulkas, G.: Medizin der Zukunft. Homöopathie. Wenderoth, Kassel 1979

Wais, M.: Gibt es räumliche Wahrnehmungsstörungen bei Rechtshirngeschädigten? In: praxis ergotherapie. 5, 1988, S. 236-244

Watzlawik, P.; Beavin, J.B.; Jackson, D.D.: Menschliche Kommunukation. Formen, Störungen, Paradoxien. Huber Bern/ Stuttgart/ Toronto [8]1990

Weber, P.: Wahrnehmung und ihre Störungsbilder. In: praxis ergotherapie 5 (1988) 252-269

Weigl, E.: Beiträge zur neuropsychologischen Grundlagenforschung. In: Probleme und Ergebnisse der Psychologie 28/29 (1969), S. 87-102

Weigl, E.: Zur Schriftsprache und ihrem Erwerb. in: Probleme und Ergebnisse der Psychologie 43, 1972, S.45-105

Weigl, E.; Bierwisch, M.: Neuropsychologie und Linguistik. in: Probleme und Ergebnisse der Psychologie 43(1972), S.5-20

Weigl, E.; Kreindler, A.: Beiträge zur Aufassung gewisser aphatischer Störungen als Blockierungserscheinungen, Archiv für Psychiatrie und Zeitschrift für die gesamte Neurologie 200(1960), S.306-323

Weltgesundheitsorganisation (WHO): Internat. Gesundheitsforschung. Dok. Heft VI. Forschungsstelle f. Völkerrecht u. ausländisches Recht d. Univ. Hamburg. Frankfurt, Berlin 1952. Zit. nach Teegen, F.: Ganzheitliche Gesundheit, Hamburg 1983, S.38

Wepman, J.M.: Recovery from Aphasia. Ronald Press Company, New York 1951

Wieland, S., Sandt-Koendermann, W.M.E.v.d., Visch-Brink, E.G. u.a.: Das neue Leiden des jungen Roland H's. Vortrag bei der 18.Jahrestagung der Arbeitsgemeinschaft für Aphasieforschung und -behandlung, Amsterdam 1991

Wippich, W.: Bildhaftigkeit und Organisation. Steinkopf, Darmstadt 1980

Wolf, E.: Alltagsorientierte Therapie für Aphasiker. Vortrag bei der 18. Jahrestagung der Arbeitsgemeinschaft für Aphasieforschung und -behandlung, Amsterdam 1991

Zimmer, D.E.: Wenn wir schlafen und träumen: Die Nachtseite unseres Lebens. Kösel, München 1984

Nando Belardi

SUPERVISION

Der Autor kommt zu einer Reihe von neuen, über den bisherigen Stand des Wissens hinausgehenden Erkenntnissen.

354 S.; DM 44,–

Fanita English, Klaus-D. Wonneberger

Wenn Verzweiflung zu Gewalt wird...

Das Buch beschreibt die Dynamik der Verzweiflung, die zu irrationaler Gewalt führen kann, und schärft den Blick für Anzeichen einer Katastrophe.

300 S.; DM 39,80

Martina Peter-Bolaender

Tanz & Imagination

Mit diesem Buch liegt zum erstenmal eine pädagogisch-therapeutische Konzeption von Tanz vor, die sich sowohl mit Tanz-Kunst, Tanz-Therapie und Tanz-Kult auseinandersetzt.

324 S.; DM 44,–

Roberto Assagioli

PSYCHOSYNTHESE

Assagiolis Buch ist für jeden ein Gewinn, der bei dem schwierigen Prozeß der Selbsterkenntnis und Selbstverwirklichung nach einer praktischen Orientierung sucht.

356 S.; DM 44,–

Steve de Shazer

Muster familientherapeutischer Kurzzeit-Therapie

De Shazer präsentiert eine überzeugende Integration der klinischen Vorgehensweisen von Erickson mit der Theorie der Veränderung von Bateson.
288 S.; DM 39,80

Alexa Mohl

Der Zauberlehrling

Mit NLP ist ein Fortschritt in der Entwicklung der menschlichen Freiheit möglich, den es bislang noch nicht gab.

412 S.; DM 44,–

Dorothea Rahm et al.

Einführung in die Integrative Therapie

Mit diesem Buch liegt eine gelungene Integration von Theorie und Praxis vor. Es ist anschaulich und allgemein verständlich geschrieben und hat Lehrbuch-Charakter.
556 S.; DM 49,80

Gaby Moskau
Gerd F. Müller (Hrsg.)

Virginia Satir – Wege zum Wachstum

Dieses Handbuch beschreibt die Techniken Virginia Satirs, die sie in Familiensitzungen und in der Gruppenarbeit benutzt hat.
265 S.; DM 39,80

Fordern Sie unsere kostenlosen Prospekte an! (Postfach 18 40, D-4790 Paderborn – Tel.: 0 52 51 / 3 40 34)

JUNFERMANN VERLAG

Der MIND ist aufgegangen...

228 Seiten, kart.
DM 34,80
ISBN 3-87387-293-5

Robert Ornstein trägt in diesem Buch Forschungsergebnisse so unterschiedlicher Wissenschaften wie der Hirnforschung, der Evolutionsbiologie, der Sozialpsychologie, aber auch der Persönlichkeits- und Intelligenzforschung zusammen. Das Fazit dieser Zusammenschau ist ein Modell, das eine radikale Abwehr von den traditionellen, aber auch von den modischen Konzepten des menschlichen Geistes darstellt: MULTIMIND.

„Ein Buch voller Mut zum Ungewöhnlichen. Es gehört in die oberste Schublade von Menschen, deren Profession Erziehung, Therapie oder Management ist... Wenn heute jemand daherkommt und von Hirnhemisphären und deren Spezialisierung, von linkem Hirn und rechtem Hirn, von linkshirnigen und rechtshirnigen Typen spricht und das MULTIMIND-Buch von Ornstein nicht kennt, so kann man ihn getrost als nicht mehr voll informierten Fachmann ablehnen."
– *congress & seminar*

„Ornsteins Buch möchten wir Ihnen hiermit wärmstens empfehlen..."
– *Gerd Gerken*

Der Autor: Robert Ornstein ist Professor für Psychologie und Humanbiologie an der Stanford-Universität.

JUNFERMANN VERLAG • Postfach 1840
4790 Paderborn • Telefon 0 52 51/3 40 34

The Master Moves

248 Seiten, kart.
DM 38,-
ISBN 3-87387-019-3

Moshe Feldenkrais ist ohne Frage eine der großen Persönlichkeiten unserer Zeit. Das Interesse an der Feldenkraismethode wächst ständig, auch in Deutschland. Feldenkrais' Ideen und Konzepte zeigen bereits heute große Wirkung. Dieser Titel ist sein letztes Buch. Es beinhaltet nach Feldenkrais' eigener Einschätzung in einer einzigartigen Gesamtschau alles Wesentliche seiner Arbeit. In dieser lebendigen Beschreibung von Feldenkrais' fünftägigem Workshop kann man den ganzen Bereich seines Denkens und seinen Unterrichtsstil kennenlernen. Seine wichtigsten Ideen über Bewegung, menschliche Entwicklung, Sensitivität und Bewußtheit werden dargeboten als Lektionen, die als Erklärung und zur selbständigen Aneignung durch Bewegung dienen sollen. Diese Lektionen sind der Schlüssel zum Verständnis der Feldenkraismethode. Sie sind zugleich das Ergebnis jahrelanger Selbstbeobachtung. Sowohl dem Einsteiger wie auch der erfahrene Anwender der Feldenkraismethode findet hier eine Fülle von Material, um ihm zu so viel Veränderung wie möglich zu verhelfen.

Der Autor: Moshe Feldenkrais (1904-1984) hat die Möglichkeit und Notwendigkeit, die Funktionsweise der menschlichen Motorik zu verändern, wissenschaftlich belegt. Die Übungen der Feldenkraismethode haben zum Ziel, die Kontrolle über den eigenen Körper zu verbessern, fehlerhafte Bewegungsmuster zu korrigieren, Spannungen zu reduzieren und die Spontaneität zu wecken.

**JUNFERMANN VERLAG • Postfach 1840
4790 Paderborn • Telefon 0 52 51/3 40 34**